KB176132

환태평양
게이트웨이 지리학

이 책은 2020년 대한민국 교육부와 한국연구재단의 지원을 받아 발간되었음.
(NRF-2020S1A5C2A02093112)

※ 이 책의 모든 주는 옮긴이의 주입니다.

환태평양
게이트웨이 지리학

하야시 노보루 지음
노용석 · 전지영 · 박명숙 · 현민 · 김진기 옮김

이담북스

　지리학의 한 분야로 도시지리학이 있다. 이 학문은 지표상 존재하는 도시의 자연적 기반에서부터 사회, 경제, 문화 등 인문적 활동에 이르기까지 폭넓은 현상을 공간적 시점에서 해석하는 학문이다. 이 학문의 출발점은 '본디 도시는 왜 존재하는가'라는 질문에 있다. 한마디로 그 이유를 설명하는 것은 간단하지 않지만, 사람이 살아가는 데 필요한 생활물자를 거래하는 장소로 성의 시장 기능을 수행하기 위해 도시가 출현했다고 볼 수 있다. 사람들은 자급할 수 없는 의식주 생활물자를 구하고, 그것을 공급할 수 있는 사람을 어딘가에서 만나 거래한다. 자본주의사회에서는 이것을 '시장거래'라고 부르고, 동서고금을 막론하고 어느 시대에서든 어느 지역에서든 이러한 거래장소가 나타난다. 이러한 생활에 필요한 물자의 거래장소로 도시가 생겨났다.

　사람들이 구하는 생활물자는 처음에는 비교적 가까운 곳에서 생산된 것이었다. 즉 일상적으로 소비하거나 사용하는 수준의 물건들이었다. 그런데 교통수단이 발달하여 지금보다 더 먼 곳까지 나갈 수 있게 되면서, 근처에서는 구할 수 없는 진귀한 것을 찾는 사람이 증가하게 되었다. 그러나 먼 곳으로 떠나는 데는 위험이 따른다. 전용 운송수단도 강구해야 한다. 즉 전문적 조건을 갖춘 사람이 장거리 교역에 이익을 내고, 가지고 온 물건을 도시에 공급하게 되었다. 그 주된 공급처는 최종 단계인 소비자가 아니고, 그 앞 단계의 상인이다. 이 앞 단계에선 생활물자를 먼 곳에서 조달하는 도매와 도매에서 입수하여 최종 단계인 소비자에게 판매하는 소매로 분화된다. 소비자가 요구하는 진귀한 물자는 거래 단계를 몇 단계 거치면서 수중에 전달되는 것이다.

소매는 최종 소비자를 상대하기 때문에 소비자와의 거리는 짧을수록 좋다. 도매도 거래 상대인 다수의 소매와의 거리를 생각한다면, 다수의 소매 분포의 중심 부근에서 장사를 하려고 한다. 그 결과, 소매업에 가세해 도매업도 도시에 출현하게 되고, 이러한 도시는 주위 다른 도시에 영향을 주는 존재가 되게 된다. 이러한 영향은 경제뿐만 아니라 정치, 사회, 문화 등에도 미치고, 그 중에는 글로벌 도시로서 세계적인 영향력을 발휘하는 곳이 나타나게 된다. 그리 크지 않아도 국가나 지역 안에 있어 장거리 교역으로 번창한 도시는 역사적으로 수없이 많았다. 이러한 도시가 어떠한 역사적 상황에서 생겨나고 발전했는지 또는 역사의 무대에서 사라져 갔는지에 관심을 가지고 싶다.

그렇다면 장거리 교역이나 도매의 거점은 지리적으로 어떤 장소에서 생겨나는 것일까? 앞에서도 말한 것처럼, 기본적으로는 소매업을 영위하는 사람과 그곳에서 생활물자를 손에 넣는 사람이 있어야 할 것이다. 또한 멀리까지 이동할 수 있는 교통수단을 준비할 수 있는 장소, 구체적으로는 항구가 있는 장소가 후보지가 될 수 있다. 적지(適地)는 이뿐만이 아니다. 평야와 산지의 경계, 건조 지역과 습윤 지역의 경계 등도 다른 교통수단의 접점이 되어, 먼 곳에서 운반되어 온 생활물자를 옮겨 쌓거나 교환하는 장소로 적합하다. 지리적 혹은 생태적으로 다른 세계가 존재하고, 이러한 곳들이 접촉하는 경계 부근이 이러한 거점이 생기기 쉬운 장소라고 할 수 있다.

본서는 이러한 장소를 '게이트웨이'(gateway)라는 개념으로 정의하고자 한다. 게이트웨이는 중심지 개념과 대비해서 생각하면 이해하기 쉽다. 중심지는 생활물자를 찾아 소비자가 모여드는 장소, 즉 소매업이 영위되는 장소이기도 하다. 또한 게이트웨이는 소매업에 대한 생활물자를 도매하는 장소이다. 중심지는 추상적인 개념으로 경제적 거래라는 개념에서 사용한다면, 소매업의 입지점을 의미한다. 그러나 관공서, 병원, 학교, 도서관, 문화센터 등 넓은 의미의 서비스도 포함해 생각하면, 중심지라는 개념이 미치는 범위는 넓어진다. 마찬가지로 게이트웨이 개념도 단순히 경제적인 거래뿐만 아니라 정치적, 사회적, 문화적인 교류라는 분야에까지 넓혀 생각할 수 있다. 예를 들어 견당사(遣唐使)를 보낸 하카타항과 견명선(遣明船)을 파견한 사카이항 등에 유입된 각종 문물은 물건만이 아니었다. 열강에 의한 식민지 무역에서도 경제적인 재화뿐만 아니라 문화, 종교, 음악 등도 유입되었다.

위에서 설명한 것처럼, 이 책에서는 상대적으로 긴 거리를 이동하는 물건과 사람이 많이 모이는 출입구적인 장소를 게이트웨이로 간주한다. 이 중 물건은 첫머리에서도 언급했듯이 생활물자를 말하며, 이것은 주로 교역, 무역, 도매 등에 관련된 사람과 기업이 조달, 구매, 운반, 수송 등을 담당해왔다. 또 사람의 이동에는 현대적인 여행이나 비즈니스, 혹은 과거에 행해진 해외이민, 노예무역, 군대파견 등이 포함된다. 시대에 따라 다르지만, 대부분은 도시에 설치된 관문적 성격을 가진 시설로 모여져 선박, 철도, 항공기 등을 이용해 이동했다. 그 중에는 길 따라 늘어서 있는 숙박지처럼 반드시 일정한 이동은 아니지만, 먼 곳으로 길을 떠난다는 점에서 관문적 성격을 가진 것도 있었다. 일용품을 중심지에서 구입하기 위한 이동을 '일상적 이동'이라고 한다면, 거리가 긴 이러한 종류의 이동은 '비일상적 이동'이다. 집단적이고 집합적인 장거리 이동을 위한 출입구가 게이트웨이나 다름없음을 말한다.

이 책은 시간적으로는 고대부터 현대까지, 공간적으로는 일본을 비롯하여 아시아, 유럽, 아메리카 대륙, 오세아니아까지 범위를 넓혀 동서고금을 막론하고 게이트웨이로 생각되는 대상에 주목한다. 연구 대상 지역들은 시대와 지역에 따라 항구였거나 취락지였지만, 대부분은 도시의 형태를 띠고 있다. 따라서 도시지리학의 연구 대상이라고 할 수 있다. 또한 지리학 연구이기 때문에 지형, 기후 등의 자연조건과 사회, 경제, 문화 등 인문 활동의 지역성에 주안점을 둔다. 덧붙여 강조하고 싶은 점은 도시지리학은 현대의 도시만을 대상으로 한 학문이 아니라는 점이다. 현대 도시라고 해도 그 역사적인 발전 과정에까지 눈을 돌리지 않고서는 게이트웨이로서의 도시의 본질이 어떠한 시대 상황에서 생겨났는지 알 수 없다.

본서의 구성은 이하와 같다. 먼저 게이트웨이의 개념과 이것에 해당하는 지리적인 거점과 도시에 대해 서술한다. 게이트웨이는 장거리 이동의 출입구나 관문이라는 보편적 존재이므로 항만, 철도역, 공항 등 현대적인 교통 시설 외에 가도(街道)의 출입구, 관문, 일각 대문 등 역사적으로 의미가 있었던 시설도 언급할 수 있다. 이러한 개념이나 정의를 근거로 고대의 아시아, 중세의 유럽, 근대 초기의 아메리카 대륙 등의 게이트웨이에 관해 서술하고자 한다. 이러한 시대나 지역에 한정하진 않지만, 세계의 주요 도시들은 어떠한 의미에서 게이트웨이의 역할을 해 왔다고 말할 수 있다. 그것은 반드시 해양에 접한 항만도시뿐만 아니다. 식민지화와 국토개발 과정에서 물자의 환적과 중계 기능을 담당했던 '내륙 항만' 지역 역시 게이트웨이 역할을 했다.

이러한 해외 사례 외에도 일본의 중세, 근세에 게이트웨이 기능을 발휘해 항구로 불린 항만도시도 다룬다. 항만 외에 가도를 따라 있는 숙박지 출입구의 대표가 되는 에도시슈쿠(江戶四宿)에 관해서도 서술한다. 또한 근대에 개항되어 해외무역의 거점이 된 도시 또는 홋카이도, 시코쿠, 큐슈의 관문으로 일컬어지게 된 도시의 발전 과정에 대해서도 언급한다. 이 책의 마지막 부분에서는 저자의 주된 연구지역인 나고야권에 주목하면서 권역의 형성에 깊게 관련된 철도역, 항만, 공항에 관해서 고찰하고 있다. 일본의 경우, 근세까지 장거리 교역이라고 해도 그것은 주로 국내 범주에서의 교역에 머물러 있었다. 그런데 근대 이후 장거리 교역은 수출입, 즉 국제무역이라는 말로 대체되었고, 거리의 상대적 축소는 여전히 진행 중이다. 예전의 비일상적 장거리 이동은 현재 거의 일상적 이동에 가까워져 있다.

저자는 중심지 개념을 바탕으로 이론과 실증의 양면에서 지리학 연구를 한 적이 있었다. 그 무렵부터 오늘에 이르기까지 줄곧 궁금한 것이 중심지 즉 소매와 연결된 도매의 존재다. 도매에 관한 지리학 연구는 매우 적고, 그 중요성에도 불구하고 별로 관심을 끌지 못했다. 이번 기회에 도매를 게이트웨이로 대체함으로써 개념을 보다 일반화하고, 이 개념과 관련이 있을 것 같은 거점이나 도시를 역사적, 지리적으로 폭넓게 다루어 고찰하고자 한다. 중심지이론과 같은 모델로는 파악하기 어렵고, 오로지 역사지리적 기술이라는 방법을 동원해 게이트웨이의 존재를 부각하려 노력하였다. 지금까지 지리학에서는 별로 주목받지 못했던 게이트웨이에 관해 조금이라도 관심을 불러일으킬 수 있다면 그 이상의 기쁨이 없을 것이다.

2020년 3월 1일
아이기구릉이 바라다보이는 이시오다이에서
하야시 노보루

소비자가 상점에서 구입한 상품은 상점을 경영하는 소매업자가 도매업자로부터 구입한 상품이다. 소비자와 점포 간의 거리를 비교해 보면, 소매업자와 도매업자 간의 거리는 길다. 그러나 도매업자가 상품을 조달하는 상대편인 생산자와의 거리는 이보다 더 길다. 이같이 상품의 유통 경로를 살펴보면, 우리에게 친숙한 상품들이 먼 곳으로부터 거래의 몇 단계를 거쳐서 운반되어 오는 것을 알 수 있다. 특히 도매는 세계 각지에 상품을 조달하기 위해 항만이나 공항 등에서 화물의 환적을 통해 이동된다. 그리고 지리학은 다른 교통 수단의 연결을 매개로 하여 유동하는 화물 혹은 사람의 이동 흐름에 관심을 가지고, 그것을 공간적 시점에서 밝히고자 한다.

많은 화물과 사람들이 국제적으로 이동하게 된 것은 역사적으로 보면 비교적 최근이다. 그러나 최근이라고는 하지만 육상과 해상을 이용한 실크로드 시대부터 국제적 이동은 있었다. 이러한 이동은 물자를 보내는 도시나 항구, 도중의 중계지, 또 도착지의 도시나 항구가 있어서 가능했다. 이들 도시나 항구는 앞에서 언급한 도매와 비슷한 역할을 하였다. 특히 생산지에서 집결한 상품들을 도착지에서 구분해 다른 곳으로 분산시켰다. 사람의 이동도 이와 비슷한 패턴으로 항구에 모여든 사람들은 바다를 건너 이동하고, 도착지에서 다른 곳으로 또다시 이동해 갔다. 이를 통해 도매와 항구에 특징적인 공간적 패턴은 집중과 분산이라고 볼 수 있다.

실크로드 시대에서 '지리상의 발견'의 시대를 거쳐 구대륙에서 신대륙으로 사람과 물건이 이동하는 움직임이 증가하였다. 대부분 항구가 출발지이자 도착지였다. 해상을 통해 이동하는 사람들을 위한 취락과 도시가 생겨났고, 이러한 곳들은 이후 항만도시가 되었다. 그리고 화물 운송도 증가해 국제교역에서 국제무역으로 시대는 변했고, 항만도시의 규모도 확장되었다. 여기서 흥미로운 사실은 항구가 임해부뿐만 아니라 내륙부에도 발생했다는 점이다. 이것은 실크로드의 중계지가 발생한 원인과 같은 것으로 화물을 도중에 교환할 장소가 필요했기 때문이다. 그리고 이러한 예로 북아메리카나 호주의 주요 도시를 예로 들 수 있는데, 이 도시들은 임해부와 내륙부에서 형성된 항만도시가 발전된 것이다.

화물과 사람의 공간적 이동, 특히 장거리 이동에서 항구와 도매의 역할을 하는 기능은 필수 불가결하다. 이러한 점은 시대와 지역의 차이를 불문하고 일반적으로 말할 수 있다. 이 때문에 인간의 오랜 역사를 통해 유사한 현상이 세계 각지에서 나타나고 있다. 그리고 지리학은 장거리 이동, 장거리 교역의 공간적 측면에 관심을 기울인다는 점에서 공간의 과학이라고 한다. 따라서 화물과 사람이 집중하거나 분산되어가는 장소나 거점, 구체적으로는 항만, 공항, 철도역 등을 게이트웨이라는 개념으로 파악하고자 한다. 이 '게이트웨이의 지리학' 책은 교통지리학, 경제지리학, 도시지리학이 서로 교차하는 지점에 있다고 할 수 있다.

하야시 노보루

많은 사람들은 전통적으로 물류의 이동과 그 제도적 측면을 '경제'라는 관점하에서 설명하고자 하였다. 이때 경제는 우리가 일반적으로 상상할 수 있는 이윤과 연관된 추상적 '경제' 개념을 말한다. 하지만 과거 경제인류학적 개념 논의에서 '경제'에 대한 의미를 정립할 때, 간혹 다른 결론들이 등장하기도 하였다. 예를 들어 경제인류학에서 많이 쓰이는 개념 중에는 '시장(market)'과 '시장터(marketplace)'가 있다. 언뜻 보았을 때 두 용어의 개념은 차이점이 없는 것처럼 보이지만, 실제 두 용어는 상당한 차이점을 내포하고 있다. 일반적으로 '시장' 개념의 의미는 교환이나 가격, 수요-공급, 분배를 포함하는 경제적 과정의 네트워크 총체를 말하면서, 가격 혹은 등가교환이 이루어지는 곳의 '사회적 제도'를 의미한다. 하지만 시장터의 개념은 앞서 말한 경제 개념이 작동하고 있는 장소로서, 다양한 요소에 의해 구성된 사회 제도와 행위자들, 상품의 거래관계, 무역관행, 다양한 문화적 의미들이 함께 포함되어 있다. 즉 시장터의 개념은 추상적 경제 개념이 실제 구체적 장소에서 누구에 의해 어떻게 작동되고 있는가를 보여주고, 이를 통해 한 지역의 문화적 특징과 상징성을 파악할 수 있게 한다. 어떤 인류학자들이 특정 장소에서 연구한 것은 '시장의 경제'가 아니라 '시장터의 특수성'일 수 있으며, '시장의 경제'와 '시장터의 특수성'은 모두 에트노그

래피(ethnography)를 구성하는 데 중요한 영역이 될 수밖에 없다. 이러한 '시장'과 '시장터' 간의 연관성은 게이트웨이 연구에서도 적용될 수 있다. 장거리 교역이나 도매의 거점으로 활용되면서, 여러 지역의 다양한 문화들이 혼종적으로 존재할 수 있는 곳을 '게이트웨이'라는 개념으로 설명할 수 있다면, 이것은 경제인류학적 의미의 시장터와 비슷하다고 볼 수 있지만, 우리는 게이트웨이 내부에서 발생하고 있는 추상적 경제 개념과 실제 문화적 행태들 사이의 상호작용에 대해 심오하게 분석한 바가 없었다. 하지만 이 책은 두가지 영역 사이의 연관성에 대해 구체적 실증을 표현하고 있어 상당히 유익한 측면이 있다.

이 책의 번역이 기획된 것은 전 세계에서 '게이트웨이'와 같은 역할을 하는 곳이 어디이며, 특히 부산은 어떤 범주에 속할 수 있는가를 파악하기 위함이었다. 하지만 게이트웨이를 파악하기 위한 노력이 계속되면서, 단순히 사람과 교통, 물자가 집중되는 곳이 게이트웨이가 아니라, 시간과 공간적 측면에서 각기 시대와 문화적 특성을 반영하고 있는 곳이 게이트웨이이며, 이 특성에 접근하기 위해서는 상당히 다양한 지역의 게이트웨이 모델을 접해야 한다는 사실을 알게 되었다. 즉 우리 연구진이 궁극적으로 관심을 가지고 있는 부산이 어떤 사회역사적 배경을 가진 게이트웨이이고, 이것의 특징은 무엇인가에 대해 접근해야 한다는 것이다. 본서는 이러한 궁금증에 휩싸여 있던 우리에게 게이트웨이의 개념을 소개하고, 전 세계 다양한 지역에서의 게이트웨이 역사에 대해 알게 해준 개론서라고 할 수 있다. 특히 전 세계 역사를 중심으로 다양한 지리적 거점과 지역, 도시에 존재했던 게이트웨이의 '시장터'적 상황을 소개하면서, 이 게이트웨이들이 전체적으로 어떤 추상적 게이트웨이 개념을 형성해 왔는가에 대한 문화사적 기술을 가능하게 한다.

인간의 역사는 결국 '교역의 역사'로 볼 수 있을까? 인간성의 발현은 왜 그토록 많은 교환과 상호접촉, 교역의 결과로 나타나야만 했던 것일까? 과거와 현재의 이러한 문화적 특성은 어떻게 동질성과 상이성을 가지고 있는가? 본질적으로 이 문제에 접근하기 위한 것이 우리의 연구이다. 이 책은 우리 연구의 본질적 부분에 있어서 기초적 지식과 역사적 배경, 새로운 패러다임의 창출을 위한 지식을 제공하고 있다는 점에서 중요하다고 할 수 있다. 본 역서의 발간을 위해 많은 분들이 노력해왔다. 먼저 책을 소개하고 번역해주신 전지영 박사님과 현민 교수님, 김진기 교수님, 박명숙 선생님께 감사의 인사를 드린다. 그리고 부경대 글로벌지역학연구소 박상현 소장님과 전임연구원 백두주 박사님, 정호윤 박사님, 문기홍 박사님은 책을 출간하는 데 도움을 주셨다. 마지막으로 6장과 7장의 번역을 꼼꼼히 봐주신 부경대 사학과 이근우 교수님께도 감사의 마음을 전한다.

2022년 6월

부경대학교 교수 노용석

제1장

게이트웨이 개념과 교통, 산업, 도시의 지리학 연구

제1절 시기별 게이트웨이 의미 변화

1. 게이트웨이의 의미와 사용 방법

일본은 JR히가시니혼 야마노테선에 신설될 역명을 공모하고, 그 결과를 바탕으로 신설될 역의 이름을 결정하였다. 공표된 역명은 역 주변 지명의 카타카나인 '게이트웨이'라는 명칭으로 결정되었다. 하지만 일반적으로 카타가나를 붙인 역명이 없었기에 사회적 반향은 상당히 컸다. 이 반향은 환영의 의미가 아닌, 오히려 비판적인 의미에서의 반향이었다. 새로운 역명을 반대할 목적으로 인터넷을 이용한 서명운동도 시작되었다. 공표된 신설 역명이 공모된 후보 중에서 상위권이 아니었던 점도 문제시 되었다. 그러나 무엇보다 역명에 카타가나 영어를 사용하는 것에 대한 위화감이 컸다. 도쿄올림픽 개최 1년 반을 앞두고, 국내외로부터 많은 방문객을 받아들인다는 의미에서 관문이란 단어가, 신설 역명의 결정 과정에서 중시된 것은 아닌지 추측해볼 수 있다. 에도시대에 신설된 이 역 부근에는 에도부 내의 입구로서, 또한 성 아래 남쪽 출입구로서 '일각대문(大木戸)'(게이트웨이)이 설치되어 있었다. 역명 결정시 이러한 사실도 고려되었겠지만 만약 관문이라는 단어에 방점을 든다면 게이트웨이가 아닌 일각대문이라는 단어로 결정해도 좋지 않았을까 생각해 본다. 이 사례에서는 역사적 지명에 카타가나를 안이하게 붙인 것에 대해 위화감을 가진 사람들이 적지 않다는 사실을 보여준다.

게이트웨이(gateway)라는 단어는 지리학에서 자주 사용되지 않지만, 다른 영역에서는 많이 사용되는 용어이다. 굳이 일본어로 한다면, 관문, 출입구, 현관 정도이지 않을까? 게이트라는 단어는 지리학에만 국한되지 않고 일상적으로 사용되고 있으며, 사람과 사물이 출입하는 장소를 관문 또는 게이트라고 말한다. 그러나 게이트웨이라는 좀 더 긴 표현은 이러한 장소를 표현하는 데 있어서 약간 상이성을 가질 수도 있다. 일본에서는 컴퓨터나 라디오 등과 같은 긴 외래어를 줄여서 사용하는 경향이 있다. 게이트도 게이트웨이를 줄여서

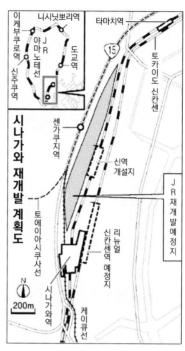

그림 1-1 JR히가시니혼 신설역 '타카나와 게이트웨이' 위치
출처: 아사히신문 웹 자료

사용하는 단어일 수 있다. 그러나 gate와 gateway는 근본적으로 의미가 서로 다르다. 'gateway'는 way가 붙으면서 '길'이라는 의미와 문을 빠져나와 앞으로 나간다는 의미가 더해졌다. 다른 한쪽을 서로 연결시켜 주는 공간이라는 측면에서, 단순하게 문을 의미하는 gate와는 다르다. 또한 way에는 방법, 수단이라는 의미도 있기 때문에, gateway에는 '뭔가를 달성하기 위한 실마리'라는 의미도 있다. 그러한 실마리를 입구로 보고, 목적을 달성한다는 의미가 있는 것이다.

'은행은 모든 금융서비스를 이용하기 위한 게이트웨이'라고 할 경우, 여기에는 공간적인 의미가 생략되어 있다. 거리에 있는 은행의 자동문을 지나 은행 창구에 간다는 의미에서 볼 때, 확실히 게이트웨이의 공간적 의미는 존재하고 있다. 그러나 위 사례에서는 비공간적인 존재로 은행이 가정되어 있고, 그 출입구로서 은행을 말하는 것이다. 지리학에서 은행망과 금융 연결망을 대상으로 한 연구가 없는 것은 아니다. 1990년대에 경제의 세계화와 세계 도시에 대한 관심이 높았을 때, 이러한 종류의 연구가 주목을 받았다(芳賀, 1997). 하지만 인터넷 보급의 본격화와 금융자유화가 진행되고, 돈과 정보의 국제적 유동성이 거대화되면서 역설적이긴 하지만, 연구의 관심은 다른 방향으로 변하기 시작했다. 어떤 현상이 나타나기 시작하고 관심이 높아지면 연구도 활발해지지만, 반대로 현상이 일반화되면 관심이 저하되는 것은 비단 이 경우에만 한정된 것은 아니다.

게이트웨이라는 용어를 지리학과 경제학 등에서 사용하는 경우, 공간적인 측면에서 사용하는 경우가 많다(松尾, 2012; 西日本シティ銀行公益財団法人九州経済調査協会編, 2016). 그렇지만 해석의 방식은 연구자에 따라 미묘하게 다를 수 있다. 실제 어떤 종류의 현상이 먼저 존재하고 그것을 적절하게 표현하기 위해 단어를 찾는 것이 일반적이다. 그러므로 게이트웨이의 경우에도 출입을 한정하는 공간적인 문과 같은 것이 실제 존재하고, 그 문을 게이트웨이라고 부르는 것이다. 이동을 제약하는 방해물에는 산맥, 사막, 해양, 강 등 지리적인 요인이 많다. 이러한 지리적 요인은 공간을 이분화하고, 지세적 · 생태적 · 경제적 · 사회적으로 어떤 지역의 독특한 특성을 만들어낸다. 반면 한 지역에 머무는 한 출입구, 즉 게이트웨이를 통과

할 필요는 없다. 그러나 어떤 이유에서 외부 세계로 나가게 된다면 게이트웨이를 통과하지 않으면 안 된다. 물론 반대로 게이트웨이를 통과하여 밖의 세계에서 안의 세계로 들어올 수도 있다.

어떠한 산이라도 어딘가에 골짜기와 큰 강이 있기 마련이지만, 하지만 건너기 쉬운 지점으로 강은 반드시 존재한다. 세월이 흐르면서 산맥과 큰 강에는 터널과 다리가 놓여지고, 그곳을 통해 사람과 물건이 모여든다. 바다의 경우는 파도가 잔잔한 장소에 사람과 물건이 모인다. 모이는 원인은 그 장소가 밖의 세계와 통하는 길 또는 내부의 세계와 통하는 길로 연결되어 있기 때문이다. 이러한 길, 즉 'way'가 중요하며, 출입구를 연결하는 길이 없다면 이동이라는 목표를 이룰 수 없다. 출입구와 길이 연결된 개념으로서 게이트웨이는 문자 그대로의 의미로 기능을 할 수 있다. 출입구에 모이는 사람과 물건의 움직임을 공간적으로 보면, 비교적 넓은 범위에서 한 점을 향해 집중해서 모이는 패턴이 그려진다. 게이트웨이를 통과하면 사람과 물건이 재차 넓은 범위를 향해 분산되어 간다. 결국 집중과 분산이라는 공간적 패턴이 게이트웨이 양측에서 관찰된다. 게이트웨이는 출입구이기 때문에 그곳에서의 통과는 쌍방향적이다. 출구와 입구는 이동하는 사람과 사물에 있어 상대적이며 가는 것이 있으면 돌아오는 것도 있다. 터널과 다리의 경우는 시설 끝에 각각의 출입구가 있다. 항구는 그 자체가 출입구이고, 상대편 항구에도 출입구가 있다고 생각할 수 있다.

2. 게이트웨이 개념의 의의

게이트웨이는 주택 현관 출입구를 예로 들어 설명할 수 있다. 어떤 주택이라도 대부분 현관이 있기 때문에, 게이트웨이는 도시 안에서 무수히 존재한다고 할 수 있다. 그러나 이것은 단순한 사례일 뿐이며, 이 경우 밖으로부터 집안으로 출입하는 한정된 장소의 의미로 게이트웨이는 사용되고 있다. 주택은 안전성이 우선되는 시설이고, 기본적으로 외벽에 의해 밖의 세계와 단절되어 있다. 그러나 어딘가에 출입구가 없으면 생활할 수 없기 때문에 현관 출입구가 설치되어 있다. 주택을 국가라는 범위로 넓혀 생각한다면, 현관 출입구 자체는 국경을 수비 · 관리하는 시설이 된다. 역시 이 경우도 국가의 안전성 확보가 최우선시된다. 국가에서 나아가 더 큰 범위로 대륙, 지구까지 확대한다면, 우주로의 출입구가 지구에서는 게이트웨이가 된다. 구체적으로 우주로켓 발사기지가 이에 해당된다. 좀 더 광범위한 측면에서 사례를 든다면, 우주공간에서 자외선이 도달하는 오존층 등도 게이트웨이라 할 수 있다.

이처럼 성질이 다른 두 가지 세계를 한정적으로 연결시키려는 장소로 게이트웨이가 존재한다. 지리학은 한 채 한 채의 주택을 연구 대상으로 하지 않지만, 이러한 주택이 모인 가구와 마을 혹은 도시를 그 대상으로 한다. 즉 지리학은 메소스케일(meso scale)로 불리는 중간 범위에서 관찰되는 공간적 형상을 대상으로 하기에, 게이트웨이도 이 범위에 주목하여 연구하고자 한다. 여기에는 앞서 설명한 산맥을 통과하는 터널의 출입구, 큰 강을 연결하는 다리 입구, 항만 등이 해당한다. 산맥과 큰 강은 자연적인 생성물이다.

인간은 이런 중간 범위의 장소들을 이용해서 세계를 구분하고, 국경을 시작으로 정치적 경계를 설정했다. 이러한 지형을 이용할 수 없는 경우는 이런 장소들을 대신해서 벽(만리장성)과 울타리(유자철선)를 설치해 경계선으로 삼았다. 횡단하는 것을 곤란하게 하는 산맥과 큰 강은 확실히 외부의 침입을 막는 데 도움이 된다. 따라서 벽과 울타리도 이러한 역할을 하고 있다. 이러한 경계를 통해 자국과 자국 영역을 지키지 않으면 안 되는 시대가 역사적으로 계속되었다.

핵탄두가 탑재된 미사일을 언제라도 발사할 수 있는 오늘날에도 국경선이 가진 의미는 크다. 군사적 측면에서의 안전성을 확보하면서, 정치적·사회적·문화적 통일성이라는 측면에서 국경은 의식되고 있다. 사회가 국제화되어 대도시화된 현재조차, 국가와 국경은 상당히 중요한 요소이다. 이것은 국경 내 국민의 정체성을 형성하는 데도 중요한 영향력을 미친다. 사람과 물건, 정보의 이동이 복잡하게 증가하면서 역설적으로, 국경만큼은 더욱 유지되어야 한다는 의식이 강화되었다. 국경 또는 국경선을 둘러싼 국가 간의 외교적 대립은 여러 지역에 존재하고 있고, 국가정체성이라는 측면 또한 1미리의 양보 없이 치열하게 진행되고 있다.

게이트웨이는 이러한 국경을 시작으로 한 각종 경계선의 존재를 반영하고 있다. 공간적 이동을 방해하는 방해물이 없었다면, 게이트웨이는 어쩌면 존재하지 않았을 것이며, 특정 장소에 사람과 물건이 모여들 필요 없이 자유롭게 이동할 수 있었다. 자연의 생성물인 산맥과 큰 강은 애초에 횡단할 수 있는 장소가 한정되어 있었다. 그러나 인간은 기술혁신으로 터널과 다리를 만들었고, 횡단 가능한 경로를 만들었다. 공간적 집중의 비율

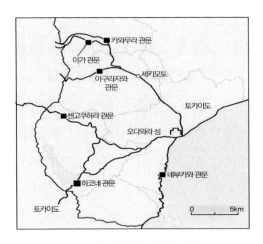

그림 1-2 하코네 관문과 5곳 협관문
출처: 하코네 관문 공식사이트 웹 자료

이 저하됨과 동시에 게이트웨이의 의의도 약해졌다. 이동에 지장을 느낄 수 없을 만큼 자율성이 커지면서, 게이트웨이가 역사적으로 과거의 부산물이 된 예도 적지 않다.

그림 1-2는 에도시대에 토카이도 하코네 산중에 설치된 관문을 나타내고 있다, 널리 알려진 하코네 관문은 1619년쯤 설치되었는데, 이보다 이전에 몇 군데에 협관문(脇関門)이 설치되어 있었다(立木, 1978: 加藤, 1985). 예를 들어 야쿠라자와 관문은 1590년, 네부카와 관문은 1604년에 설치된 것이다. 이러한 관문들의 역사는 오래되었고, 카마쿠라 시대의 조큐의 난(1221년) 때는 아시가라·하코네 두 길의 관문에서 에도막부가 교토 방면의 군사들에 맞서 싸웠다는 기록도 남아있다. 하코네 관문은 에도 막부가 각지에 설치한 관문 중에서도 맨 처음이었으며, 오다와라번(小田原藩)[1]이 이를 맡아 경호하였다. 검열에 중점을 둔 것은 '반입되는 뎃포(鉄砲, 조총)'보

---

1 다이묘가 지배하는 영지와 그 지배 기구를 번이라고 함

다는 '데온나(出女)'[2]였고, 여성의 검사는 여성전용담당자가 담당했다. 무사의 부인 등에 대한 검사는 여성 전용 담당자를 대신해 하코네슈쿠의 본진(本陣)에서 정주(亭主)의 부인이 실시했다고 한다. 관문 주변의 산은 전략상 중요한 장소로 출입이 금지되었고, 산에 들어가면 극형에 처해졌다. 하코네 관문이 폐지된 시기는 250년 후인 1869년이다.

관문은 사람의 이동을 엄격하게 감시하기 위해 설치되었다. 일본에서 위정자(爲政者)는 막부 체제를 유지하기 위해서 사람의 이동을 제한해야 한다고 생각했다. 이러한 이동의 제한을 통해 확실히 세상은 안정되었다. 그러나 이것은 이동의 자유가 제한된 사회에서 외견상 보여지는 안정으로, 근대 이후 사회와는 동떨어진 것이다. 서양사상의 유입으로 국가 형태가 변화되기 시작하면서 관문과 같은 봉건시대 유산은 바로 사라지게 되었다. 이동을 방해하는 인위적 시설은 사라지고, 오히려 이동을 촉진하기 위한 교통망의 정비에 중점을 두기 시작했다. 하지만 이렇게 변화되었다고 하더라도 어디든 무제한으로 이동할 수 있는 것은 아니다. 마지막에 남겨진 것이 국민국가 성립 후 확정된 현재의 국경이다. 일본의 경우 메이지 근대국가의 성립이 이러한 변화에 해당한다. 이후 국내에서의 이동은 어떠한 제약도 받지 않고 자유롭게 이동할 수 있게 되었다.

이와 같은 방식으로 생각한다면, 공간적 이동을 방해하는 자연적, 인위적 장벽이 소멸됨과 동시에 게이트웨이는 지구상에서 자취를 감췄다고 생각할 수 있다. 그러나 이러한 사실이 게이트웨이의 모든 것을 설명할 수는 없

---

2 에도시대에 에도에서 관문을 통해 지방으로 가던 여자

다. 예를 들어 항만과 공항 등 교통수단 분야에서는 여전히 게이트웨이가 존재한다. 이 경우 사람과 물건을 대량으로 먼 곳까지 운송하기 위해 한정된 장소에 모은다. 운송하는 것은 운송비를 절감하기 위해서이며, 이러한 시스템으로 먼 곳까지 운송할 수 있다. 개별 운송으로는 도저히 불가능한 운송을 실현하기 위해 대량 운송의 장점을 추구한 것이다. 이러한 게이트웨이는 지리적인 분산 이동의 한계를 돌파하기 위해 만들어졌다. 예를 들어 긴 역사를 가진 수상교통의 경우, 어떠한 작은 항만일지라도 수상과 육상의 접점에 위치한다는 의미에서 게이트웨이의 자격을 가지고 있다. 그러나 오늘날에는 대표적으로 허브항만에서 보듯이, 특정 거대 항만에 화물을 모으는 대량운송 방향으로 나가고 있다. 이로 인해 게이트웨이 기능은 오히려 강해졌다고 할 수 있다(高, 2012; 松尾, 3012).

3. 도시의 게이트웨이 강화와 그 영향

항만과 공항 등에서 발생하고 있는 게이트웨이 강화 현상은 육상교통의 대표적 예인 철도 분야에서도 발생하고 있다. 철도는 원래 도보교통, 마차교통, 하천교통 등을 대신해 등장했다. 철마(Iron Horse)라는 별명에서 보듯이 서양에서는 '철마차', 즉 증기기관의 힘으로 노선 위를 달리는 마차로 발명되었다. 마차의 경우, 정차할 수 있는 장소라면 어디에서든 갈아타는 것이 가능했지만, 철도는 역 이외 장소에서는 정차할 수 없으므로 역에서 이동할 수밖에 없다. 마차가 없었던 일본은 갑자기 철도역과 열차의 '문화'를 가지게 되었다. 어디서든 나갈 수 있고, 어디서든 들어갈 수 있는 취락

상호 간 이동도 특정 장소의 역과 다른 역 간의 이동으로 변했다. 역은 사람과 물건을 모으고, 또한 그곳에서 다시 모든 것을 분산시키는 기능을 가지게 되었다. 즉 게이트웨이가 마을 가운데 출현하게 된 것이다.

이처럼 철도역은 기본적으로 게이트웨이의 성격을 지니고 있다. 이는 사람과 물건을 하나로 합쳐 운송하는 수단으로 철도가 이용되었기 때문이다. 철도 다음으로 등장한 자동차는 '도어 투 도어'의 교통수단으로 불리면서, 특정한 장소에 모일 필요 없이 어디서든 이동할 수 있는 특징을 보여주는데, 이는 열차와는 대조적 특성이다. 승합자동차, 즉 버스는 철도와 자동차의 중간적 위치에 있다. 버스정류장이라는 한정된 지점에 사람을 모으는 점은 철도와 닮아 있다. 그러나 버스정류장 수는 대부분 집중의 정도가 낮다. 사람이 모이는 것은 승차행위를 하려는 사람들이 동일 장소와 시간을 공유하기 때문이다. 사람을 모아 운송하는 기능을 완수하려면, 정도의 차이는 있지만, 역의 개찰구와 버스의 승하차구를 설치할 필요가 있다.

항만과 공항에서 허브화 현상이 진행되는 것처럼 철도 분야에서도 재래선의 특급화와 신칸센 개통에 따라 특정 역이 게이트웨이 기능을 강화하고 있다. 다수 역에서 승차하는 사람들이 특정 역에 모이고 타기 때문이다. 이원리는 선박과 항공기와 마찬가지로 대량으로 먼 곳까지 운송되기 때문이다. 이는 운송을 실현하기 위한 기술혁신이 진행된 결과로 가능해졌다. 철도를 통한 대량고속 운송화의 과정은 영역의 통합으로 인해 오래된 경계선이 없어져 관문의 수가 줄어든 현상과 닮아있다. 한편으로 특정 주요역의 게이트웨이 기능이 강화되는 움직임이 있고, 다른 한편으로 국토의 확대와 더불어 특정 출입구가 국경관리 장소로서 게이트웨이 기능이 강화된 측면이 있다. 공통된 것은 집약화, 공간관리와 공간이동의 효율성을 높이고자 하는 움직임이다.

철도역은 항만, 공항과 마찬가지로 도시 구조의 일부를 구성하고 있다. 이것은 도시와 지역의 상호간 이동을 실현하기 위해 빼놓을 수 없는 시설이고, 공공적 성격이 매우 강하다. 더구나 철도역은 열차의 고속화를 위해 거대한 설비들이 투자된 생산 기반이다. 철도역은 도시 내에서 대규모 공간을 점유할뿐만 아니라, 수많은 사람의 일자리를 창출하면서 운송산업, 교통산업의 중요한 부분을 담당하고 있다. 철도역의 고용은 간접적 고용 형태도 많으며, 관광과 음식, 서비스 산업과 긴밀한 연관성을 가진다. 특히 상업 · 서비스업 분야에서는 이전과는 달리 게이트웨이 기능과 연결된 색다른 특징을 보여주고 있는데, 그것은 교통 운송 기능을 담당하는 시설에 상업 서비스 밀집 지역이 들어서게 되었다는 것이다.

특히 중요한 특징은 주요 철도역 빌딩과 상업 · 서비스업 시설 일체화의 증가이다. 이는 사람이 모이는 게이트웨이의 특성을 이용해 지역 상권뿐만 아니라 영업을 위한 광역 상권이 형성되고 있다는 것이다. 이러한 움직임이 도시구조에 미친 영향은 크다. 지금까지 한 지역의 상업 · 서비스업만을 이용하던 사람들이 철도의 편리성을 이용해 타 지역의 주요역으로 가서 상업 · 서비스업 시설을 이용하게 되었기 때문이다. 이에 따라 대도시 주요역의 상업 · 서비스업은 매상이 늘고 있다. 반면에 주변부 도시와 지방에서는 경기 부진을 반영한 상업 · 서비스업이 나타나고 있다. 이렇듯 특정 열차 역의 게이트웨이 강화는 도시구조 형성에 다양한 영향을 미치고 있다.

그림 1-3은 1996~2016년 나고야시 백화점의 연간 판매액 추이를 나타

내고 있다. 1987년 구(舊) 철도가 민영화되면서 발족한 JR토카이는 오사카 자본의 타카시마야와 손을 잡고 백화점 경영을 시작하였다(中村, 2000). JR나고야에 연결된 센트럴타워의 핵심 상업지구가 JR나고야타카시마야이고, 이곳은 2000년 3월에 개업하면서 시내 백화점 중 매출 4위를 기록하였다. 그러나 이후 다른 백화점의 매출이 상당히 떨어졌음에도 불구하고, 이곳의 매출은 급격히 상승하여 2011년 3월에는 월간매출 1위, 2015년 2월에도 월간매출 1위를 기록하였다. 이러한 빠른 성장률의 가장 큰 요인은 JR토카이 철도의 운행 속도가 빨라진 점을 들 수 있다. JR토카이 노선에서 나고야역까지 시간 거리가 단축된 결과, 여러 지역의 상업지구에서 상품구매를 했던 소비자가 나고야역 터미널 백화점으로 쇼핑하러 오게 되었다. 이는 나고야역에서 지하철로 환승해야 갈 수 있는 사카에 지구의 백화점과 비교해 볼 때, 환승하지 않고 터미널 백화점을 이용하는 것이 훨씬 편리하

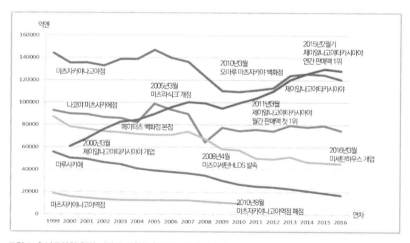

그림 1-3 나고야역 앞과 사카에 백화점 연간판매액 추이 (주) 나고야역 앞=제이알나고야타카시마야, 각 철도백화점 본점, 마쯔자카 나고야역점 사카에=미쯔코시'라시크', 마쯔자카나고야점, 마루에이
출처: 제이알토카이에이전시 웹 자료

다고 느끼게 된 점도 크다. 이리하여 터미널형 백화점은 나고야 주변의 상업지구뿐만 아니라 예전부터 경쟁 관계였던 사카에지구 상업시설과의 경쟁에서도 소비자를 빼앗으면서 성장했다.

제2절 중심지체계, 게이트웨이, 허브의 상관관계

1. 중심지 체계와 게이트웨이의 개념상 관계

지리학 분야에 있어 게이트웨이는 도매업의 입지를 설명하는 데 사용되는 경우가 많다. 그 이유는 도매업자가 많은 생산자로부터 상품을 모아 준비하고 그것을 소매업자에게 판매할 때의 공간적 패턴이 집중과 분산을 특성으로 하는 게이트웨이와 닮아있기 때문이다. 도매는 영어로는 wholesale이라 하고, whole, 즉 전체 혹은 대량으로 판매(sale)한다는 의미이다. 이 용어는 '대량', '집중', '결합'이 주요 키워드이고, 작게 나누는 것이 아닌 모아서 판다는 점에 특징이 있다. 대부분의 경우 도매업자는 원거리 생산자, 즉 제조회사로부터 상품을 구입해 집앞까지 배송한다. 그러나 실제 누가 상품을 운송할지에 대해서는 묻지 않는다. 운송되어 오는 상품은 여러 종류에 이르기 때문에 그것을 어느 장소에 모아둘 필요가 있다. 이에 대량 운송과 더불어 정리 및 보관 기능이 추가되며, 또한 배송하는 기능도 추가된다. 이러한 기능을 통합해서 실시하려면 상당한 전문적 업무 지식과 이것이 실현될 수 있는 공간이 있어야 한다.

도매업이 상대하는 판매처는 기본적으로 소매업이다. 판매처에는 제품을 일부 사용해 서비스를 제공하는 서비스업도 포함되는데, 예를 들어 의료기구를 사용하는 병원·클리닉, 이미용 기구를 사용하는 이미용업, 침구·세안용구 등을 필요로 하는 숙박업 등이 그러하다. 어쨌든 소매업과 서비스업을 상대로 도매업은 상품을 판매한다. 도매업으로부터 상품을 구입한 소매업과 서비스업은 입장을 바꾸어 소비자를 상대로 이러한 상품과 서비스를 판매한다. 최종적으로 상품을 필요로 하는 소비자를 상대로 하는 소매업과 서비스업은 지리학에서 '중심지 기능'이라고 불린다(林, 1986). 중심지, 즉 영어의 central place는 주변에 소비자가 모여 필요한 상품과 서비스를 사고 파는 장소를 의미한다. 이 같은 장소에서 활동을 하기 때문에 중심지 기능(central place function)이라 불리는 것이다. 중심지라는 용어는 일반 사회에서도 쓰이지만, 지리학에서는 상품과 서비스가 거래되는 곳을 중심지라고 부른다.

지리학 특히 경제지리학 분야에서 중심지에 이러한 의미를 부여한 사람은 독일의 경제지리학자 발터 크리스탈러이다. 크리스탈러는 1930년대 독일 남부 도시의 공간적 배치에 관심을 가지고, 그 배치가 모종의 공간적 규칙에 따라 정해져 있다는 가설을 세웠다(Christaller, 1933). 이 가설을 실증하기 위해 도시는 다양한 소매업과 서비스업의 입지를 집적(集積)한다고 보았다. 가설을 기하학적으로 실증하기 위해서는 집적지를 점으로 간주할 필요가 있었다. 실제로는 면적으로 있는 도시를 점으로 간주하는 것으로 가설의 검증이 용이할 것으로 생각했다. 기하학 즉 수학은 사물을 추상적으로 생각하기 위한 수단이며, 소매업과 서비스업의 집합을 점으로 간주함으로써 공간적 규칙을 수리적으로 찾아낼 수 있다. 현실적으로는 면적 또는 입체적인 대상을 점으로 취급하는 것에 대해 위화감을 느끼는 지리학자들도 적지 않다. 사실 당시 독일 지리학계에서는 크리스탈러의 추상적, 기하학적 연구는 전통적인 지리학과는 별개로 여겨졌다.

크리스탈러가 채택한 접근방식은 확실히 혁신적이었다. 연구 방법이 추상적, 기하학적이었기 때문에 역사적 평가가 가능한 지리학 이론이 수립되었던 것이다. 크리스탈러의 노력은 논문으로 정리되었고 출판도 되었다. 그는 이 논문을 작성하기 위해 도시 입지에 관한 과거 연구를 조사했다. 그러나 어느 것도 충분히 만족할 만한 연구는 아니었다. 단, 농업입지 분야에서는 요한 폰 튜넨, 또 공업입지 분야에서는 알프레드 베버가 기하학적 방법을 도입하여 연구를 수행하였다(Thunen, 1826: Weber, 1909). 이들 연구와 크리스탈러 연구의 차이점은 특정 농장이나 공장의 입지가 아닌 넓게 분포하는 도시(소매업 · 서비업의 집적지)의 전체 공간적 패턴을 기하학적으로 설명해보자는 점이었다.

중심지에 관한 설명이 길어졌는데, 여기서 기술하고 싶은 것은 중심지라는 개념과 게이트웨이라는 개념의 관계이다. 도매업과 소매업 그리고 서비스업의 역할 차이에서 시사하듯이 운송이 마무리된 후 분배하는 것이 게이트웨이(도매업)의 기능이며, 한 곳에 모인 소비자를 상대로 상품 및 서비스를 판매하는 것이 중심지이다. 이와 같이 설명하면, 게이트웨이와 중심지는 기능적으로 완전히 별개처럼 생각될지도 모른다. 그러나 '계층'이라는 키워드를 활용한다면 양자를 공간적 위계에서 파악할 수 있다. 크리스탈러가 말하는 중심지에는 공간적인 계층성이 있어서 상품이나 서비스의 종류에 따라 점포의 입지점이 다르다. 일반적으로 고급상품은 수준 높은 중심지에서 판매되며, 일상용품은 수준 낮은 중심지에서 판매된다. 크리스탈러는 최소한 어느 정도의 매상을 확보하지 않으면 점포 경영이 지속될 수 없는 공간적 범위를 가정해, 고급상품은 그 범위가 크고, 일상용품은 작다고 했다. 소비자는 고급상품을 먼 매장까지 가서 구입하지만, 일상용품은 가까운 매장에서만 산다.

이러한 점포 측의 경영조건과 소비자의 판단이 합쳐진 결과, 계층적인 중심지체계가 형성된다(그림 1-4). 이 경우 '계층'에는 상품 수요의 계층과 중심지 수준의 계층 두 가지가 있다는 점에 주의할 필요가 있다. 앞서 설명한 것처럼, 크리스탈러의 중심지체계에서는 소매업과 서비스업의 집적지는 점으로 간주되고 있다. 수준이 낮은 중심지라면 몰라도, 많은 점포가 모여 상점가나 상업지구를 형성하는 대도시도 추상적인 점으로 간주하는 연

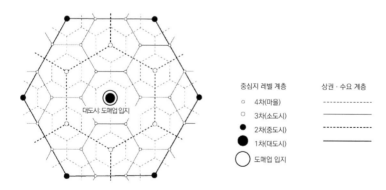

그림 1-4 크리스탈러(Christaller) 중심지체계(K=3)와 도매업 위치

출처: Geography 웹 자료

구의 접근방식에는 위화감이 있을지 모른다. 크리스탈러 이후의 연구자는 대도시 그 자체 안에 다른 중심지체계가 존재한다고 보고, 이 문제를 명확히 하려고 했다(Berry, 1964). 실은 이러한 대도시야말로 도매업의 집적지 즉 게이트웨이로 간주할 수 있다. 도매업은 대도시의 중심부에 입지해 대도시는 물론 그 주변의 소매업·서비스업에도 상품을 공급한다. 크리스탈러의 중심지 모델은 소매업·서비스업의 입지를 설명하는 모델이다. 그러나 이 모델 안에 게이트웨이 개념을 적용하는 것은 가능하다. 단, 이 두 가지 개념상의 관계를 나타내려면 추가적인 설명이 필요하다.

2. 중심지체계 안에서 게이트웨이를 고찰하자

크리스탈러의 중심지체계는 중심지에 입지한 소매업과 서비스업이 소비자에게 판매하는 상품과 서비스를 미리 갖추고 있다는 것을 전제로 성립되어 있다. 그러나 이러한 전제는 상품과 서비스 중 적어도 상품이 해당 중심지 이외의 어딘가 다른 장소에서 운반되어 오지 않는다면 충족될 수 없다. 즉 이 전제를 만족시키려면 사전에 상품이 소매점포에 납품되어 있어야 한다. 바로 이 역할을 담당하는 것이 도매업이다. 그렇다면 도매업은 중심지체계 안의 어디에 존재하는 것일까? 소매업·서비스업의 입지를 염두에 둔 크리스탈러의 의도와는 별도로 이 체계 안에 도매업의 입지를 도입하면 그 지점이 체계의 중심일 것이다. 이를 현실에 대입한다면, 대도시 혹은 그 지역의 중심도시일 가능성이 크다. 어느 계층에 속한 소매업·서비스업이든지 간에 도매업으로부터 상품을 가져올 필요가 있지만, 도매업이 대도시나 지역 중심도시에 있으면 상품의 배송 비용이 최소화되기 때문이다.

이와 같이 생각한다면, 중심지체계 안에서 수준이 높은 중심지는 게이트웨이 기능의 입지점일 수도 있다. 다만, 추상도 높은 크리스탈러의 중심지체계 안에 실제로 어느 정도의 면적을 가지는 도매업, 즉 게이트웨이를 기입하는 것은 어렵다. 암묵적으로 게이트웨이 기능이 중심지체계의 핵심에 존재한다는 것을 이해할 뿐이다. 그러나 염두에 두어야 할 점이 이뿐만이 아니다. 또 하나 알아야 하는 점은 게이트웨이가 기능하기 위해 운송로, 교통로가 어딘가에 확보되어 있어야 한다는 것이다. 상품을 중심지체계 밖에서 중심지까지 운송하려면 교통로가 필수다. 크리스탈러의 중심지체계에서 이동은 어느 방향으로도 가능하고, 이동을 방해하는 것은 없다고 가정한다. 이러한 공간을 '등방성(等方性)' 공간이라 부르는데, 현실에서는 물론 있을 수 없다. 이 체계 안에 그러한 교통로를 어떤 식으로 가정하는 것이 타당한지 묘안은 없다. 크리스탈러의 이론에 따라 어디인지 특정할 수 없는 장소에서 직선적 경로를 거쳐 중심지까지 상품이 운반되고 있다고 생각할 수밖에 없다.

지금까지의 논의에서 밝혀진 바와 같이, 크리스탈러의 중심지체계에 소매업과 서비스업 이외의 다른 경제활동을 도입하기 위해서는 암묵적인 가정이 필요하다. 크리스탈러의 중심지체계는 1930년대 남독일의 도시 분포를 설명하기 위해 구축됐다. 남독일은 북독일에 비해 공업이 그다지 발전하지 않아 공업 활동에 관한 중심지체계로 치우칠 정도는 아니었다. 남독일 이외에서 공업제품이 도매업을 통해 유입되는 상황은 있었다고 본다. 그리고 또한 남독일 내에서 공업제품이 생산되기도 했을 것이다. 그러나 크리스탈러는 그러한 사실은 일절 배제하고, 중심지에 상품이나 서비스가 준비되어 있는 점을 체제 구축의 출발선으로 삼았다. 농산품이나 수공업품 등 현지에서 생산되는 상품이라면 굳이 도매업의 번거로움 없이 중심지에서 준비할 수 있을지도 모른다. 그러나 지역 간, 대륙 간에서조차 장거리 교역이 이뤄졌다는 사실을 근거로 한다면, 도매업이 존재하지 않는 소매업과 서비스업만으로 도시체계(중심지체계)를 지탱한다는 것은 비현실적이다.

크리스탈러의 중심지체계가 성립가능한 이유는 소매업과 서비스업이 동업종 사이에서 공간적으로 경쟁을 전개하고, 소비자는 인근 중심지에서 상품과 서비스를 구입하고 있기 때문이다. 단순하지만 명확한 행동 원리가 체계 성립의 전제가 되고 있다. 그럼 게이트웨이의 기능 즉 도매업은 어떻게 성립되고 있는 것일까? 결론부터 말하면, 이 경우도 소매업·서비스업과 같은 종류의 행동 원리가 작용하고 있다고 볼 수 있다. 소매상권을 도매상권으로 대체하여 소비자를 소매상으로 보는 것이다. 도매업자도 경영을 유지하기 위해서는 납품처인 소매업자를 최소한 확보할 필요가 있다. 소매업자들은 같은 상품이면 거리가 가까운 도매업에서 구입하려고 한다. 실제로 도매업자가 소매업자에게 배달하는 것이 일반적이라고 볼 수 있고, 이 경우에 수송 비용의 최소화는 바람직하다. 중심지체계 중에서 계층 수준이 높은 중심지에 도매업이 입지하면, 수송비용은 최소가 된다. 크리스탈러는 의도하지 않았지만, 중심지체계는 게이트웨이의 체계로 대체될 수 있다.

몇 가지 고려해야 할 사항은 있지만, 게이트웨이는 중심지 모델의 범주 안에서 생각할 수 있다. 그렇다면 게이트웨이의 본질이기도 한 출입구, 관문성은 어디로 간 것일까? 이 점에 관해서는 중심지체계를 내부 세계라고 생각하고, 그 안에 도매업이 외부 세계로부터 상품을 반입한다는 것으로 설명이 가능하다. 중심지체계는 일상적으로 상품이나 서비스를 소비자에게 판매하는 체계이다. 그러나 일정 기간 예를 들면, 1주일 안에 상품이나 서비스는 품절된다고 하면 이를 보충할 필요가 있다. 소매업과 서비스업에 대해 상품과 서비스를 매일 보충하는 것은 비효율적이고, 또 그럴 필요도 없다. 이론적으로는 일주일에 한 번씩 묶어 보충하면 된다. 도매업도 상품 확보에 차질이 없도록 상품을 묶어 외부 생산자부터 구매한다. 구입 빈도는 상품구매량과 관계하고 있으며, 한꺼번에 대량으로 구입한다면 횟수는 줄어들고 시간 간격은 길어진다.

도매업이 외부 세계로부터 상품을 구매하는 것은 그러한 상품을 내부에서는 구할 수 없기 때문이다. 도매업과 게이트웨이가 장거리 교역과 연결되는 지점은 바로 여기이다(Vance, Jr., 1970). 내부와 외부의 두 세계 경계선, 즉 중심지체계의 경계는 현실 세계에서 골짜기의 출입구나 큰 강의 도하지점 혹은 항만이기도 한다. 그러한 경계 그 자체를 출입구나 관문이라 부르는 경우도 있고, 그러한 장소를 경유해 도매업이 있는 곳까지 상품을 운송하는 기능을 게이트웨이 기능이라고 부르기도 한다. 항만이 배후권을 끼고 성립된 지역이라면, 도매업은 중심지체계의 중심이자 게이트웨이인

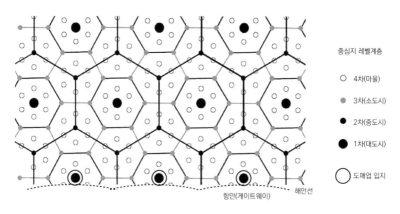

그림 1-5 대도시 항만(게이트웨이)과 중심지체계

한 장소에서 활동하고 있다고 말할 수 있다(그림 1-5). 그러한 장소에서는 일상적으로 판매를 행하는 중심지 기능과 일정한 시간 간격을 두면서 상품을 구입하거나 도매하는 게이트웨이 기능이 양립하고 있다.

3. 허브, 결절점과 게이트웨이의 상이점

허브(hub)라는 용어도 게이트웨이와 비슷한 맥락에서 쓰이는 경우가 많다. 허브는 자전거 바퀴(휠)의 중심에 다수의 바큇살을 고정하는 부분이다. 그 형상이 사방에서 모여드는 교통로의 결절점과 비슷하여 이러한 곳을 허브라고 부르게 되었다. 이는 게이트웨이가 문(게이트)을 열고 닫으며 통행을 통제하는 관문과 비슷하기에 그렇게 불리게 된 것과 유사하다. 그렇다면 허브와 게이트웨이는 어떤 관계에 있을까? 허브라고 하는 용어가 주로 사용되는 곳은 허브공항이나 허브항만과 같이, 항공이나 항만이라고 하는 교통 분야에 있어서다. 1980년대의 미국에서 항공 분야에서의 규제완화가 진행되어, 특정 공항에 현지 공항으로부터 항공편을 모아 다수의 환승객을 먼 곳으로 수송하려는 움직임이 강해졌다(東北産業活性化センター編, 1995). 주요 공항과 지방 공항을 연결하는 항로를 바큇살로 본다면, 바큇살을 묶는 공항은 허브 역할을 하고 있다고 말할 수 있다. 미국의 이러한 사례들은 국제적으로 확산되었고, 얼마 지나지 않아 세계 각지에 허브공항이 탄생했다.

이러한 사정은 항만도 마찬가지로, 지방의 작은 항만에서 운반되어 온 화물은 주요 항에 집결된 후 보다 큰 선박으로 환적되어 더 먼 곳까지 운송되어 간다. 항공의 경우처럼 규모의 이점을 추구한 결과, 몇 개 항만을 선별 지정하여 특정 항만에 많은 화물을 모아 수송하는 체계가 나타났다. 항공이나 항만의 공통점은 국지적인 공로(空路)나 해로가 한 곳에 연결되어 그곳에서 국제적인 공로와 해로로 연계되고 있다는 점이다. 결국 국지적으로든 국제적으로든 모두 같은 종류의 항로, 즉 교통로로 서로 연결되어 있는 것이다. 경제적 효율성의 관점에서 특정 공항이나 항만이 허브로 선택되고 있지만, 연결망의 개편 등 사정이 변화하면 허브는 다른 곳으로 옮겨질 수도 있다. 또한 어떤 경우는 교통 연결망 상의 결절 상황이 우연히 집중적이어서 허브 역할을 하는 것처럼 보이는 경우도 있다. 실제로는 항공정책과 항만정책에 따라 주요 공항과 주요 항만이 선정되기 때문에 허브의 위치는 쉽게 변하지 않지만 그렇다고 고정적이라고 단언할 수도 없다.

앞에서도 몇 번 언급한 바 있지만, 게이트웨이는 골짜기의 출입구나 큰 강의 도하지점 혹은 항만 등 두 가지 다른 세계의 경계선에 위치하는 경우가 많다. 게이트웨이의 규모는 매우 다양하고 그 위상도 시대에 따라 차이가 있다. 이와 같은 사례는 항만만 보더라도 지방의 작은 항만에서부터 국제적인 대규모 항만까지, 다양한 규모의 항만이 있다는 사실로부터도 알 수 있다. 항이나 항구 등으로 불리던 작은 항이 이후 근대 항만으로 발전해 갔다는 점에서 보더라도 항만이 직면해 있는 상황이 시대에 따라 변화해 간 것이 분명하다. 이러한 사례와 비교해 볼 때 허브공항이나 허브항만은 비교적 새로운 현상이며, 정책적인 의도나 제도에 의해 방향을 잡아가고 있다는 인상이 강하다. 게이트웨이의 항만 중에서 유력한 것을 선택해 허브항만으로 삼고 있듯이, 여러 개의 게이트웨이 중에서도 중요한 것은 허브라고 부르게 된다. 이것은 게이트웨이를 도시로 바꾸어 생각할 때, 도시체계의 중심에 계층 수준이 높은 대도시를 자리매김하는 것과 비슷하다. 게이트웨이와 허브의 관계는 이와 같이 생각할 수 없을까?

공항과 항만은 본래 국지적이든 국제적이든 게이트웨이로서의 성격이 있다. 그것은 공항이나 항만까지 자동차나 철도를 이용해 승객과 화물을 모으고, 거기에서 모아진 대규모 물자를 항공기나 선박을 통해 옮긴다는 점에 나타나 있다. 대부분 보면, 자동차와 철도에서 항공기와 선박으로 서로 다른 교통수단들을 연결하는 기능을 한다. 이렇듯 다른 종류의 교통수단을 연결한다는 점이 같은 종류의 교통수단만을 연결하는 허브와의 차이점이라 할 수 있다(그림 1-6). 다시 말해, 게이트웨이로서의 공항과 항만의 역할을 하면서 동시에 다른 현지 공항과 항만으로부터 사람이나 사물을 모으는 곳을 허브라고 부른다. 단, 처음부터 다른 공항이나 항만에서 사람이나 사물을 모으는 곳을 게이트웨이라고 부른다고 한다면, 그것은 허브와 거의 같은 의미로 사용하고 있다고 말할 수 있다. 일반 사회에서는 게이트웨이와 허브를 엄밀히 구분하지 않고, 애매한 채로 이미지만으로 사용하고 있는 경우가 적지 않다.

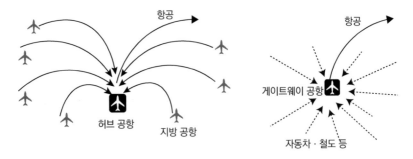

그림 1-6 허브공항과 게이트웨이공항

'결절점(結節点)', node라고 하는 용어도 허브와 같이 사용될 수 있다. 영어의 node는 매듭을 의미하며, 통상 복수의 교통로가 서로 연결되는 장소이다. 교통수단의 차이를 묻지 않는다면, 동종의 교통수단끼리 혹은 서로 다른 교통수단이 서로 연결되어 있는 곳은 모두 결절점이라고 할 수 있다. 결절점에는 크기에 차이가 있는데, 더 많은 교통로가 모여 있으면 그곳은 '교통허브'라는 식의 용어로 표현될 것이다. 즉, 결절점은 허브에 가까운 개념이지만, 허브와 비교하면 보다 일반적인 교통수단의 연계지점 전반을 의미한다. 게이트웨이 또한 사람이나 물건이 교통수단을 통해 모여들고, 또한 교통수단을 통해 이동하는 곳이라는 의미에서는 결절점의 일종이라 할 수 있다. 다만 게이트웨이에는 그 결절점을 경계로 하여 다른 세계로 나아간다는 의미가 있다. 단순하게 교통의 연결고리인 결절점과는 의미에 있어 미묘한 차이가 있다.

제3절 교통, 산업, 도시의 지리학에 따른 게이트웨이의 개념

1. 교통지리학의 연구 대상인 게이트웨이

지금까지 게이트웨이의 의미가 어떤 것인가에 대해 서술하였다. 게이트웨이는 문자 그대로 해석하다면 사람이나 물건이 모여 지나는 출입구

(gate)를 말하며, 그 앞에는 '나아가는 길(way)' 같은 것이 있는 곳을 말한다. 출입구를 경계로 상황이 공간적으로 달라지는, 즉 성격이 다른 세계가 등을 맞대고 있는 이미지도 있다. 이러한 약간의 추상적 이미지는 지표상에 전개된 자연적 요소나 인문적 요소와 결합함으로써 구체적인 모습을 보이게 된다. 지리학은 그런 모습에 착안해 게이트웨이의 기능이 어떻게 작용하는지에 대해 관심을 기울이고 있다. 이동, 교통, 통과, 경로와 같은 키워드는 우선 지리학적 의미에서 게이트웨이를 생각할 때 중요한 단서가 된다.

현대와 같이 기계적인 교통수단이 존재하지 않았던 시대, 육상에서는 사람이나 말·소·당나귀 등 동물이 지나가기 쉬운 곳이 도로가 되었다. 장애물이 없는 평지라면 직선적인 경로가 도로로 구축되었고 큰 길의 이름도 붙여지게 되었다. 그러나 산맥이나 하천 등 직선적으로 나아갈 수 없는 곳에서는 우회 가능한 경로를 찾는 등 제한된 통과 지점이 탐색되었다. 유럽 알프스의 고갯길, 미국 애팔래치아 산맥의 컴벌랜드캠프(그림 1-7), 중국 동해안의 산해관(山海関) 등, 장애가 되는 지형을 피해 우회하던 경로가 주요 길이 된 사례는 세계 각지에 있다. 고대 일본에서도 '산칸(三関)'[3]이라 불리는 아라치노세키(愛発関), 후와노세키(不破関), 스즈카노세키(鈴鹿関)가 산지와 산맥을 넘는 통과 지점으로 선택되기도 하였다. 이들 대부분은 분수령에 있었기 때문에 앞쪽과 건너편의 세계가 달랐다. 산지나 산맥은 강의 흐름을 바꿀 뿐만 아니라, 풍향이나 강우·강설 등 기상 조건이 다른 세계를 낳기 때문이다. 기상이나 기후가 다르면 식생에도 차이가 생겨 동식물을

---

3 고대 일본에서 궁 주변에 설치된 관문

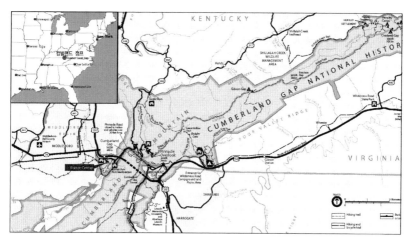

그림 1-7 미국 애팔래치아산맥 산중의 컴벌랜드캠프

출처: National Park Maps 웹 자료

포함한 생태계 전반이 달라진다.

같은 장애물이라도 하천의 경우는 배를 사용함으로써 오히려 이동이 쉬워지는 측면이 있다. 그러나 그러한 경우에도 강의 흐름이나 암석 등의 조건으로 이동하기 쉬운 장소와 그렇지 않은 장소에 차이가 있기 때문에 도하지점은 자연히 제한된다. 파리 시내를 가로지르는 세느강은 강 한가운데 시테섬이라는 모래톱이 있어 강을 도하하는 데 용이하게 사용되었는데, 고대 로마 시대에는 네덜란드 방면으로 향하는 군도(軍道)의 도하지점으로 이곳이 선택되기도 하였다. 일반적으로 산지와 산맥, 하천, 호수 등 자연 지형은 사람이나 물건의 이동 경로를 제한하는 경우가 많다. 이에 자연스럽게 사람이나 물건은 지나가기 쉬운 장소를 찾아 모여들게 되고, 그곳을 지나 앞으로 이동한다. 이 경우 게이트웨이는 장거리 이동의 중계지 역할을 하고 있으며, 이동이나 교통이 키워드가 된다. 지리학에서 교통지리학이라는 연구 분야는 교통 현상 전반을 공간적 시점에서 연구하고 있다(奥野, 1991; 青木, 2008; 林, 2004). 게이트웨이는 연구 대상의 일부분이며, 많지는 않지만 연구가 축적되어 왔다(Bird, 1977).

만약 게이트웨이를 교통지리학의 관점에서 파악한다면, 항만이나 공항은 최고의 연구 대상이다. 이 중 항만은 수상교통과 육상교통이라고 하는 다른 교통수단이 연결되는 장소이며, 이곳을 통해서 사람과 물건은 이동해 나간다. 육상교통은 대체로 분산적이며, 사람과 물건이 항만에 모인 후 이것이 한꺼번에 수상교통에 의해 운송된다. 역 방향도 거의 같은 형태이며, 집중과 분산이라는 게이트웨이의 특징이 전형적으로 나타난다. 공항도 항만과 거의 같은 공간적 형태를 보인다. 예로부터 선박은 사람을 멀리까지 수송하는 역할을 해 왔지만, 현재는 항공기로 완전히 대체되고 말았다. 항공기는 물건의 운송에서도 중요한 역할을 하고 있으며, 항공 수송은 국제적인 사람과 물건의 이동에 관심을 가진 지리학의 연구 대상이다. 현대라는 시대에 공항은 전형적인 게이트웨이 중 하나라고 할 수 있다.

2. 산업으로서의 게이트웨이 입지

게이트웨이의 게이트란 대문이나 문을 말하며, 열거나 닫거나 하여 통행하는 것을 통제한다. 여기서 문제가 되는 것은 통행이 일방향인가 쌍방향인가 하는 점이다. 관개용 수로에 설치되어 있는 수문의 대부분은 일방향이다. 그러나 개중에는 운하의 수문(갑문)처럼 필요에 따라 물이 쌍방향으로 흐르도록 조정해 놓은 곳도 있다. 중력의 법칙을 이용하여 물의 흐름을 조절하는 경우를 제외하면, 대개 게이트웨이는 쌍방향이다. 항만의 수출과 수입, 공항의 출발과 도착은 알기 쉽다. 철도역의 경우, 자동 개찰구는 입장과 퇴장을 구분해 승하차를 통제한다. 부두, 터미널 역사(驛舍) 등 호칭은 각기 다르지만, 모두 같은 장소에 출입의 양쪽이 있다. 역사나 공항은 근현대 때 생겨났다. 게이트웨이를 역사적으로 생각하면 부두, 창고, 도매상 등이 관문의 이미지로 연결되는 시설이었다. 그러나 근대 이후에는 교통수단의 변혁에 따라 각종 시설이 설치되면서 가시적 이미지도 늘어났다.

항만, 공항, 철도는 넓은 의미에서의 운수업, 교통업이다. 이것은 사람이나 물건을 한 곳에 모아 보내거나 반대로 사람이나 물건을 분산시키는 시설 업무도 담당한다. 이 업무 자체가 가치를 창출하고 산업으로 발전하고 있다. 게이트웨이산업이라는 용어는 없을지도 모르지만, 모두 이러한 업무를 수행함으로써 사회 · 경제 · 문화 등의 활동이 원활히 운영되도록 산업으로서 존재한다. 역사가 오래된 항만과 더불어 철도, 자동차, 항공기가 교통수단으로서 등장하고, 사람이나 물건의 공간적 이동을 지탱하는 산업의 역할이 명확하게 되었다. 이와 같이 생각하면, 당초에는 도저히 산업이라고 말할 수 없었던 게이트웨이 기능이 산업으로 인지됨에 따라, 게이트웨이 본연의 자세도 바뀌게 되었다고 볼 수 있다.

거대 항만이나 대규모 공항이 등장한 것은 세계적으로 대량의 사람과 물건이 장거리를 이동하게 되었기 때문이다. 철도에서도 속도가 늦고 수송량도 한정되어 있던 재래선을 대신해 고속열차 노선이 각지에 건설된 것은 많은 사람이 단시간에 보다 멀리까지 이동하고 싶어 하는 욕망을 가지게 되었기 때문이다. 국제적 · 전국적 규모로 이동의 수요가 높아지고, 이것을 실현하기 위해서 대규모 항만, 공항, 역사(驛舍)가 설치되어 갔다. 이동의 규모는 커지고 속도도 빨라졌다. 당연히 운송 경로의 선은 굵어지고, 반대로 지금까지 기능해왔던 경로는 사라졌다. 무엇보다 바다나 하늘 위에는 물리적이고 가시적인 경로가 존재하지 않는다. 대형 선박과 대형 제트기가 이동하는 공간은 신중하게 설정되어 있고, 그러한 관리·유지에도 많은 주의가 필요하다. 철도의 경우는 대규모 기반 시설을 건설할 필요가 있으며, 이것을 관리·유지하기 위해서는 많은 노력이 필요하다.

이러한 운송업·교통업과는 별도로 게이트웨이 기능을 담당하는 존재로서 도매업이 있다. 이동과 집산(集散)의 조합으로 이루어진 게이트웨이 기능에서 도매업은 물건의 집산을 업무로 하고 있다. 물건의 이동, 즉 물류는 자주 강의 흐름에 비유된다. 상류(上川) 생산자에서 중류(中流) 도매업을 거쳐 하류(川下) 소매업과 서비스업으로, 높은 쪽에서 낮은 쪽으로 물건은 이동한다(小林, 2016). 지리학은 공간과 장소를 연구 대상으로 하기 때문에 이러한 점을 도매업과 관련하여 본다면, 판매의 상대편인 소매업·서비스업의 접근이 쉬운 장소가 도매업의 입지점으로서 적합하다고 말할 수 있다. 이 점에 대해서는 크리스탈러의 중심지체계에서 최대 중심지인 대도시나 지역 중심도시에 도매업이 입지하기 쉽다고 앞서 설명했다. 거기에서도 언급되었지만, 소매업과 서비스업에 비해 도매업은 상대적으로 넓은 부지를 필요로 한다. 상품의 정리·관리·보관을 위한 공간이 필요하기 때문이다. 그러므로 대도시 입지를 지향한다고 해도 실제로는 도심부가 아닌 도심에서 약간 떨어진 장소에 부지를 확보할 수밖에 없다.

생산자로부터 제품을 모아 수송하고, 대도시 도심 근처에서 도매 판매하는 형태는 대량 운송 앞 단계로서 소분해 분산 판매를 실시하는 공간적 패턴에 가깝다. 그러나 이것은 소비지 입지형의 도매업 형태이며, 도매업에는 이것과는 별도로 생산지 지향적인 형태도 있다. 그 전형적인 사례는 지역 산업지 인근에 모여 있는 도매업이다. 원래 도매업은 다수의 생산자와 다수의 소매업 · 서비스업자의 사이에서 제품 거래를 중개할 필요성에 의해서 생겨났다. 지역산업과 같이 산지가 전국에 있고, 게다가 산지 내에 수많은 생산자가 있어서 여러 종류의 제품을 생산하고 있는 경우, 소비지 도매업자가 모든 생산자와 접촉하기는 어렵다. 이 때문에 지역 산업지 근처에 있는 많은 생산자와의 사이에서 거래를 하고, 다양한 제품을 갖춘 도매업자가 생겨났다. 요컨대, 생산자→산지도매업→소비지도매업→소매업 · 서비스업이라는 유통 경로가 나타났다(그림 1-8).

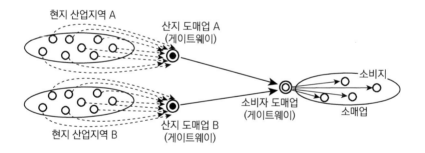

그림 1-8 산지, 도매, 소매를 연결하는 유통 경로

업자는 다수의 생산자로부터 제품을 구매하여, 구매 제품을 모아서 소비지의 도매업자에게 전달한다. 공간적 형태로 설명하자면, 분산 지점의 집중과 그 다음 단계로 모아진 운송이라는 형태이다. 이것은 소비지 도매업자가 소매업자에게 상품을 보내는 것과는 반대의 형태이다. 어쨌든 제품이 흐르는 방향은 한 방향이며, 반대 방향으로 흐르지는 않는다. 여기에서 도매업자의 업무를 항만과 공항에서의 활동에 비유한다면, 산지도매업자는 수출이나 출국에 상당하는 업무를 수행하고 있고, 소비지도매업자는 수입이나 입국에 해당하는 업무를 실행하고 있다는 점이다. 쌍방향 이동이 당연한 운송업, 교통업에서 출입은 상대적인 차이일 뿐이다. 이러한 점에서 생각하면, 같은 게이트웨이 기능이라도 쌍방향의 운송업·교통업과 일방향의 도매업에서는 흐름의 방향에 차이가 있다고 말할 수 있다.

3. 관문(게이트웨이) 기능에 미치는 교통도시의 입지

지금까지 서술해 온 항만, 공항, 역사 등의 운송업과 교통업 혹은 도매업·소매업·서비스업 등은 모두 도시 내 중요한 산업이다. 보다 정확히 말하자면, 이 산업들이 모여 있는 장소를 도시라고 부른다. 즉 도시라고 불리는 공간이 지구상의 여러 곳에 존재하며, 그것은 사람이나 물건의 이동을 지탱하는 운송업과 교통업, 그리고 제품의 거래유통에 관련되는 도매업이나 소매업에 의해 유지되고 있다. 다만 주의해야 할 점은 모든 도시가 이러한 산업들을 보유하고 있는 것은 아니라는 점이다. 도시는 역사적으로 형성되어 온 산물이지만, 그 과정에서 필요한 기능이 산업으로 생겨났다. 필요가 없다면 산업으로서 성장할리 없고, 또 필요성이 없다면 사라진다. 운송, 교통, 도매, 소매, 서비스 분야는 그 시대에 필요한 물건을 구할 수 있는 장소로 이동시켜 수요가 충족되도록 기능했다.

운송, 교통, 도매는 비교적 긴 거리를 이동하는 물건과 관련된 기능이다. 사람의 경우도 거리가 길어지면 과거에는 항만, 현재는 공항이 운송의 역할을 대신하고 있다. 게이트웨이의 개념은 특정 대상에 한해 적용될 수 있는 것이 아니다. 그 응용범위는 매우 넓고, 지금까지 말한 운송업, 교통업, 도매업 등이 집적하는 도시를 게이트웨이로 생각할 수 있다. 이곳은 특히 항만, 공항, 도매 등의 기능이 중요한 역할을 하고 있는 도시이다. 공항은 상당히 예외적이지만, 역사적으로 볼 때 포구, 큰 길에 위치한 취락, 장터, 항만도시, 상업도시 등의 형태로, 항구나 도매 등의 게이트웨이 기능을 가진 도시가 존재해 왔다. 게이트웨이 시티라는 표현은 장황하기 때문에 일본어로는 '관문도시'라고 할 수도 있다. 관문도시는 시대에 따라 지표상에 존재했고, 어떤 것은 남아 있고 어떤 것은 사라져 갔다. 고대나 중세에 장거리 교역의 기종점(起終点)으로 번창한 도시는 적지 않았다. 근세에서 근대에 걸쳐 해상교통의 발전에 따라, 무역 창구로서 항만도시는 번창했고, 식민 지배의 거점이나 신대륙의 개발거점으로서 사람이나 물건을 원거리 수송하는 역할을 하는 도시도 나타났다. 그리고 공항이 등장하게 된 현대에는 지금까지와는 비교가 되지 않을 정도의 규모를 지닌 게이트웨이 시티가 탄생하였다.

도시지리학 분야에서는 도시의 공간적인 입지형태를 중심지 입지, 교통 입지, 자원(가공) 입지의 세 가지 유형으로 보는 견해가 정설이다(그림 1-9). 물론 다른 이론도 많지만, 이 관점은 도시입지를 간결하게 정리하여 이해가 쉬웠기에 많은 지지를 얻어왔다. 다만 각각의 형태에 따른 해석이 다를 수 있고, 상황에 따라 유연하게 파악하는 것도 중요하다. 도시 발전의

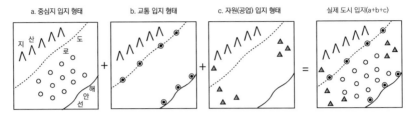

그림 1-9 도시 입지 형태

역사적 사실에서 도출된 이들 세 가지 형태는 시대 상황이 바뀌면 더 달라 질 수 있다. 어디까지나 공간적 개념하에서의 형태로 받아들일 필요가 있 다. 이 중에서 교통입지 형태가 지금까지 설명해 온 게이트웨이에 가장 가 깝다. 이 도시입지 형태를 최초로 제창한 챈시 해리스와 에드워드 울만은 교통입지 도시가 도로나 해안가를 따라 분포하고 있다고 논문에서 제시하 고 있다(Harris and Ullman, 1945). 이런 유형 도시의 본질은 도로교통에 서 수행하는 중계 기능과 수륙교통의 연결 기능에 있다.

교통입지와 중심지입지의 다른 점은 교통입지가 먼 곳에서 보내오는 물 건을 받아들이는 데 비해, 중심지입지는 극히 가까운 소비자에게 물건을 공급한다는 점에 있다. 이것은 거래 범위가 광역적이냐 국지적이냐의 차이 이기도 하다. 교통입지는 사물을 받아들일 뿐만 아니라 지역에서 모아진 물건을 정리해 먼 곳으로 보내는 일도 하고 있다. 물건뿐만 아니라 사람을 대상으로 멀리서 온 손님이나 나그네를 맞아들이거나 반대로 내보내기도 한다. 확실히 이러한 점이 게이트웨이의 기능을 반영하고 있다. 중심지입 지의 도시 또는 도시가 되기 전 마을과 촌락 등은 상당히 오래전부터 여러 곳에서 생겨났다. 자체적으로 생산, 소비할 수 없는 농산물 등 잉여품을 어 디선가 교환하고 싶어하는 욕구가 자연스럽게 생겨났다. 이에 교환장소, 즉 시장이 생겨났고, 그곳이 마을과 촌락을 거쳐 도시로 발전했다.

이에 비해 교통입지 도시는 비교적 거리가 긴 교역 활동을 하게 되면서 생겨났다. 여기서 우리는 실크로드 이미지를 바로 떠올릴 수도 있다. 실크로드는 육상과 해상 두 개의 영역으로 나누어져 있었고, 그 시대에 이용할 수 있었던 교통수단을 사용해 원거리를 운반함으로 이익을 얻었다. 지역 간의 가격차가 물건을 운반하여 이익을 얻고자 하는 행동에 동기를 부여하였다. 육상, 해상 양면에 걸쳐 교통수단이 발전되어갔고 또 운반되는 물건도 변해갔다. 이윽고 사람도 대규모 운반이 가능해져 오늘날 전국적·국제적 규모의 여행으로 발전했다. 역사상 어느 시대에나 이동의 '발착지(發着地)'에 해당하는 취락이나 도시가 존재했다. 항구도시, 철도도시, 공항도시처럼 각기 도시의 호칭이 다른 것은 담당하고 있는 게이트웨이 기능의 종류가 다르기 때문이다. 산업 면에서 주목하면, 도매업도시, 물류도시 등의 이름을 생각할 수 있으나, 어느 쪽에서든 기준이 되는 것은 게이트웨이의 기능이다.

칼럼 1. 공간의 과학, 거리의 과학으로서 지리학의 성격

'지리학은 공간의 과학이다'라는 말을 많이 듣는다. 이를 부정하는 지리학 연구자는 없을 것으로 간주되지만, 공간이라는 추상적인 용어에 다소 위화감을 갖는 사람이 있을 수 있다. 공간보다 지역이 더 이해하기 쉽고,

'지리학은 지역의 과학'이라고 하는 것이 오히려 더 많은 지지를 받을 수도 있다. 공간에 자연과 인문 요소를 담아 넓힌 것이 지역이다. 용기로서의 공간과 내용이 가득 찬 지역, 이 모든 것이 지리학의 관심대상이다. 추상성과 구체성, 보편성과 특수성의 그대로 어떤 대상을 다루어도 반드시 따라온다. 지리학의 경우에서 본다면, 대상을 추상적으로 취급하면 암암리에 공간이라는 용어를 전제로 한 논의가 된다. 반대로 대상이 구체적이라면, 지역을 특징짓는 지형이나 기후 등의 자연현상 또는 사회나 경제 등의 인문 현상을 논의하게 된다.

그렇다면 추상적 존재로서의 공간을 취급할 경우, 그 크기를 나타내는 단위는 없을까? 이때 바로 떠오르는 것이 '거리' 개념이다. 거리의 장단(長短)으로 인해 공간은 늘고 준다. 가까운 예를 들자면, 짧은 거리, 즉 단거리 이동으로 목적이 달성되는 현상이 있다. 예를 들면 상점가나 슈퍼 등에서의 쇼핑이다. 소비자행동이라는 말이 있는데, 지리학에서는 소비자가 일상적으로 행하고 있는 구매 행동의 공간적 확대에 주목한다. 거리가 짧기 때문에 이동 수단의 대부분은 도보나 자전거일 것이다. 예를 들어 식품 등의 유통기한이 짧은 상품을 구매하는 경우 자주 외출하게 된다. 가능한 한 신선한 것을 먹고 싶은 마음은 자연스럽다.

유통기한과는 별도로 소비하는 빈도와 양의 문제도 있다. 보통 하루 식사는 세 번이며, 식품은 다른 상품에 비해 소비의 빈도와 양이 많다. 냉장고가 보급된 오늘날, 식품은 보존할 수 있게 되었지만 그래도 한계가 있다. 많은 양을 몇 번이라도 소비하는 식품을 구하려면 결국 자주 쇼핑하는 수밖에 없다. 이동하는 갓은 수고롭기 때문에, 가능하다면 짧은 거리에서 마치고 싶다는 생각을 한다. 식품의 판매자와 구매자의 관계는 동서고 금을 막론하고 여러 유형이 있지만, 가능한 한 짧은 거리에서 마치고 싶다 는 쌍방의 생각은 옛날의 오일장이나 현대 편의점에서 보아도 크게 다르 지 않다. 무엇보다 최근에는 인터넷이나 전화 등을 사용해 식품을 주문하 기도 한다. 그러나 이 경우에도 배송비나 배달비를 무시할 수 없고, 거리 에 따른 묶음 배송을 피할 수 없다.

단거리 이동과 짧은 유통기한, 그리고 다빈도(多頻度) 구입 등, 이러한 요소들이 세트가 되어 식품의 구매 행동을 규정하고 있다. 지리학은 이러 한 식품의 공급 측과 구입 측의 쌍방 행동을 거리, 즉 공간을 의식하면서 연구해 왔다. 이것은 지리학 연구의 한 사례이지만, 장르로서는 소매업경 영과 소비자행동의 지리학 연구에 포함된다. 이러한 연구를 진행할 때, 이 른바 '경제인'을 상정하여 경제인인 판매자와 구매자가 추상 공간 속에서 얼마나 효율적으로 행동하는가를 판별하고자 한다면, 이것은 중심지 모 델과 같은 연구가 된다. 이에 반해, 구체적인 시장 지역의 소매업이나 소 비자의 행동에 눈을 돌리면, 상점가, 슈퍼, 편의점의 경영이나 구매의 실 태가 밝혀진다.

가까운 식품 구입에서 시작해 그것을 판매하는 소매업, 그 소매업에 상 품을 공급하는 도매업, 그 도매업에 상품을 파는 기업, 사업장, 농가 등 다양한 주체를 따라가다 보면 상품의 거래를 둘러싼 방대한 활동이 떠 오른다. 하지만 이 모든 것을 한꺼번에 알기란 너무 어려운 것이 사실이 다. 이에 편의상 각각의 부분을 서로 분리하여 밝혀보기로 한다. 이것이 지리학에서는 소비지리학, 생산지리학, 유통지리학 등으로 불리는 연구

분야이다. 경제지리학이나 산업지리학이라는 말도 있다. 물론 소비, 생산, 유통은 일련의 흐름이며 서로 연결되어 있다. 연결되기 위한 키워드는 거래이며, 먼저 자연계에 존재하는 어떤 자원에 주목하여 그것을 생물학적·화학적·물리적으로 손질하여 유용한 상품으로 만드는 것에서 출발한다. 이러한 상품은 여러 단계를 거쳐 이동하고 최종적으로 소비자의 수중에 전달된다. 무수한 거래가 이 과정에 있기에, 각각의 거래마다 상품의 가치는 더해진다.

본서의 주요 주제인 게이트웨이는 무수히 계속되는 거래 가운데, 생산자와 소매업자 간의 양자를 중개하는 도매업에 해당한다. 소매 세계에서는 짧은 거리가 핵심이다. 게이트웨이, 즉 도매의 세계에서는 거리가 보다 길어진다. 생산자는 세계 각지에 있고, 그곳에서 상품을 손에 넣지 않으면 안 되기 때문이다. 그러나 이러한 경우라도 가능한 한 거리를 짧게 줄이려는 생각은 변함없이 가지고 있다. 어쩔 수 없이 운송 거리가 길어지면 한꺼번에 최대한 많이 운반하고 싶다는 생각이 든다. 회수가 줄어들면 운송에 필요한 총 비용을 절약할 수 있기 때문이다.

다빈도·단거리의 소매업에 비해 빈도가 적은 장거리 운송이 도매업의 특징이다. 이러한 도매업에서는 예전과 달라지지 않는 절대적인 장거리를 운송 기술의 진화·발전에 따라 상대적으로 짧게 하려는 대안을 모색해 왔다. 대안 모색의 결과, 오늘날에는 세계 각지에서 어획된 어패류나 농산물이 일상적 빈도로 수입되고 있다. 의류 등 '신선도가 생명'인 패션 제품들은 국내에서 생산된 듯한 감각으로 세관을 통해 들어온다. 제한 없는 운송수단의 압축이 도매유통과 소매유통의 울타리를 무너뜨리듯 작용하고 있는 것이다. 지리학은 산업 분야별 종적 관계 연구에서 자원채굴에서부터 최종 소비까지의 일련의 흐름을 체계적으로 파악하는 연구로 바뀌고 있는 것이다. 글로벌 공급망(supply-chain)은 단순한 말만의 세계가 아니다.

제2장

아시아와 유럽 구대륙의
역사적 교역로

제1절 아시아 대륙의 동서를 연결하는 실크로드

1. 아시아 대륙의 동서를 연결하는 육상 교역로

게이트웨이의 큰 특징은 장거리 교역(교류)이다. 지역에서 구하기 힘든 값비싼 물건을 머나먼 이국땅에서 가져오기 위해 고대인들은 많은 대가를 치렀다. 이때 대상이 되는 물건은 힘들게 장거리 운송할 만한 가치가 있는 것들이었다. 작고 그다지 부피가 크지 않거나, 가벼워서 부담이 크지 않는 것이 선택되었다. 그러나 이것은 주로 육상에서 동물을 이용해서 운송하는 경우였으며, 도자기처럼 무겁고 깨지기 쉬운 물건은 해상교통이나 하천을 이용한 주운(舟運)[1]으로 운반되었다. 장거리를 처음부터 끝까지 운송하는 것은 어려운데, 중간에 짐을 내리고 싣는 과정을 반복하면서 운반하는 것이 일반적이다. 비록 중계지에 특산품이 없어도 중계업무를 하는 것을 통해 이익을 얻을 수 있다. 육상 중계지나 해상 기항지를 넓은 의미의 게이트웨이로 간주한다고 하면, 한 경로의 이동이 복수의 게이트웨이 간 연결을 통해 완성되었다. 게이트웨이는 서로 다른 성격의 국가나 지역을 연결하는 위치에 있으며, 전체적으로 하나의 교역로를 구성하고 있다고 할 수 있다.

구대륙의 아시아에서 게이트웨이 실제 경로를 찾는다면, 고대 중국과 유럽 사이를 동서 방향으로 연결한 것, 또는 인도 대륙을 역시 동서 방향으

---

1 배로 짐을 나르는 일

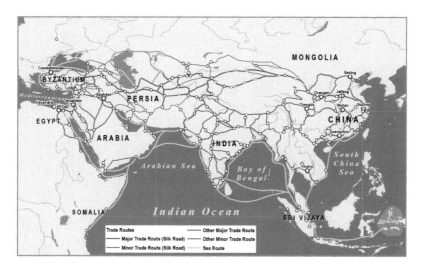

그림 2-1 실크로드와 아랍의 해로(11, 12세기경)
출처: The Geography of Transport System 웹 자료

로 연결한 것이 대표적인 예다. 이 중 중국과 유럽 간의 교역은 북위 50도 부근을 지나는 '초원의 길'과 북위 40도 부근의 동서 교통로인 '오아시스 길' 그리고 중국 남부에서 인도양 연안을 경유하여 홍해·아라비아해에 이르는 '바닷길', 이러한 세 가지 경로를 이용해 이루어졌다(그림 2-1). 유명한 실크로드는 이 중 두 번째 즉, '오아시스 길'이다. 다만 동서 교역로로서 가장 오래된 것은 '초원의 길'이며, 스키타이, 선비족, 훈족, 아바르인, 마기야르족, 돌궐족, 위구르, 몽골 등의 유목기마민족이 주역으로 활동했다.

기마라는 강력한 이동 수단을 가진 이들 민족은 동과 서를 오가며 지배권을 다투는 한편, 중계 무역에도 종사하였다. 대개 정보 수집에 열심이었던 기마민족은 새로운 문화를 도입하는 데도 적극적이었다. 기원전 8세기에서 기원전 3세기에 걸쳐 우크라이나를 중심으로 번성했던 스키타이 민

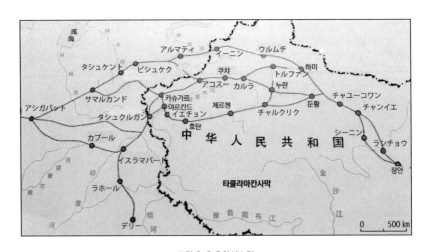

그림 2-2 오아시스길

출처: 美遊人(Viewt) 웹 자료

족의 금속기 문화를 동아시아에 전파한 것이 그 한 예다. 기원전 3~4세기 몽골고원에서 태어난 흉노와 정령의 문화는 '초원의 길'을 거쳐 전해진 스키타이 문화의 영향을 받았다. 이러한 문화는 동쪽으로 전파되어 화북(華北)과 중국 동북부, 조선 반도까지 퍼져나갔다.

두 번째 동서 경로인 '오아시스 길'은 중국의 고도 장안(현재 산시성 시안)을 출발해 중앙아시아 사막을 지나 파미르고원을 넘어 서투르키스탄, 이란의 사막을 거쳐 마지막으로 지중해연안에 이른다(그림 2-2). 여기서부터는 아나톨리아를 지나거나 지중해를 경유해 이스탄불 또는 로마로 향한다. 이 경로가 실크로드라 불리게 된 것은 독일의 지리학자이자 모험가인 페르디난트 폰 리히트호펜(Ferdinand von Richthofen)이 1868년부터 1872년에 걸쳐 실시한 중국의 현지 조사에서 독일어 '자이덴 슈트라센(Seiden strassen)'이라는 단어를 사용했기 때문이다. 이것이 영어로 번역되어 실크로드 즉 '비단길'이 되었다.

그렇다면 왜 비단인가? 그것은 중국의 특산물인 비단이 서쪽으로 보내지고, 반대로 동투르키스탄 특산물인 구슬이 간쑤성 서부의 월지(月支)의 손을 경유해 중국 측에 전해졌기 때문이다. 비단은 고대 로마제국이 해상경로를 통해 인도로부터 입수하였는데, 그것은 야생 누에에서 채취한 것이었다. 또한 기원전 6세기경에는 사육한 누에에서 뽑은 비단이 더 진귀한 것으로 취급되어, 중국에 이르는 육상경로 개척이 시도되었다. 중국측에서 볼때, 이 길은 한무제 명에 따라 장건이 중앙아시아로 파견된 이후 공식적으로 사용되었다(기원전 139년~기원전 126년). 장건의 여행을 계기로 서역이라 불리는 중앙아시아와 그 서쪽 나라 사이의 교역이 시작되었고, 서쪽에서 온 사절단과 상인들이 중국 측 진귀한 문물을 안겨주게 되었다(塚本, 2002). 실크로드라고 하면 중국의 비단 수출이라는 이미지가 강하지만, 서방 국가와 북방 아시아에서는 유목민이 이용해 온 모피, 양탄자, 융단 등이 중국으로 운반되어 온 것이다.

리히트호펜이 당초 이름 붙인 '자이덴 슈트라센'은 실제로 훗날 실크로드로 불리게 될 교역로의 일부분에 불과했다. 뒤이어 탐험에 나선 스웨덴의 스벤 헤딘과 영국의 아우렐 슈타인 등은 이 교역로가 서역의 오아시스 지대뿐만 아니라, 서쪽에 있는 이란고원에서 이라크, 시리아를 거쳐 최종적으로는 해로와 육로로 로마에 이르는 경로 전체라는데 주목할 필요가 있다고 말한다(金子, 1989). 리히트호펜이 주목한 실크로드는 그의 제자인 헤딘 등에 의해 보다 길고 넓으면서 커다란 동서 교역로로 확장되었다. 이 교역로의 동쪽 즉 중국 측의 기점을 어디로 보는가에 대해서는 장안설과 낙양설 두 가지 견해가 있다. 마찬가지로 서방의 기점에 대해서도 시리아의 안티오케이아인가, 로마인가 하는 두 가지 견해가 있다. 이처럼 동서 양 끝을 어디로 할 것인지에 대한 견해는 여러 가지 있지만, 실은 그 경로 또한 하나가 아니다. 따라서 교역로 전체에 대해서는 여러 견해가 있다.

전한의 역사를 기록한 한서에 의하면, 당시 중국의 서쪽 관문인 옥문관과 그 남쪽에 있던 양관을 기점으로 하여, 서쪽으로 향하는 길은 두 가지였다. 첫 번째는 옥문관 남동쪽 90km에 있는 둔황을 출발하여 누란과 쿠차를 거쳐 카슈가르에 이르는 경로인데, 타림 분지(대부분 타클라마칸 사막) 북쪽을 지나는 서역 북도이다. 두 번째는 둔황의 남서쪽 70km에 있는 양관을 나와 뤄창(若羌), 체르첸(且末), 호탄을 거쳐 야르칸드에 이르는 서역 남도이며, 이는 타림 분지의 남쪽을 지난다. 이들 두 경로는 톈산(天山) 산맥의 남쪽을 지나기 때문에 크게 보아 톈산남로이며, 북쪽 경로는 톈산남로 북도, 남쪽 경로는 톈산남로 남도라고 부르기도 한다.

시대가 바뀌어 당대(唐代)에 들어서자, 타클라마칸사막 북동부의 로브노르(罗布泊)지대의 건조화가 진행되었기에 서역 남도는 많이 사용하지 않게 되었다(石井, 1988). 대신 둔황에서 북쪽을 향해 하미(哈密)를 거쳐 톈산산맥의 북측을 지나는 톈산북로를 이용하게 되었다. 7세기경 타림 분지 전역을 제압한 당은 쿠차에 설치한 안서도호부(安西都護府)를 거점으로 정하고, 동서 교류를 활발히 진행하였다. 그곳에서는 소그디아나(서투르키스탄)를 본거지로 하는 소그드 상인이 활약했는데, 당의 쇠퇴와 함께 북아시아에서 온 위구르인과 서쪽에서 진출한 이슬람 상인들이 점차 이 지역에서 세력을 강화해갔다.

2. 실크로드 동쪽 끝 · 장안의 도시 구조

현재 중국 산시성의 성도인 시안은 일찍이 장안으로 불렸다. 육지 실크로드의 동쪽 기점으로 여겨지는 장안의 당시 도시 구조는 어땠을까? 우리는 이 정보를 통해 게이트웨이 기능을 가진 도시가 어떠한 곳에 위치했는지 이해할 수 있는 실마리를 얻을 수 있다. 수나라때 대흥성(大興城)으로 불린 도시 취락을 계승하여, 보다 대규모로 다시 지은 것이 당대의 장안성이다(佐藤, 2004). 그 규모는 남북이 약 8km, 동서가 약 10km의 장방형을 이루고 있었고, 북변 중앙 부근에 태극전을 중심으로 한 궁성(宮城)이 있었다(그림 2-3). 도로는 동서남북 방향의 바둑판 모양이었고 성벽이 도시 전체를 둘러싸고 있었다. 성벽 출입구에는 성문이 있고, 해질녘부터 새벽까지 성문은 닫혔다.

궁성 주변은 3성 6부로 이루어진 관청가로, 성안의 서쪽과 동쪽에 상업

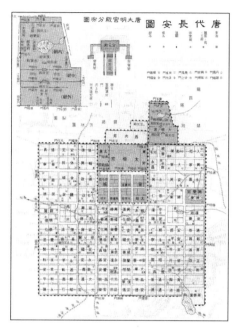

그림 2-3 당대 장안도
출처: 중국 금교국제여행회사 서안지사 웹 자료

지구가 있다. 또한 3성은 황제에 직속된 정치적 중추 3개 기관을 말하는데, 중서성(中書省), 문하성(門下省), 상서성(尚書省) 등이 바로 그것이다. 6부는 상서성 관할 하에 있는 행정기관으로, 이부(吏部)·호부(戶部)·예부(禮部)·병부(兵部)·형부(刑部)·공부(工部)의 6개 부문으로 이루어져 있었다. 상업지구의 시장은 공인(公人) 교역·거래의 장으로, 이러한 공인시장은 시제(市制)라 불렸다. 시장에서는 영업 시간이나 취급 품목이 정해져 있었다. 공인시장과 달리 자유거래시장이 당대 후기 무렵부터 성 밖에 자연 발생적으로 나타나게 되었는데, 당말부터 송말에 걸쳐 많이 생겨난 자유시장을 초시(草市)라 불렀다. 규모가 작고 허술하다는 의미에서 초시라 불리던 정기시장은 송말 이후 각지에 생겨나면서 소도시로 발전하였다. 동서 교역로를 거쳐 운반된 물품들이 이러한 시장 점포 앞에 진열되었다.

당대의 상업적 활동은 기본적으로 국가 관리 하에 이루어졌다. 앞서 국가에 의한 공인시장을 시제로 불렀음을 언급했는데, 시제에는 국가에 의한 시장관리라는 의미도 있다. 이 경우의 시제는 시장의 배치, 도량형의 관리, 가격의 통제 등 폭넓은 범위에까지 영향을 미치고 있었다(佐藤, 1966). 예를 들면 시장의 배치에서는 '행'이라고 불리는 소매 업종마다 표지가 세워져, 시장 전체를 감시하기 위한 경비시설도 두고 있었다. 도량형 관리는 특히 중요하여 상인들이 임의로 판단하여 무게나 길이를 정하지 않도록 단속할 필요가 있었다. 가격 통제도 필요한 부분으로, 판매자가 마음대로 가격을 정해 시장에 혼란이 생기는 것을 방지했다. 그러나 농산물과 같이 기상이나 날씨 여건에 따라 가격이 달라질 수 있기에 10일 단위로 가격이 조정되었다. 가격은 상중하 3단계로 설정되었으며, 품질에 따라 표준 가격이 정해졌다. 이밖에 수공업품은 국가가 정한 기준을 지켜 만들 것, 노비우마(奴婢牛馬)의 매매계약은 신중하게 할 것, 시장의 영업시간은 정확하게 지킬 것 등 여러 가지 규정이 있었다. 상업자는 시장의 독점을 요구하면서 국가에 의한 관리 체제에 협력하는 한편, 종교적 유대에 의한 자치적 활동도 하고 있었다.

수(隋)와 당(唐)의 도읍지가 되었던 장안의 역사는 오래되었는데, 수·당의 도읍지가 되기 이전부터 장안에는 도읍지가 있었다. 장안이 오랜 옛날부터 수도로 구축되어 온 배경 요인으로는 '관중원(関中原)'이라 불리는 이 지역 일대의 지리적 조건을 들 수 있다. 이 지역에는 황하의 지류 중 하나인 '위하(渭河)'라고 불리는 하천이 서에서 동으로 흐르고 있으며, 바로 남쪽에는 중국을 남북으로 나누는 '친링(秦嶺)' 산맥이 있다. 이 산맥을 경계로 남쪽은 벼농사 조건에 좋은 습윤 기후이고, 북쪽은 밭농사가 많은 건조 기후이다. 만약 이러한 요소뿐이라면 기후조건에 의한 경계에 지나지 않겠지만, 한 군데 더 주목할 만한 지형 조건이 있다. 그것은 위하 유역을 남과 북 양쪽으로 보호하듯이 펼쳐진 대지·구릉지다. 방위를 생각한다면 이러한 지형 조건을 이용할 수밖에 없다.

위하 북쪽은 건조지대가 펼쳐져 있고, 중국에 적대적 존재라고 할 수 있는 이민족이 생활하는 공간이다. 중국 역대 왕조들은 중국 내 경쟁자들로부터 쉽게 공격당하지 않는 관중(関中)의 지리적 성격을 중시하였다. 강력한 왕조는 건조 지역의 세력을 적극적으로 대한다는 의미에서 내륙 깊숙이 장안과 같은 도읍지를 구축했다. 이에 반해 건조 지역의 공격을 두려워한 왕조는 동쪽 평야에 낙양과 같은 수도를 건설하였다. 평야이기 때문에 교통과 산업 조건은 좋았지만, 국내 경쟁자의 침입으로부터 도읍을 보호한다는 측면에서는 약점이 있었다. 이렇듯 도읍은 국내외 정치세력을 의식하면서 구축되어 갔다. 관중원에 거대한 도읍을 세운 수나라 초대 황제 문제(文帝)는 전화(戰火)로 혼란스러웠던 중국을 통일하기 위한 상징으로 새로운 정치 거점을 마련할 것을 결심하였다. 실크로드 서편 끝에 위치한 로마는 신전 중심으로 반자연발생적으로 만들어진 도시다. 이에 반해 장안은 거의 평탄한 토지에 계획적으로 구축된 인공도시였다. 로마가 나선형 모양의 원형 구조를 특징으로 하는 도시인 데 반해, 장안은 사각형 구조를 특징으로 하고 있었다. 그 특징은 훗날 일본을 포함한 중국 주변 국가들의 도읍을 만드는 데 본보기가 될 만큼 강력한 구성력을 지니고 있었다.

바둑판 모양의 정연한 도시계획을 제안한 사람은 28세 우문개(宇文愷)였다. 풍수사상과 음양오행을 바탕으로 우문개는 당시 계급제도를 의식하여 궁정, 내성, 외성의 3개 지구로 구성된 계획안을 제시하였다. 궁정이 다른 지역에서 올려다보는 존재가 되도록 높은 위치에 건설하는 것은 당연했고, 특히 주목할 만한 점은 풍수의 가르침에 따라 물의 흐름을 연구한 점이다. 기본적으로 노면에 웅덩이가 생기지 않도록 주요 거리의 양측에는 배수구가 마련되었다. 그리고 수로가 쓰레기로 막히지 않도록 철망으로 된 방지 장치까지 설치하는 철저함을 보였다.

그리하여 문제가 나라의 통일과 국력 증강을 과시하기 위해 건설한 이 도시는 수의 2대 황제인 양제(煬帝)에 의해 더욱 굳건히 발전하였다(宮崎, 2003). 원칙적으로 형인 양량이 아버지 문제의 뒤를 이어야 했지만, 후계자 지위를 얻은 양제는 상당한 야심가였다. 젊은 날의 양제는 남조의 진나라를 무찌르기 위해 군대를 이끌고 남쪽으로 원정했을 때, 겨울에도 녹음이 펼쳐져 있는 옥야(沃野)에 몹시 놀랐다. 이 경험이 훗날 중국을 남북으로 연결하는 대운하 건설로 이어진다. 양제의 대운하 건설 구상의 주목적은 경제 발전을 위한 것이었고, 그 외에 군수물자를 운반하는 등 군사적 목적도 있었다. 이는 국외 원정에 적극적인 양제의 성격을 나타낸다고 할 수 있다.

서쪽이 높고 동쪽이 낮은 중국에서 큰 강은 기본적으로 서에서 동을 향해 흐르고 있다. 그러한 자연의 섭리를 거스르듯 양제는 남북 방향으로 운하를 개척해 주요 하천을 연결하였다. 이를 통해 농업생산이 풍요로운 남부에서 북부로 농산물을 운반하여 지역 격차를 줄이자는 것이 양제의 국가전략이었다. 남쪽 항저우를 기점으로 북쪽으로 향하는 대운하는 도중에 장장(長江), 회하(淮河), 황하(黃河)를 연결하면서 북쪽 끝의 베이징에 이른다. 전체 길이가 2,500km에 이르는 글자 그대로 대운하인 것이다. 황하의 흐름이 남류에서 동류로 크게 굴곡되는 지점의 서쪽에 위치한 장안으로는 광통거(広通渠)라 불리는 운하를 끌어들였다. 장안은 수상교통에 의해 전국적으로 타 지역과 연결될 수 있었다.

3. 중앙아시아의 교역 중심지인 타슈켄트, 사마르칸트, 부하라

타슈켄트는 중국과 유럽을 잇는 실크로드의 중간쯤에 위치하고 있으며, 현재는 우즈베키스탄 수도로 번창하고 있다(그림 2-4). 실제로 시안~타슈켄트는 3,528km, 타슈켄트~이스탄불은 3,344km로 거리상으로는 실크로드 가운데에 위치한다. 동서 교역을 중계하는 오아시스 도시로 번영해 온 수·당시기, 타슈켄트는 중앙아시아에 군림하던 서돌궐(西突厥)의 영내에 있었다. 또한 중국에서는 자설국(者舌国), 척사국(拓使国), 석국(石国) 등으로 불렸다. 아랍인은 타슈켄트를 '챠치'라고 불렀는데, 9~12세기에 이르러 터키어로 '돌의 도시'를 뜻하는 타슈켄트라는 이름으로 불리게 되었다. 중국에서의 호칭인 석국은 이 터키어를 번역한 것이다. 1809년부터는 페르가나 지방에서 흥한 코칸트 한국(Kokand 汗國)에 속하게 되었는데, 이후 러시아가 중앙아시아에 진출하게 되었다. 1867년에는 러시아의 투르키스탄 총독부가 설치되었다. 또한 코칸드한국은 몽골에서 중앙아시아에 걸쳐 등장하는 군주국으로서 한(汗)은 황제보다 한 단계 낮은 왕을 의미했다.

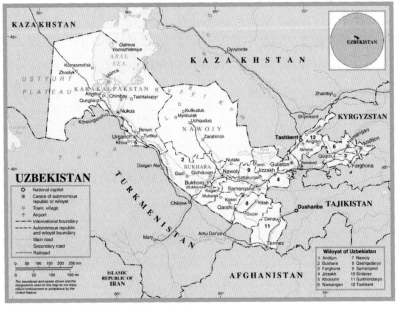

그림 2-4 우즈베키스탄 행정지도
출처: maps Uzbekistan 웹 자료

오아시스도시 타슈켄트는 동쪽으로 톈산 산맥, 타클라마칸사막, 그리고 서쪽으로는 키질쿰사막과 카라쿰사막 등이 있어 모두 험준한 자연 지형 사이에 위치해 있다. 오아시스 도시란 주위에 사막 등 건조 지역이 있으나, 하천이나 호수 등 물을 얻기 쉬운 조건을 가진 도시를 말한다. 실제로 타슈켄트 서편에는 톈산 산맥을 수원(水原)으로 하는 시르다리야강이 꾸불꾸불 흐르고 있고, 이 강의 지류인 치르치크강 유역에 타슈켄트가 위치한다. 우즈베키스탄에는 타슈켄트와 함께 실크로드의 오아시스 도시로 번창해 온 사마르칸드와 부하라가 있는데, 이들 도시는 파미르고원에서 발원한 자라프샨 강가에서 번창했다. 동쪽에서 온 길은 타슈켄트에서 남서쪽 사마르칸드로 향하고, 다시 북서쪽 브라하를 거쳐 서쪽으로 이어지고 있다.

이 세 도시를 잇는 길은 큰길 하나가 아니다. 큰 길을 따라 많은 작은 취락이 늘어서 있으며, 그중 몇 곳은 주변에 소령(所領)을 지닌 세력이 강한 취락이다. 또한 이들 취락과는 별도로, 사막과 가까운 지역에 대상(隊商)이 휴식을 취할 수 있는 장소가 마련되어 있었다. 대상이란 상품을 안전하게 운반하기 위해 여러 상인과 운송을 영위하는 자들이 공동출자하여 만든 조직을 말한다(Rostovzeff, 1971). 대상은 장사의 흥정이나 금융 · 신용 · 위험 · 보증 등 다양한 기능을 수행하는 오아시스민(民)이며, 오아시스 도시는 이러한 전문적 기능을 갖춘 대상의 중계 무역에 의해 경제적으로 뒷받침 되었다. 중앙아시아를 동서로 연결하는 실크로드라고 하면, 가늘고 길게 이어진 하나의 끝없는 길의 이미지를 떠올리기 쉽다. 그러나 실제로는 우즈베키스탄 사례에서 볼 수 있듯이, 여러 오아시스 도시가 무리 지어서 넓은 의미의 중계 교역지역을 구성하고 있었다.

타슈켄트의 남서쪽 263km에 위치한 사마르칸트는 일찍이 아무다리야 강의 지류인 자라프샨강의 남안 해발 700m 정도의 땅에서 번창해 왔다. 기원전 4세기경에는 소그디아나(이란계 소그드인의 거주 지역)의 중심 도시로서 당시에는 마라칸다로 불렸으며, 기원전 329년 알렉산드로스 3세에게 정복당하고 말았다. 이후 6세기에 돌궐, 8세기에 아랍, 9~10세기에 사만조에 의해 각각 지배를 받게 된다. 이후로도 지배 왕조는 빠르게 변했고, 1220년에는 칭기즈칸이 이끄는 몽골군에 의해 도시는 파괴되었다. 그러나 14세기 말부터 15세기 초에 걸쳐 티무르 왕조의 수도로 부활하였고, 다시 샤이반 왕조의 지배하에 부하라와 코칸트 한국의 영토가 되었으며, 1868년 러시아령이 될 때까지 중앙아시아 최대의 경제 중심지로 번영하였다.

몽골군의 공격을 받은 사마르칸트의 시가지는 자라프샨강 남안에 펼쳐진 아프라샤브 구릉 위에 세워져 있었다. 이곳은 동서 교역의 요충지였기 때문에 '문명의 십자로'로 불리는데, 일명 '푸른 도시'로도 널리 알려져 있다(胡口, 2009). 이는 몽골군에 의한 파괴에서 도시를 부활시킨 티무르가 터키석 빛깔의 푸른색을 선호한 것에서 유래하였는데, 구시가지 레기스 탄광장 주변에는 건물의 푸른색이 눈에 띄는 메드레세[2]와 모스크가 모여 있다(그림 2-5). 견직물과 면직물 이외에 사마르칸트를 특징짓는 것은 종이 생산이며, 중국에서 전해진 제지법을 바탕으로 제지공장이 생긴 이후 이슬람 제지업의 중심지가 되었다. 사마르칸트에 제지법이 전해진 시기는 751년 탈라스강 전투에서 유래한다. 이슬람 제국 압바스 왕조에 패해 포로가 된 당

---

2 이슬람교 신학교

군의 종이 만드는 장인(紙漉工)이 전한것으로 알려졌다. 이후 이슬람 세계에서 사용되어 온 파피루스지와 양피지는 아마, 리넨, 대마 등으로 만들어진 종이로 대체되었다.

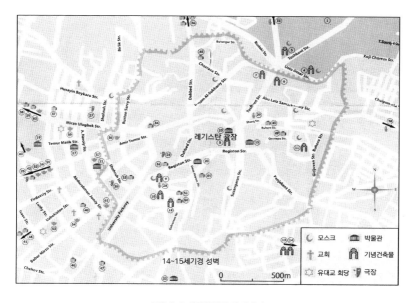

그림 2-5 사마르칸트 구시가지
출처: pinterest.com. 웹 자료

1500년 사마르칸트에 침입해 티무르 왕조를 멸망시킨 샤이반 왕조는 사마르칸트에서 북서쪽 217km의 부하라로 수도를 옮겼다. 사마르칸트와 마찬가지로 부하라도 자라프샨 강변에 위치하고 있어서 시가지 주위에는 광대한 삼각주가 펼쳐져 있었다. 또한 이곳에는 운하도 있어서 중앙아시아의 정주문화 중심지로 번창해 갔다. 이 지역의 도시 기원은 1세기경으로 알려져 있으며, 특히 사만 왕조 시기(875~999년)에는 중앙아시아뿐만 아니라

이란이슬람 문명을 대표하는 도시로 번영했다. 사만 왕조의 큰 공적은 오랫동안 이란과 이슬람 문화가 융합된 이란이슬람 문화를 창출한 것이다. 기존의 소그드 문자 등을 대신해 아랍 문자를 사용한 새로운 페르시아어가 발달해 많은 시인이 배출되었다.

여러 세력의 흥망성쇠 속에 부하라의 주요 건물은 9세기 이후부터 크게 위치가 바뀌지 않았다. 그것은 도시 중심부에 견고한 벽이 있었기 때문이며, 도읍을 정한 각 왕조는 이 벽을 이용해 외적의 침입을 막았다. 8세기경 샤프리스탄이라 불린 도시의 중심부는 사각형상의 벽 안에 있었고 7개의 문으로 외부와 연락하고 있었다. 16세기에는 한층 더 큰 벽이 쌓였고, 그 이후로도 벽의 확장은 계속되었다. 도시의 북쪽에는 키질쿰사막이 펼쳐져 있는데, 자라프샨강이 수세기에 걸쳐 도시를 윤택하게 하고 상업과 공업 발전을 촉진하였다. 시가지에는 많은 시장, 공예공방, 대상 숙소 외에 모스크, 메드레세, 하나카(수도원), 미나렛(탑), 이슬람 기념비도 있었다.

제2절 해상실크로드에 따라 연결된 도시와 지역

1. 해상실크로드에 있어서 인도의 존재감

해상실크로드라고 불리는 경로는 서쪽의 홍해와 아라비아해를 출발해 인도양 연안을 경유하고, 말레이 · 수마트라 · 인도차이나 반도 연안을 거쳐 중국 남부에 이르는 해상 경로이다. 배는 안전을 우선으로 하며, 해안을 따라 항해했지만, 위험도가 높아 내륙과 비교하면 이용도가 높지 않았다. 해상노선 이용이 활발해진 것은 당과 이슬람 양측의 문화권이 성립된 이후이다. 15세기 말 신항로 발견을 계기로, 동서교류 주요 경로의 지위를 차지하게 되었다. 바닷길에서 무역의 중심이 된 곳은 남인도였으며, 동쪽의 말라카 해협과 인도차이나 반도 동남부는 항해의 요충지였다. 여기에서의 게이트웨이는 주로 해안 항구이며, 항만끼리 서로 연결되도록 하여 '바닷길'이 형성되어 갔다(長沢, 1989).

해상실크로드가 10세기 이후 번성하게 된 배경에는 북방 민족의 세력 확장으로 인해 육상교역로가 방해받게 되었기 때문이다. 송나라 시기, 남쪽에서 생산되는(南方産) 상아와 서각(코뿔소의 뿔로 한약이 됨), 향신료(특히 후추) 등이 중국으로 운반되었다. 중국에서는 비단·도자기·동전 등이 대량으로 남방국가로 수출되었다. 동남아시아에 인도의 불교·힌두교가 전파되고, 뒤늦게 이슬람교가 확산된 것도 해상실크로드를 통해서다. 배는 운송 수단으로서 뛰어나지만 위험성도 컸다. 하지만 기술의 발전으로 위험성이 어느 정도 극복되었고, 점차 해상 운송이 육상 운송을 웃돌게 되었다. 주의할 점은 이러한 일들로 육상실크로드가 완전히 사라지게 되었다는 것은 아니라는 점이다. 만일 배를 이용할 수 없게 되면, 다시 육상 운송에 의지할 수밖에 없다. 그러나 역사의 흐름을 거역할 수 없었고, 육지의 교역로는 14세기 무렵부터 점차 쇠퇴의 길을 걷기 시작했다. 아이러니하게도, 고대의 가도(街道) 유적군은 현대에 와서는 오히려 관광 대상으로 각광받고 있다. 세계유산 지정까지 받아 많은 관광객이 몰리고 있는 것은 잘 알려진 사실이다.

육상실크로드는 서역과 중앙아시아를 경유하면서 동쪽의 중국과 서쪽의 지중해와 유럽 사이에 교역이 이루어졌다. 이에 비해 바닷길은 중앙에 인도가 있고, 그 서쪽에 페르시아와 로마, 그리고 동쪽에는 동남아시아와 중국이 위치하고 있었다(辛島, 2000). 서쪽에서는 이미 기원전부터 페르시아와 인도 간에 해상교역이 활발히 이루어지고 있었고, 로마제국은 페르시아를 경유하여 인도로부터 대량의 향료, 보석, 면직물을 들여오고 있었다. 로마는 유입품에 대해 자국 특산품만으로 대가를 치를 수 없어 대량의 금화를 지불했다. 이리하여 로마에서 인도로 건너온 금화가 인도에서 유통되었고, 마우리아 왕조 시대에 인도에서 주조된 금화가 로마의 금화와 같은 값으로 여겨졌다. 다시말해 로마제국과 인도는 같은 통화권을 형성하고 있었던 것이다. 인도와 로마제국 사이에서 활동한 아랍 상인과 페르시아 상인은 인도를 가장 큰 거래 상대로 삼았고, 인도와 오가며 많은 이익을 얻었다.

금화를 통화로 사용한 인도에서는 경제 발전과 함께 금화의 유통량이 증가하여, 부족한 금의 취득처로 동남아시아가 주목받게 되었다. 인도 상인들은 마노(瑪瑙) 구슬이나 면직물을 가지고 말레이 반도, 수마트라섬, 버마(현재 미얀마), 태국 등으로 진출했다. 마노는 인도 중·서부 일대 용암대지(Deccan Traps)에서 채굴된 준귀석과 규질암으로, 예로부터 스톤힐링이나 부적으로 귀중하게 여겨왔다. 인도는 동남아시아를 넘어 풍부한 선진문화권을 이루던 중국에도 진출해 교역에서 이익을 얻고자 했다. 그러나 인도와 중국 사이에는 말레이반도라는 커다란 장애물이 있었다. 이로 인해 처음에는 말라카해협 대신에 버마와 태국을 경유한 육로를 통해 중국과의 무역을 추진하였다.

말레이 반도가 장애가 된 이유는 계절풍을 이용해 말레이반도 북부에 도달한다 할지라도, 그곳에서 다시 남하하려고 할 때에는 계절풍이 역풍이 된다는 어려움이 있었기 때문이다. 또한 말라카 해협은 해적이 출몰하는 해역이기도 하여 통행에 위험이 따랐다(坂本, 2001). 육로를 통한 인도 상인의 내륙경로 역사는 상당히 오래되었고, 기원전 5-6세기의 문화유적이 베트남 북부 홍강 유역에서 발견되고 있다. 물자 운송의 순서는 우선 버마의 다웨이에 도착해 물자를 육지로 하역한다. 그 후 스리파고다 고개[3]를 지나 칸차나부리[4]까지 육로로 물자를 나르고, 다시 유통·나콘사완을 경유해 씨텝에 이른다. 이후에는 치강이나 무강을 이용해 메콩강까지 운송하는 경로이다(그림 2-6).

인도 상인에 의한 동남아시아와 중국 교역로에 해상경로가 추가된 것은 기원전후의 일이었다. 로마와의 교역이 활발해지면서 동쪽과의 교류를 늘려 상품을 구입할 필요성이 높아졌고, 몬순을 이용한 항해술의 발달로 원양항해를 할 수 있는 목조범선이 건조 되었으며, 더욱이 불교의 동쪽으로의 전파가 새로운 진출을 뒷받침했다. 이러한 인도 상인에 의한 동남아시아 진출은 여러 지역에 교역 거점을 형성하였다. 교역 거점은 인도에서의 항로를 따라 버마 남부 몽족의 국가인 타톤, 말레이반도의 서안과 동안, 차오프라야강 유역, 샴만(湾)에 접한 부남의 오케오, 인도차이나 동쪽의 참파(林邑) 등에 생겨났다. 앞에서 설명했듯이 말레이 반도는 당초 인도에서

---

3 미얀마와 태국의 국경
4 콰이강가의 도시

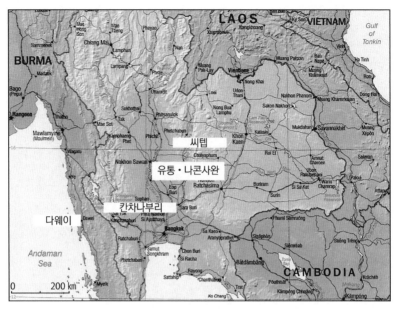

그림 2-6 인도와 인도차이나 반도 내륙부를 연결하는 교역 경로(1300년경)

출처: ja.wikipedia.org 웹 자료

동남아시아, 중국으로의 항행에 있어서 장애물로 여겨졌다. 그러나 이도인
해 부득이하게 인도차이나 반도의 내륙을 동쪽으로 향해 나아가려던 인도
에게 반도의 동쪽으로 이어진 산맥은 또다른 장애물이 되었다. 중국의 윈
난·쓰촨에서 안남산맥 서쪽의 모이고원에 걸쳐 뻗어 있는 산맥이 실질적
으로 인도 문화권과 중국 동부 문화권의 경계선이었다. 안남은 외국인이
베트남 중부를 부르는 명칭이며, 모이는 베트남 산간 지역을 말한다. 이 지
형적 경계를 사이에 두고 인도는 아라칸평야에서 인도차이나 반도를 향해
영향력을 미쳤다. 중국의 영향은 인도차이나 반도 동쪽 해안을 따라 확산
되었다. 게이트웨이는 다른 문화권이 만나는 곳에서 발생하기 쉽고, 이 당

시 산맥은 경계선의 역할을 했다.

육상경로에서 해상경로로 동서 교역의 방향이 바뀌어감에 따라, 외부로부터의 영향은 해안선과 하천 유역을 따라 확대되었다. 당초 중국은 동남아시아 방면과의 교역에 적극적이지 않았다. 삼국시대(포괄적으로 184년부터 280년까지)에 이르러, 오나라가 대립하고 있던 촉(蜀)과 위(魏)에 대항하기 위해 부남국과 관계를 맺은 이후 이 지역에 대한 지식이 많아졌다. 부남국은 1세기부터 7세기에 걸쳐 메콩강 하역(현재 캄보디아, 베트남 남부)에서 차오프라야강 삼각루에 걸쳐 번창한 힌두교와 불교(5세기 이후)의 고대 국가이다(鈴木, 2016). 남조 시대(439~589년)의 중국에서는 서역이 폐쇄되기도 하여 해상교역에 주력할 수밖에 없게 되었고, 이 교역을 통해 중국 상인은 남방의 사치품을 사들이게 되었다. 특히 양나라 무제 때는 교역이 활발하여 남방산품 소비시장의 중심이 화북에서 화남으로 이전하기도 하였다.

중국 상인이 사치품을 사들인 부남국은 동남아시아 역사에서 상당히 우수한 국가였다고 한다. 인도의 고도 문명을 습득했던 이들이 이 지역으로 이주해 나라를 발전시켰기 때문이다. 수도 비야다프라는 현재의 캄보디아 프놈펜주 바프놈산 부근에 있었던것으로 알려졌다. 부남국은 6세기 중엽 같은 크메르족 계열 국가의 습격으로 영토의 대부분을 잃고 수도를 남쪽 앙코르 보레이(Angkor Borei)로 옮겼으나, 7세기 중엽에는 완전히 멸망하였다. 앙코르 보레이의 외항으로 번영한 오크에오의 항구도시 유적에서는 로마 황제의 초상 메달과 간다라 양식, 중국 남북조의 영향을 받은 불상 등이 출토됐다. 이곳에서는 비슈누신, 시바신이 새겨진 부적 등도 발견되어 인도 방면에서 강한 영향을 받은 문화가 있었음을 알 수 있다.

2. 말라카 해협 주변 패권을 둘러싼 세력 전쟁

해상실크로드에서 말라카는 말레이 반도의 남서부에 있는 해항으로 인
도양과 남중국해를 연결하는 항해상의 요충지였다(그림 2-7). 이러한 말
라카를 거점으로 하는 말라카왕국은 1400년 수마트라섬의 왕자 파라메스
와라가 이 땅에 표착(漂着)한 것이 건국의 시작이라고 한다. 이곳은 건국
후 이슬람교를 적극 수용하여 인도, 중국, 아랍, 유럽 국가들 사이의 무역
활동을 중계하는 지점으로 번영하였다. 왕국의 주요 재원은 말라카에 내
항하는 외국 상인들이 지불하는 관세였다. 중계 무역을 통한 번영뿐만 아
니라 이슬람교의 연구거점으로서 국내외에 알려지게 되면서 동남아시아
에서 말라카의 지위는 점차 높아져 갔다. 말라카왕국 번영의 역사는 1984
년 옛 왕궁의 건물을 재현한 문화박물관 '술탄 왕궁 박물관'에서 찾아볼 수
있다(中村, 2012).

말라카는 남중국해에서 인도양으로 빠지는 말라카 해협에 접해 있다. 말
레이 반도와 수마트라섬 사이에 있는 말라카 해협은 세계적으로도 희귀하
게 바람이 세지 않고 파도가 일지 않는 해역으로 알려져 있다. 일찍이 이
해협을 통해 대량의 무역품을 실은 큰 배가 천천히 나아가는 광경을 볼 수
있었다. 배는 돛과 노의 힘으로 항행하기 때문에 속도가 느렸고, 해적들의
습격을 받는 일도 드물지 않아 해상실크로드 중에서 해적 피해를 당하기
쉬운 험한 곳이었다. 말라카왕국은 말라카해협 넘어 수마트라섬 동부와 말
레이 반도 서부 해안 일대를 지배하는 왕국으로서 해협에 출몰하는 해적
을 박멸하려고 노력했다. 그러나 해상실크로드의 무역 활동 유지를 보장하

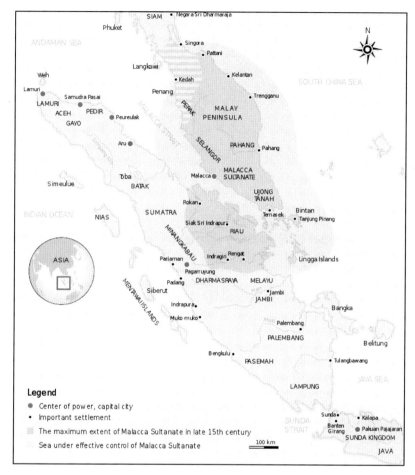

그림 2-7 14세기경 말라카 왕국의 범위

출처: Wikipedia 웹 자료

기에는 말라카 왕국의 힘만으로는 충분하지 않았다. 이 때문에 중국의 영
향력 하에서 동남아시아의 여러 지역의 연결망 구축이 시도되었다. 이러한
시도는 후에 싱가포르를 중심으로 하는 근대 동남아시아의 정치경제 연결
망 구축의 원형이 되었다.

무역품으로는 중국의 비단과 도자기, 차 등이 유럽으로 보내졌고, 동남아에서는 후추를 주력품으로 보냈다. 원래는 남인도가 원산지인 후추는 유럽에서의 소비 수요 확대로 물량이 부족하게 되었다. 이로 인해 동남아가 새로운 공급처로 부상하게 된 것이다. 후추는 12세기경부터 유럽에서 식용이 일반화된 절인 고기의 냄새를 없애기 위해 필수품이 되었다(稻垣, 2018). 이에 따라 수마트라산 후추가 주목받게 되었고, 정향, 육두구 등 인도네시아 동부에서 생산되는 향신료가 유럽으로 보내지게 되었다. 말라카를 중계항으로 하여 왕래하던 무역선은 이 시대의 국제적 정세를 배경으로 움직이고 있었다. 15세기 초 중국의 명나라는 정화가 이끄는 선단을 남중국해에서 인도양까지 7차례에 걸쳐 파견하였다(宮崎, 1997). 중국 측에 조공무역을 하게 된 말라카 국왕은 직접 명나라에 가서 귀한 물건들을 싣고 귀국했으며, 이를 통해 이 여행이 '보물 여행'이라 일컬어지게 되었다. 조공은 명나라의 힘을 빌려 베트남의 공격을 물리치는 데 효과가 있었다.

1509년 포르투갈이 말라카에 진출한 이후 말라카의 상황은 급변했다. 초기에 말라카는 포르투갈의 요구를 받아들여 상관(商館) 건립을 인정했다. 하지만 이후 포르투갈과 대립적 관계에 있던 이슬람의 조언에 따라 포르투갈을 몰아내려다 역공격을 받았고, 1511년 말라카는 포루투칼에 의해 함락되고 말았다. 국왕은 재기를 위해 일단 나라를 떠났고, 이후 탈환하고자 하였으나 실패하였다. 이슬람 상인은 말라카 해협의 제해권(制海權)이 포르투갈에 넘어갔기 때문에 해협 통과를 포기하고, 수마트라섬의 서해안을 남하해서 순다 해협을 통과하는 경로를 이용하게 되었다. 이에 따라 그동안 말라카에 집중되었던 상업활동은 조호르(Johore)나 아체(Ache) 등 여러 소규모 항구도시에서 분산적으로 이루어지게 되었다. 특히 수마트라섬 아체로 도망친 이슬람 상인들은 정치적으로 분열된 수마트라섬 연안부의 통일에 기여했다.

포르투갈의 뒤를 이어 아시아로 진출했던 네덜란드는 말라카 해협의 제해권을 포르투갈로부터 빼앗기 위해 1606년 본국에서 11척의 선박을 파견하였다. 네덜란드는 말레이 반도 남서부에 있는 리차도곶 전투에서 포르투갈과 교전을 벌여 이기지는 못했지만, 고아에 거점을 둔 포르투갈 선대에 큰 피해를 주었다. 1641년 네덜란드는 조호르로 천도했던 말라카 왕국과 동맹한 후 재차 공격하여 포르투갈을 말라카에서 몰아내는 데 성공했다. 그러나 네덜란드는 바타비아⁵에 동인도 회사의 거점을 두고 무역을 하는 것에 관심이 있었고, 말라카 왕국에 대해 정치적으로 깊이 개입하지는 않았다. 네덜란드가 나폴레옹전쟁으로 혼란 상태에 빠지자 한편, 프랑스와 적대하고 있던 영국에 의해 네덜란드령 동인도를 일시적으로 점령하기로 하였다. 이러한 일들을 제외하면 말라카에서는 비교적 평화로운 시대가 이어졌다. 다만, 이 지역의 유력한 항만 활동은 말라카 왕국을 계승한 조호르 왕국으로 옮겨갔기 때문에 말라카의 기세는 약해졌다. 이는 이 지역의 중심이 말레이 반도의 중앙부에서 동쪽 끝의 말라카 해협 입구로 이동했음을 의미한다.

---

5 현재의 자카르타

3. 해상실크로드의 동쪽 관문 광저우

해상실크로드의 동쪽 기점은 광저우(広州)다. 광저우는 주강(朱江)이 광저우만으로 흘러드는 하구부에 형성된 도시이자 화남지방 최대의 무역항으로 역사를 이어왔다(安部, 2000). 당대에는 육상실크로드를 대신하여 해로를 통한 교역이 활발해졌고, 광저우에 교역을 관리하는 시선사(市船司)가 설치되었다. 다수의 이슬람교도인 아라비아 상인들이 광저우로 들어와 교역에 종사하게 되었고, 상인들은 번방(蕃坊)이라 불리는 외국인 거주 지역에 살았다. 당대뿐만 아니라 중국에서는 '대식(타지)'이라 불리던 아라비아인 거주 번방을 송대에 와서도 광저우뿐만 아니라 취안저우(泉州), 원저우(溫州), 밍저우(明州), 항저우(杭州) 등 교역 도시에 시선사와 함께 설치하였다. 다만 송대에 이르러 무역의 중심은 치안이 악화된 광저우가 아닌 북쪽 연해부에 위치한 취안저우나 푸저우(福州)로 이동하였다. 당대에 광저우에는 이슬람교 신자뿐 아니라 힌두교, 불교 신자도 있었으며, 시내에 모스크와 힌두교, 불교 사원이 건립되었다.

광저우 도시의 기원은 기원전 9세기 주나라 때로 거슬러 올라갈 수 있다. 당초에는 중화 문명과는 성격이 다른 초나라와 백월(百越) 사람들에 의해 초정이라는 도시가 세워졌다. 진시황은 이 땅을 평정하고 남해군을 세우고 번우성을 수축했다. 주강 하구의 강폭은 1.5km로 넓고, 당시 성은 강물에 잠겨 있었다. 도시를 지키는 성벽은 시벽이라 불리며 길이가 6km에 달했으나, 기원전 111년 무제(전한 제7대 황제)에 의해 파괴되었다. 이후 삼국시대 오나라에 의해 광저우라는 이름이 도시에 부여되면서 시벽은 확장되었고, 시역은 북쪽으로 넓어졌다. 당대에 이르러 해상실크로드의 관문으로

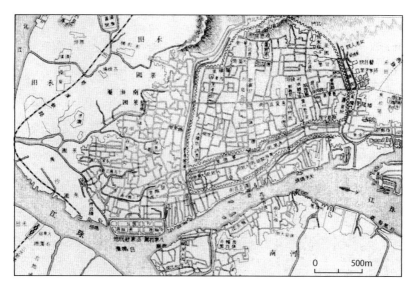

그림 2-8 광저우 성벽과 시가지(중국신흥도: 1913년)
출처: 세계의 시(市)벽·성벽 웹 자료

교역 활동이 활발해짐에 따라 상업지구는 시벽 밖으로도 확대되었다. 당말 황소의 난(875~884년의 대농민 반란)으로 도시는 큰 손해를 보았으나, 5대 10국 시대(당 멸망에서 북송 성립까지의 907~960년)에 이르러 남한 수도인 흥왕부로 번창하였다.

그림 2-8은 1913년 시점의 광저우 중심 시가지를 나타낸 것이다. 송대까지 세 갈래로 나뉘어 있던 시가지가 명대에 이르러 통합되면서 다섯 번째로 성벽을 확장하였다. 이로써 둘레가 12km에 이르는 성벽이 생겨났다. 과거에 증설된 성벽이 강변을 따라 뻗어 있는 것은 그림에도 나타나 있다. 벽 증설은 이후에도 계속되어 1563년에는 60만 명이 넘는 인구를 수용하기 위해 오래된 성벽 남측에 또 다른 큰 성벽을 쌓았다. 이후 북측의 옛 시

가지는 노성(老城), 남측의 시가지는 신성(新城)으로 불리게 되었다. 주강 하구에 떠오르도록 형성된 광저우 시가지는 강과 해자와 성벽에 의해 보호되고 있었다. 해자를 준설한 토사가 성벽과 해자 사이에 매립되었기 때문에 그 부분의 지반은 다른 곳보다 높다. 이러한 역사를 거치면서 건설되어 오던 성벽도 민국(民國) 초기에 고리 모양의 도로 건설 때문에 헐렸다. 근대 중국의 도시계획은 광저우에서 시작되었다(田中, 2005).

명나라 말부터 청나라 초에 걸쳐 광저우에 드나들던 아랍인을 대신해 유럽인이 교역을 하러 방문하게 되었다. 첫 번째로 방문한 것은 포르투갈인이었고, 그 다음은 네덜란드인, 영국인이 뒤를 이었다. 이 중 가장 영향력이 컸던 나라는 영국으로, 영국의 동인도 회사가 1685년 광저우에 외국 무역업자들의 거주지와 사업장으로 외국인 거주구역을 형성했다. 이들이 상시 무역 활동은 1699년부터 시작되었다. 1685년 청나라 강희제는 광저우에 월해관(粵海関)이라는 감독기구를 두어 화물의 집산(集散)과 관세를 징수하도록 했다. 이듬해 중매상(仲買商)으로 '광저우 십삼행(十三行)'을 지정하여 무역 활동을 허가하였다. 이것이 행상 제도의 시초인데, 13은 상인 수를 의미하는 것이 아니라, 창고 등의 건축물 수를 의미했다. 명나라 말부터 청나라 초에 걸쳐 주강 연안에 늘어선 창고나 점포를 이렇게 부르는 풍습이 있었다. 청조는 관세 수입을 확실히 하기 위해 특정 업자에게 무역을 허락하고, 그 업자의 책임으로 영업을 하게 하는 정책을 취했다. 처음에는 16개의 유력한 중매상을 선택해 대우에 차이를 두었는데, 많은 동업자의 반대로 중지되었다. 그 후 다시 특정 중매상 6명(이를 보상이라 부름)을 뽑아, 이 6명의 보상이 다른 중매상들을 취합하여 무역 업무를 담당하였다.

1685년에 청나라가 무역 관리를 하는 감독 기관을 두었을 때, 설치 대상이 된 곳은 광저우만이 아니었다. 광저우의 월매관에 해당하는 기관이 샤먼(廈海関)과 닝보(浙海関), 상하이(江海関, 장하이관)에도 설치되었다. 이 중 닝보는 배후에 광대한 농업지역을 두고, 생사와 차 등을 넓은 범위에서 모을 수 있었다. 또한 이곳은 거래량이 많은 일본과의 교역을 총괄하였기 때문에 교역이 허용되었던 4개 항구 중에서 우위에 있었다. 차나 비단의 산지에 가까운 광저우보다 취급수수료가 싼 닝보의 정박항 '딩하이(定海)'로 영국 상인들은 배를 보내게 되었다. 이런 가운데 닝보의 경쟁 상대였던 광저우의 '만주기인(청나라 지배층의 만주인)'과 관료들이 유럽인과의 교역 창구를 광저우로 한정하도록 조치를 취하였다.

그리하여 대외교역을 독점하게 된 광저우에서 중매상(牙行으로 부름)은 유럽선을 담당하는 외양행(外洋行), 태국선 담당의 본항행(本港行), 그리고 광동성 동부 차오저우(潮州)와 푸젠성(福建省)의 푸젠 방면을 담당하는 복조행(福潮行)으로 나뉘었다. 이 중 외양행은 관세와 무역에 연대책임을 갖고 외교교섭까지 담당하게 되었다. 유럽 상인들은 포르투갈이 거주권을 갖고 있던 마카오에 머문 뒤 무역 시즌인 10월에서 이듬해 1월에 한해 광저우항에 설치된 이관(夷館) 구역으로 이동하였다. 이곳을 유럽인들은(Canton Factory) 외국인 거류 구역이라고 불렀다. 유럽 상인의 활동은 이관 구역 내에 한정되어 있어 국내는 직거래를 할 수 없었다. 중매상과 거래할 때 상품 가격에는 관세 외에 거룻배와 창고 사용료도 포함되어 있었다. 그러나 그 내역이 정확하지 않는 등 만족스럽지 못했다. 중매상 가운데 선택된 보상(保商)이라 불리는 '유력 상인'이 납세와 청나라 당국과의 연락 등을 모두 총괄했기 때문에, 외국인 상인은 청나라 정부와 직접 교섭할 수 없었다.

제3절 유럽의 역사적 교역로

1. 원거리 교역의 '부활'과 그 조건

중국과 인도의 서쪽에 위치한 유럽의 장거리 무역 혹은 원격지 교역의 역사를 연구할 때, 중세 상업사와 도시사 연구로 유명한 벨기에의 앙리 피렌이 주창한 학설(Pirenne, 1936)을 무시할 수 없다. 이 학설은 메로빙 왕조 시대까지 존속했던 지중해를 무대로 한 원격지 교역이 8세기 초 이후 이슬람에 의한 지중해 정복으로 소멸되었으나, 카롤링거 왕조 말기인 10세기 이후 농업생산의 증대와 사회적 분업의 진전, 자유로운 직업 상인의 등장을 배경으로 부활했다는 것이다. 부언하자면 메로빙 왕조란 481년부터 시작된 프랑크 왕국 최초의 왕조이다. 이 왕조는 751년부터 987년까지 카롤링거 왕조로 계승되었다.

피렌 학설에 대한 여러 의견 중에는 교역이 단속된 것이 아니라, 고전 경제시기 중세에 연속적으로 발전해 나갔다는 의견도 있다. 그러나 이러한 논쟁을 떠나서, 11·12세기 이후 원격지 교역이 유럽에서 두드러지게 활발했다는 것은 틀림없다. 피렌의 설에 따르면 '상업의 부활(Renaissance du commerce)'이 일어나고, 국지적인 유통과 주변 농촌과의 유기적 관계를 가지면서 새롭게 등장한 상공업자가 원격지 교역을 담당하게 되었다. 이 경우에도 교역의 거점을 이룬 곳은 해양에 접한 항만이었으며, 그 배후에 펼쳐진 광대한 지역에서 모아진 산물을 다른 항만까지 운반하고, 거기서 다시 배후권을 향해 물품을 내보냈다. 항만의 안쪽에는 물자의 집산이나 중계를 담당하는 육상 도시와 취락이 있었고, 서로 간의 연결망에 연계되어 있었다.

그렇다면 유럽에서 원격지 교역의 '부활'을 가능하게 한 조건은 무엇이 었을까? 여기에는 크게 다음과 같은 세 가지 조건이 있었을 것으로 생각된다. 첫째는 농업생산력의 증대와 잉여의 축적이다. 농업생산 기술이 발전하면서 농촌이 '집촌화'되었고, 이것이 농촌공동체, 나아가 '영주제(領主制)'로 이어졌다(Guy, 1970). 잉여 생산물을 농민들에게 납입하게 한 봉건 영주는 이를 교환으로 돌려 일부를 원격지 교역의 교역품으로 삼았다. 농촌의 집촌화는 단순히 취락 규모가 커진 것이 아니라, 사회적·정치적 의미에서 거점성을 띤 취락이 생겨났음을 의미한다.

두 번째 조건은 사회적 분업에 따라 상인층이 출현하고 상인들의 도시 집주(集住)가 진행된 것이다. 동료 의식을 공유하는 상인층은 점차 길드 조직을 형성하고 교역 거점을 마련하게 되었다. 세 번째 조건으로 지중해나 북해, 발트해에서 해사 전반에 관련되는 법적 관행이 정비되어 갔다는 점이다. 지중해 전역에 걸친 '콘솔라토 델 마레(Consolato del mare) 해법', 북해와 발트해 지역의 '비스뷔(Visby) 해법', 지중해에서 대서양 연안으로 이어지는 해역인 '올레론(Oléron) 해법' 등이 정비됨에 따라 원격지 상인들이 해양에서 폭넓게 활약할 수 있게 되었다. 잉여 생산물, 그것을 취급하는 상인층, 해양 운송의 제도 정비, 이러한 조건이 갖추어짐으로써 원격지 교역의 부활 조건은 갖추어졌다.

중세 유럽의 원격지 교역은 중국과 인도를 중심으로 한 대륙적 규모에 비해 그 범위가 넓지 않다. 시기적으로 지리상의 발견 혹은 대항해 시대라고 하는 유럽인에 의한 신구 양대륙에 걸친 교역의 개시 이전이다. 그러므로 원격지라 칭해도 교역의 지리적 범위는 한정되어 있고, 유럽의 남쪽 지중해, 북쪽의 북해와 발트해를 각각 중심으로 하였다. 그러나 상대적으로 좁았다고는 하지만, 그 이전에는 국지적으로 한정되었던 교역이 현지의 시장권을 넘어 이루어지게 되었다는 점에서 의의가 있다.

이에 따라 해안과 하구 부근에서 물자를 싣고 내리는 항구와 항구도시가 각지에 생겨나게 되었다. 이러한 마을이나 도시 중에는 바다뿐만 아니라 내륙을 향해 열려 있는 곳도 있었다. 이곳에서는 물자가 알프스를 넘어 북상하기도 하고, 북쪽에서 독일의 평야를 남하해 내륙 오지까지 운반하기도 했다. 그러기에 유럽 중세의 원격지 교역은 해로와 육로를 통해 이루어졌다고 할 수 있다(그림 2-9). 어느 쪽이 더 중요했는지에 대한 논란도 있지

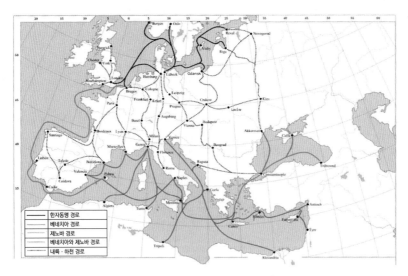

그림 2-9 유럽의 교역 경로(1500년경)

출처: Clinton High School 웹 자료

만, 적어도 초기에는 육로가 남북 방향의 교역에서 큰 역할을 하였다. 지중해나 북해와 발트해 등 바다 쪽에서는 해로를 통한 교역이 주를 이루었다. 그러나 항해 기술의 발전으로 보다 멀리까지 운송할 수 있게 되었고, 이윽고 남북 방향으로도 해로의 이용이 증가했다.

2. 지중해 교역을 둘러싼 이탈리아의 세 도시

10세기경까지 지중해는 이탈리아 반도 동쪽의 베네치아와 서쪽의 제노바를 중심으로 한 해양 교역권이 형성되어 있었다. 두 곳 중 시기적으로 빨랐던 곳은 동쪽으로, 베네치아는 이미 6세기에 아드리아해의 제해권(制海權)을 장악하고 레반트 무역(동방 교역)을 활발하게 하고 있었다. 한편, 서쪽에서는 리구리아해 연안의 제노바와 피사가 11세기 초에 사르데냐에서 이슬람 세력을 일소(一掃)하고 티레니아해의 제해권을 장악했다. 이에 따라 남이탈리아, 시칠리아, 코르시카, 사르데냐, 남프랑스, 이베리아 반도 북동부, 북아프리카 서부를 포함하는 교역권이 형성되었다. 이후 11세기 말부터 13세기 후반에 걸쳐 이루어진 십자군원정이 계기가 되어 베네치아와 제노바의 동방 교역은 크게 진전되었다. 가장 먼저 동방으로 진출한 것은 제노바였지만, 제4차 십자군원정에 참가한 베네치아는 비잔틴 제국의 수도 콘스탄티노플(현재 이스탄불)을 점거하였다. 13세기 후반 이후 펼쳐진 제노바와의 경쟁에서 승리한 베네치아는 동방 교역을 통한 부를 독점하게 되었다.

베네치아와의 경쟁에서 패한 제노바는 동방 교역에서의 손실을 만회하기 위해 지중해의 서쪽으로 눈을 돌리게 된다(龜長, 2001). 먼저 13세기 말에 피사와의 경쟁에서 승리하고, 남프랑스에서 이베리아 반도 지중해 연안부에 걸쳐 지배 세력을 확장했다. 이러한 움직임 하에 남프랑스의 마르세유와 이베리아 반도 남부 카탈루냐의 바르셀로나가 베네치아 상인의 주도 하에 주도되면서 서지중해에서의 교역 활동에 가담하였다(岡部, 2010). 14세기 초가 되자 모직물공업과 금융업으로 힘을 비축한 토스카나주의 피렌체가 피사를 눌렀다. 이어 피렌체는 제노바로부터 지중해에 접한 리보르노를 점령한 후, 이 항구도시를 거점으로 지중해 교역을 시작하게 되었다. 제노바, 피렌체와의 경쟁에서 패한 옛 명문 피사는 15세기 이후 상인들이 대거 떠나면서 쇠퇴의 길에 접어들었다.

지중해를 기반으로 한 원격지 교역에서 패자(霸者)가 된 베네치아, 제노바, 피렌체의 교역 방식에는 각각의 특징이 있었다. 베네치아와 제노바는 교역 상대로부터 얻은 물자를 자국의 도시까지 운반하여 보관한 후, 그것을 이탈리아 혹은 알프스 이북의 여러 도시에 해로 혹은 육로로 운송했다. 반대로 배후 지역에서 모은 물자를 해로를 통해 교역 상대에 전달하였다. 이에 반해 15세기 초에 카탈루냐와 플랑드르 사이에 항로를 개설한 피렌체는 양모나 모직물을 교역품으로 취급하였다(斉藤, 2002). 즉 현지산 모직물의 반출, 이베리아 반도와 잉글랜드로부터의 양모 구매, 플랑드르산 모직 반제품의 구매가 주요 교역 활동이었다.

지중해 동부를 차지한 베네치아로 들어오는 물품은 이집트 혹해 연안부의 밀, 키프로스섬의 구리, 이슬람 상인들이 흑해 연안으로 들여온 후추, 견사, 보석, 상아, 그리고 그리스산 피혁, 금속 제품, 견직물 등이었다. 그리고 동방교역품은 베네치아산 직물, 유리 제품, 이베리아 반도와 남독일산 은이 있었고, 14세기 전후부터는 플랑드르와 피렌체에서 생산된 모직물이 추가되었다. 들여오는 품목은 대체로 사치품이 많았다. 한편 제노바는 이베리아 반도산 은, 잉글랜드산 철, 주석, 양모, 남독일산 구리, 마직물, 시칠리아산 밀, 에게해의 키오스섬에서 나는 염색 원료용 명반 등을 들여왔다. 이에 대한 대가로 이탈리아산 포도주와 올리브유 등을 주었다. 그 밖에 베네치

그림 2-10 베네치아와 베네치아의 석호

출처: Wikipedia 웹 자료

그림 2-11 제노바와 배후 성벽과 산지도(1800년 작성)

출처: Wikipedia 웹 자료

아를 경유해 들어오는 동방의 물품도 교역품으로 취급되었다.

베네치아와 제노바, 피렌체를 서로 비교하면, 항만 조건으로 가장 혜택받은 곳은 베네치아다(그림 2-10). 베네치아는 석호(Laguna Veneta)라 불리는 개펄 안의 섬 모양 도시이며 방어 조건도 우수했다. 전면의 바다와 배후 산지에 끼여 있는 듯한 위치에 있는 제노바는 산 쪽에 성벽을 쌓았다(그림 2-11). 제노바는 비록 평지의 혜택을 갖추지는 못했지만, 산지를 깎은 하천이 계곡을 이루고 그에 따라 큰 길이 북쪽으로 뻗어 있었다. 산지를 넘으면 롬바르디아 평야 위쪽에 이르고, 토리노와 밀라노로 이어진다. 이리하여 제노바는 알프스와도 가깝고, 스위스, 독일 방면에서 지중해로 나

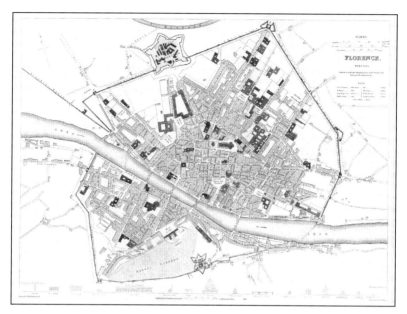

그림 2-12 피렌체 성곽도시도(1835년 작성)

출처: Wikipedia 웹 자료

가거나 혹은 바다 측에서 이 방면으로 향해 나갈 때의 게이트웨이이다. 롬바르디아 평야의 아래쪽에 위치한 베네치아 뒤에는 광대한 평지가 펼쳐져 있어, 가장 근처 배후권이 취약한 제노바보다 더 좋은 조건이다. 이들 두 도시에 비해 피렌체는 외항인 리보르노에서 90km나 내륙 쪽으로 떨어진 곳에 있어 해양 교역 조건에서 취약했다. 그러나 이탈리아 반도 전체에서 보면 약간 북쪽으로 치우쳤다고는 하지만 거의 중앙에 위치하고 있어서, 여러 갈래의 육로가 교차하는 교통의 요충지였다. 또한 피렌체도 도시를 지키기 위해 견고한 성벽을 구축했다(그림 2-12).

이와 같이 지중해 교역을 담당해 온 세 도시는 16세기 이후 큰 상황 변화에 직면하게 되었다. 터키 세력의 서진과 포르투갈의 희망봉 돌파, 그리고 동방관영(東方官営) 무역 등의 영향으로 베네치아가 먼저 동방 교역에서 세력을 잃었다(永井, 2004). 그리고 포르투갈과 마찬가지로 스페인이 관영 무역에 나섰기 때문에 제노바 역시 서지중해 교역권에서의 주도권을 잃어갔다. 다만 제노바의 위세는 단숨에 사라진 것이 아니라 마르세유, 바르셀로나, 발렌시아 상인들과 함께 스페인 지배 하에 일정한 역할을 수행했다. 그러나 이것도 중상주의적인 스페인의 기생적 해외 교역이 쇠퇴해감에 따라 중국적으로는 몰락하게 되었다. 원래 영토가 넓지 않던 피렌체에서는 메디치 가문으로 권력이 집중되었고, 이 가문의 쇠퇴와 함께 도시 또한 위세를 잃어갔다.

3. 한자동맹 제(諸)도시의 북해, 발트해의 교역

지중해가 이탈리아 반도에 따라 서쪽과 동쪽으로 나뉘듯이, 유럽의 북쪽 해역은 스칸디나비아 반도와 유틀란드 반도를 기점으로 서쪽의 북해와 동쪽의 발트해로 나뉜다. 유틀란드 반도의 동쪽 끝 부근에 있는 뤼벡(독일 북부)를 중심으로, 북해와 발트해에 걸쳐 한자동맹이 13세기 중엽에 자생적으로 생겨났다(高橋, 2013). 한자동맹은 전성기에 220개의 도시가 참여하는 도시동맹이었으며, 다음과 같은 세 가지 유형의 도시로 구성되어 있었다.

첫 번째는 교역 활동에 직접 종사한 상인들의 출신 도시로서, 발트해를 따라 서쪽으로부터 로스토크, 그다니스크(단치히), 리가(현재의 라트비아 수도) 등 게르만족이 건설한 도시이다. 두 번째는 주로 중계 기능을 하는 도시였으며, 스웨덴과 현재 라트비아의 중간인 발트해상에 떠 있는 고틀란드의 비스뷰를 비롯해 함부르크, 브레멘, 브라운슈바이크, 마그데부르크 등 현재 독일 중북부의 도시이다. 마지막으로 북해와 발트해 교역권에서 중요한 역할을 한 브뤼허, 쾰른 등이다. 브뤼허는 플랑드르 지방의 중심 도시였고, 쾰른은 라인강 중유역에 위치한 내륙교역의 거점이었다.

이상의 주요 동맹도시 이외에 영국의 런던, 노르웨이의 베르겐, 러시아의 노브고로드, 브뤼허에 동맹의 재외상관이 설치되어 있었다. 이 중 모직물 생산이 활발했던 브뤼허는 서유럽 북부에서 상업 부활의 계기가 된 '경제정보센터' 역할을 했다. 또 런던은 잉글랜드산 양모, 베르겐은 노르웨이산 청어, 노브고로드는 러시아산 목재와 광물자원, 모피, 호박 등을 공급하는 동맹의 행선지로 자리매김했다. 이러한 산물은 일단 뤼벡로 모이고, 그곳에서 수요처로 보내졌다. 그 대가로 유통된 것은 플랑드르산 모직물이 중심이었지만, 그 이외에 작센 지방의 뤼네부르크에서 생산하는 암염이나 프랑스 서부의 가스코뉴만(灣)에서 생산되는 소금도 사용되었다. 소금은 일상생활에서 빼놓을 수 없는 재료로서 음식 이외에 해산물을 저장하는 데도 사용되었다.

한자동맹이 성립되기 이전, 발트해역의 대러시아 교역에서는 고틀란드 상인이 그 역할을 담당했다. 이것은 노브고로드에 동맹 상관(商館)이 세워지기 이전의 일로서, 고틀란드는 스웨덴, 덴마크, 독일 등이 서로 미묘한 관계가 있던 발트해상의 섬이었다. 이 섬은 13세기 말 뤼벡의 한자 상인이 러시아에 진출한 이후 교역에서 열세에 놓이게 되었고, 마침내 한자동맹에 편입되어 갔다.

한자동맹의 맹주(盟主) 뤼벡은 당초 유틀란트 반도의 근거지에 위치한 지리적 조건을 살려, 북해와 발트해를 육로로 연결하는 게이트웨이로서의 지위가 있었다(그림 2-13). 그러나 이후 덴마크와 스웨덴 사이를 가로질러 외레순드(Öresund) 해협을 지나는 항해가 선박 기술의 발전으로 가능해졌다. 이 때문에 이후로는 네덜란드 상인의 활약이 눈에 띄게 되었고, 북해와 발트해를 연결하는 뤼베크의 우위성은 약해졌다. 이처럼 해양 교통의 발전은 게이트웨이 도시의 지리적 우위성을 변화시킬 수 있음을 알 수 있다.

뤼벡가 '바다의 독일'이라고 불려진 데 반해, 쾰른은 '육지의 독일'로 불렸다. 쾰른은 내륙도시이며, 북해에 접한 항구도시 안트베르펜에서 200km 이상이나 떨어져 있다. 그러나 수상교통에서 중요한 역할을 했던 라인강 둔치에 있었기 때문에, 벨기에와 그 서쪽에 있는 잉글랜드의 교역물자를 중앙유럽과 동유럽으로 운송하는 중계지로 발전하였다(谷澤, 2011). 쾰른은 힘을 비축하면서 북해에서 발트해로 진출처를 넓혀 갔다. 쾰른이 유력 도시였다는 것은 1258년에 라인 도시동맹이 결성되었을 때, 라인베스트팔렌 도시군의 본부가 설치되었고, 14세기 중엽 중부 라인 도시동맹에서도 지도적 역할을 담당했다는 점에서 드러난다.

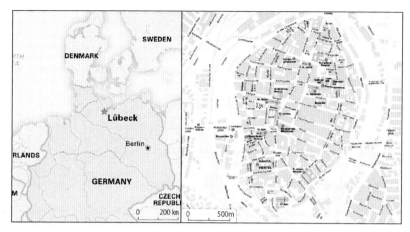

그림 2-13 뤼베크 위치와 중심 시가지

출처: Orange Smile 웹 자료

또한 쾰른은 14세기 중엽 한자동맹에 따른 독점적 무역이 덴마크로부터 위협을 받게 되자, 덴마크를 상대로 전쟁을 벌여 이를 제압할 만큼 기세가 있었다. 그러나 한자동맹은 이 무렵이 최전성기였으며, 15세기 이후가 되면 잉글랜드와 네덜란드에서 외래상인 배척 운동이 일어나 독일인의 독점적인 무역체제는 붕괴의 길을 걷기 시작한다. 동맹도시 간의 이해 충돌과 상설 통치조직을 보유하지 않던 조직으로서의 '약점'이 쇠퇴를 가속화시켰다. 지중해 교역권의 경우와 마찬가지로, 17세기 이후 네덜란드와 영국이 절대주의 체제를 기초하여 원격지 교역을 활발히 행하였기 때문에 북해와 발트해의 한자동맹 도시들의 교역권은 소멸되어 갔다.

4. 유럽의 내륙을 남북으로 연결한 교역로

유럽에서 원격지 교역이 지중해 연안과 북해, 발트해 연안에서 시작된 것은 자연스러운 과정이었다. 당시로서는 상당히 먼 지역이라 할 수 있었던 남쪽의 지중해와 북쪽의 북해, 발트해 사이에 교역이 시작된 것은 14세기 초의 일이다. 하지만 당시까지도 이베리아 반도를 크게 돌아 항해하는 것은 상당한 어려움이 있었다. 그 사이 지중해와 알프스 이북 사이를 잇는 교역은 육로를 통해 이루어졌다(그림 2-14). 당시 지중해 측의 게이트웨이가 된 곳은 이미 언급한 바와 같이 지중해 교역권을 주로 담당했던 베네치아, 제노바, 피렌체였다. 동방 교역을 활발히 진행한 베네치아는 롬바르디아 평야를 흐르는 포강을 이용하여 이탈리아의 여러 도시나 알프스 이북으로 물자를 운반하였다. 이 교역로는 해로와 하천을 적절하게 조합하여 동쪽에서

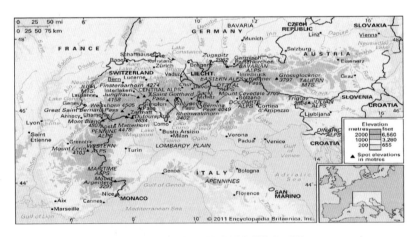

그림 2-14 유럽 알프스와 이탈리아 아펜니노 산맥
출처: ENCYCLOPAEDIA BRITANNICA 웹 자료

오는 물자와 베네치아산 고급 공업품들을 주로 취급하였다. 그리고 북쪽으로는 알프스 이북에서 생산된 물자가 베네치아로 들어왔다.

한편 지중해 서쪽 제노바를 기점으로 하는 육로 교역은 11세기에 개통된 아펜니노 산맥과 지오비 고개를 지나 롬바르디아 평야에 이르는 경로로 이루어졌다. 제노바에 모인 은과 명반, 모직물, 그리고 동쪽에서 가져온 물자가 노새에 의해 운송되었다. 롬바르디아 방면에서는 잉글랜드산 양모와 범포(帆布)의 원료로 빼놓을 수 없는 남독일산 삼베가 제노바에 보내졌고, 제노바에서 베네치아로 은과 모직물이 육로로 운반되는 등, 이 교역로는 14세기 초까지 중요한 역할을 했다. 아펜니노 산맥을 넘어 롬바르디아 평야로 온다는 점에서 피렌체는 제노바와 비슷한 역할을 했다. 산맥을 넘어 볼로냐로 나온 뒤에는 고대 이후의 에밀리아 가도를 따라가는 방향과 동쪽으로 선회하여 베네치아로 향하는 두 가지 경로가 있었다.

이상과 같이 베네치아와 제노바, 피렌체는 지중해 방면의 게이트웨이라 할 수 있으며 교역로 입구 부분에 위치하고 있다. 알프스를 사이에 대륙 전체에 걸쳐 교역을 하려면, 더 내륙 내부를 진출해야만 했다. 남북 횡단 경로는 크게는 네 가지였고, 이 중 서쪽 세 개 경로는 제노바 상인의 영향 하에 있었다. 세 개 경로 중에서도 가장 서쪽에 있었던 것은 이탈리아에서 프랑스로 향하는 것이었다. 이곳은 하천교통의 특징이 있었고, 론강과 손강, 센강을 경유해 마지막으로 루앙에서 북해에 이른다. 이 경로의 중간에 중계지 리옹이 있으며, 이어 샹파뉴와 부르고뉴, 파리로 이어진다. 론과 손의 하천로는 마르세유와 리옹의 상인이 담당하였고, 교역 그 자체는 제노바 상인이 장악하고 있었다. 후에 피렌체 상인도 이 경로의 교역에 참여하게 되었다.

두 번째 경로는 롬바르디아의 파도바를 기점으로 이탈리아 최북서단의 산베르나르도 고개에서 알프스를 넘어 제네바, 리옹으로 이어진 곳이다. 산베르나르도 고개에는 다른 경로도 있는데, 이자르강을 내려와 발랑스를 경유해 샹파뉴에 이르는 곳이다. 이 경로는 남북교역로로 오랫동안 사용되었고, 이곳 역시 제노바 상인들에 의해 장악되어 있었다. 파도바를 기점으로 이곳에 모인 물품은 제노바와 베네치아에서 온 이탈리아의 수공업품과 동방유래품들이었고, 반대 방향으로는 잉글랜드산 양모와 광물자원, 그리고 플랑드르 모직물이 제노바에 보내졌다.

세 번째 경로는 이탈리아 측 기점이 파도바에서 밀라노로 옮겨지면서 재개된 산고타르도 고개를 통한 교역이다. 산고타르도 고개를 넘으면 한쪽은 라인강의 지류를 지나 바젤에 이르고, 다시 쾰른을 중계지로 삼아 북해로 향한다. 지금은 라인강의 원류를 따라 보덴호를 횡단한 뒤 아우구스부르크, 뉘른베르크에 이르는 경로다. 이 경로의 교역품은 두 번째 경로와 비슷하고, 남독일에서 베실과 삼베가 제노바로 운송된 점이 특징이다.

지금까지 언급한 세 개의 경로가 제노바 상인에 의한 이탈리아 측 접근이었다면, 북쪽의 독일 방면에서 이탈리아로 남하하는 교통로가 제4의 경로였다. 북쪽의 기점은 남독일의 뉘른베르크와 아우구스부르크이며, 남쪽의 종점은 베네치아이다. 제4의 경로는 중간 지점으로 오스트리아 인스브루크를 거치고, 알프스의 브레너 고개를 넘는다. 이탈리아에 들어서면 돌로미티 산악지대를 지나 트레비조를 경유해 종점 베네치아에 도착한다. 브레너 고개는 오래전부터 '왕의 길'로 이용되면서 독일에서 이탈리아로 가는 가장 적합한 경로였기에, 이탈리아 교역에 있어 '자연의 길'이라고도 불렸다. 이 경로의 주도권이 뉘른베르크와 아우구스부르크의 상인에게 있었던 것은 현지에서 생산되는 은을 이탈리아로 운반하여 베네치아에서 동방의 산물과 교환했기 때문이었다. 그 밖에 베네치아산 고급 수공업품을 가지고 돌아와 남독일의 여러 도시에서 파는 일도 있었다.

칼럼 2. 문화를 단면으로 경제 활동을 설명하는 지리학

우리가 매일 별 생각 없이 하는 쇼핑은 조금 격식을 차리면 모두 거래의 한 행태다. 수중에 없는 것을 어디선가 손에 넣는데, 그 대가로 화폐를 지불하고 있다. 화폐의 교환으로 물건을 손에 넣는 거래는 어디에서든 계속되어, 최종적으로는 물건의 기원인 자원 조달 단계에까지 이른다. 그 자원은 지구상에서 공간적으로 치우쳐 존재한다. 금, 은, 석유, 석탄 등 광물자원은 물론 특정 기후에서 자라는 농산물과 특정 해역에 서식하는 어패류 등도 분포 범위가 제한된다. 한정된 장소에서만 구할 수 있는 자원을 바탕으로 거래가 시작되고 때로는 가공이나 합성, 조립 등의 공정사이에 거래가 반복된다. 거래 때마다 물건은 이동하므로 운송 수단이나 교통 수단을 빼놓을 수 없다.

슈퍼마켓이나 편의점에서 구입한 상품이 손에 들어올 때까지 반복된 거래 과정을 상상하면 아득해진다. 물건이 거래되는 것은 그 물건이 가치 있다고 판단하기 때문이다. 미완성의 상태라면 먼저 그것을 손에 넣고, 다시금 손을 대 가치를 만들려고 한다. 그리고 다시 그 앞에 있는 거래 상대에게 전달한다. 거래할 때마다 가치가 사슬처럼 이어져 간다는 점에서 가치의 연쇄, 즉 가치사슬이라고 불리기도 한다. 기업이나 사업소는 가치사슬의 일부분을 담당하는 것으로 수익을 얻고 있다. 그러한 기업이나 사업소에서 일하는 종업원이나 종업원의 가족은 가치의 일부인 수입을 얻어 목숨을 부지하고 있다. 상상을 초월한 거대한 가치사슬이 지구상을 거미줄처럼 엮고 있다. 가치사슬의 모든 것을 아는 것은 도저히 불가능하지만, 그 일부분을 밝히려고 지리학자는 도전해 왔다. 지리학자는 가치사슬의 공간적 확대에 대해 깊은 관심을 가진다. 물건이 어디에서 생산되고, 어떻게 운송되며, 어느 소비자의 수중에 도착하는지 명확히 하고자 한다.

자원 채취지역에서 소비지역까지 지구 표면상의 자연 조건이나 인문 조건은 다양하다. 자연 조건은 크게 변하지 않더라도 인문 조건은 시대에 따라 크게 변화한다. 사회, 경제, 문화 등의 구조와 사고방식, 그것들을 뒷받침하는 교통 · 통신 등의 인프라가 진화 · 발전해 나가기 때문이다. 결과적으로 자연의 일부도 바꿀 수 있다. 이와 같이 변화해 나가는 환경 속에서 기본적으로 변하지 않는 가치사슬을 환경 조건에 맞추면서 그때그때 적합한 것으로 재편해 간다. 또한 소매업 분야는 빠른 속도로 판매 형태가 바뀌어 간다. 그러한 예로 전쟁 전 번창했던 상가와 백화점의 형태에서, 전쟁 후 점포의 형태는 슈퍼, 대형점, 쇼핑센터, 편의점, 대형소매전문점 등으로 눈부시게 변화해 왔다는 점에서 찾아볼 수 있다.

변화해가는 소매점포의 입지나 경영, 소비자의 구매 행동 등을 쫓아가면서 지리학은 연구를 거듭해 왔다. 또한 이러한 변화를 어떻게 하면 잘 설명할 수 있을지 지혜를 도출해냈다. 시행착오 결과 도달한 대답의 하나는 앞서 말한 가치사슬에 주목하면서 가치평가에 영향을 주는 제도적 요인을 단서로 설명하는 것이다. 제도적 요인이란 다소 생소한 말이지만, 쉽게 말하면 사람들의 일상 행동을 규정하고 있는 약속이나 규칙이다. 이것은 반드시 명문화되어 있는 것은 아니다. 암묵의 이해로서, 그 시대의 사회 속에서 사람들의 행동을 통제하고 있는 것이다.

사회, 문화, 정치 등 폭넓은 분야에 걸쳐서 행동을 통제하는 암묵적 이해는 당연히 경제 분야에도 파고든다. 기업의 이념, 제품의 기능과 디자인, 생산 방법, 상품의 전시 · 판매 형태, 광고 · 선전 방법에 이르기까지, 대개 경제 활동이 불리는 것은 모두 이러한 규칙에 따라 구체적인 형태를 취한다. 다만 지표상에서 장소가 바뀌면 암묵적 이해도 다르고, 또 시대가 바뀌면 변할 수 있다. 파악할 수 없는 것처럼 보이지만, 어디에서나 행해지고 있는 일반적인 경제 활동에 개성을 부여하고 있는 것이 암묵적 이해 즉 제도적 요인이다. 이러한 요인은 일반적으로 문화라는 말로 표현된다. 그러나 단 한 가지 말로는 표현할 수 없는 내용을 지닌다. 지리학에서는 1980년대에 '문화론적 전회(cultural turn)'라는 학문적 운동이 있었는데, 산업 분야별 지리학이 아닌 문화적 측면의 관점으로 경제 활동을 밝히려는 움직임이 나타났다.

문화는 원래 그 어원인 culture 즉 경작이 의미하듯이, 토착적인 것에서부터 시작되었다. 그로부터 도시와 공업 사회가 생겨나 세분화되고 복잡해졌다. 성차, 연령, 직업, 학력, 취미 · 기호 등 한층 더 다양한 요소가 얽혀있지만, 한편으로는 세계화에 의한 생활 형태의 획일화도 진행되고 있다. 새롭게 생겨나는 문화는 낡은 문화에 더해져, 사람들의 행동을 규제한다. 겹겹이 쌓인 듯한 문화, 그 자체가 특정한 개인을 나타낸다고 봐도 좋다. 이렇게 파악한 개인은 개성 없는 중립적인 경제인이 아니다. 합리적으로 행동하는 경제인을 가정해 경제활동을 설명하는 그동안의 지리학은 끝났다. 포스트모던이라고 형용되는 현대 그리고 기계적, 단색적이지 않은 다양한 문화성을 고려한 인간과 기업에 주목해야 한다. 현실이 그런 방향으로 가고 있는 이상 학문 연구도 따를 수밖에 없다.

제3장

포르투갈, 스페인, 네덜란드의
해외거점 개발

제1절 포르투갈의 해양 진출과 해외에
구축한 지배거점

1. 제노바 상인을 이용한 포르투갈의 해양 진출

지중해를 무대로 교역 활동에서 중요한 역할을 해온 제노바와 베네치아 상인은 오스만투르크 세력이 커지면서 지금까지와 같은 교역을 할 수 없게 되었다. 베네치아는 1463년부터 17년간 오스만투르크와 전쟁을 벌이고 1479년 화해했지만, 네그로폰테(Negoroponte)와 레스노스(Reznos)를 잃었고 오스만령(領) 내에서 교역을 계속할 경우 매년 거액의 공납을 지불해야만 했다. 그리고 제노바는 1359년 몽골제국을 계승한 정권 중 하나인 티무르제국에 의해 타나¹가 파괴됨으로서, 흑해 연안 지역으로부터 내몰렸다. 타나는 흑해에 연결되는 아조프해(海)에 돈강이 흘러드는 하구 도시로서 오늘날 아조프에 해당한다. 이러한 상황 변화를 근거로 베네치아는 북아프리카로 관심을 돌려 교역을 하게 되었고, 플랑드르²에도 선단(船團)을 보냈다. 대제노바는 이슬람 상인을 개입시켜 아프리카 금에 손을 뻗는 전략을 취했다. 모로코의 파스와 마라케시, 튀니지의 카일 왕, 튀니스를 출발한 대상(隊商)은 사막을 넘어 니제르강 유역까지 가서 황금을 운반해 왔

---

1 인도 서부 도시
2 지금의 벨기에 서부, 네덜란드 남서부, 프랑스 북부를 포함한 북해 연안 지역

고, 이 황금은 마그레브 지역의 항구에서 제노바 상인이 대량으로 사들였다. 마그레브는 제노바를 지중해 사이에 두고 강 건너편에 해당하는 아프리카 북부 지역이다. 황금의 대가는 북아프리카의 암염(돌소금)과 제노바 상인이 들여온 모직물이었다.

제노바는 상호 대립하고 있던 베네치아와의 전쟁(1350-1355년)에서 패하면서 경제력 저하가 진행되었고, 이후 자본과 해양기술이 이베리아 반도로 유출되었다. 이들 두 도시는 1256년부터 1381년에 걸쳐 계속적인 패권 다툼을 해왔는데, 위의 전쟁은 3번째 싸움에 해당한다. 포르투갈은 초기부터 이들의 다툼을 이용하였고, 결국 제노바 상인의 도움을 받아 대서양 진출을 시도했다. 포르투갈은 조선, 항해, 무역자금 · 기술에 관한 협정을 제노바 상인과 맺고, 지금까지 소유권을 가지고 있던 대서양 섬들 및 서아프리카와 교역을 시작했다. 이들 지역에서는 아프리카 노예를 동원한 사탕수수 재배와 설탕 생산이 제노바 상인의 지도 아래에서 행해졌다. 제노바 상인의 손을 빌려서 해양 교역을 시도한 것은 포르투갈뿐만이 아니었다. 이베리아 반도의 스페인도 빚을 담보로 제노바인과 유대인에게 징세권을 주었다. 또한 크리스토퍼 콜럼버스의 서인도 항해를 위해 자금을 마련한 것은 제노바 상인들이었다(大野, 1990). 신대륙발견 이후에도 제노바 상인은 아메리카 대륙의 통상과 광산 개발에 출자해서 이익을 얻었다.

이미 알려진 바와 같이, 포르투갈의 바스코 다 가마는 아프리카 남단의 희망봉을 돌아 1498년 5월 인도 카레쿠에 도착했다(生田, 1992). 이른바 인도 항로의 발견이었다(그림 3-1). 그러나 바스코 다 가마의 성공은 이전 여러 모험가의 시행착오가 있었기에 가능한 것이었다. 원래 포르투갈이 원했던 것은 서아프리카의 황금과 향신료, 상아, 노예 등을 이슬람 상인의 손을 거치지 않고 수입하는 것이었다. 또한 포르투갈인들은 아프리카 오지에 기독교인 왕(프레스터 존 왕)이 있다는 전설을 믿었고, 그를 만나는 것을 항해의 또 다른 목적으로 삼았다. 우선 포르투갈은 1482년 서아프리카 황금 해안(현재 가나)에 산호르헤 다미나 성채를 구축하는 데 성공하면서 첫 번째 목적을 달성하였다. 그리고 포르투갈 왕은 또 다른 목적인 프레스터 존 왕을 만나기 위해 아프리카 남서안과 북동부, 즉 에티오피아 방면을 해로와 육로 양쪽에서 탐험하도록 명령했다. 이 중 해로를 통한 탐험이 희망봉 발견으로 이어지는데, 해로를 통해 포르투갈에서 인도에 도달할 수 있다는 정보는 육로 탐험에서 나왔다.

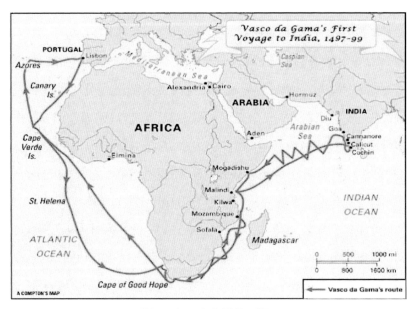

그림 3-1. 바스코 다 가마의 인도 항로
출처: reddit.com 웹 자료

그리하여 포르투갈은 서아프리카와의 교역이라는 당초 목적을 일부 변경하며 1488년 이후 인도양 도달을 목표로 한 탐험을 계속했다. 하지만 4년 후 이베리아 반도의 경쟁자인 스페인이 수행한 항해에서 콜럼버스가 인디아스(아시아)에 도달했다는 소식이 포르투갈 왕의 귀에 들어왔다. 당시 유럽인들은 세계가 유럽과 아시아, 아프리카로 이루어져 있다고 믿었다. 콜럼버스가 발견한 미지의 땅도 인디아스의 일부로 인식했으며, 그곳은 가장 동편에 위치한다고 생각했다. 포르투갈 왕은 폭풍을 만나 리스본항으로 피신한 콜럼버스를 만나 발견 경위를 알아냈다. 그에 따르면 발견한 땅은 인도나 향신료 제도처럼 중요한 지역이 아니라는 것이었다. 콜럼버스는 이후 세 차례나 항해했지만 발견한 땅 모두 인디아스의 일부라고 생각했다. 포르투갈 왕은 육로를 통한 인도 진출에 매력을 느꼈지만, 바스코 다 가마의 희망봉 발견을 계기로 해상을 통해 인도에 마침내 도달할 수 있었다.

2. 포르투갈이 자원을 얻기 위해 마련한 해외 거점

15세기 전반의 포르투갈은 인구 110만 명 정도의 소국이었다. 그러나 이처럼 작은 나라가 유럽에서 처음으로 해양 진출을 이룰 수 있었던 것은 아프리카에 근접한 지리적 조건 때문만은 아니었다. 제노바 상인의 투자로 이미 원거리 교역의 경험이 있었다는 점과 유럽 각지에서 전쟁이 일어났던 와중에도 포르투갈은 비교적 안정되어 있었다는 점 등으로 기업가가 안심하고 경제 활동에 전념할 수 있었기에 가능한 것이었다. 당시 포르투갈이 진출해 있던 인도에는 여러 왕국 간의 갈등이 존재하고 있었다. 인도와 아프리카 동부 사이에 펼쳐진 아라비아해의 제해권은 해로에 수도를 둔 맘루크 왕조가 장악하고 있었고, 이보다 앞서 15세기 전반에는 명나라의 정화 함대가 인도 남부의 칼리캇(현재의 코지코드)에 와 있었으며 나아가 아라비아해에도 진출하려 하고 있었다(寺田, 2017).

이러한 상황을 고려한다면, 포르투갈이 쉽게 인도 방면으로 진출할 수 있는 상황은 아니었다. 그러나 포르투갈은 1510년 고아를 강제적으로 점령하는 데 성공하면서 이곳을 인도양 교역의 거점으로 삼았다. 고아는 그 후 '작은 리스본', 혹은 '황금의 고아'라고 칭해질 정도로 번영하게 되었다. 교역 거점이 된 고아로 대량의 교역품이 취합되어 이곳에서 포르투갈로 보내졌기 때문이다. 전성기에는 유럽 전체에서 소비되는 후추의 70%에 해당하는 2,000톤의 후추가 고아로부터 들어왔다. 이 밖에 인도네시아 복동부 몰카 제도에서 말라카 해협을 거쳐 운송되어 온 정향나무와 육두구, 세이론(현재 스리랑카)의 육계(시나몬) 등도 포르투갈로 들어오게 되었다. 리스본항에서 하역된 물자는 안트베르펜과 런던으로 보내져 유럽 각지로 퍼졌다. 리스본에는 독일을 비롯한 여러 각지의 상인이 모여들어 국가적 사업인 선단에 출자하는 방식으로 이익을 챙겼다.

포르투갈은 고아를 아시아 진출의 첫 번째 거점으로 삼았고, 이후 잇달아 근거지를 동쪽으로 확장해 갔다(鈴木, 2006). 1511년 포르투갈은 말라카 해협에 존재하던 여러 왕국을 멸망시켰고, 1521년 향신료 제도로 알려진 말루쿠 제도에 성채를 지었다. 같은 해에 서쪽을 돌아서 온 스페인과 격렬하게 충돌했고, 1529년의 사라고사 조약(Zaragoza 조약)으로 아시아에서 스페인과 식민지 경계(자오선)를 결정하고 말루쿠 제도를 손에 넣을 수 있었다. 그림 3-2는 포르투갈과 스페인 사이의 식민지 영토 경계를 결정하기 위해 설치된 자오선을 나타낸 것이다. 1493년 자오선은 '교황 자오선'으로 불려졌던 것과 같이, 스페인 출신 교황이 자국에 유리하도록 규정했다. 그러나 포르투갈은 교황의 회칙인 '인테르 체테라'에 동의하지 않았고 양국은 교섭 끝에 1494년 토르데시아스 협정(Tordesillas 협정)을 맺어 조금 더 서쪽으로 영역을 확장할 수 있게 되었다. 한편 아시아 경계선은 위에서 설명한 바와 같이 사라고사 조약으로 서경 142도를 사이에 두고 서쪽은 포르투갈, 동쪽은 스페인이 각각 소유하게 되었다.

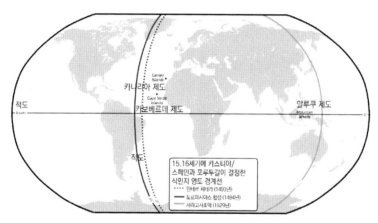

그림 3-2. 토르데시아스 협정과 사라고사 조약으로 정해진 자오선

출처: Wikipedia 웹 자료

반면 아시아에서의 세력 확대를 도모하던 포르투갈은 1517년에 중국 광저우에서 명 왕조와 통상하기로 결정하였고, 1557년에 마카오에 거주할 권리를 획득했다. 포르투갈의 진출은 더 동쪽으로 향했고 마침내 일본에 도달했다. 이것이 1543년 다네가섬에 도착한 중국인이 조종하는 정크선에 포

르투갈 상인이 타고 있었다고 알려진 통설이다(宇田川, 2013). 포르투갈은 상인들이 중국에서 구입한 생사를 일본에 팔았을 뿐 아니라 선교사를 통해 화약과 뎃포를 다이묘에 팔아넘겼다. 다이묘들 사이에서는 기독교를 받아들이는 유력자도 나타나게 되었다.

포르투갈의 해외 진출은 아프리카와 아시아에 그치지 않았다. 1500년 페드로 알바레스 카브랄이 이끄는 인도 파견대가 브라질을 발견한 것을 계기로 남아메리카에도 개발의 거점을 마련했다. 카브랄의 항해는 이슬람 상인의 방해로 충분한 성과를 거두지 못한 바스코 다 가마의 인도 파견 이후에 이루어진 것이다. 카브랄은 항해 도중 폭풍우로 동료를 잃고 미지의 땅에 표착했다. 카브랄이 발견한 땅은 현재의 브라질 동쪽 끝에 해당하는데, '테라 드 베라크루스(진실한 십자가의 땅)'라는 이름이 붙여졌다. 브라질을 식민지로 삼은 포르투갈은 17세기 중반까지 아프리카에서 데려온 노예를 이용한 사탕수수 재배에 중점을 두었다(Freyre, 1980).

1690년대 브라질 내륙에서 금과 다이아몬드가 발견되자 포르투갈은 토르데시야스 협정의 경계를 넘어 서쪽으로 더 나아갔다. 영유권의 경계와 관련해 스페인과 맺은 이 조약은 1750년에 파기되었다. 포르투갈이 브라질에서 생산한 금은 18세기 세계 총산출량의 80% 이상을 차지하게 되었다. 금이 채굴된 미나스제라이스 지방은 브라질 동해안에 가까웠고 금 수출항이 된 리우데자네이루는 크게 번창하였다. 이렇게 브라질에서 대서양을 넘어 포르투갈로 운반된 금은 금화로 주조되었지만, 국내 산업 육성이 아니라 왕궁과 교회의 건축 등을 위해 지출되었다. 포르투갈은 영국과의 무역에서 와인을 수출하고 모직물을 수입하였지만 큰 적자를 보게 되었고, 금화는 영국으로도 흘러갔다.

3. 고아와 마카오를 거점으로 한 포르투갈의 원격지 교역

인도 고아는 아라비아해에 접한 말라바르 해안에 있다. 이곳은 만도비강과 스와니강 하구에 떠 있는 섬을 기반으로 삼으면서 인도양 교역권의 주요 항구도시로 발전한 곳이었다(그림 3-3). 15세기에 힌두교의 비자야나가르가 이곳을 지배하였으나 1469년 바흐만 왕조에 의해 정복되었다. 비자야나가르는 인도에서 이슬람화가 진행되던 무렵, 1336년 남인도에서 성립한 왕국이었다. 또한 바흐만 왕조는 14세기 데칸고원 북부에서 이슬람교 국가를 수립하여 오랜 기간 고아 왕국과 싸웠고, 마침내 1469년 고아를 세력 하에 넣게 되었다. 이 와중에 고아의 남동쪽 500km에 위치한 칼리카사스(현재 코지코드)로 1498년 바스코 다 가마의 포르투갈 함선이 도착했다. 그들의 목적은 인도 주변에서 생산되는 향신료로 무역 이익을 취하기 위해서였다. 포르투갈은 이전 시기 향신료 무역을 총괄하던 이슬람 상인들을 몰아내기 위한 일환으로 카이로 거점의 맘루크 왕조 해군을 격파하였다. 포르투갈 초대 인도 총독을 물려받은 프란시스쿠 드 알메이다는 말라바르 해안의 거점 지역으로 칼리카사스보다 고아가 더욱 적합하다고 생각했다. 이에 1510년 바흐만 왕조의 거점 고아를 공격해 격전 끝에 무슬림을 살해하고 모스크도 불태웠다. 그리고 파괴된 부지에 포르투갈령 고아를 건설하고 군사기지와 상업항을 겸한 도시 건설에 착수했다.

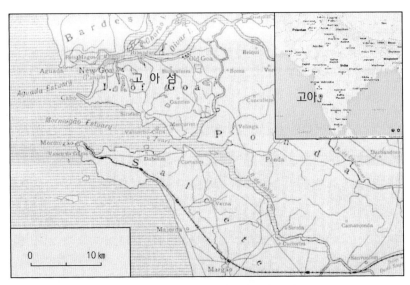

그림 3-3. 인도 서해안 고아의 지도(1924년 작성)

출처: Travel Encyclopedia 웹 자료

포르투갈의 본격적인 거점 건설은 1530년 이후로서, 아시아 식민지 전체를 통치할 목적으로 인도 총독과 인도 부왕을 고아에 주재하게 하였다. 해양 제국이라고 칭해진 포르투갈이 아프리카 동안으로부터 마카오가 있는 아시아까지 쌓아 올라간 요새는 30개를 훌쩍 넘었고, 게다가 15개 가까이 보루도 쌓아 올렸다. 이 중 고아에는 요새와 보루가 모두 7개 였고, 고아의 북쪽 구자라트에 7개, 그리고 아프리카 오만에 걸친 해역에 11개, 다시 남쪽 사일론에 8개가 각각 배치되었다. 이러한 군사 거점을 묶는 역할을 한 것이 고아이며, 리스본을 모델로 건설된 고아는 '동양의 로마'라고 불릴 정도로 번영하였다. 고아는 교역 기능은 물론 아시아에 기독교를 전파하기 위한 종교적 거점이기도 했다. 1534년 로마교회 대주교좌가 설치됐고 전

아시아를 대상으로 로마교회가 이를 관할하였다. 1562년부터 1619년까지는 로마교회의 상징이기도 한 산타 카타리나 성당이 건립되었고, 대성당을 중심으로 수도원과 총독의 궁전 등도 배치되었다.

포르투갈은 인도 북서부 출신의 구자라트인이 담당하고 있던 이슬람-아랍의 교역에 끼어드는 형태로 본격적인 활동을 개시했다. 동아프리카에서 아시아까지 넓은 범위를 바다로부터 제어하는 것이 포르투갈의 교역 전략이었다. 말라바르 해안의 중앙에 위치한 고아는 그 전역을 수행하기에 적합한 위치에 있다고 판단되었고, 포르투갈은 고아를 거점으로 인도 내륙부 간에도 교역을 실시했다. 그리하여 포르투갈은 힌두 제국의 비자야나가르에서 아랍산 말을 들여왔고, 그 대가로 고아의 향신료, 커피, 홍차 등 기호품을 손에 넣었다. 포르투갈 최초의 총독은 원주민들에게 기독교 개종을 특별히 원치 않았고, 포르투갈인과 현지인의 결혼을 장려하였다. 포르투갈이 당초 점거한 지역은 고아의 중심부였으며 18세기 말 그 주변이 새로운 정복지가 되었다. 이 때문에 기독교인은 구 정복지에 많았고 신 정복지에는 힌두교도가 많았다.

고아를 거점으로 하는 포르투갈의 원격지 교역은 열대지방의 향신료 같은 기호품을 독점으로 수입해 유럽으로 보내는 데 그 특징이 있었다. 그러나 동시에 기독교의 포교라는 목적도 있었으므로, 경제와 종교적 목적이 혼재하고 있었다고 볼 수 있다. 이후 등장하는 스페인, 영국, 프랑스 등과는 달리, 포르투갈은 식민지 체계를 내륙부로 확대하려는 의도가 부족하였다. 하지만 예외적으로 브라질에서는 내륙부로 깊이 진출해 농업을 확산시켜 나갔다. 결과적으로 포르투갈은 해안을 따라 많은 요새와 성채를 구축하면서 광대한 교역권을 확보하려고 했기에 항만도시의 발전을 촉진하였다고 볼 수 있다(그림 3-4).

그림 3-4. 브라질 역사 지도

출처: ENCYCLOPEADIA BRITANNICA 웹 자료

해양 제국을 목표로 하는 포르투갈에게 중국의 마카오는 고아와 더불어 중요한 활동 거점이었다(東光, 1999). 포르투갈이 마카오에 진출한 것은 동중국해를 도량(跳梁)하고 있던 왜구에 골머리를 썩고 있던 명나라를 도와준 것이 계기가 되었다. 포르투갈은 왜구 토벌에 대한 대가로 명나라로부터 1557년 마카오의 영주권을 인정받았고, 이것은 결과적으로 마카오가 고아의 인도 부왕이 다스리는 포르투갈령 인디아의 일부로 받아들여지는 원인이 되었다. 참고로 포르투갈령 인디아는 인도와 동남아시아에서 포르

투갈이 획득해 간 영토다. 다만 마카오의 영토 주권은 중국 측에 있었으며, 권력이 명나라에서 청나라로 이행한 뒤에도 이것은 계속 계승되었다. 중국 측은 마카오에 해관(세관)을 설치하였고, 포르투갈은 가톨릭교회의 거점을 세웠다.

명나라가 왜구 활동에 애를 먹었던 주요 원인은 1523년 명나라에서 제정한 '해금책'이었으며, 이전부터 일본 및 동남아시아와 교역해온 연안 지역 상인들이 해금책에 대한 불만을 터뜨렸기 때문이다(鄭, 2013). 육상 교역이 금지되어 해상에서 밀무역을 하는 사람이 출현하였고, 이곳에 일본에서 은을 소지하고 남하해온 사람들이 합류하였다. 이러한 집단을 중국인들은 왜구라고 불렀다. 저장성을 거점으로 밀무역을 하던 왜구는 명나라의 공격을 받자 거점을 일본으로 옮겼고, 이후에도 중국 연안에 출몰해 해적 활동을 거듭했다. 장대한 해안선을 왜구의 공격으로부터 지켜내기 어려웠던 명나라는 점차 해금책을 완화하는 방향으로 나아갔다.

포르투갈이 마카오 영주권을 얻기 14년 전인 1543년, 세 명의 포르투갈인이 탄 배가 타네가섬에 표착했다. 이 사건은 이미 언급한 바와 같이, 포르투갈인들이 지참하고 있던 총을 통해 일본의 전쟁 전술이 크게 바뀌는 계기가 되었다. 이 배는 평호(平戶)에 거처를 두고 있던 왜구의 리더이자 중국인인 왕직(王直)의 것이었으며, 잼(현재 타이)에서 홍콩 남서부의 섬 장주를 향해서 항해하던 중 폭풍을 만나 타네가섬에 도착했던 것이다. 이 사건이 발생한 7년 뒤인 1550년, 또 다른 포르투갈 배가 히라도에 도착하여 무역과 포교가 가능한 곳을 찾아 나서기 시작했다. 그러나 일본과의 무역 교섭이나 배의 입항 조건은 생각한 만큼 순조롭지 않았고, 결국 포르투갈인들은 깊은 후미에 둘러싸인 나가사키를 거처로 삼게 되었다.

명나라가 해금책을 폐지한 1554년까지 마카오를 통한 포르투갈의 무역은 밀무역이었다. 밀무역 상대는 일본이었고, 이 시기의 일본은 토요토미 히데요시가 국내 통일을 이루려던 무렵이었다. 이 시기, 일본에서는 이와미 은산을 비롯한 광산 개발이 이뤄지고 있었고, 은통화가 필요했던 중국에 대량의 은이 포르투갈인을 통해 보내지게 되었다. 포르투갈은 대형 선박 나우와 소형 선박 갈레라를 이용해 인도 고아나 마카오에서 나가사키로 매년 오가면서 대포나 화약 이외에도 유럽산 모직물, 중국산 생사, 남해산 향료 등을 가지고 왔다. 이 중 생사는 막부로부터 특허를 받은 일본 상인이 포르투갈 상인을 경유하여 일괄 구입하는 '이토왓푸 제도(糸割符制度)'[3] 하에서 수입되었다(太田, 2000).

제2절 스페인의 신대륙 진출과 아르헨티나, 멕시코

1. 스페인의 남미 진출과 은광 개발

8세기 초 이슬람교도들에 의해 지배당했던 이베리아 반도에서는 카스티야 왕국의 이사벨 1세와 아라곤 왕국의 페르난도 2세가 혼인하여 통일 국가를 만들었고, 1492년 이슬람 최후의 거점 그라나다를 함락시킴으로써 국

---

3 에도시대 일본의 생사 수입방식

토회복운동(레콩키스타)을 완료하였다. 그리고 같은 해, 이사벨 여왕의 후원을 받아 서쪽 항로(西廻り航路)[4]로 인도 도착을 목표로 한 것이 제노바 출신의 모험가 콜럼버스였다. 지구 구체설을 믿고 항해를 계속하던 콜럼버스 함대는 대서양을 가로질러 산살바도르섬에 도달했다. 그는 이곳이 인디아스의 일부라고 생각했지만, 이후 아메리고 베스푸치의 탐험으로 이곳이 유럽인이 알지 못했던 신대륙으로 밝혀져 아메리카라고 명명하게 되었다(色摩, 1993). 콜럼버스가 인디아스라 믿었던 아메리카 대륙은 이후 페르디난도 마젤란에 의해 횡단이 실시되기도 하였다.

1519년 마젤란은 스페인 왕국의 원조를 받아 인도네시아 북동부의 말루쿠 제도를 목표로 출항하였다. 그는 애초에 항해 원조를 포르투갈 왕에게 요청하였으나 거절당했다. 마젤란의 서쪽 항로는 당시 토르데시야스 협정에 의해 세계의 동반부(東半分)와 서반부(西半分)를 각각 포르투갈과 스페인의 영역으로 할당되었던 것과 관계가 있다(그림 3-2). 스페인은 유럽에서 귀중하게 여겨지는 향료를 말루쿠 제도로부터 아랍 상인의 손을 거치지 않고 직접 입수하려면 서쪽 항해로 갈 수밖에 없었다. 마젤란 항해의 공식적 목적은 스페인과 포르투갈 사이에 정해져 있던 분계선을 작성하는 것이었다. 그러던 중 마젤란은 남미 파타고니아에서 일명 '마젤란 해협'을 거쳐 천신만고 끝에 필리핀에 도착할 수 있었다. 마젤란은 필리핀에서 세부 왕을 기독교로 개종하는 데 성공했지만, 막탄 왕에게 거절당한 이후 전투를 치르는 과정에서 목숨을 잃었다. 그러나 그의 부하들은 3년 뒤 스페인

---

4 에도시대 동해안의 항구와 오사카를 연결하는 항로를 말함

으로 무사히 귀환해 세계 최초로 지구 일주 항해를 이뤄냈다(增田, 1993).

포르투갈이 인도 방면으로 진출한 것에 반해, 스페인은 반대편 신대륙 아메리카를 향해 진출했다. 그 방법은 매우 난폭했고, 원주민들이 모르고 있던 기마나 총을 이용해 침략을 일삼았다. 1521년 에르난 코르테스는 아스테카 왕국을 멸망시켰고, 이후 1533년 프란시스코 피사로는 잉카 제국을 정복해 식민지로 만들었다. 스페인에 의한 식민화의 주요 수법은 엔코미엔다제(制)에서 잘 나타나고 있다. 엔코미엔다제는 원주민의 기독교 교화와 보호를 조건으로 현지 통치를 신대륙으로 이주한 스페인 정착민에게 위임하는 제도였다. 위임받은 스페인 정착민들은 유럽에서 들여온 밀과 아시아의 사탕수수 등을 재배하는 농원을 경영하기도 하고 은광을 개발하기도 했다. 하지만 이들이 원주민을 다루는 방식은 강압적이어서 기독교에 의해 영혼을 구제하고 보호한다는 제도의 취지를 크게 벗어나 있었다. 엔코미엔다제의 기원은 이베리아 반도의 국토 회복 운동에서 발생했다. 레콩키스타 과정에서 기독교 기사단은 이슬람교도의 토지를 정복한 후 빼앗은 땅을 일시적으로 여러 사람에게 하사하였다. 원래는 원주민들의 기독교 교화와 보호를 목적으로 했지만, 실제로는 이주민들이 노동자를 혹사시켜 부를 쌓는 은신처 역할을 하였다.

스페인 정착민의 은광 개발은 1545년 선주민이 페루의 포토시(현재 볼리비아)에서 발견한 은광 채굴권을 스페인인이 취득한 것으로부터 시작되었다(靑木, 2000). 은광 발견 소식이 전해진 이후 1547년에는 스페인인 2000명, 인디오 1만 2000명이 광산 개발에 투입되었다. 당초 포토시는 '라플라타'(후의 아르헨티나)에 속했지만, 펠리페 2세로부터 '제국의 마을 포토시'라는 인정을 받은 이후 독자적인 시의회를 만드는 등 은광 도시로서 발전해 나가기 시작했고(그림 3-5), 전성기였던 1650년에 마드리드 인구 (15.5만 명)와 맞먹는 16만 명의 도시로 성장했다. 하지만 포토시에서 원주민 노역은 모두 강제적이고 폭력적으로 이루어졌기에, 그 결과로 인디오 인구가 점차 감소하면서 은의 산출량도 감소했다. 이후 수은을 이용한 새로운 은추출 방법(수은 아말감법)이 개발되어 상황이 개선되기도 하였다. 이외에도 부족한 노동력을 메우기 위해 일부 성인 남자를 1년 교대로 일하게 하는 미타라는 제도가 도입돼 부족한 노동력을 보충했다. 그럼에도 불구하고 강제 노역에 목숨을 잃는 인디오는 많았다. 이 상황에 대항하기 위한 반란이 발생하기도 했지만, 제도는 쉽게 고쳐지지 않고 250년 뒤인 1819년에야 폐지되었다.

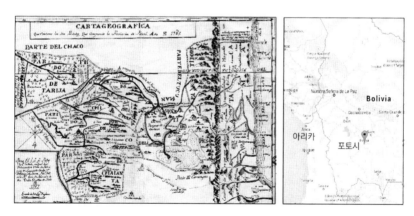

그림 3-5 포토시 은광 그림과 수출항 아리카

출처: Wikipedia 웹 자료

포토시의 은광에서 채굴된 은은 표고 400m 정도의 산지에서 태평양 연안 아리카(현재 칠레령)까지 옮겨졌고, 이 항구도시에서 배로 북쪽에 위치한 파나마로 보내졌다. 파나마에서 지협을 넘어 은은 다시 대서양 연안에서 본국 스페인으로 향했다. 세비야의 외항 카디스가 은을 받아들이는 스페인의 주요 항구였다. 세비야에서는 당시 스페인령이었던 앤트웰펜(현재 벨기에 앤트워프)까지 운반되었다. 이렇듯 먼 길을 거쳐온 은을 스페인 왕국은 전비(戰備) 지출에 사용했다. 왜냐하면 스페인은 네덜란드의 독립전쟁이나 영국과의 전쟁에서 무적함대가 패배하는 등 많은 은을 필요로 했기 때문이다(岩根, 2015). 스페인을 거쳐 유럽으로 빠져나간 대량의 은은 물가 상승의 신호탄이 되었다. 가격혁명으로 불리는 이 움직임은 지대 수입에 의존하는 영주 계급의 몰락을 재촉했고, 결국 봉건사회의 붕괴를 앞당긴 원인이 되었다. 그러나 후에 이 시기의 물가 상승은 주로 유럽 인구가 급격히 증가했기 때문이라는 설이 유력해졌다. 러시아를 제외한 유럽의 총인구는 16세기에 8500만 명이나 증가했다. 이로 인해 식량 부족으로 물가가 올라 독일 동부와 폴란드, 헝가리 등에서 곡물 생산량을 늘리는 움직임이 거세졌다. 곡물 생산의 증가는 갓 생겨난 농노제 폐지 움직임을 중세의 영주제도로 되돌아가게 만들었다.

포토시에서 산출한 은의 또 다른 유통 경로는 멕시코의 아카풀코를 경유해 아시아로 향하는 것이었다. 이 경로로 유통된 은은 멕시코 은으로 불리며, 필리핀과 멕시코 사이에서 이뤄진 갤리온 무역에서 결제 수단으로 사용되었다. 스페인은 필리핀을 통하여 입수한 중국의 도자기나 비단을 은화로 대신 지불하였다(宮田, 2017). 갤리온 무역을 주도한 갤리온은 당시 항해에 사용되던 배의 한 종류인데, 스페인은 1565년 미겔 로페스 델레가스피를 필리핀으로 파견하여 초대 필리핀 총독으로서 통치하게 하였다. 이에 필리핀 측은 거세게 저항했지만, 1571년 루손섬의 지배 거점이 마닐라로 명명되면서 본격적인 통치가 시작됐다.

스페인이 통치의 거점으로 정한 인트라무로스라 불리는 구 마닐라 지역은 스페인이 필리핀에서 철수한 후에도 미국, 일본의 지배 거점으로 이용되었다. 덧붙여 인트라무로스(Intramuros)란 스페인어로 벽에 둘러싸인 도시를 의미하고 있는데, 거듭되는 화재나 지진, 재해, 외부 공격으로부터 보호받을 수 있도록 높은 성벽이 건설되어 이렇게 명명되었다. 성채도시 인트라무로스는 현재 마닐라의 원형이라고도 할 수 있다. 갤리온 무역에서는 중국에서 들여온 견직물과 도자기 등이 마닐라를 거쳐 멕시코, 스페인으로 보내졌다. 필리핀을 거쳐 중국에까지 이른 멕시코 은행은 청나라 시기의 세제를 지정은제(地丁銀制)로 전환하는 데 큰 영향을 미쳤다. 중국에서는 명나라 이후 조세가 은으로 납세되어 토지세와 인두세가 동시에 시행되었다. 그러나 그 후 인구 증가로 징세가 번잡해지자 인두세를 없애고, 청조 이후에는 토지세만 지정은제로 하게 되었다.

2. 스페인으로부터 독립한 아르헨티나의 행보

페루와 멕시코에 비해 아르헨티나에 대한 스페인의 경제적 관심은 크지 않았다. 왜냐하면 그 지역에서 기대했던 은이 산출될 가망이 없었기 때문이다. 1776년 부에노스아이레스에 부왕청이 설치되고 스페인이 비로소 개발에 착수했지만, 이미 신대륙에서 스페인의 힘은 저하되고 있었다. 라플라타강 하구에 위치해 해양으로 진출하는 지형적 조건이 좋았던 부에노스아이레스는 이름 그대로 '자유로운 기후와 분위기(아이레스)'의 항구도시다. 라플라타강 유역은 팜파스라 불리는 광대한 초원이 있어서, 은 채굴이라는 광업보다 농·목축업에 더 적합한 토지였다. 부에노스아이레스항은 남미 인근 국가들과의 무역으로 번창했다. 그러나 입항하는 배가 영국 선적이 많았고, 이를 달가워하지 않았던 스페인이 본국 이외의 무역을 금지하기도 하였다. 또한 과세 강화나 산업 제한, 스페인인과 크리올(신대륙에서 태어난 스페인인) 사이의 신분 제도를 도입하면서 현지에서는 불만이 커져만 갔다. 1810년 크리오요는 부왕청 폐지와 자치위원회 결성을 선언하고 6년에 걸친 치열한 투쟁 끝에 독립을 획득했다.

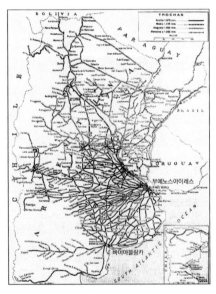

그림 3-6. 아르헨티나 철도망(1960년경)

출처: Wikipedia 웹 자료

당시 무역항 부에노스아이레스에는 전국으로 철도가 방사형으로 연결되고 있었다(그림 3-6). 농축산물은 항구로 이동하고, 항구에서는 유럽에서 들어온 공산품과 연료, 이민자들이 열차로 운송되었다. 이러한 무역 구조는 스페인으로부터 독립한 이후에 시행된 경제 정책에 의한 것이었다. 이 경제 사상을 이끈 것이 자유개방경제를 주장한 팬 바우치스터 알베르티다. 그는 스페인의 식민지 정책을 강하게 비판하면서 적극적인 이민 수용과 정착지 개발을 주도했다. 이민정책에 영국과 프랑스, 스위스, 독일이 우호적이었던 것은 이들 역시 노동 멸시와 나태함을 만연시킨 스페인 식민지 경영에 관해 어떠한 평가도 하지 않았기 때문이다. 이민정책을 도입하려면 유럽의 투자가 필수였고, 상업 부문이나 인프라에 대한 투자가 기대되었다. 그러나 유럽은 수익성이 낮다는 이유로 공업에 대한 투자는 제한하고 농민과의 갈등을 우려해 농업 부문 투자도 환영받지 못했다. 그 결과 아르헨티나는 농축산품을 수출하고, 공산품을 수입하는 나라로 변모해갔다. 부에노스아이레스와 전국을 잇는 철도망은 이러한 산업, 무역 구조를 지지하는 인프라로서 기능했다(今井, 1985).

알베르티의 자유해방경제정책은 국가의 개입을 억제하고 민간 부문의 활력을 촉진하는 정책이었다. 해외 투자는 영국이 주체였고, 프랑스와 독일이 그 뒤를 이었다. 금액적으로는 영국이 압도적으로 많았으며, 라틴아메리카에 대한 영국 투자액의 42%(1914년)는 아르헨티나에 있었다. 투자액의 60% 가까이는 철도 건설에 충당되었고, 주요 노선은 영국 민간회사가 건설했다. 철도 건설 붐은 이민 유입 증가와 함께 팜파스의 농·목축업을 크게 발전시켰다. 그러나 이민자들의 출신국은 알베르티의 희망과는 달리 스페인과 이탈리아가 많았다. 농촌 토지개발도 1880년대 들어 공유지 매각제도에 따른 대토지 소유자의 토지 매입이 현저해져 신(新) 이민자들의 토지 소유는 상당히 어려워졌다.

당초 계획했던 대로 진행되지 않았지만, 밀과 옥수수의 경지 면적은 확실히 넓어지고 수확량도 증가해 갔다. 목축업의 발전도 눈부셨고, 특히 냉동선 개발과 품종 개량으로 수출량이 늘었다. 냉동선 이전에는 가죽, 수지(獸脂), 절임육이 주를 이루었고, 유럽에서 인기가 없는 절임육은 브라질의 노예용으로 수출되었다. 처음에는 목축 선진국인 영국에서 가축을 수입해서 품종을 개량한 후, 국내 자본에 의해 냉동육을 생산했다. 하지만 외자 유입으로 냉동육 생산은 외국계 기업이 하게 됐고 국내 자본은 갈 곳을 잃었다. '팜파스 혁명'으로 불리는 자유롭고 근대적인 농축산업의 발전은 대토지 소유자와 일부 유력 무역상의 출현이라는 결과를 낳았다. 반면에 영세 농업과 노동자는 충분한 혜택을 받지 못해 정세불안 요인이 되었다(篠沢, 1967). 국가는 간신히 공업화의 중요성을 깨닫고 시책을 강구했지만, 농목업자의 이해는 얻을 수 없어 숙련 노동력이 충분하다고는 말할 수 없었다. 아르헨티나는 정세 불안으로 군부의 권력 집권이 나타나는 등 혼선이 심화되면서 선진국 진입에는 다소 시간이 걸릴 것 같은 환경이었다.

3. 베라크루스, 아카풀코를 중계지로 하는 교역

멕시코 최대 항만도시인 베라크루스에 스페인인이 처음 들어온 것은 1518년으로, 상륙한 섬에는 '산후안(San Juan)'이라는 이름을 붙였다. 이 섬은 현재 육지로 이어져 있지만, 섬 주변에서 금이 나온다는 것이 알려지면서 이듬해 에르난 코르테스가 섬의 맞은편 해안에 상륙했다. 콘키스타도르(정복자)로 알려진 코르테스는 1511년 디에고 벨라스케스 데 쿠엘라르의 쿠바 기지에서 활약하다가 벨라스케스의 비서관으로 발탁됐다. 이후 그는 단독으로 500명의 병사와 범선, 말 등을 이끌고 멕시코만을 따라 탐험하였다. 코르테스는 멕시코 정복의 거점을 확보하기 위해 현재의 베라크루스에 해당하는 곳에 멕시코 최초의 스페인 식민도시를 건설했다(安村, 2016). 십자가를 뜻하는 베라크루스는 이후 대서양 쪽 무역항으로 번창하게 된다. 다른 라틴아메리카 지역과 마찬가지로 스페인인이 도착한 이후 전염병이 발생했기 때문에, 해당 지역의 전체 인구는 감소할 수밖에 없었다. 이 때문에 아프리카에서 노예가 노동력으로 끌려와 사탕수수 농원에서 일하게 됐다. 스페인은 힘든 노동에 불만을 품은 노예의 반란을 억제하기 위해 교섭의 기회를 마련하여 자유로운 지역사회가 현지에서 생겨날 것을 보증하기도 했다.

대서양에 접한 베라크루스는 평지를 매립해 지형적 장애물은 없었으나, 바다 쪽 공격에는 약점이 있었다. 16세기부터 17세기에 걸쳐 베라크루스는 수차례 해적의 공격을 받았고, 이에 항만을 지키기 위해 산후안 요새가 건설되었다. 베라크루스에는 유럽의 올리브유, 수은, 직물, 기타 공산품이 반입되었고, 그 대가로 금과 은, 농산물이 반출되었다. 프랑스, 영국, 네덜란드의 무법자는 베라크루스에게 난폭하게 하는 경우가 많았고, 거기에다 스페인의 독점 무역에도 지배되어 현지 상인들은 억압받았다. 하지만 1795년 상공회의소가 생기면서 인구가 늘어났고, 1821 멕시코는 스페인으로부터 독립을 완수했다. 그럼에도 불구하고 스페인은 산후안 요새를 거점으로 베라크루스 무역에 제약을 가했다. 이후 프랑스가 일시적으로 이곳을 지배하기도 하였고, 미국이 항만을 공격하기도 했다. 베라크루스는 1858년부터 1860년까지 멕시코의 수도 역할을 하였고, 1873년에는 멕시코시티까지 이어지는 철도가 건설되었다.

베라크루스 항만의 중요성은 태평양 측 아카풀코와 교역품을 거래하는 부분에서 찾을 수 있다. 1914년 파나마운하가 완성되기 이전 두 대양은 육상교통을 통해서만 연계되었다. 1520년 마젤란 해협이 발견된 이후, 남미를 크게 우회하는 해상운송도 가능해졌다. 그러나 항해의 거리와 시간을 생각하면 이동이 쉽지 않았으므로, 스페인은 1565년부터 1815년까지 250년간 갤리온선을 이용한 멕시코-필리핀 간 무역을 실행하였고, 연간 한 차례 정도 두 지역을 왕복하였다(그림 3-7). 필리핀 마닐라에서는 북위 42도까지 북상해 대권 항로(大圈航路)를 통해 3개월 반 만에 아카풀코에 도착하였고, 아카풀코에서는 북위 10도 부근을 지나는 항해로를 이용해 비교적 안전하게 항해를 할 수 있었다. 그러나 적재 과잉으로 침몰한 배가 30척 이상이나 되는 등 여전히 위험성은 존재하였다. 멕시코로 들어온 갤리온 무역의 물품들은 중국산 비단과 옥, 가구, 도자기를 비롯해 계피, 후추, 육두구 등 향신료류, 면제품, 상아, 다이아몬드, 루비, 사파이어 등 다양한 물품들이 반입되었다. 필리핀으로 들어간 물품들은 은과 제조품이 주를 이루었

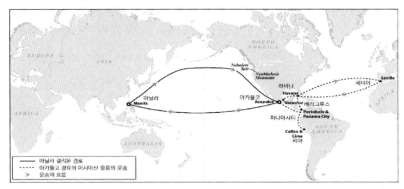

그림 3-7. 아카풀코 경유에 의한 아시아산 물품의 운송 경로

출처: The Ocean Encyclopedia 웹 자료

고, 특히 포토시의 은이 대량으로 보내졌다.

아카풀코와 베라크루스의 거리는 660km이고, 도중에 남마드레(시에라 마드레의 일부분) 산맥을 넘어야 했다. 해발 1,360m에 위치한 칠판싱고(Chilpancingo)는 1813년 멕시코 독립운동으로 최초로 의회가 열린 곳이며, 멕시코시티와 아카풀코를 잇는 철도의 경유지이기도 하였다. 하지만 철도가 부설되지 않았던 시절만 해도 당나귀 등에 의존하는 원시적인 교통 체계를 가진 곳이었다. 출발지인 아카풀코와 도착지인 베라크루스는 모두 스페인의 교역물자 중계 지점일 뿐 이곳에서 별다른 생산이 이뤄지지 않았다. 특히 베라크루스에 비해 아카풀코는 중계지로서 중요성이 더욱 컸는데, 그 이유는 스페인이 멕시코 중심부와 북부에 걸쳐 있는 많은 은광의 은을 멕시코시티로 모으고 그것을 베라크루스로 운반하는 데 적극적이었기 때문이다. 멕시코시티와 베라크루스 사이에는 '왕의 길'이라는 간선도로가 있었다(阿部, 2015). 그에 반해 아카풀코는 필리핀에서 1~2년에 1회 정도 갤리온선이 도착하면 그때마다 '헤리아(Geria)'라고 불리는 물산시(物産市)가 열렸고, 이곳으로 내륙 상인이 들어오는 정도였다.

제3절 네덜란드에 의한 동인도와 실론 (스리랑카 섬), 대만의 지배

1. 네덜란드 동인도 회사의 거점 바타비아

1581년 스페인과의 전쟁에서 독립을 쟁취한 네덜란드(네델란드 연방 공화국)는 아시아와의 무역에 나서기 시작했다. 네덜란드는 선행하는 스페인과 포르투갈을 견제하면서, 1602년 동인도 회사를 통한 무역을 시작하였다(永積, 2000). 이것은 2년 전 설립된 영국의 동인도 회사 다음으로 설립된 것이고, 약칭인 V.O.C는 Verenigde Oost-Indische Compagnie, 즉 '연합 동인도 회사'라는 의미가 있다. 네덜란드의 무역독점권은 희망봉에서 마젤란 해협에 이르는 광대한 범위에 걸쳐 있었으며, 1619년 동인도 총독의 거점을 자바섬의 바타비아(현재 자카르타)에 두었다. 이곳을 중심으로 네덜란드는 동남아시아 향신료 무역에서 포르투갈과 영국 세력을 제치고, 대만, 실론, 말라카 등도 점령해갔다. 바타비아는 순다 해협에 접한 자바섬 서쪽 끝에 있어, 네덜란드가 쓰러뜨린 반텐 왕국의 거점 반텐에 가까운 내만(內灣) 조건이 좋은 땅이었다. 이곳은 수마트라와 자바 두 섬을 모두 점령하는 데 절호의 장소이며, 이곳에 견고한 성채를 쌓는 것은 전략적 관점에서 볼 때 타당했다. 다만 처음부터 바타비아에 거점이 있었던 것이 아니었으며, 1618년에 반텐에서 거점을 옮겨 상관을 요새화했다는 것이 사실에 가깝다. 이것은 영국의 세력과 자카르타 영주를 배격한 후의 일로서, 말하자면 폐허가 된 땅에 새롭게 바타비아를 쌓아 올린 것이다.

바타비아는 넓은 임해 평야 위에 있어, 지리운강의 하구부에 성채가 구축되었다(그림 3-8). 성채 안에는 동인도 회사의 창고와 사무소, 상급 직원의 거주 구역, 수비대의 막사, 교회 등이 있었다. 마을은 남북 1150m, 동서 1500m의 직사각형 모양으로, 마을 중앙에서 남북 방향으로 지리운천이 흐르고 있었다. 마을 양측에는 남북 방향의 운하가 있었고, 이를 잇는 동서 방향의 운하도 있었다. 그 밖에 도로가 동서, 남북으로 4개가 있었고, 도로 폭은 30피트 정도였다. 마을 전체는 해자와 벽으로 보호되었고, 마을 출입은 4개 문을 통해 이루어졌다. 마을에는 유럽인과 혼혈인, 중국인, 약간의 아시아계 소수민족이 살았으며, 암본인, 자바인, 발리인 등은 도시 밖 캄폰

그림 3-8 바타비아 도시 지도(17세기 작성)

출처: Wikipedia 웹 자료

에서 살았다. 이곳에서는 마을을 지키는 방어선이 이중으로 설치됐고 안쪽 농지에서는 시장용 채소가 재배되었다. 바깥쪽 방어선 사이에는 수출용 설탕을 만들기 위한 사탕수수밭이 펼쳐져 있었다.

바타비아의 행정권은 네덜란드 본국에 본부를 둔 '17인회'라고 불리는 조직이 쥐고 있었고, 회사는 현지에 사는 동인도 회사 직원들이 운영했다. 이외에도 네덜란드인 자유 시민이라 불리는 사람들이 있었는데, 자유 시민은 총독과 회사에 시민적 권리와 경제적 자립성을 요구했지만 받아들여지지 않았다. 그 이유는 동인도 회사의 무역 독점은 네덜란드 의회의 특허장 발급이 조건이며, 시민의 사적인 무역은 인정되지 않았기 때문이다. 이것은 아시아의 포르투갈 식민지가 경제적 자립성을 가지면서 본국에서 분리되어도 경제적 지구력을 유지할 수 있었던 것과 비교할 때 대조적이다. 시민 부재의 '회사지상주의'적 풍토가 심어진 것은 네덜란드가 동인도 회사의 사업에 철저히 대처하고 수출용 작물 생산을 촉진하기 위해서였다.

동인도 회사가 시작한 일은 사탕수수를 재배해 설탕을 생산하는 일이었다. 생산지는 바타비아 주변에 있었고 온메란덴이라 불렸다. 쌀농사를 제외한 나머지는 모두 사탕수수밭으로 바꾸었다. 또한 설탕 생산 공정에서 필요한 연료용 목재를 확보하기 위해 주변 일대의 숲은 모조리 베어졌다. 당초 동인도 회사는 높은 매입가격을 보장하고 풍부한 선급금으로 생산을 장려했다. 그러나 생산량이 과잉되자 구입량을 할당하고 가격을 내리면서, 생산 농민들의 상황을 억누르기 시작했다. 이러한 정책은 설탕뿐만 아니라 커피, 향신료, 남(藍) 등의 재배에서도 마찬가지였고, 어떤 의미에서는 식민지의 일반적인 정책이라 볼 수 있었다.

하지만 온메란덴에서의 설탕 생산은 1720년대에 종말을 맞이하는데, 이 것은 구입량 할당 외에 토지 소모나 연료인 장작의 부족 등이 그 원인이었 다. 설탕의 과잉생산이 환경파괴를 초래하는 것은 다른 식민지에서도 흔히 볼 수 있는 현상이었다. 온메란덴에서도 제당소 인근 하천이 심하게 오염 되어 하류부의 바타비아는 비위생적인 도시가 되어 버렸다. 바타비아에서 물 부족이 빈발한 것은 온메란덴의 삼림이 사라져 보수 능력이 저하되었기 때문이다. 결국 네덜란드의 동인도 회사는 영국의 힘에 밀려 쇠퇴해 가는 데, 그 상징은 바타비아의 도시 황폐에서 나타났고, 환경파괴와 오염, 질병 이 더해져 결국 버림받고 말았다. 네덜란드는 제해권을 영국에 빼앗긴 데 다 본국에서 병사도 충원되지 않아, 거점을 바타비아보다 고도가 높은 웨 스트 프레이든으로 옮겼다. 하지만 네덜란드의 동인도 회사는 결국 1799 년 종말을 맞이하게 되었다(河島, 2001).

2. 눈 부시게 변해간 실론의 지배자

1500년 이전의 인도양에는 아랍인, 인도인, 말레이인, 중국인이 작게는 향신료에서 크게는 코끼리에 이르기까지 다양한 물자를 실어 나르며 무역 을 했다. 무역은 비교적 자유롭게 이루어졌지만, 포르투갈이 실론에 진출 한 이후 이러한 상황은 통제적으로 변해갔다. 1505년 콜롬보에 표착한 포 르투갈 함대는 현지 왕의 환대를 받고 교역을 허락받아 콜롬보에 성채를 세웠다. 이 요새를 시작점으로 이후 실론 전체에 8개의 요새가 만들어지게 되었다. 현지 왕국의 내분과 관련된 포르투갈은 방위를 대신해 시나몬 거래의 독점권을 얻는 데 성공한다. 포르투갈은 영국교 교화에도 적극적이어서 왕국의 마음을 사로잡았고, 중앙고지와 동해안을 제외한 실론섬을 장악하였다. 또한 포르투갈은 포르투갈어 보급도 추진하여 기독교 교회와 학교를 전국으로 확산시켰다.

그리하여 한때 포르투갈은 실론에 큰 영향력을 가졌지만, 1638년 실론의 칸디 왕과 연계한 네덜란드가 포르투갈을 공격하면서 구도가 조금씩 바뀌기 시작했다. 네덜란드는 1656년 포르투갈의 근거지인 콜롬보를 공략하여 1658년 자신들의 수중에 복속하였고, 연합 상대인 칸디 왕가를 내륙으로 몰아넣고 해안부를 자신들의 지배하에 두었다. 네덜란드가 연고로 선택한 곳은 포르투갈과 마찬가지로 콜롬보였다. 콜롬보라는 지명은 포르투갈이 크리스토퍼 콜럼버스에 의해 명명된 것을 따른 것이고, 그 이전에는 망고나무가 우거진 해안을 뜻하는 Kola-amba-thota라는 명칭이었다. 실

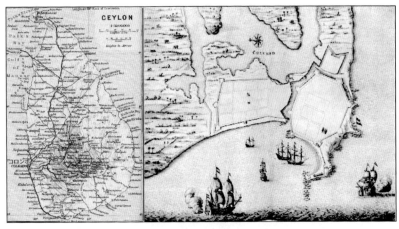

그림 3-9. 실론과 콜롬보의 요새(1672년 작성)
출처: Sri Lanka Holidays의 웹 자료

론섬의 서해안에 위치한 콜롬보는 바다 쪽 항구 지구와 그곳을 둘러싼 베타 지구로 구성되어 있었다(그림 3-9). 전자는 그 이름처럼 요새로 이루어져 있고, 후자는 요새로 지켜진 상업 지구였다. 베타 지구를 무역 거점으로 한 네덜란드는 계피, 보석, 진주 등을 주로 취급했으며, 계피는 실론, 인도의 말라바 해변, 버마가 원산지인 상록색 월계수의 일종으로 식품 및 음료품으로 폭넓게 이용되었다. 보석은 실론섬 내륙부에서 산출되었고, 진주는 역시 북서부 연안에서 채취되었다.

무역품으로 취급된 물자를 생산하려면 많은 노동력이 필요하였다. 예를 들어 계피 가공을 위해 숙련된 노동자들이 인도에서 왔고, 보석 채굴 작업에 현지 노동자가 종사하였으며, 진주 채취는 인도 남부에서 일하러 온 노동자가 담당하였다. 콜롬보에서는 이러한 대표적 교역 물품에 가세해, 향신료와 락카(도료), 코코넛 오일, 코코넛 섬유의 로프, 카우리(보물조개), 고둥껍데기 등의 해산물도 취급되었다. 코끼리는 이 시기 중요한 교역품이었으며, 특히 인도 남부 골콘다에서는 전쟁용 수단으로 수요가 많았다. 네덜란드의 동인도 회사는 담배와 커피의 생산량 증가에도 힘을 썼다(永積, 2000). 담배는 인도 남부와 동남아시아, 특히 수마트라섬 북부 아체와 말레이반도가 주요 시장이었다. 실론섬 전역에서 재배된 커피는 18세기 전반에 급격히 증가하면서 유럽, 중동, 인도의 수요에 부응했다.

네덜란드는 무역품을 확보하기 위해 실론의 전통적인 지역 구조와 행정서비스를 잘 이해하고 실천했다. 이 점은 포르투갈도 마찬가지였지만, 네덜란드는 포르투갈보다 더 세련된 방법으로 많은 이익을 얻고자 하였다. 다만 네덜란드에 의한 인도와의 무역에는 제약이 많았기에 실론이 필요로 하는 쌀이나 직물은 충분히 얻을 수 없었다. 무역 구조를 완화해 인도인이 무역에 종사하게 되었지만, 네덜란드식 무역은 특권적이고 관리적이어서 가격 결정에조차 개입하려고 했다. 네덜란드가 주도해 진행한 무역 물품의 생산은 섬 내 3개의 운하를 개척하는 것으로 활성화되었다. 이 운하 중 가장 복잡하게 만들어진 것이 콜롬보와 북쪽의 칼피티야, 남쪽의 벤토타를 잇는 운하였다. 그밖에 섬의 동부와 남부에도 운하가 건설되어 항구와 내륙부 사이를 연결하는 운송로로 기능했다. 이 운하 건설은 네덜란드인들의 토목 기술이 뛰어났음을 보여주는 좋은 사례다.

네덜란드의 실론섬 지배는 프랑스 혁명으로 끝을 맺게 된다. 프랑스 혁명 이후 본국인 네덜란드가 프랑스의 지배하에 들어가게 되었고, 네덜란드 대신 영국의 동인도 회사가 실론으로 진출해 왔기 때문이다. 네덜란드는 저항을 시도했지만 미치지 못하였고, 결국 영국에 실론섬을 넘겨줬다. 영국은 당초 일시적인 지배를 생각하고 있었기에 인도의 마드라스(현재의 첸나이)에서 간접적인 지배를 구상하였다. 그러나 프랑스와의 전쟁에서 실론의 전략적 중요성을 깨달은 영국은 영구적 지배를 결심하고, 1802년 실론을 식민지로 편입시켰다. 영국은 프랑스와 맺은 아미앵조약으로 실론의 제해권을 따냈다. 영국의 지배는 현지 귀족들의 도움으로 진행되었고, 1815년 왕국을 점령하는 데 성공하였다. 다만 영국은 현지 귀족들의 전통적 법률과 제도, 종교 등을 존속시키는 선에서 점령을 이어갔다. 그러나 영국은 급여의 현금 지급을 추진하거나 강제 취업을 완화하는 등 제도 개혁에도 힘을 썼고, 이를 통해 계피와 후추, 사탕수수, 커피, 면화 등의 증산이 진행되었다.

영국은 소유한 토지를 경작자들에게 팔아넘기고 플랜테이션 농업 진흥에도 힘썼다. 이에 따라 커피 농원은 확대되었고, 새로운 도로 건설을 통해 생산성 향상에 기여하였다. 또한 부족한 노동력을 보충하기 위해서 인도에서 노동자를 유입하였다. 그러나 영국은 1870년대 커피 잎의 질병이 발생해 손실이 발생하자 대신 차 재배를 시작하였다. 차는 구릉지 재배에 적합했고, 이익률은 커피 재배보다 높았다(清田, 2013). 같은 시기에 도입된 고무, 코코넛 역시 플랜테이션으로 재배하게 되었다. 이렇게 확대된 새로운 자본주의적 농업은 인도의 노동력에 힘입어 순조롭게 발전했다. 무역 물품이 모이는 콜롬보에서는 항만과 철도, 도로 등의 인프라 건설이 진행되었고, 그것을 담당하는 사업가도 양성되었다. 다만 콜롬보를 중심으로 근대적인 산업 지역이 발전하는 한편, 지방에는 자급 자족적 농업에서 벗어나지 못한 농민층도 있었다. 그러나 도로 건설은 지방에서도 진행되었고, 근대적인 화폐 경제권이 확대되었다.

3. 네덜란드의 대만 지배

17세기 초 포르투갈의 마카오 진출에 자극받은 네덜란드는 1622년 마카오를 공격하였지만, 명나라와 포르투갈 연합군의 저지로 상륙에 성공하지 못했다. 이에 네덜란드는 대만 해협에 있는 펑후섬(澎湖島)을 점령하였고, 이곳을 동아시아의 무역 거점으로 삼고자 하였다. 그러나 네덜란드는 명나라로부터 펑후섬에서의 퇴거를 요구받았고, 이에 맞은편 타이완(대만)으로 전진해 간이 성채를 쌓아 올렸다. 이후 네덜란드와 명군은 잦은 충돌을 일으키게 되었고, 이후 명나라는 평후섬의 성채와 포대를 파기하는 대신 네덜란드의 대만 진출을 허용하게 되었다. 대만에 진출한 네덜란드는 남서부의 타이난 외항인 안평에 젤란디아성(Fort Zeelandia)을 구축하였다(그림 3-10). 성의 명칭은 본국의 젤란드주에서 따온 것으로, 처음에는 오륜치성(娛倫治城)으로 불리우다 이후 열란차성(熱蘭遮城), 즉 젤란디아성으로 불리게 되었다. 이후 이 성은 네덜란드의 동아시아 무역과 행정의 거점 역할을 하게 된다. 훗날 네덜란드가 일본 히라도에 상관(商館)을 두고 시작한 무역도 이곳을 거점으로 하는 중계 무역이었다(永積, 1990). 젤란디아성을 거점으로 하는 네덜란드의 활동은 1662년에 명나라의 유신 정성공으로부터 공격을 받을 때까지 계속되었다. 결국 네덜란드는 대만에서 철수

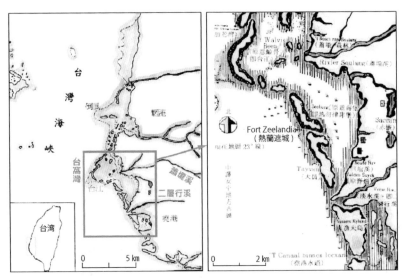

지도 3-10. 대만의 젤란디아성(熱蘭遮城)(17세기)

출처: 동농지진과학연구소(東濃地震科学研究所) 방재연구위원회

2016년도 보고 '미동관측에 의거한 타이난시의 지반진동 특성에 관하여' 웹 자료

했고, 젤란디아성은 안평성(安平城)으로 개명되었다.

네덜란드가 안평을 거점으로 한 것은 기본적으로 중계 무역이었다. 중계 무역의 대상은 중국과 일본, 자바, 샴 등이었다. 자바섬 바타비아에 동인도 회사의 거점을 둔 네덜란드는 바타비아에서 필요한 쌀을 샴으로부터 싼값에 수입하였다. 바타비아에서 쌀이 부족한 것은 자바섬의 정세 불안으로 쌀이 제대로 생산되지 않았기 때문이다. 그러나 1646년 자바섬 동부의 마탈람 왕국과 평화조약을 맺으면서 쌀 생산 공급도 안정화되었다. 그 사이 바타비아는 쌀과 후추를 동남아 각지에서 받아들였다. 네덜란드는 마카오 공격에 실패했기 때문에 중국과 직접 무역을 할 수는 없었다. 바타비아에 있는 동인도 회사는 불가피하게 대만을 중계지로 중국과 간접적으로 상거래하는 방식을 택할 수밖에 없었다. 1630년대 네덜란드는 안평으로 오는 중국 상인에게서 생사를 사들여 일본에 수출했다.

안평에 있는 네덜란드 상관에서 중계된 중국산 생사의 일본 수출은 1635년 막부가 일본의 봉서선(奉書船)을 통한 교역을 금지한 이후 증가세를 보였다. 그 대가로 일본은 대만에 쌀과 은을 수출했다. 쌀 수출은 1634년부터 이듬해에 걸쳐 배로 증가하였고, 은도 1636년에는 전년의 2배 이상이 수출되었다. 일본에서 대만으로 많은 쌀이 수출된 것은 네덜란드 상관 관계자와 고용인의 식량으로 쌀이 필요한데다, 쌀이 급여의 일부로 지불되었기 때문이다. 당시 대만에서는 설탕 생산과 소량의 육종, 보리, 밀 생산 정도밖에 할 수 없었으며 네덜란드 상관은 쌀의 현지 생산을 장려했다. 대만으로 쌀이 운반되는 경로는 일본 이외에 중국, 샴, 자바 등이었다. 일본의 쌀 수출은 네덜란드 선과 중국의 정크 선에 의해서 이루어졌고, 중국에서는 푸젠성의 정크 선이 쌀의 운송을 담당했다. 샴과 자바에서의 쌀 운송은 네덜란드선과 중국선이 담당했다.

이렇게 각지에서 대만으로 운송되어 온 쌀은 1650년대 말을 기점으로 감소세로 돌아섰다. 일본에서 네덜란드 배를 통한 쌀 수출은 1665년에 종료되었다. 앞서 말한 것처럼, 명나라의 유신인 정성공이 청조와 싸우는 한편, 남중국해를 무대로 한 교역 활동에서 네덜란드와 경쟁 관계가 되어, 1661년에 대만의 네덜란드 상관을 공격했기 때문이다(奈良, 2016). 네덜란드는 정성공의 공격에 대비해 식량 비축과 선박 보충을 위해 노력했으나 허사였고, 1662년 대만에서 철수했다. 대만에서 네덜란드의 동인도 회사를 구축한 정성공은 대만을 동도(東都)로 개명하고, 현재의 타이난시 주변을 근거지로 삼아 섬 개발에 나섰다. 그러나 그는 1662년 뜻을 이루지 못하고 병사하고 말았다. '반청복명(反淸復明)'의 목표를 이어받은 아들 정경들은 청나라에 저항하려다 공격을 받고 1683년 항복하였고, 결국 정씨 가문의 대만 통치는 3대로 끝나게 되었다. 그러나 정성공이 대만에서 독자적인 정권을 구축한 것은 사실이었으며, 현대로 이어진 대만인의 정신적 지주로 간주되고 있다.

칼럼 3. 국가 간 경쟁과 기업 집적지 간 경쟁의 지리학

우승열패(優勝劣敗)는 세상의 통례다. 처음에는 우세하였다 하더라도 나중에 등장해 온 것에 패배하여 역사의 무대를 떠난 사례는 무수히 많다. 왜 초기에 우세했던 것인지, 왜 그것을 유지할 수 없었는지, 이런 부분을 역사학자들은 관심을 가지고 연구한다. 지리학적인 관심은 초기에 유리하게 작용했던 지리적 조건은 무엇이었는지, 그리고 또 그 조건의 효력이 사라진 이유는 무엇 때문인지에 두고 있다. 유럽인에 의한 이른바 지리상의 발견이 계속되던 시대에 스페인이나 포르투갈이 앞서갔고 네덜란드, 프랑스, 영국이 뒤를 쫓아가듯 진출했다. 지리학적으로 말하면 남유럽이 앞서고 서유럽이 그 뒤를 이었다는 얘기다. 그렇다면 아프리카와 아시아에 상대적으로 가까운 남유럽의 지리적 조건이 신대륙 발견에 유리하게 작용한 것일까.

아마 위와 같은 단순한 이유만으로는 설명이 불가능할 수도 있을 것이다. 그러나 위치나 거리 등 지리적 개념이 현상이나 사건 설명에 유효한 것은 분명하다. 예를 들어 세계적 차원에서 민족, 문화, 종교, 정치, 경제 등의 분포를 보면 지리적인 거리가 이러한 분포를 얼마나 규정하고 있는지를 알 수 있다. 이동이 오늘날처럼 쉽지 않던 시절에는 거리가 장애물로서 분포 확산을 방해하였다. 결과적으로 지리적으로 가까운 곳은 비슷한 특징을 갖게 되었다. 특징이 비슷하면 산출되는 것도 비슷해 서로 교환하려는 마음이 생기지 않는다. 가까운 곳에 없는 희귀한 것을 얻고자 하는 마음이 교역의 동기가 되었고, 특히 수상교통의 발전으로 교역의 범위가 확대되었다. 교역의 근저에는 지리적 다양성이 있기 때문에 '장소가 바뀌면 물건이 바뀐다'라는 말처럼, 색다른 물건을 손에 넣고 싶은 사람들은 바다로 나갔다.

시대를 건너뛰어 국가자본주의와 현대의 기업자본주의에서는 거리의 제약이 대폭 낮아졌다. 예를 들어 중국이나 동남아시아에 진출한 일본계 기업은 국내에 준하는 스타일로 생산한 제품을 일본으로 송출하고 있다. 현지 자본 기업이 생산한 제품도 거리를 의식하지 않고 국내로 유입되고 있다. 거리를 쉽게 넘어 올 수 있는 것은 컨테이너 화물에 의한 국제복합일관 운송체계가 확립된 탓이 크다. 이와 동시에 해외 생산 품질이 향상되면서 국내 소비자들이 쉽게 받아들일 수 있게 된 점도 간과할 수 없다. 예전처럼 '싼 것이 비지떡'인 시대가 저물고 있는 것이다. 신흥 공업국의 실력이 높아지면서 국제적인 상품으로서 충분히 대항할 수 있는 수준에 가까워지고 있다. 생각해 보면 중국은 '세계의 공장'으로서 세계 시장에서 큰 존재감을 나타내게 되었다. 싱가포르가 1인당 GDP에서 일본을 추월한 지 이미 상당한 시간이 지났다.

GDP에서 중국에 추월당한 일본이 다시 예전의 자리로 돌아가기는 어렵다. 일본과 중국 간의 순위 역전 현상에 대해서는 그 자체로 학문적으로 밝혀야 할 주제이다. 한편, 중국의 국내 생산이나 지역 간 소득 격차는 상당히 궁금한 부분이다. 비슷한 점은 일본에서도 적용되는 말이지만, 중국의 사태는 좀 더 심각하다. 이 현상에서도 거리는 깊게 관련되어 있어 풍부한 연해부에 반해서 내륙부는 경제적 혜택이 충분히 미치지 못하고 있다. 정도의 차이는 있지만, 일본에서도 지역 간의 소득 격차는 존재한다. 격차 발생과 관련된 집적경제는 바로 거리의 문제이다. 거리가 가까울수록 협상, 회합, 운송, 연락 등 넓은 의미의 의사소통이 유리하다. 유리함에 이끌려 모여든 기업이나 사업장과 사람이 더 새로운 가치를 낳는다. 이러한 누적적 발전이 다음 발전으로 이어진다는 회로의 성립이 결정적인 역할을 하고 있다.

서양 열강이 다투어 세계 진출을 하면서 영토를 넓혔던 과거 역사를 되돌아보면, 국가의 영향이 진출처에 미친 것은 확실하다. 이것은 종주국-식민지 관계가 해소된 뒤에도 영향이 여전히 남아 있는 경우가 있다. 현대의 기업 진출에서 영토 확장은 수반되지 않지만, 시장의 확대는 기업 진출이 성공하기 위한 필수 조건이다. 기업은 시장 조사를 신중하게 하고, 어떻게 진출처에 받아들여질지 시행착오를 반복한다. 결과는 시장점유율이라는 형태로 돌아오고, 실패하면 권토중래를 기하고 깨끗이 철수한다.

진출처에서 성공 여부는 전적으로 기업 스스로의 노력에 달려 있다. 그러나 진출처에서 처음부터 비즈니스를 시작하는 것은 곤란하고, 무엇인가 발판이 될 만한 것이 있는 편이 좋다. 그 계기는 상황에 따라 다르지만, 일반적으로 전혀 아무것도 없는 곳에 진출하는 것보다 기업이나 사업장이 집적되어 있는 곳이 좋다. 그 이유는 집적경제가 어떤 업종일지라도 이점을 주기 때문이다. 다국적기업들은 이러한 비즈니스 환경을 찾아 나선다. 그러나 하이테크 산업 등의 경우 생산 및 연구개발 거점이 되는 곳은 제한된다. 일반적으로 실리콘밸리로 대표되는 테크노폴(기술지역)이라 불리는 곳은 많지 않다. 테크노폴은 이전에는 미국을 중심으로 유럽에 많았지만, 최근에는 아시아에서도 성장해 왔다. 국가 차원의 생산 · 연구 · 개발 경쟁은 과거 식민지 시대의 이미지를 떠올리게 한다. 그러나 실제로 경쟁하고 있는 것은 첨단기업이 집적하는 도시나 도시권이다. 경제학과 정치학에서 간과하기 쉬운 도시나 지역의 경쟁을 지리학에서는 논의해야 할 것이다.

제4장

미국의 국토개발로 생겨난 해양과 육지의 게이트웨이 도시

제1절 미국 동해안과 내륙부에 생겨난 게이트웨이 도시

1. 북미의 항구도시와 내륙 교역 거점

영국에서 북미로 건너온 이민자는 1607년 버지니아에서 1732년 조지아까지 120년 정도 사이에 13개의 식민지를 만들었다(그림 4-1). 식민지의 형태는 ① 국왕이 총독과 의원을 직접 임명하는 왕족 식민지, ② 특권을 가진 귀족이 그 임무에 해당하는 영주 식민지, ③ 이민자가 총독과 의원을 선출하는 자치 식민지의 3가지 유형이었다. 그 어느 면에서나 일정한 자치는 인정되고 있었지만, 최종적으로는 본국 정부가 권한을 가지고 있었다. 당시 영국은 프랑스와 대립 관계였고, 전쟁 비용을 마련하기 위해 식민지에 과세를 강화하고 있었다. 그런데 때마침 1773년 식민지의 차(茶) 시장을 동인도 회사가 독점할 목적으로 1773년 영국이 정한 차 조례에 반발을 계기로 독립전쟁이 시작되었다. 1774년 필라델피아에서 열린 대륙회의에서 독립을 요구하는 애국 파는 전체의 3분의 1에 그쳤다. 그러나 이듬해 제2차 대륙회의에서는 13개 식민지 대표자가 모두 무력에 의한 저항 의사를 표명하고 워싱턴을 총사령관에 임명했다. 이듬해 7월에는 '독립선언'이 채택되었고, 본국 영국과의 전쟁은 계속되었다. 1777년에 이르러 그간 미국 측의 어려움을 가중시켰던 전쟁의 판도가 호전되기 시작하여 프랑스, 스페인, 네덜란드가 미국 측을 지원하게 되었다. 그리고 마침내 1781년 강화조약으로 독립이 인정되었다(Armitage, 2007).

독립전쟁 이전 미국 동해안에는 인구가 2.5만 명을 넘는 항구도시가 존재하지 않았다. 마을의 규모는 아직 크지 않았으나 배후지를 두고 교역 기능을 하고 있었다. 이 항구도시들이 행한 교역은 대서양을 넘어오는 물자와 사람을 받아들이거나 대서양 연안의 항구도시를 연결하는 것이었다. 항구도시의 인구는 항만업, 도매업, 무역대리업에 종사하는 사업자 및 노동자와 그 가족으로 구성되어 있었다. 인종, 민족, 사회경제적 지위는 제각각이었고 거주 지역도 다양하였다. 이들 항구도시 중에는 보스턴, 뉴욕, 필라델피아 등과 같이 항구도시라고 부를 수 있을 정도의 규모와 기능을 가진 것도 있었다. 보스턴은 메사추세츠주의 주요 항구였으며, 뉴욕은 허드슨강 하구의 만안(灣岸)에 위치한 무역항이었다. 필라델피아는 델라웨어강 유역을 배후지로 해양 교역을 하고 있었다. 이 밖에 체서피크만 안쪽에는 볼티모어가 있었고, 남부에는 찰스턴이 교역 기능을 하고 있었다. 이러한 항만도시는 해양 교역의 거점으로서 화객(貨客)의 적하, 조선 등의 역할을 담당하고 있었다.

북미 대륙의 동해안과 평행하게 이어진 애팔래치아 산맥은 유럽에서 미국 서부의 개척을 목표로 이주해 온 사람들의 앞길을 가로막는 큰 장애물이었다. 애팔래치아 산맥을 넘지 못하던 시절 미국의 서부와 동부의 연계는 미시시피강 또는 대서양을 통해 배를 이용해 연결하는 방식으로 이뤄졌다. 그러나 어떤 식으로든 거리가 길어 애팔래치아 산맥을 육로로 넘어가는 통로를 확보하는 것이 바람직했다. 이러한 기대는 1750년에 버지니아의 한 탐험가이자 측량가 컴벌랜드 갭(Cumberland Gap)을 발견하면서

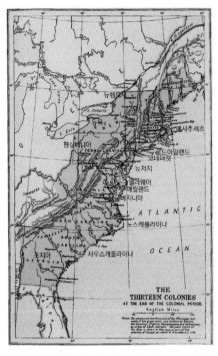

그림 4-1. 미국 동해안의 13곳 식민지(1775년 작성)
출처: Emerson Kent 웹 자료

실마리를 찾았다(그림 1-7). 이 길은 버팔로 사냥을 할 때 지나가는 통로로 원주민 사이에 알려져 있었고, 이 통로의 발견은 버지니아 출신의 토머스 워커였다. 그리고 통과한 골짜기를 컴벌랜드 계곡으로 불리게 된 것은 1746년 스코틀랜드의 카로덴 전투로 유명해진 컴벌랜드 공작에서 비롯된 것이다. 원주민은 외딴 강, 프랑스 상인은 쇼바농강이라고 불렀다.

이렇듯 백인 정착민들이 애팔래치아를 넘는 길을 발견하게 됨으로써 동해안에서 켄터키 방면으로 향하는 경로를 확보할 수 있었다. 그 다음은 컴벌랜드 캠프 이외에도 애팔래치아 산맥을 넘는 경로가 개통되어 도로와 철도도 건설되어 갔다. 이동 수단도 덮개를 씌운 마차에서 증기기관차로 바뀌어 갔다. 대륙 동부에서 서부로 정착이 진행됨에 따라 '프론티어'라 할 수 있는 지점은 공간적으로 이동했다. 이러한 이동은 원주민의 땅을 빼앗으면서 농목지를 넓혀 가자는 서진 운동이었으며, 각지에서 땅을 둘러싼 다툼이 벌어졌다. 프론티어 후방에서는 정착한 이주민에 의한 생산과 생활의 거점으로서 취락이 형성되었다.

　이러한 개척지에서는 농목업과 광산채굴 등의 광업이 기본적인 생산 활동이었다. 개척민이 일상적으로 필요로 하는 생활 물자는 대륙 동부에서 운송되었다. 또한 이들 물자는 독립 이전에는 식민지에서의 제조업이 금지되었기 때문에 대서양을 넘어 운반된 것이었다. 미국에서 산업혁명이 일어난 이후에는 국내의 선진 공업지역에서 농촌지역으로 생활용품이 보내지기 시작했다. 대륙의 동서 방향으로 나 있는 교통로 곳곳에 그러한 물자를 하역하여 주변 농업지역에 공급하는 거점이 마련되었다. 이것은 동해안의 항구도시가 바다와 육지 사이의 결절점이었던 데 반해, 육상교통 도중에 물자를 적하하거나 중계하거나 하는 '육지의 항구도시'였다. 정착촌의 서부에서 동부를 향해 송출된 것은 농산물, 축산물, 광물 등이다. 즉 육지의 항구도시는 농목업과 광업에 종사하는 사람들이 필요로 하는 생활물자의 수용과 이곳에서 생산된 자원물자의 송출이라는 양방향의 운송 기능을 지니고 있었다.

　애팔래치아 산맥 서쪽에 펼쳐진 평지는 지형학적으로는 구조 평야로 불린다. 이 평야는 동에서부터 차례로 중앙평원, 대초원(prairie), 대평원(Great Plains)으로 나뉜다. 중앙평원은 남북 방향으로 흐르는 미시시피강 주변에 펼쳐져 있어 지형이 낮다. 서쪽으로 갈수록 표고는 높아져, 450m 부근이 프레리와 그레이트플레인스의 경계다. 표고 차는 지형뿐 아니라 식생(植生)에서도 나타나는데, 대초원의 장초(長草)와 대평원의 단초(短草)로 구별된다. 이는 강수량과도 관련이 있으며, 대초원과 대평원의 경계는 연 강수량이 20인치(510mm)이다. 양 측의 경계선은 댈러스 포트워스

(Dallas-Fort Worth)와 캐나다 위니펙을 잇는 직선에 가깝다(그림 4-2). 이 직선을 따라 남으로부터 차례로 댈러스 포트워스, 오클라호마 시티, 위치타, 캔자스 시티, 오마하, 위니펙 등의 도시가 분포하고 있다. 이 경계선에서는 약간 벗어나지만, 대초원에는 휴스턴, 오스틴, 미니애폴리스, 세인트폴 등도 있다.

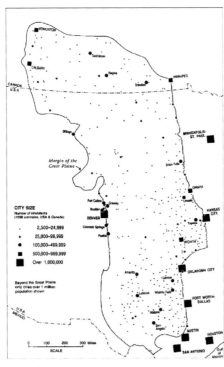

그림 4-2. 대평원(Great Plains)에 있는 도시(1880년대)
출처: Encyciopedia of the Great Plains 웹 자료

대초원과 대평원의 경계는 게이트웨이가 발생한 조건, 즉 다른 생태계나 경제 활동의 접촉 조건에 일치한다. 경계 부근에서 생겨난 취락이 발전하여 현재의 모습을 띠게 되었다(Eoton, 1989). 취락 발전을 지탱한 요인으로 물자의 적하와 중계 등의 교통 기능이 있었다. 대평원은 서에서 남북으로 록키 산맥까지 이어져 있다. 이들 취락과 록키 산맥 기슭 사이에 유력한 취락은 없다. 즉 대평원의 동쪽 끝에서 록키 산맥까지 확장된 배후지를 시장권과 공급권으로서 취락은 발전하여, 이후 게이트웨이 도시가 되었다. 대평원

동쪽의 대초원이나 중앙평원에는 미시시피강의 하천 교통 도시와 비옥한 농촌 지역을 배경으로 중심적 기능을 하는 도시가 많다. 이들도 수상 교통과 육상 교통의 결절점 역할을 해왔다는 의미에서 역시 게이트웨이 도시라 할 수 있다.

2. 중서부 게이트웨이가 된 시카고

시카고는 미합중국 국토 발전의 역사에서 게이트웨이로서의 특징을 잘 보여주는 도시 중 하나라고 할 수 있다(Cronon, 1991). 그것은 뉴욕, 보스턴, 필라델피아와 같이 외양(外洋)과 육지의 결절점으로서의 게이트웨이가 아니라, 대륙 안에서 물자를 집산하는 기능의 게이트웨이이다. 이 기능은 지금까지도 형태를 바꾸어 유지되고 있는데, 그 기원은 어떤 모습일까? 오대호(伍大湖) 중 중서부 대평원에 가깝고 남북으로 긴 미시간호는 수상 교통이 중요한 운송 수단이었던 시절에 잠재력을 지니고 있었다. 이를 알고 있던 사람들은 1824년 완공된 이리 운하(Erie Canal)를 이용하면 뉴욕에서 시카고로 수상 교통으로 갈 수 있다는 장점을 간과하고 있었다. 반대로 시카고에서 이 운하를 이용해 농산물을 뉴욕으로 수송하면 뉴잉글랜드와 해외에 많은 수입을 벌어들일 수 있다고 보았다. 그러나 1830년대 초 시카고 인구는 350명의 작은 마을에 불과했다.

1840년 시카고의 인구는 4,000명으로 증가한다. 이는 시카고 뒤에 펼쳐진 평지의 농업 생산에 들뜬 사람들이 이 땅에 대거 몰려들었기 때문이다. 대부분은 이리 운하를 이용해 뉴욕 방면에서 온 이민자들이었다. 시카고

부동산 관계자들은 시카고 중심부에서 서쪽과 남쪽을 향해 도로를 개설하고, 미시간호에 항구를 만들었다. 정착민들이 생산한 농산물을 곡물 승강기에 모으고, 최종적으로는 미시간호의 항구에서 뉴욕으로 보냈다. 시카고에서 서쪽으로 향하는 도로에는 매일 수많은 이민자를 태운 마차들이 지나갔다.

1848년은 시카고 교통사에 있어 기념비적인 해였다. 시카고를 통해 5대호와 미시시피강 유역을 연결하는 운하와 더불어 시카고를 기종점으로 하는 최초의 철도가 개통되었기 때문이다. 그동안 이리 운하를 통해 뉴욕과 연결되었던 시카고는 새로 생긴 일리노이 · 미시간 운하를 통해 미시시피강을 따라 멕시코만과도 연결하게 되었다. 시카고갈리나 철도는 후에 노스웨스턴 철도, 유니온퍼시픽 철도와 합류하게 된다.

이리하여 시카고는 도로, 운하, 철도로 다른 지역과 폭넓게 연결되게 되었다. 그 결과 몽고메리워드와 시어즈 로벅 등 유력한 소매업이 시카고에 본사를 두고 활동하게 된다. 동해안의 뉴욕과는 별도로, 약간 북쪽으로 치우쳐 있기는 하지만 국토 중앙에 가까운 곳에 교통 허브를 기반으로 하는 도시가 형성된 것이다. 시카고의 소매업은 시카고의 서쪽이나 남북으로 펼쳐진 광대한 농촌을 배경으로 성립되고 있었다. 농촌에서는 밀을 비롯한 곡물 생산뿐만 아니라 임산물도 생산됐다. 북쪽의 위스콘신주에서는 제림업이나 제분업이 발전했다. 서쪽의 아이오와주와 남쪽의 일리노이주에서는 밀의 대량생산뿐만 아니라 목축도 성행했다. 시카고로 모인 가축들은 도살 후 정육이 되어 소금에 절인 채 동부시장으로 보내졌다. 1870년대 냉동 기술이 도입되자 냉동 차량에 실려 각지로 운송되기 시작했다.

미시간호에 형성된 시카고는 저습지라는 지형 조건을 극복하고 발전을 거듭하였다. 시가지 하수구가 아직 정비되지 않았던 당시, 초봄이 되면 시카고의 거리는 진흙투성이가 되어 마차도 만족스럽게 달릴 수 없었으며, 잦은 홍수에도 시달렸다. 이에 따라 건물을 증축해 수해를 당하지 않기 위한 사업을 실시하게 됐다. 1893년 도시 개조에 공을 들여 개최한 상징적 이벤트가 바로 시카고 세계박람회다. 2,000톤 이상의 맥주를 판매 영업하면서 잭업되는 모습은 유럽 여행자들을 깜짝 놀라게 했다. 회장은 미시간호의 습지대를 개량해 만들어진 조성지였다. 개최 중 2,750만 명이 방문한 박람회는 비록 습지대라 하더라도 토목 기술로 고층 건물이 들어설 수 있음을 증명했다. 시카고는 그 고층 건축물이 전국적 모델이 될 정도로 근대 건축의 발상지로 널리 알려졌다.

20세기에 들어서자 시카고의 상업은 더욱 발전했다. 물자를 집산하는 도매업과 소매업뿐만이 아니라, 제조업 분야에서도 기업 생산을 늘려갔다. 석탄, 철강, 목재 등의 자원이 각지에서 모여들었고 다양한 공산품이 쏟아져 나왔다. 배후지에서 필요로 하는 농기구의 생산이 대표적인 예일 것이다. 작업을 분업화해 컨베이어벨트 방식으로 대량으로 처리하는 정육업은 시카고 동쪽의 미시간주 디트로이트에서 시작된 대량생산 방식의 자동차공업에 영향을 미쳤다. 그림 4-3은 20세기 초 시카고의 배후지에 펼쳐진 철도망을 나타낸 것이다. 이 철도망은 서부와 남부에서 들어오는 사람의 환승과 물자의 환적 외에 물자의 가공·유통에서도 결절점 역할을 하였다. 철도회사의 본사나 차량 제조업체들도 시카고에 몰려들면서 시카고의 게이트웨이적 성격은 더욱 강해졌다.

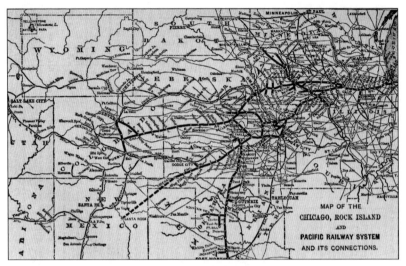

그림 4-3. 시카고 배후권으로 확장된 철도망(1901년 작성)

출처: Wikipedia 웹자료

이러한 시카고의 발전은 곡물 거래소, 증권 거래소 등 경제 활동의 거점적 기능을 상징하는 각종 센터가 시카고에 설립되는 것으로 이어졌다. 1933~1934년 대공황이 한창이던 시기에 국제박람회가 시카고에서 재차 개최되었다. 방문자는 전회를 훨씬 넘는 4,000만 명이었다. 거대해진 도시 시카고는 세계 각지에서 몰려든 이민자들이 만들어간 도시이기도 하다. 다만 다양성 이면에는 여러 가지 도시 문제나 사회 문제도 나타나, 그 문제 해결이 강하게 요구되기도 하였다. 인종적 차별이 사회학의 중요한 주제가 될 때 반드시 시카고 사례가 다뤄진다. 시카고는 인간과 산업이 교통수단의 집중으로 급격하게 증가해 간 근현대 게이트웨이의 대표적인 예가 되었다.

3. 서부 개척의 거점 세인트루이스

미시시피강과 미주리강의 합류 지점에 형성된 세인트루이스는 록키 산맥을 넘어 미합중국 북서부로 향하는 오리건 트레일의 게이트웨이로 알려져 있다. 실제로 세인트루이스에는 게이트웨이 타워라 불리는 거대한 아치 모양의 기념물이 자리 잡고 있어, 많은 방문객에게 이곳이 일찍이 많은 개척자가 덮개를 씌운 마차를 타고 미개척된 땅을 향해 지나갔던 곳임을 알려준다. 미국 대륙을 대서양에서 태평양까지 관통하는 경로의 거의 중간에 위치하고 있으며, 나머지 3,500km의 여정을 향한 출발 지점으로 세인트루이스는 여러 이야기의 무대가 되었다. 그러나 수상교통 시대에서 철도의 시대로 시대가 변하면서 세인트루이스는 중서부 게이트웨이의 지위를 유지하기 어려워졌다(Thomas, 1949). 교통수단의 변화는 이곳의 도시 발전과 깊이 관련되어 있다.

유럽인과 세인트루이스의 관계는 도시 이름에서 짐작되듯 프랑스 왕 루이 9세(1214~1270년) 때부터 시작됐다. 당시 프랑스는 루이지애나 혹은 뉴프랑스의 영토로 불리는 광대한 영향권을 미국의 북동부에서 남부에 걸쳐 확장하고 있었다. 당초에는 모피 교역이 주된 활동이었고 미시시피강과 미주리강이라는 두 개의 큰 강 합류 지점은 수상교통 이용 면에서도 나무랄 데가 없었다. 프랑스가 이 지역을 입수한 것은 1682년 프랑스인 탐험가 르네 로베르 카벨리에 드 라살(Rene-Robert Sieur de La Salle)이 미시시피강 유역을 탐험하면서 이 땅을 루이지애나라고 이름붙여 국왕 루이 14세에게 바친 데 따른 것이다. 그러나 프랑스는 루이지애나를 유지하지 못했다. 영국과의 7년 전쟁과 연계되어 벌어진 북미의 프렌치 인디언 전쟁에서 패했기 때문에 손을 떼지 않을 수 없었다. 전후 파리조약(1763년)에 따라 미시시피강 이서와 뉴올리언스를 스페인에, 미시시피강 동쪽을 영국에 양도했다. 세인트루이스 옆을 흐르는 미시시피강 서쪽은 스페인, 동쪽은 영국 영토가 되었다.

그 후 영국령 미시시피강 동쪽은 영국으로부터 독립한 미국의 영토가 되었고, 다시 미시시피, 앨라배마, 켄터키, 일리노이 등의 주로 나뉘어지게 되었다. 반면 미시시피강 서쪽을 소유한 스페인은 나폴레옹 1세의 정복으로 인하여 이를 프랑스에 넘겨야 했다. 루이지애나가 프랑스령이 된 것에 위기감을 느낀 미합중국 대통령 토머스 제퍼슨은 뉴올리언스와 북위 31도에서 남쪽 멕시코항 일대(서플로리다)를 구입하는 협상을 시작했다. 당시 프랑스는 아이티의 반란과 영국의 위협 때문에 루이지애나를 유지하기 어렵다고 생각해 1803년 8,000만 프랑(1,500만 달러)에 영유권을 미국에 매각했다.

이렇게 루이지애나를 손에 넣은 미국은 미시시피강 서쪽의 정보를 입수하기 위해 육군 대위 메리웨더 루이스와 소위 윌리엄 클라크를 탐험대로 파견했다. 그 출발지는 세인트루이스이며 48명으로 구성된 탐험대는 지형, 동식물, 인디언 등에 대해 조사를 실시했다. 그 일행은 원주민인 레미 셔니족 소녀 사카자웨어를 통역 겸 안내역으로 수행시켜 미주리강 원류까지 도달했다. 더욱이 록키 산맥을 넘어 컬럼비아강 하구에서 태평양에 이르는 경로를 발견하는 데 성공했다. 일행은 21개월 간의 탐험을 무사히 마치고 세인트루이스로 돌아왔다. 일반적으로 루이스 클라크 탐험대로 알려진

이 서부 탐험은 '발견 탐험대(The Corps of Discovery)'로 미국 국군에 의한 건국 신화의 일부가 되고 있다. 탐험대를 수행한 소녀 사카자웨어는 중요한 인물로 간주되고 있다.

이리하여 세인트루이스는 서부 개척의 기점이라는 이미지를 갖게 됐다. 그러나 그 뒤에 시작될 서부 개척에서 모두가 세인트루이스를 기점으로 한 것이 아니다. 서부를 가로질러 록키 산맥을 넘는 트레일의 출발점은 세인트루이스보다는 오히려 그 서부에 많다. 미시시피강에 가장 가까운 지점을 기점으로 하는 곳이 몰몬 트레일이다. 1846년에 미시시피강의 서쪽 7마일에 위치하는 아이오와의 슈거크릭을 떠나, 500대의 덮개를 씌운 마차에 분승한 총원 3,000명이 서부를 목표로 했다. 이들이 나중에 유타주 솔트레이크시티를 거점으로 몰몬교의 보급 활동을 시작하게 된다는 것은 잘 알려져 있다. 캘리포니아 트레일은 그 기점의 다양한 경로를 지니고 있다. 인디펜던스, 캔자스시티, 토피카, 카운실블러프스, 오마하 등을 기점으로 하고 있으며, 1834~1867년 사이 25만 명가량의 인력이 이동했다. 몰몬 트레일은 4분의 1 정도였다.

오리건 인디펜던스를 기점으로 하는 트레일은 '명백한 운명(Manifest Destiny)' 즉 미합중국을 대서양에서 태평양까지 확대한다는 정신적 목표를 내걸고 이뤄졌다. 이후 1834~1867년 사이 미주리주, 캔자스주, 네브래스카주 등 6개 주에 이르는 지역을 경유한 이 트레일에는 8만 명이 이동했다. 록키를 넘어 최초로 달성한 것은 앞서 말했듯이 루이스 클라크 탐험대였다. 그러나 이때 지나간 롤로 패스(lolo pass)는 마차 부대가 지나가기는 힘들었다. 이로 인해 롤로 패스보다 남측 고개를 거쳐 콜롬비아강에 이르는 길을 이용하게 되었다. 오리건 트레일은 여러 대에 의해 개척되어 갔다. 와이오밍으로 록키 산맥을 넘는 사우스 패스 경로는 이러한 시도의 결과로 발견된 것이다. 조금 특이한 트레일로 1860년부터 이듬해에 걸쳐 이용된 포니 익스프레스 트레일이 있다. 이것은 그 이름처럼 속달 우편을 보내기 위해서 개발된 경로다. 동 측의 세인트 조지프에서 서 측의 새크라멘토까지 록키 산맥의 가장 남쪽을 넘는 경로였으나 짧게 끝났다.

이렇게 보면 록키 산맥을 넘어 태평양에 이르는 서부로 가는 길의 실제 기점이 반드시 세인트루이스는 아니었음을 알 수 있다. 그러나 세인트루이스가 미시시피강을 동에서 서로 건너는 지점이고, 또한 미시시피강이 수상 교통으로 오가기에 편리했다는 것은 틀림없다. 세인트루이스에 도착한 개척자는 이곳에서 여행에 필요한 물자를 준비했고, 거기서 서쪽으로 떨어진 몇 개의 출발점에서 여행을 시작했다. 서부 관문을 상징하는 게이트웨이 타워가 세인트루이스에 있는 것에 이의를 제기해, 서쪽의 캔자스시티야말로 실제로 출발지에 어울린다고 생각하는 사람도 있다. 서부 기점의 종주권 다툼으로 볼 수도 있지만, 사실 특정한 장소와 도시를 출발점으로 삼기는 어렵고 특정화하는 데 별 의미가 없다고 볼 수도 있다.

1823년 세인트루이스는 타운에서 도시가 되었고, 프랑스인이 많이 거주하는 중요한 상업 교역의 중심지가 되었다. 이미 이 시기에 대륙의 동과 서를 연결하는 결절점 역할을 하게 된 점에 주목하게 된다. 이런 거점적 성격은 남북전쟁 때(1861~1865년) 북군의 전략거점이 된 데서도 나타난다. 지금은 세인트루이스대학 캠퍼스가 된 인근에서 유명한 '캠프 잭슨 전투(1861년)'가 벌어졌다. 남북전쟁 후에는 프랑스인 외에 이탈리아인, 세르비아인, 레바논인, 시리아인, 그리스인 등이 정착했다.

남북전쟁이 끝나자 세인트루이스는 본격적인 도시 발전을 시작했다. 수상교통의 편리성과 함께 철도교통에서도 크게 발전할 기회를 얻었다. 특히 1874년 미주리강과 미시시피강의 합류 지점 남쪽에 이즈 철교(Eads Bridge)가 놓여진 것이 컸다. 이로 인해 지금까지 동부 방면에서 세인트루이스로 올 때 장애 요인이 되었던 도하가 철도와 도로 양면에서 용이해졌다(그림 4-4). 그러나 교통수단의 개선으로 서부로 향하는 게이트웨이 기능에 박차가 가해질 것이라 생각하였으나, 유감스럽게도 완성된 시기가 다소 늦어져 이미 서부로 향하는 관문으로 이름을 날리던 시카고에 뒤처지게 되었다. 그럼에도 시카고보다 남쪽에 위치해 있고, 미주리, 캔자스, 콜로라도의 각 주에 가까운 세인트루이스의 게이트웨이 지위는 간신히 유지되었다. 그러나 1890년대에 전미에서 제4위였던 세인트루이스의 인구 순위는 현재(2010년) 58위이며, 시카고(3위)는 물론 캔자스시티(37위)에도 미치지 못한다.

서부 개척의 기점이 된 세인트루이스는 1904년 만국박람회와 올림픽을 동시에 치를 정도로 도시적인 힘을 과시했다. 공업 부문에선 자동차 생산도 시작해 디트로이트에 이어 많은 자동차를 생산했다. 1920년대에 보급된 자동차 물결로 도심에서 교통 체증이 빚어졌지만, 대책은 그리 진지하게 검토되지 않았다. 전쟁 시기 남부에서 아프리카계 미국인들이 대거 몰리면서 도시 주변으로 주택지가 넓어졌다. 세인트루이스는 미국 전역에서 최초로 자치 도시(home rule city), 즉 자치권을 발휘할 수 있는 도시가 되었다. 이 때문에 주변의 카운티와는 행정적으로 분리되었다. 이로 인해 유입 인구가 늘어도 도시 내부에서 수용할 수 없었고 인구 증가는 주변 카운티에서 많았다. 모터리제이션(Motorization)이 인구의 교외화를 가속화하면서 세인트루이스 인구는 한때 반으로 줄 정도로 침체되었다. 이후 도시 중심부 재개발 사업이 진행되었으나, 인구 정체가 오래 지속되어 오늘날에 이르고 있다.

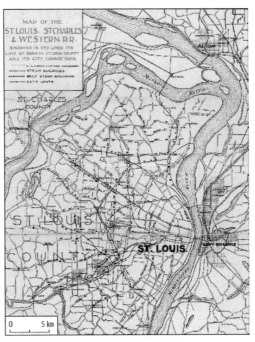

그림 4-4. 세인트루이스를 결절점으로 한 철도망(1910년 작성)
출처: WIKIMEDIA COMMONS 웹 자료

제2절 미국 남부 게이트웨이 도시

1. 남부 교통 허브 기능을 담당해 온 애틀랜타

애틀랜타는 미합중국 남부에 있는 교통의 요충지, 특히 공항 연결망 허브로 알려져 있다(Goetz and Sutton, 1997). 과거에는 남북전쟁의 격전지로도 유명한데, 교통과 전쟁 거점이라는 지리적 조건이 게이트웨이와 깊이 연결되어 있다. 아직 유럽인들이 이주를 시작하기 전부터 크릭과 체로키 등 원주민들은 피치트리크릭과 차타후치강이 만나는 부근을 부족끼리 접촉하는 지점으로 삼고 있었다. 이곳은 현재 애틀랜타 중심부 북서쪽에 있다. 이러한 점에서 볼 수 있듯 애틀랜타 부근은 미국 남부의 지리적 중심지가 될 가능성이 원래부터 있었다. 하천의 합류 지점이 만남의 장이 되기 쉽다는 것은 이해할 수 있다. 하천은 유역의 낮은 곳으로 흐르고, 언덕이나 구릉 위에서 내려온 지점에서 강이 합류하면 더욱 만남의 기회가 늘어난다. 현재의 애틀랜타는 이러한 하천 합류지 근처에 위치하지만, 시내에는 큰 하천이 눈에 띄지 않는다. 오히려 애틀랜타는 구릉 위에 있다. 이것은 어떻게 된 것인가.

그림 4-5는 애틀랜타가 북아메리카 대륙 위에 있는 6개의 분수령 중하나인 동부 분수계(Eastern Continental Divide)의 바로 위에 위치함을 보여준다. 동부 분수계는 애팔래치아 산맥이 만든 봉우리에 해당한다고보면 된다. 애팔래치아 산맥에는 노스캐롤라이나주의 최고봉인 미첼산

(2,037m)과 같은 표고가 높은 산도 있는데 평균 표고는 1,000m 정도이다. 애팔래치아 산맥의 남서부에서 플로리다 방면으로 가면 표고는 점차 낮아져 애틀랜타는 320m이다. 하지만 그래도 애틀랜타는 미시시피강보다 동쪽에 있는 주요 도시 가운데 고도가 높은 편에 속한다. 이 분수령을 경계로 동쪽에 내린 비는 모두 대서양으로 흘러간다. 반면 서쪽으로 내린 비는 차타후치강으로 흘러 들어가 그 하류의 아팔라치콜라강에서 멕시코만의 일부인 아팔라치콜라만에서 배출된다.

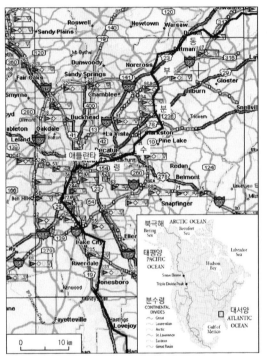

그림 4-5. 북미의 동부 분수계 위에 위치하는 애틀랜타

출처: Eastern Continental Divide in Georgia 웹 자료

분수계 위에 위치한 애틀랜타는 두 개의 유역권에 걸쳐 있다. 북부 및 서부는 앞서 말한 차타후치강과 그 지류인 플린트강, 그리고 하류인 아팔라치코라강(Apalachicola River)이 만든 남북 방향 유역으로, 이 세 강의 머리 글자를 따서 CFA 유역이라 불린다. 한편 남부 및 동부는 옥멀지강(Okmulgee)강 유역이다. 이 유역도 옥멀지강을 주류로 몇 개의 하천을 모이면서 결국 대서양 쪽으로 흘러간다. 이같이 애틀랜타는 복수의 유역권에 걸쳐 있긴 하지만, 분수계와 유역권의 경계가 되는 지형은 전체적으로 완만하다. 철도와 자동차가 등장하기 이전에는 지형적 경계를 의식하였으나, 현재는 경계를 크게 의식하지 않고 있다. 애틀랜타가 현재와 같은 모습으로 변해가는 역사적 과정을 생각할 때는 이 같은 지형 조건의 차이에 유의할 필요가 있다.

1836년 미국 독립 후, 조지아주 의회는 대서양 연안의 항구도시 사바와 중서부 지방을 철도로 연결할 계획을 결의했다. 다시 말해 이 시점에서 이미 대서양 측과 북서 내륙부를 연결하는 교통의 중계지로서 애틀란타를 계획하고 있었다. 먼저 테네시주의 채터누가와 차타후치강 동쪽 연안까지의 철도, 즉 내륙 쪽에 철도 건설을 계획하였다. 차타후치강은 조지아주와 서쪽 앨라배마주 경계 부근을 남북 방향으로 흐르고 있다. 이어 오거스타를 기점으로 애틀랜타에 이르는 조지아 철도와 사바나 메이컨 사이를 잇는 철도 건설이 계획되었다. 이처럼 다양한 경로의 철도 건설이 계획되었지만, 서로 연계할 지점은 미정이었다. 결국 국토 지세를 잘 아는 육군에 의뢰해 적절한 지점을 선정하게 되었고, 조사 결과 현재 파이브 포인트로 불리는 애틀랜타 도심부가 적지로 결정되었다.

1845년부터 1854년에 걸쳐 철도 건설 계획이 실현되었다. 1845년 최초로 동쪽의 오가스타에서 애틀랜타로 향하는 조지아 철도가 개통되었다. 이 듬해인 1846년 남동부의 메이콘, 사바나 방면에서 메이콘 웨스턴 철도가 애틀랜타까지 개통되었다. 애틀란타역 앞에는 호텔이 들어서고 신문사도 생겨나 인구가 2,500명을 헤아렸다. 1851년에 웨스턴 애틀랜틱 철도가 완공되었다. 이 철도로 애틀랜타와 서쪽 채터누가가 단일화되어 테네시강과 오하이오강 유역 일대가 애틀랜타의 배후지가 되는 데 큰 역할을 했다. 그리고 1854년 라그레인지 철도가 애틀랜타 남서부까지 개통되었고, 인구가 6,000명으로 증가하면서 은행, 일간지 신문사, 세무서, 공장 등이 생겨났다.

애틀랜타는 서부 방향을 달리는 철도의 결절점으로서 산업을 발전시킬 가능성을 크게 지니고 있었다. 임야를 배경으로 제재소가 생겨났고, 밀 생산을 통해 제분공장과 기계제조 공장도 생겨났다. 그리고 일용 잡화품으로 가죽제품, 구두, 비누, 의류품 등을 제조하는 공장이 생겨났고, 이러한 제품은 철도를 통해 각지로 운송되었다. 남부에 번성한 면화 재배 플랜테이션 농장에서는 목화 운송 전용 화차(貨車)로 공장으로 보내졌고, 1859년 조지아 철도는 면화를 3,000량의 화차를 이용해 운송했다. 이렇게 시작된 공업 생산도 1861년 발발한 남북전쟁의 영향을 크게 받게 된다. 특히 애틀랜타는 남군의 거점이 되었기 때문에 북군의 공격 대상으로 지목되었다. 선로가 폭파되면서 애틀랜타로의 물자 운송은 방해받게 되었다. 1865년 전쟁이 종료되면서 애틀랜타 도시의 부흥이 다시금 시작되었다. 노예제도에서 해방된 사람들이 대거 유입되면서 애틀랜타를 포함한 풀턴 카운티의 흑인 인구 비율은 1860년 20.5%에서 1870년 45.7%로 두 배 증가했다. 그 사이

애틀랜타 인구도 14,427명에서 33,446명으로 크게 증가하였다.

미합중국의 애틀란타는 남부 일대를 배후지로 한 도시 탄생과 함께 남부의 중심성을 발휘하게 되었다. 애초에 철도는 대서양 연안과 중서부를 연결할 목적으로 계획되었고, 이러한 계획을 통해 애틀랜타에는 동과 서를 중계하는 역할이 기대되었다. 그러나 실제로는 다른 방향으로도 철도가 건설되면서 다면적인 철도망이 탄생하게 되었다. 이러한 점을 근거로 애틀랜타는 게이트웨이보다 오히려 허브, 즉 환승과 중계의 기능을 완수하는 도시 성격이 강한 것 같다고 할 수 있다. 이후 주요 교통수단이 철도에서 자동차와 항공기로 변해갔지만, 애틀랜타를 허브로 하는 교통 연결망은 예전과 크게 바뀌지는 않았다.

애틀랜타가 교통 허브의 성격을 강화하는 계기가 된 주요한 요인으로 델타항공의 존재를 들 수 있다(Burghouwt and Beldhuis, 2006). 현재 델타는 세계적인 항공 회사로서 국제적인 항공망을 전개하고 있고 그 거점은 애틀랜타에 놓여있다. 이 회사는 1924년 하프더랜드(Huff Daland Duster)라는 이름의 항공방제회사로 출발했다. 당시 본사는 조지아주 케이킨 이후 루이지애나주 먼로로 이전했다. 1928년에 회사명을 델타 에어 서비스로 바꾸고, 730km 동쪽에 있는 애틀랜타로 항공기 수송을 시작했다. 1934년 사우스캐롤라이나주 찰스턴과 텍사스주 포트워스 구간을 연결하는 승인(에어메일 루트 24)을 받았다. 이 비행경로 중간에 애틀랜타가 있었기에 애틀랜타는 중계지로서 중요한 위치에 있었다. 델타는 장래를 생각해 발상지인 먼로에서 애틀랜타로 활동 거점을 옮기기로 했다. 애틀랜타의 공항에 항공 사업의 본부와 정비 시설을 마련한 것은 애틀랜타에서 동부 방면으로 활동의 장을 넓혀 가기 위해서였다.

1940년 델타는 신형기로 더글러스 DC-2, DC-3을 투입했다. 지금까지보다 수송 능력이 크고 쾌적한 승차감을 자랑했다. 신기종 투입에는 리스크도 있었지만, 경쟁에서 이겨내려면 반드시 필요했다. 이러한 전략이 옳았음은 1940년까지 전 세계 수송의 80%가 DC-3에 의해 이루어지게 된 것에서도 알 수 있다. 이전의 델타라면 신기종 투입의 자금을 회사 발상지인 먼로에서 조달했겠지만, 당시에는 애틀랜타 금융자본에 의존했다. 당시 델타 경영자는 항공 사업에 강한 관심을 가지는 애틀랜타의 금융업계라면 자금 조달도 보다 쉬울 거라고 판단했다. 항공사와 금융업계의 이해가 맞아떨어지면서 델타는 갈수록 애틀랜타와의 관계를 돈독히 했다. 이러한 유대를 강화하는 데 공헌한 것이, 후에 애틀랜타 시장이 되는 윌리엄 B 하츠필드였다. 당시 애틀랜타 시의회 일원이었던 하츠필드는 캔더필드공항의 규모 확장과 정비를 뒷받침했다. 그 성과는 1941년 델타항공이 애틀랜타를 거점으로 16개 도시와 연결하는 항공로를 취항하면서 나타났다.

2. 미시시피강 하구에 위치한 뉴올리언즈

뉴올리언스는 미합중국 남부의 멕시코만과 가까운 곳에 위치해 있다. 이 도시의 이름이 프랑스의 오를레앙에서 유래했다는 것은 잘 알려져 있으며, 신대륙에서 태어난 새로운 프랑스령 오를레앙(Orleans), 즉 뉴올리언스(New Orleans)로 명명되었다. 덧붙여서 오를레앙은 프랑스 부르봉 가문의 일족인 오를레앙 가문으로 유력 왕족과 도시의 이름이 중첩된 사례다. 그나저나 뉴올리언스는 유럽인으로 최초로 프랑스인이 개발한 땅으로 뉴프랑스 혹은 루이지애나로 불린 영토의 거점으로서 역사상에 등장한다 (Guenin-Lelle, 2016). 다만 루이지애나가 프랑스 지배하에 있었던 시기는 1718~1763년과 1800~1803년(1763~1800년은 스페인령)이었으며, 독립 후 미합중국이 매입함에 따라 프랑스 손에서 벗어났다.

프랑스의 지배하에 있던 1803년의 뉴올리언스 인구는 8,000명이었다. 미국령이 된 1810년 인구는 1만 명이었고, 1861년에 이르러 17만 명을 헤 아리게 되었다. 이러한 인구 증가는 지금까지의 수운업(水運業)에 더하여 새로운 산업이 생겨난 것에서 설명할 수 있다. 프랑스령 시절 뉴올리언스 는 미시시피강 하천 근처에 대서양 쪽으로 향하는 화물과 사람을 옮겨 신 거나 반대로 바다 쪽에서 내륙으로 옮겨 왔다. 수운업과 관련하여 배를 수 리하거나 건조하는 일을 하는 사람들도 있었다. 광활한 국토 각 방면에서 지류가 모여 흐르는 미시시피강은 광범위한 수상교통으로 기능했다. 그 하 구 부근에 위치하는 뉴올리언스는 내륙과 해양에서 다수의 배가 모이는 데 적합했다(그림 4-6).

미시시피강 하구부는 조족상 삼각주가 발달한 곳으로 유명하다. 뉴올리 언스가 미시시피강 하구 도시라는 점에서 이 도시가 멕시코만 해안에 면해 있는 것처럼 여겨질 수도 있다. 하지만 이 부분은 맞지 않다. 미시시피강 삼 각주 위의 강 흐름은 매우 길어 선단부에서 뉴올리언스까지 130km 가까 이 된다. 따라서 미시시피강 끝 즉, 조족상 삼각주 끝까지 내려가려면 거리 가 길어진다. 선단에 도달하는 도중에 멕시코만으로 나갈 수 있는 지름길 을 찾는 것이 합리적이다. 실제로 뉴올리언스는 사행하는 미시시피강과 폰

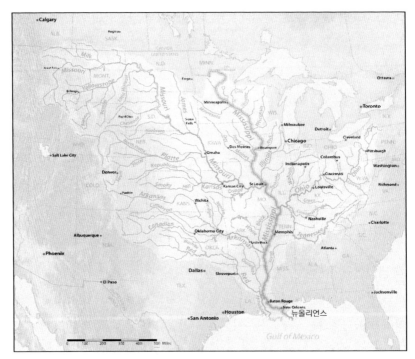

그림 4-6. 뉴올리언스를 하구로 한 미시시피강 유역

출처: Wikipedia 웹 자료

차트레인호 사이에 위치에 있다. 호수라서 파도가 잔잔하기 때문에 횡단하면 바로 멕시코만에 올 수 있다.

　1812년 뉴올리언스에 증기선이 도입되자 수송 능력이 단숨에 올라갔다. 증기선 수는 해마다 증가해 1821년에는 287척, 1826년에는 700척이 되었고, 1850년대에는 3,000척을 헤아리게 되었다. 다만 이 무렵부터 미시시피강 상류 내륙부에서 철도 건설 움직임이 활발해지면서 뉴올리언스는 그 영향을 받게 되었다. 1857년의 보고에 의하면, 지금까지 뉴올리언스를 통해 필라델피아로 운송되었던 화물이 철도 이용으로 바뀌었다는 기록이 남아 있다. 그러나 면화 수송은 여전히 수상교통으로 이루어졌으며, 영국, 프랑스, 미국 동부를 향해 뉴올리언스의 항구에서 운송되었다. 플랜테이션 작물로 설탕 출하량도 많아 1856년에는 8,000파운드가 방출되었다. 이 밖에 담배, 위스키 등도 출하되었다.

1840년대 뉴올리언스는 세계에서 네 번째로 항만 활동이 활발한 항구로 꼽혔다. 그러나 조선업에서는 볼 만한 것이 없었고, 하천용 배의 건조는 유역 전체의 중심에 가까운 세인트루이스나 미네아 폴리스가 더 번성했다. 내륙부에서 계속되는 철도망 확대는 뉴올리언스에는 위협이었다. 그래도 제2차 세계대전이 끝나갈 무렵까지 화물수송량에서 뉴올리언스는 미국 전역에서 2위의 지위를 유지했다. 전쟁 후에는 석유화학 등 새로운 산업이 항구를 중심으로 전개되면서, 이전과 비교하면 분위기는 크게 변화했다.

뉴올리언스는 해양으로 흘러드는 거대한 하천 하구 부근에 위치해 있다. 유역 일대에서 수상교통으로 운반되어 오는 화객을 모으고, 해상교통으로 국내 주요 지역이나 해외로 운송하는 기능을 수행해 왔다. 화객의 집산은 확실히 게이트웨이 기능이다. 다만, 하천을 직접 이용할 수 없는 지역은 배후지에 포함되지 않는다. 하천교통을 이용하려면 강가와 내륙 사이를 별도의 교통수단으로 연결해야 한다. 철도와 자동차는 이 점에서 융통성 있고 하천교통이 불가피한 경사 지형을 극복할 수 있다. 특히 자동차는 수상교통, 나아가 철도교통을 능가하게 된다.

뉴올리언스의 경우, 미시시피강 상부 유역에서 철도가 동서 방향으로 개통됨에 따라 화객 이동이 남북 방향의 수상교통에서 동서 방향의 철도, 자동차로 바뀌게 되었다. 이러한 뉴올리언스의 영향이 배후지에 미치게 되었다. 다음으로 자동차와 항공기가 등장한다. 뉴올리언스의 경우 대양에 접한 해안부에 입지하고 있는 점은 뉴욕, 로스앤젤레스, 샌프란시스코와 같은 조건 하에 있다. 20세기 후반이 되면 미국 국내 산업이 북동부의 프로스트 벨트에서 남부의 선벨트로 이행하는 움직임을 보이게 된다(Bernard and Rice, 1983). 하지만 그 중심은 댈러스 포트워스와 휴스턴 등이지 뉴올리언스가 아니다. 면화 재배와 설탕 생산 등 구시대 산업이 끝나고, 역사적 건조물과 문화에 대한 관심이 높아진 오늘날 뉴올리언스는 새로운 도시 발전 방향을 모색하고 있다.

3. 텍사스 지역의 게이트웨이 휴스턴

미국 남부의 도시 휴스턴은 미항공우주국(NASA)의 우주센터가 있는 곳으로 알려져 있다. 정식 명칭은 린든존슨 우주센터로 텍사스주 출신의 전 미합중국 대통령에게 경의를 표하며 이렇게 불리게 되었다. 1973년 옛 이름인 유인우주센터로 명칭이 변경된 이 시설은 휴스턴과 갤버스턴의 거의 중간에 위치해 있으며, 660ha 부지 내부에 100동의 건물이 있어 수많은 우주 계획을 실현하는 역할을 해 왔다. 휴스턴에 우주센터가 위치하게 된 이유는 플로리다의 로켓 발사기지인 케네디우주센터 인근에 비행 관제 업무와 유인비행 관련 기술 거점을 물색하던 중 휴스턴의 라이스대학이 토지 기부를 신청했기 때문이다. NASA의 시설은 여기 외에 워싱턴 D.C.의 본청, 메릴랜드주 그린벨트(위성의 통신 관제), 캘리포니아주 패서디나(행성 탐사기 통신) 등 다른 곳에도 있다.

휴스턴이 내륙부에 위치한다는 이미지가 있을지도 모르지만, 훌륭한 항만이 있고 게이트웨이 기능이 있다(Barnett, 2007). 내륙부에 있는 것처럼 느껴지는 이유는 근처에 멕시코만이 접한 갤버스턴이라는 항구도시가 있는데, 휴스턴이 여기서 90km나 내륙 쪽에 있기 때문이다. 그러나 실제로는 갤버스턴만, 트리니티만 등이 멕시코만에서 북쪽으로 이어지고 있고 최종적으로는 블루넷만(灣)에 휴스턴의 시내를 흐르는 버팔로 바이유로 불리는 하천이 흐르고 있다. 즉 휴스턴은 여러 만을 경유하여 멕시코만과 연결되어 있는 것이다.

휴스턴의 도시 역사는 짧고, 1837년 도시가 되어 발전을 시작했다. 텍사스 공화국의 수도로 출발했으나 1839년 수도를 오스틴으로 이전했다. 당시 유행하던 황열병 때문에 인구가 감소하기는 했으나, 상업센터 지위는 유지되었다. 휴스턴 상인은 농민들에게서 수확물을 사들여 멕시코만의 갤버스턴에서 팔아 이익을 챙겼다. 항구로는 갤버스턴이 더 오래됐지만, 결국 휴스턴이 앞질렀다. 휴스턴 일대는 원래 멕시코만, 즉 대서양으로 이어지는 저지대와 습지대 두 개의 큰 수역(호수)이 만나는 곳이 있는데, 이곳이 도시의 발상지에 해당한다. 남북전쟁까지는 대부분 흑인 노예가 도시 주변에 살았다. 노예 교역의 거점은 뉴올리언스였지만 노예 상인은 오히려 휴스턴에 더 많았다. 노예들은 솜과 설탕 생산에 종사하거나 백인 가정의 가사노동에 종사하기도 했다.

휴스턴이 게이트웨이 기능을 발휘하게 된 시기는 1860년대 철도가 배후지에 집중되기 시작한 이후다. 텍사스의 철도 허브로 휴스턴은 면화와 곡물 등을 배후지에서 모아 이것을 갤버스턴과 보몬트로 보냈다. 휴스턴과 갤버스턴 사이를 잇는 철도 건설은 1853년 시작돼 1859년 완공됐다. 이 철도는 갤버스턴에서 휴스턴을 경유해 헨더슨에 이르는 철도였지만, 후에 다시 내륙부로 뻗어가는 철도의 일부가 되었다(그림 4-7). 한편 휴스턴 동쪽 130km의 같은 텍사스주 내에 있는 보몬트와 연결하는 철도는 1903년 버몬트 소어레이크 앤 웨스턴 철도가 건설됐다. 보몬트도 휴스턴과 지형이 비슷해서 멕시코만으로 이어지는 사빈호로 유입되는 네시를 따라 항구가 있고 이곳에서 대서양 측으로 화물을 보낼 수 있었다.

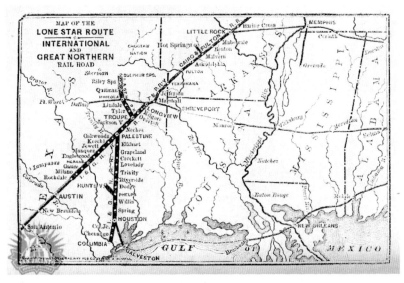

그림 4-7. 휴스턴 배후지의 철도망

출처: Trains to Texas 웹 자료

남북전쟁(1861~65년) 때 존 매그루더가 이끄는 남군이 휴스턴을 점거한 북군을 몰아낸 갤버스턴 전투(1863년)가 여기에서 일어났다. 정확히 이 전투를 말하면 제2차 갤버스톤 전투였고, 1862년 북군이 갤버스톤항을 점거(제1차 갤버스턴 전투)하여 봉쇄한 것을 역전한 것이었다. 전쟁 종료와 함께 휴스턴의 도시 발전은 갤버스턴 방면으로 확대되었다. 1900년 갤버스턴이 허리케인으로 큰 피해를 보자 이를 계기로 휴스턴항의 수심을 깊게 하는 정비 사업이 시작되었다. 저습지대 특유의 얕은 수역에는 큰 배가 입항할 수 없었기 때문이다. 1901년 앞서 말한 보몬트에서 석유 채굴 사업이 시작되면서 석유화학 공업이 시작되었다. 이런 움직임에 더하여 휴스턴에서는 항만 정비사업이 가속화됐고, 연방정부는 여기에 100만 달러를 지출하기로 했다. 이 무렵 휴스턴 인구는 78,800명까지 증가했고, 이 중 3분의 1은 아프리카계 미국인이 차지하게 되었다.

1907년부터 시작된 항만 준설사업은 1914년 완료돼 휴스턴항은 깊은 수심을 가진 항만이 되었다. 제2차 세계대전 중 항만의 화물 취급은 정체기였으나, 군수 산업이 필요로 하는 석유·화학 제품이 항만의 근처에서 생산되었다. 휴스턴은 현재 미국 전역에서 네 번째로 큰 도시다. 항만 통계의 종류에 따라 약간의 차이는 있지만, 취급액 전체로 보면 전미 제2위의 항만이다. 세계 항만 중에서도 16번째로 큰 항만이다. 2세기도 안 되는 사이에 이렇게 도시와 항구 모두 크게 성장한 점은 놀라지 않을 수 없다. 휴스턴은 배후에서 생산되는 풍부한 곡물과 인근 지하에서 추출되는 석유 자원을 국제적 규모로 송출해 왔다(Melosi and Pratt, 2014). 반대로 여러 종류의 공산품을 세계 곳곳에서 수입하는 미국 남부의 게이트웨이로 더욱 발전 중에 있다. 미래를 향한 발전이 눈부신 휴스턴에 우주를 향한 길로 이어지는 중요한 시설이 들어서 있는 것은 결코 우연 같지 않다.

제3절 미국 서해안 게이트웨이 도시

1. 동서의 철도를 집중시켜 항구로 연결한 로스앤젤레스

로스앤젤레스라고 하면 지금은 태평양을 넘어 아시아 방면에 많은 사람의 흐름이 집중되는 곳이라는 이미지가 강하다. 그러나 이러한 이미지는 항공기 전성기인 오늘날 이미지이며, 로스앤젤레스가 아직 작은 타운에 불과하던 시절과는 다르다. 로스앤젤레스에는 국제적인 항만이 두 곳 있다. 매우 가까운 거리에 있지만, 로스앤젤레스항과 롱비치항은 운영 주체가 다르다. 육지로 눈을 돌리면 철도망과 고속도로망이 종횡무진 깔려 있어 이 대도시가 국내 여러 지역과 교통망으로 굳게 연결돼 있음을 알 수 있다. 항공망이 잘 되어 있어 바다, 육지, 하늘의 교통을 연결하는 게이트웨이로서 중요한 역할을 하고 있다. 그러나 지금과 같은 모습으로 발전하기까지 상당한 시간이 필요했다. 미국의 국토개발, 특히 동부에서 서부로의 개발 물결이 최종적으로 도달한 최후의 프런티어로서 로스앤젤레스가 어떻게 자리매김해 왔는지는 역사적으로 매우 흥미로운 사건이다.

동서 방향으로 거리가 긴 아메리카 대륙을 얼마나 효율적으로 단시간에 연결하는가, 이 부분이 아메리카의 교통 발전상에 있어서 최대 과제였다 (Brynt Jr., 2007). 해상교통의 역사는 신대륙 발견 이전부터 있어, 남아메리카 끝을 돌면 동서 해안 사이를 연결할 수 있었다. 그러나 이 경로는 거리가 너무 길고 소요 일수도 길었다. 이 때문에 당초에는 중미의 파나마

지협이 주목받아 대서양 연안을 철도로 연결하는 방안이 고려됐다. 1855년 완공된 파나마 지협 철도(파나마~콜론 구간 77km)는 그동안 육로 난소(難所)를 이동하는 데 1주일이나 걸린 지협을 단 하루 만에 횡단할 수 있게 했다. 양 끝의 항구를 해상 수송의 기종점으로 하면 동해안과 서해안은 이전에 비해 짧은 시간에 이동할 수 있다. 실제로 당시 붐이었던 캘리포니아 금산에서 채굴된 금광이 배와 철도를 이용해 동해안으로 옮겨졌다. 배도 증기선으로 바뀌었기 때문에 소요 시간은 범선 시절과 비교할 바가 아니었다.

파나마 지협을 경유한 동서 사이의 화객 이동이 행해지고 있던 시대에 파나마 지협 양쪽 끝은 게이트웨이로 기능했다. 이곳에 선박들이 집산하여 화객을 환적하고 있었기 때문이다. 다만 파나마나 콜론에는 직접적인 배후권이 없었기 때문에 중계지라는 성격이 강했다. 그러나 이 중계 기능은 1914년 파나마운하가 건설되면서 사라지고, 화객을 옮겨 싣지 않고 그대로 통과시키는 역할로 변화했다. 수에즈 운하를 건설했던 프랑스의 페르디낭 드 레셉스가 파나마에도 운하 건설을 당초 추진했지만, 자금 부족과 전염병으로 좌절되었다. 그 후 미합중국 대통령 프랭클린 D 루스벨트가 뒤를 이어 리더십을 발휘해 운하 완성으로 이끌었다. 이로써 로스앤젤레스를 비롯한 서부 항만은 남아메리카의 끝을 우회하지 않고 동해안 항구와 직접 연결되게 됐다.

로스앤젤레스는 산페드로만에 설치된 화객의 환적 거점으로서 발전해 갔다. 한편 로스앤젤레스 육상 쪽에서는 파나마운하가 완공되기 반세기쯤 전에 항만과 시내를 잇는 로스앤젤레스 산페드로 철도가 건설됐다. 1868년부터 이듬해까지 건설된 이 철도는 캘리포니아 최초의 철도는 아닌데 1856

년 새크라멘토 밸리 철도가 보다 빨리 건설되었다. 이러한 현지 철도보다 훨씬 중요했던 것은 로스앤젤레스 산페드로 철도가 건설된 다음 해에 최초의 대륙 횡단 철도가 완공된 것이다. 이는 서해안에서 건설이 진행된 센트럴퍼시픽 철도와 내륙 쪽에서 뻗어온 유니온퍼시픽 철도가 유타주의 프로몬트리 서밋에서 연결됨으로써 이루어졌다. 오마하를 거점으로 하는 유니온퍼시픽 철도가 샌프란시스코 방면으로 진출함으로써 대륙의 동서를 연결하는 노선으로 탄생했다. 이는 남북으로 길쭉한 캘리포니아주 북쪽에 최초의 대륙 횡단 철도 노선이 생긴 것을 의미한다.

그로부터 10여 년이 지나 1880년대 로스앤젤레스를 서쪽 기점으로 하는 장거리 철도가 잇따라 개통된다. 우선 1881년 새크라멘토 배리 철도를 기원으로 한 서던퍼시픽 철도가 로스앤젤레스와 캔자스주 애치슨을 잇는 철도를 완공했다. 이것은 뉴멕시코주의 데밍에서 동서 쌍방향에서 건설이 진행되어 온 철도 노선이 연결됨으로써 생겨났다. 같은 해 서던퍼시픽 철도가 로스앤젤레스와 텍사스 동부를 잇는 철도를 완공했다. 이는 텍사스주 시에라블랑카에서 텍사스퍼시픽 철도와 연결한 결과 생겨났다. 이어 1883년이 되자 역시 서던퍼시픽 철도가 텍사스주에서 자회사인 철도와 연결함으로써 로스앤젤레스와 뉴올리언스 사이를 잇는 철도를 완공했다. 이러한 잇따른 철도 건설로 로스앤젤레스는 철도 교통에서도 화객을 모으는 게이트웨이가 되었다. 특히 선셋 루트로 불렸던 로스앤젤레스~뉴올리언스선은 남부의 흑인들을 대거 캘리포니아로 끌어모으는 역할을 했다. 이에 따라 로스앤젤레스 남부에는 흑인이 많은 커뮤니티가 생겨났고, 로스앤젤레스 민족적 다양성이 커졌다.

1860년대부터 1880년대에 걸쳐 철도가 건설되면서 로스앤젤레스는 내륙 도시들과 철도 교류가 가능해졌다. 다음 단계는 본격적인 항만 정비 작업으로 1907년 로스앤젤레스시는 항만 위원회를 발족하여 항구를 정비하게 되었다. 이후부터 오늘에 이르기까지 국내외 항만 사이에 항로를 연결해 화물의 이출입 혹은 수출입에 힘을 쏟아 왔다(Marquez, 1975). 특히 아시아태평양 지역과의 무역에서는 서해안을 대표하는 항만으로서 그 역사를 쌓아 왔다. 컨테이너 물동량은 로스앤젤레스항과 롱비치항을 합하면 미국 국내 1위이며, 전체의 35%를 차지한다(2015년). 수출보다 수입이 많은 소비 지형 항만으로서, 주요 수입품은 가구, 자동차 부품, 의류, 수출은 폐지, 동물성 비료, 철이다. 주요 무역 상대국은 금액이 많은 순서대로 중국, 일본, 한국, 대만, 베트남이다.

국토 면적이 광대한 대륙 국가의 경우, 항만의 배후지는 해안으로부터 멀리 떨어진 내륙 오지에까지 이르는 경우가 적지 않다. 그림 4-8은 로스앤젤레스, 뉴욕, 뉴저지, 휴스턴, 시애틀의 배후지를 보여준다. 일반적으로 화물의 출입이 많은 곳은 항만에 비교적 가까운 지역이다. 그러나 로스앤젤레스항은 멕시코만과 가까운 남부 간에 많은 화물거래를 하고 있다. 뉴욕 뉴저지항도 남부와 캘리포니아 사이에서 육상 화물 거래를 하고 있다. 이 같은 화물 거래를 위해 매일 1,000~2,000대의 트럭이 대륙횡단 노선을 주행하고 있다. 로스앤젤레스항은 다른 3대 항만 외에 시카고 방면으로도 트럭을 운행하고 있고, 이러한 배후권은 대륙 전체 중 상당수에 이른다. 로스앤젤레스의 항만을 결절점으로 국제적인 해상교통과 대륙 범위의 육상교통이 긴밀히 연결되어 있는 모습을 볼 수 있다.

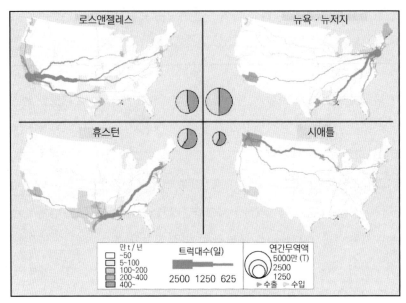

그림 4-8. 미국 4대 항만 배후권 화물량

출처: Global Change gov 웹 자료

2. 골드러시로부터 시작된 샌프란시스코의 발전

미국 서해안에 있는 샌프란시스코의 게이트웨이 성격은 항만을 거점으로 하는 무역 및 금융 거래 센터 등 경제 면에서 잘 드러나 있다. 특히 금융 분야에서는 뉴욕 다음으로 국내 제2위의 지위에 있으며 미국 서부에서는 로스앤젤레스보다 금융 분야에서 상위에 위치한다. 샌프란시스코만 안쪽에는 실리콘 밸리의 신흥 기업군이 집적하고 있으며, 국제적으로 중요한 역할을 하고 있다고 유명하다. 그러나 강 건너 오클랜드를 포함한 만 지역, 즉 걸프 지역의 인구 규모는 전국에서 6위를 차지하고 있어 금융 분야 정도의 존재감은 없다. 로스앤젤레스와 같이 아시아태평양에 관심이 있어 태평양 너머로 펼쳐지는 경제권과의 연계가 강하다. 즉 이 도시는 아시아와 미국을 연결하는 결절점으로 게이트웨이 기능을 발휘하고 있다.

샌프란시스코 도시의 시작은 1849년의 골드러시다(Herold, 2006). 록키산맥의 기슭에서 금이 발견되었다는 소식이 전 세계에 퍼져나가, 이러한 소식을 들은 야심가들이 1년에 650척의 선박으로 국내외에서 왔다. 1848년에 1,000명 미만이던 인구는 이듬해에는 2만 5,000명으로 급증하였고, 당시 라이벌로 1853~1854년에 캘리포니아의 주도인 베니시아의 인구를 웃돌았다. 한 번에 이만 한 인구가 샌프란시스코에 모이면 그 자체로 소비시장이 된다. 파나마에 깔린 철도를 이용해 대서양과 태평양을 잇는 항로가 생기면서 화객들이 이동하게 된 영향도 있었다. 1850년 캘리포니아를 주로 인정하자 연방정부는 샌프란시스코 출입구인 골든게이트 해협에 방어 목적으로 성채를 쌓았다. 해협 안쪽의 큰 만은 물결이 잔잔한 천연 양항으로 더할 나위 없는 조건을 갖추고 있다(그림 4-9). 만에는 주내 최장의 새크라멘토강이 흐르고 있어 400km 상류의 레드 블러프(Red Bluff)까지 항해가 가능했다. 1859년에는 캘리포니아주에 인접한 네바다주의 콤스탁 광맥을 비롯한 은광이 잇따라 발견되면서 샌프란시스코의 인구 증가는 더욱 가속화됐다.

이렇게 많은 장소에서 금과 은이 채굴되면 싫든 좋든 도시는 경제적으로 윤택해진다. 다만 경제적으로 큰 성공을 거두는 사람이 나타나면, 거꾸로 실패하는 사람도 생긴다. 특히 후자는 범죄, 매춘, 도박과 같은 상투적인 길을 걷게 되며, 결국 도시 안 소굴로 파고든다. 성공자 중에는 서부를 기반으

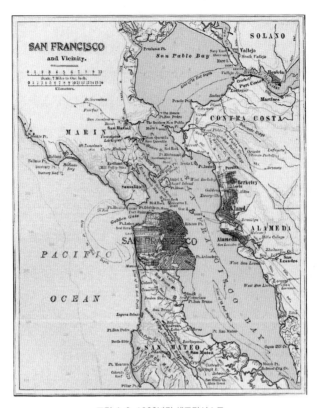

그림 4-9. 1900년경 샌프란시스코

출처: Encyclopeadia Britanica 웹 자료

로 거대한 금융망을 구축한 웰스파고, 의류업으로 부를 축적한 리바이 스트라우스, 초콜릿으로 대박을 터뜨린 도밍고 기라델리 등이 포함된다. 이중 웰스파고는 골드러시 무렵 헨리 웰스와 윌리엄 파고가 공동으로 창설한 기업이다. 출발점은 캘리포니아의 역마차 화물과 우편 수송, 은행업이었다. 시류를 타고 캘리포니아에서 금융의 아성을 쌓으면서 서해안을 대표하는 은행으로 성장했다. 이들은 캘리포니아에서 은행업을 시작하기 전 뉴욕주 버팔로에서 운송 사업을 시작했다. 그 연장선에서 아메리칸 익스프레

스 신용카드 사업도 시작했다. 아메리칸 익스프레스, 즉 아멕스는 이름처럼 역마차 급행 편 서비스가 출발점이었던 것이다.

L. 스트라우스라면 생소하겠지만, 리바이 스트라우스라고 하면 청바지 브랜드 리바이스(Levi's)가 아닐까 하고 생각할 수 있을지 모른다. 이 회사의 시작은 1853년 샌프란시스코만 인근 한 곳의 잡화상·원단상 '리바이 스트라우스 회사'가 설립됐을 때로 거슬러 올라간다. 원래 장막과 돛의 재료로 쓰이던 캔버스 천을 주로 항만 노동자용 작업용 바지로 만들어 팔기 시작했다. 이것이 현재 청바지의 원형이 되었다. 이 가게를 시작한 리바이 스트라우스는 독일계 유대인 이민자로 어릴 때 미국으로 이주해 24세가 되어 미국 시민권을 얻었다. 정식 이름은 레이프 스트라우스지만, 레이프 발음이 보통 미국인은 할 수 없기 때문에 레비 스트라우스라고 했다. 레비(Levi)의 영어 읽기가 '리바이'이다. 범포 데님 옷감이 호평을 받은 이유 중 하나는 금속 버튼을 사용했기 때문이다. 게다가 작업용 바지 주머니를 구리 리벳으로 강화하기 위해 특허를 받았다. 이것이 적중하여 매상이 늘어, 샌프란시스코를 거점으로 하는 세계적인 청바지 기업으로 발전했다.

초콜릿 기업으로 성공한 기라델리도 골드러시로 번성한 샌프란시스코에 와서 사업을 시작한 인물이다. 출생지는 이탈리아로, 10대에 페루 리마에 건너가 초콜릿 생산에 종사한 경험이 있었다. 이웃의 권유로 샌프란시스코에 가서 금 채굴 노동자들을 상대로 사탕 등 단것을 파는 장사를 시작했다. 그 후 초콜릿 제조에 착수하게 되었는데 성공의 계기는 1865년경 공장 직원이 코코넛 빈에서 코코넛 버터를 추출하는 기법을 발견하게 되면서부터였다. 브로마 프로세스(Broma process)라 불리는 이 제조법은 그 후 초콜릿 제조의 주류가 되어 기라델리 회사는 크게 발전했다. 창업지는 현재 샌프란시스코의 랜드 마크인 기라델리 스퀘어다.

이처럼 골드러시가 전 세계의 일확천금을 노리는 사람들을 샌프란시스코에 불러들인 것은 분명하다(Brands, 2003). 게다가 금이 다 고갈되어 여기저기 유령지대가 되었어도 광산노동자들에게 생활물자를 공급한 샌프란시스코의 상업 기능은 남아 있었다. 광산채굴과 관련된 사업을 지원한 금융업도 남아 있어, 새로운 비즈니스의 기회를 찾아 연결망을 확장해 갔다. 1864년 창업한 캘리포니아 은행도 그런 사례에 속한다. 이 은행은 윌리엄 C 래스턴을 중심으로 설립되었으며 샌프란시스코만의 앤젤 아일랜드 근처에 본점이 있었다. 그 빌딩의 멋진 모습은 평판이 좋았다. 지점을 네바다주의 골드밀에 둔 것은 그 근처에 몇 개의 유망한 은광이 있었기 때문이다. 국내에서 본격적으로 은을 채굴할 수 있는 산지여서 캘리포니아 은행은 광산 회사에 융자를 해줄 뿐 아니라 은행 자체도 여러 광산사업에 투자함에 따라 점차 유력한 은행으로 커가면서 독점적인 힘을 갖게 되었다.

태평양에 접한 샌프란시스코는 미국을 극동 아시아 방면에서 방어하는 거점이기도 해 군사 기지를 비롯한 방위 시설 건설도 추진되었다. 이렇게 샌프란시스코는 경제, 사회, 군사 등 다방면에 전국적으로 알려진 도시가 되어 갔다. 빼놓을 수 없는 역할은 문화와 예술 분야에서 샌프란시스코가 수행해 온 역할이다. 최근에는 초기 멀티미디어 발흥기에 주도적 역할을 담당한 것으로도 알려졌다. 도심에 가까운 옛 도매 창고에 들어온 벤처들이 멀티미디어 걸치(gulch)라고 불리는 정보산업 집적지의 기초를 닦았다. 자칫 기성 개념에 얽매이기 쉬운 전통적인 동해안과는 달리 대륙의 서쪽 끝에 위치한 자유로운 분위기가 새로운 것에 도전하는 사람들을 끌어들이고, 거기서의 실험적 성과가 결실을 맺어 도시가 성장하였다. 샌프란시스코만 안의 실리콘 밸리에서도 통하는 혁신적인 분위기나 풍토적 환경이 여기에 기인한다.

천혜의 항만 조건을 갖춘 샌프란시스코지만, 태평양 화산대에 속하는 도시의 숙명으로 지진재해에서 벗어날 수 없는 역사가 있다. 1906년 샌프란시스코 지진 때 건물 붕괴와 화재 발생으로 큰 피해를 입었다. 1989년 로마프리타 지진에서는 대규모 마그마화 현상을 동반한 지진으로 인해 건물 피해가 극심했다. 샌안드레아스 단층과 산페르난도 단층이 도시 근처에 있기 때문에 지진 때마다 샌프란시스코에 피해를 가져온다. 이러한 자연재해에도 불구하고 샌프란시스코는 재해복구가 빠른 것으로도 알려져 있으며, 도시 재건에 힘써 왔다. 1915년 세계박람회 개최가 그러한 상징이다. 1939년부터 이듬해까지 두 번째 국제박람회를 개최해 3년 전에 완공된 금문교와 함께 전 세계에 샌프란시스코의 이름을 알렸다. 다리 이름은 게이트웨이의 게이트를 포함하고 있어 이 인프라 그 자체가 샌프란시스코의 성격과 역할을 국내외에 충분히 보여주고 있다.

3. 세계적인 게이트웨이로 도약한 시애틀

북미 역사는 유럽인의 정착 이후에 이루어진 것으로 회자되는 경우가 많다. 그러나 그보다 수천 년 전부터 사람이 살고 있어, 본래라면 이 부분도 포함해 회자되어야 할 것이다. 미합중국의 서북단의 워싱턴주에 해당하는 지역에서도 1775년경까지 시누크족, 퓨어랩족, 클라람족 등 50여 개의 아메리칸 원주민이 살고 있었다. 주 이름은 미국 독립의 주역 이름에서 따왔지만, 주 내에는 아메리칸 원주민이 붙인 지명이 그대로 사용되는 곳도 많다. 주 내 제일의 대도시 시애틀도 유럽인들이 정착할 당시 지역을 통치하던 유력한 추장 이름 시애틀에서 유래했다. 시애틀에 처음 백인이 방문한 시기는 1792년경으로 영국이 시애틀 주변 해역을 조사하기 위해 군함을 파견했다. 군함을 이끈 사람은 조지 밴쿠버로 그는 시애틀에 면한 만을 부하 피터 퓨젯의 이름을 따서 퓨젯 사운드(퓨젯 만)라고 명명했다. 덧붙여서 sound에는 음이라고 하는 의미 외에, 후미나 소만이라고 하는 의미도 있다. 영국 해군에 의한 해역 조사는 약 50년 후인 1841년에도 실시되었다. 그때 조사한 찰스 윌케스 함장은 지난번과 같이 시애틀의 수변공간도 부하 이름을 따 엘리엇 베이라고 지었다.

영국의 두 번째 해역 조사로 부터 10년이 지난 1851년, 이번에는 시애틀의 남쪽 포틀랜드에서 일군의 무리가 도착하였다. 목적은 미개지 정착이었고 일리노이주 출신인 그는 오리건 사도를 거쳐 포틀랜드로 들어간 뒤 다시 배를 타고 웨스트 시애틀 알카이 포인트에 상륙했다. 그와 동행한 다른 네가족이 시애틀 백인 정착의 시작으로 여겨진다. 데니 등은 해풍 등의 영향을 잘 받지 않는 엘리엇만의 동쪽을 정착촌으로 선택해 생활하기 시작했다. 이곳은 오늘날 파이어니어 스퀘어로 불리며 1900년대 초반에 지어진 건물이 남아 있다. 국토의 서북단에 위치하고 있으며 뒤로 록키 산맥을 끼고 있는 시애틀 주변에서는 농업보다 임업이 산업으로 적합하다. 캘리포니아 난류가 흐르는 태평양에 접하고 있어, 어업 자원도 풍부하다. 이 때문에 임업과 어업의 노동인구가 시애틀로 유입되었으나, 1896년부터 1899년까지 크론다이크의 골드러시가 일확천금을 꿈꾸는 이들을 끌어들였다. 클론다이크는 캐나다 유콘 준주에 있으며 시애틀에서는 멀다. 그러나 당시에는 시애틀을 거쳐 북상하는 것이 일반적이었다.

일차산업자원이 풍부하긴 했지만, 그것을 제외하면 특별히 산업입지 조건이 뛰어나다고는 할 수 없다. 그러나 20세기에 들어서면서 보잉사를 중심으로 군수 산업이 발전할 기회를 얻게 되었다(Roger, 1976). 제1차, 제2차 세계대전으로 군용기에 대한 수요가 증가하였으며, 특히 아시아가 전쟁터가 된 태평양전쟁으로 인해 서부 해안은 항공기 생산에 매우 적합하였다. 전후에도 한국전쟁과 베트남전쟁 등 수요가 줄지 않았다. 민간의 항공기 수요가 한층 더 산업을 지탱했다. 태평양의 습윤한 바람이 산맥에 부딪쳐 비가 내리기 때문에, 산간부는 강수 자원이 풍부하다. 대불황을 극복하기 위해 건설된 댐이 전력을 생산하면서, 알루미늄 정련공업의 진출이 촉진됐다. 댐의 저수와 연결되는 관개농업도 활발해져, 지역의 소득증가에 공헌한 점도 간과할 수 없다. 그러나 1970년대의 경제 불황은 항공기 산업에 특화된 산업구조의 취약함이 표면화되기 시작했다. 이에 따라 시애틀은 산업 다각화로 방향을 전환하고 제조업 이외의 산업 진흥에도 힘을 쏟았다.

산업 방향의 전환은 이미 1962년 시애틀 세계박람회에서 예고되었었다. '센추리21'로 명명된 세계박람회 성공을 계기로 시애틀은 문화, 관광, 스포츠 등 서비스업을 산업 구조의 일부로 중시하겠다는 뜻을 밝혔다. 엑스포 자리에 세워진 시애틀 센터는 새로운 산업 집적의 가능성을 상징했다. 불황에서 벗어난 보잉사와 알래스카항공 등 항공기 산업, 정보통신 산업을 새로 이끌게 된 마이크로소프트사, 리얼네트워크사, 아마존닷컴사 등 쟁쟁한 IT산업의 본부가 시애틀에 본부를 두고 있다. IT에 펄프 산업의 웨어하우저사, 1983년 시애틀의 창고를 바탕으로 창업한 코스트코사, 시애틀을 중심으로 미국 전역으로 확장한 백화점 노드스트롬사 등 저명한 기업이 시애틀을 기반으로 성장을 이루었다. 급성장하는 커피체인 스타벅스사를 포함하면 시애틀은 2세기도 지나지 않아 미국 북서단의 한 마을에서 전 지구적인 게이트웨이로 성장하였는데, 이는 기적이 아닐 수 없다.

시애틀항은 미국 내 4번째 규모이지만, 대륙 내부까지 배후지를 넓히고 있다(그림 4-8). 시애틀항은 1911년에 킹카운티 주민이 경영 주체가 되어 시애틀항만국을 설립한 것이 그 시초이다. 시애틀항만국은 워싱턴주는 물론 시애틀시와도 무관한 독립된 조직으로 과세 및 토지 소유에 관한 권한도 갖고 있다. 설립 후에는 어항의 정비와 창고 시설 확충에 힘써 1949년에는 시애틀 타코마공항 정비에도 힘썼다. 시애틀항만국 위원은 킹카운티 주민선거에서 선출되며, 지역 주체의 민주적 조직에 의해 운영되어왔다. 현재는 항만 관계만 해도 13만 명, 관련 분야를 포함하면 22만 명이나 되는 일자리를 창출하고 있어 시애틀 지역 경제에 매우 큰 영향력을 갖고 있는지 알 수 있다. 시애틀항은 듀워미시강이 엘리엇만으로 흘러드는 하구 부근에 있어 빙식 지형에 따른 깊은 수심을 가지고 있다. 특징적인 점은 항만과 함께 공항 경영도 함께하고 있다는 것이다. 시애틀과 남쪽 40km쯤 떨어진 곳에 있는 타코마의 중간쯤에 시애틀타코마공항이 있다.

시애틀과 타코마는 공항은 공유하지만, 항만에서는 경쟁자로 경쟁해 왔다. 타코마항은 시애틀항에 이어 1918년 피어스 카운티 주민들이 항만국을 설립하면서 출범했다. 어느 항만이나 컨테이너, 일반 잡화, 드라이 벌크, 리퀴드 벌크 등 비슷한 품목을 취급한다. 컨테이너 화물의 취급량은 2000년경까지 시애틀항이 타코마항을 웃돌아 왔지만, 그 후로는 거의 비슷한 상태를 유지하고 있다(그림 4-10). 두 항이 두려워하는 점은 오히려 국경의 북쪽 캐나다의 밴쿠버항과 프린스루퍼트항이 최근 컨테이너 취급량이 급증한다는 것이다. 또한 2000년경 밴쿠버항은 시애틀항, 타코마항을 제치고 북아메리카 북서부 지역에서 1위를 차지하게 되었다. 시애틀항과 타코마항이 2015년에 컨테이너 취급 업무를 공동화한 것은 이러한 국제경쟁에 대항하기 위해서였다. 항만 게이트웨이 간의 경쟁은 국경을 초월하여 이루어지고 있다.

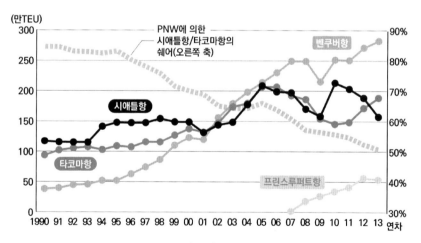

그림 4-10. 북미 북서부(PNW) 항만 컨테이너 취급량 추이

출처: World Watching 199 웹 자료

칼럼4. 일본 지리학의 유럽 영향과 미국이라는 존재

다른 학문과 마찬가지로 지리학에는 지리학사라는 학문 영역이 있다. 전문적으로 연구하고 있는 사람은 많지 않지만, 현재까지 지리학이라는 학문이 어떠한 경과를 거쳐 발전해 왔는지를 밝힌다. 일본 지리학의 뿌리를 어디서 찾을 것인가, 여기에는 여러 가지 관점이 있다. 근대 이후로 기간을 정해서 보면, 역시나 구미 지리학의 영향이 크다. 특히 독일과 프랑스의 지리학 사상이 도입되어, 이를 참고로 일본의 지리학이 만들어져 왔다.

어느 나라의 지리학이 그 시대에 세계적 영향력을 미치는지는 미묘한 문제다. 지리학은 이과적 성격의 자연지리학과 문과적 성격의 인문지리학을 모두 아우르고 있다. 자연현상은 다양한 형태로 나타나지만, 발생 메커니즘에는 공통성과 보편성이 있다. 태풍, 사이클론, 허리케인, 호칭은 다르지만, 기본적으로 같은 기상 현상이다. 인문 현상은 사회, 경제, 문화 등의 요소가 복잡하게 얽혀있어 지역 차가 크다. 같은 힘이 가해져도 반응은 다양하고, 재해가 나타나는 현상도 지역에 따라서 다르다. 이와 유사하게 지리학, 특히 인문지리학 또한 나라와 지역에 따라 그 성격이 다르게 나타난다. 독일이나 프랑스로부터 유입된 지리학 그대로 일본의 풍토 안에 받아들이기엔 위화감이 있다. 유럽에서 서로 국경을 맞대고 있는 독일과 프랑스조차 지리적으로 매우 가까운 관계임에도 불구하고 사고방식에는 큰 차이가 있다. 자연 지리적 성격이 강한 독일에 비해 프랑스는 인문지리적 다양성을 특징으로 한다.

이것이 시사하는 바와 같이 어떤 국가나 지역에서 유력한 사고방식도 상대화해서 보는 것이 나을 수 있다. 물론 생각의 원리 · 원칙과 관련된 부분은 크게 참고가 된다. 지리학의 기초나 배경과 같이 철학적 사상이나 이념에 관련된 부분이다. 그것을 근거로 한 다음, 그 나라와 지역의 실정에 맞은 주제가 다루어져 연구가 진행된다. 그러나 말할 것도 없이 과거에 주창된 철학이나 사상은 고정적이지 않다. 지리학도 예외는 아니며 시대에 맞지 않으면 바뀐다. 지리학 연구의 근저에 자리 잡은 철학과 이상이 역사적으로 어떻게 변천해 왔는지를 규명하는 것이 지리학사다.

독일과 프랑스에서 전해진 지리학의 기본적인 사상은 곧 미국을 중심으로 바뀌어 갔다. 이러한 배경에는 분명히 그간 세계 정세의 변화가 있다. 이미 제1차 세계대전 이후 유럽에서 미국으로 세계 경제의 중심이 이동하고 있었고, 제2차 세계대전의 결과로 이러한 움직임은 더욱 뚜렷해졌다. 전후 냉전 체제가 굳어지는 과정에서 지리학적으로도 미국의 위상이 높아졌다. 패전국인 옛 서독과 일본에서는 국가 재건이 매우 중요한 과제였고, 재건 과정에서 승전국 미국의 영향은 컸다. 같은 영어권인 영국은 과학, 교육 등의 분야에서 전통적인 강점이 있어 전후 지리학계에서도 중요한 역할을 했다. 해외문헌 강독은 독일어냐 프랑스어냐라는 시대가 아니라 영어가 주류인 시대가 되었다. 이는 단순히 미국과 영국의 지리학을 도입하기 위해서만은 아니다. 비영어권에서도 영어로 논문과 서적이 출판되었기 때문이다. 스웨덴과 네덜란드에서 발표된 지리학 영어 논문에 쉽게 접근할 수 있게 됐다.

AAAG(Annals of the Association of American Geographers)로 줄여서 부르는 미국지리학회학회지는 그 영향력이 특히 컸다. 인구가 많은 미국 중심의 지리학회이다 보니 원래 회원은 많다. 여기에 해외 회원을 더하면 어마어마한 숫자가 된다. 그런 회원이 각 국가나 지역에서 연구한 성과를 AAAG에 투고하여 게재되면 당연히 많은 독자의 눈에 띈다. 논문의 연구 대상은 미국에 한정되지 않는다. 그렇다고는 해도 미국의 국토나 지역을 대상으로 한 것이 많아, 이 잡지를 읽으면 미국의 지리적 실상을 폭넓은 분야에 걸쳐 알 수 있다. 현상의 실태에 그치지 않고 연구를 진행할 때의 관점, 표현 방법 등도 폭넓게 알 수 있다. 미국에는 AAAG 외에 경제, 사회, 문화 등 개별 분야별로 지리학 논문을 게재하는 전문지도 있다. 모두 영어 논문으로 접근하기 쉽고, 따라서 그 영향도 크다.

전쟁 전부터 전후, 그리고 현대로 이르는 시대의 흐름 속에서 일본의 지리학이 국제적으로 어떤 영향을 받아 왔는지 대략 이상과 같다. 최근에는 중국, 한국, 대만 등 동아시아와의 학문적 교류도 있다. 이 경우에도 영어를 통한 교류가 많으며, 어딘가 미국과 영국의 존재를 의식한 교류이다. 이러한 현상은 단지 지리학 분야의 사용 언어와 학회지의 문제만이 아니다. 사회, 경제, 문화 등 폭넓은 분야에 걸쳐 진행된 글로벌리제이션이 근본적인 배경 요인이다. 그 중심에는 항상 미국이 있었다. 지리학의 연구 대상 중에는 미국에서 기원하여 그 후 일본에서 수용되어 정착된 것이 적지 않다. 한 가지 예를 들면 쇼핑센터다. 일본에서는 상점가와 도심 백화점이 주류였던 시절, 미국에서는 이미 도로를 따라 대규모 쇼핑센터가 생겨났다. 일본보다 10년 앞서 있다는 미국의 소매업 형태가 그 후 거센 파도처럼 퍼져나갔다.

모터리제이션의 침투와 함께 진행된 교외화는 수십 년 뒤늦은 일본에서도 일어났다. 미국의 도심 주변은 이민자를 비롯한 소수자가 많아 이른바

이너시티 문제의 발원지였다. 그런데 경제가 세계화되면서 다국적기업 취업자들은 새벽이나 밤에도 일하기 때문에 직장과 인접한 도심 주변이 편리했다. 이에 따라 저소득자가 많이 살던 이너시티를 리노베이션하여 고급 주택지화하는 움직임이 나타났다. 이것이 이른바 젠트리피케이션이다. 도쿄를 비롯한 일본의 대도시에서도 비슷한 현상을 볼 수 있게 되었다. 이민자와 소수자는 이전의 일본에서는 그다지 드러나지 않았다. 그러나 세계화의 영향으로 서서히 일상화되고 있다. 모터리제이션, 이너시티, 세계화 등 미국에서 생겨난 모든 현상이 일본에서도 발생하고 있다. 독일, 프랑스에서 도입된 지리학은 연구의 방법도 대상도 미국적 색채로 물들여진 채 오랜 시간이 경과하였다.

제5장

캐나다와 호주의 게이트웨이 도시
형성과 발전

제1절 캐나다 남부에서 서부로 진출한 게이트웨이 도시

1. 캐나다 동부에서 서진해온 게이트웨이 도시

캐나다의 퀘벡이라는 지명을 사용할 때, 그곳이 주로서의 퀘벡인지 도시로서의 퀘벡인지 명확히 해 둘 필요가 있다. 둘을 구별하기 위해 도시의 경우 퀘벡시(市)로 표시하는 것이 일반적이다. 퀘벡시는 유럽인들이 캐나다라는 광대한 땅에 상륙했을 때 첫발을 내디뎠던 곳이다(Gossage and Little, 2013). 생로랑 강이라는 캐나다 내륙을 향해 나아가기에 더없이 좋은 수상교통의 입구가 퀘벡시였다(그림 5-1). 프랑스인 자크 카르티에가 1535년에 인구 1,000명이 안 되는 스타다코나라는 이름의 어업·농업·사냥업 취락을 발견한 것이 최초다. 카르티에는 여러 차례 탐험했고, 그의 뒤를 따라 다른 탐험가도 스타다코나에 들어가 조사를 벌였다.

1608년 사뮈엘 드 샹폴랭이 이 땅에 발을 디뎠을 때, 스타다코나는 이미 버려진 정착촌이었고, 별도로 몬타냐니스 나스카피(Montagnais Naskapi)라고 하는 농업 마을을 찾아냈다. 샹폴랭은 이곳에 교역 거점을 마련했다. 이 거점은 1629년에 영국의 모험가 데이비드 커크에 의해 점거되었지만, 1632년 생제르맹조약에 의해 프랑스 측에 반환되었다. 그러나 1759년 아브라함 평원 전투에서 프랑스가 패하면서 다시 영국 측으로 넘어가게 되었다. 미국 독립전쟁 때는 미군의 침입을 받았으나, 영국군이 잘 버틴 덕에 저지할 수 있었다.

생로랑 강 하구에 위치하고 있는 지리적 조건이 퀘벡시를 게이트웨이 도시로 만든 가장 큰 요인이다(Hamilton, 2007). 생로랑강을 통해 운반되어 온 모피와 목재를 해양선에 옮겨 싣고 수출하기도 하고, 또는 해외에서 이민을 오기도 했다. 물자의 환적이나 사람의 승하차 등의 기능뿐만 아니라 군사적, 정치적, 나아가 종교적 중심지로의 역할을 담당했다는 점도 강조할 수 있다. 군사적 측면에서는 생로랑이라는 대하천이 대서양과 연결되는 중요한 지점이었다는 점에서 당연하다. 정치적, 종교적 측면에서 유럽인들이 캐나다에 첫발을 내디딘 첫 번째 지점이라는 점에서 자연스럽게 중심지 역할을 하게 되었다.

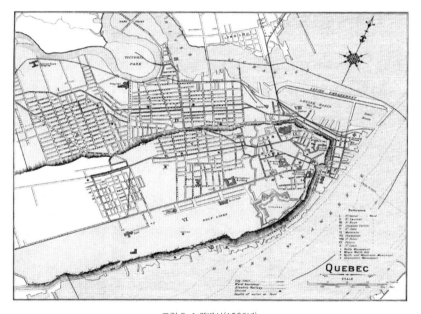

그림 5-1 퀘벡시(1906년)

출처: Orange Smile 웹 자료

그러나 그 후의 역사는 퀘벡시에 그다지 좋은 것만은 아니었다. 특히 경제 면에서 그 경향이 명료했다. 이유는 퀘벡시와 연결하는 철도 건설이 늦어진 점과 생로랑강을 항해할 수 있는 대형선이 출현한 점이다. 유입되는 이민은 생로랑강의 상류를 목표로 했고, 퀘벡시에는 관심을 보이지 않았다. 결국 퀘벡시에 남겨진 것은 군사, 행정, 종교 기능이었고, 주요한 경제 기능은 생로랑강을 거슬러 올라가 있는 몬트리올이 가져가 버렸다. 이는 해양에서 내륙으로 들어갈 수 있는 하천이 존재했기 때문이다. 대서양 측에 퀘벡시와 태평양 측에 밴쿠버가 있었으나, 프레이저강은 내륙을 향해 배로 올라갈 수 없었기 때문에 하구의 밴쿠버는 항구도시로서 지위를 유지해 오늘에 이르고 있다.

퀘벡시는 해안 단구 위에 건설된 도시이다. 당초 17세기경에는 해양에 접한 저지대의 곳에서 항구에 이르는 가늘고 긴 장소가 시가지였다. 그러나 도시 발전을 기대할 수 없어 보루와 종교 시설이 단구 상부에 새로 건설되었다. 이것이 계기가 되어, 그 후 도시 발전은 단구 위에서 진행되었으나, 요새나 종교 지구가 넓어 주택지 건설은 제약을 받았다. 19세기에 이르러서는 요새의 중요성도 떨어지고 주택건설이 진행되어 단구 위 북쪽을 향해 확대되었다. 하구부에서 생로랑강과 만나는 생샤를강을 따라 주택지가 건설되었다. 그러나 대부분 목조건축물이었기 때문에 화재에 취약하여 여러 차례 시가지가 소실되었다. 19세기에만 7번의 대화재를 겪었다. 이러한 교훈이 상수도 정비나 방화설비 설치에 영향을 끼쳤다.

초기 게이트웨이 도시의 지위는 오로지 통나무, 모피, 곡물의 수출과 공산품 수입으로 유지되었다. 그러나 이마저도 18세기 중반까지의 일로, 그 후 생로랑강 상류에 위치한 몬트리올에 그 지위를 빼앗겼다. 그 밖에도 퀘벡시가 쇠퇴의 길을 걷게 된 원인에는 여러 가지가 있다. 우선 통나무에서 재목으로 수출 형태가 바뀐 점이다. 최종적으로 폐기하는 부분을 일부러 운반하는 일은 경제적이지 않았고, 임산지와 가까운 곳에서 통나무 상태를 재목으로 바꾸어 운반되게 되었다. 지금까지와 같이 통나무를 퀘벡시까지 운반하는 것이 아니라, 상류부에서 제재(製材)로 운반하게 되었다. 이로 인해 퀘벡시에 더 이상 중간 단계를 둘 필요가 없어졌다.

철도 개통의 지연과 생로랑강 상류를 거슬러 올라갈 수 있게 되었다. 실제 최초로 개통된 그랜드퍼시픽 철도는 생로랑 하구의 북측 즉 왼쪽 기슭에 있는 퀘벡시와 반대편인 오른쪽 기슭 지역(미국과 국경에 가까운 쪽)의 경제 발전에 기여했다. 미국과 경제적인 관계가 중요해진 점도 퀘벡시에 불리하게 작용했다. 미국 동부의 중심지에서 멀리 떨어져 있는 퀘벡시에는 경제적 교류의 기회가 제한되었기 때문이다. 부연하자면, 유럽인의 내륙부 입식(入植)으로 잠재적인 배후권(시장)이 확장되긴 하였으나, 이 부분도 퀘벡시보다는 몬트리올이 가까웠기 때문에 혜택을 볼 수 없었다. 결국 제재업에서 시작한 퀘벡시의 산업은 쇠퇴해갔고, 도중에 조선업, 양조업, 담배산업, 제지업이 생겨났지만, 산업구조가 다양화되지는 않았다.

2. 모피 무역 거점에서 시작한 몬트리올

퀘벡시에서 생로랑강을 260km 거슬러 올라가면 몬트리올에 이른다. 몬트리올은 생로랑 강의 큰 중주(中洲)[1]에 있는 지형적 조건 때문에 강을 거슬러 오는 사람들에게는 휴식 장소로 선택되었다. 1535년 프랑스의 자크 카르티에가 이곳에 도착했을 때, 인구 1,500명 정도의 마을 오슐라가가 몽로얄 기슭에 있었다. 몽로얄이란 몬트리올 시가지 배후에 있는 언덕으로, 현재도 시민들이 산책 장소로 이용하고 있다. 오슐라가 사람들은 농업, 어업, 사냥을 생업으로 하다 유럽인들로 인한 전염병으로 멸망하게 되었다. 이후 1642년 프랑스인들이 빌마리라는 거점을 구축하였다. 이 거점은 기독교를 전파하기 위한 종교 식민지(Mission Colony)의 기초가 됐다. 그러나 종교적 거점으로만 마을을 유지하는 것은 쉽지 않아, 곧 모피 교역의 거점이 된다. 유럽에서 수요가 많은 모피를 채취하여 수출하는 것은 초기 식민지 경제에 있어 적절한 선택이었다. 무게에 비해 값이 비싼 자원은 운송 수단이 미숙한 단계에서는 교역품으로 적합했기 때문이다.

프랑스인은 북아메리카 북부에 사는 원주민에게 모피를 포획하게 하고, 그것을 주류, 철포, 일용품 등으로 교환하였다(Innis and Ray, 1999). 모피를 구하기 위해 탐험가와 상인들은 멕시코만에서 북상하여 원주민과 거래하는 관계를 구축해 갔다. 모피 교역을 위한 연결망이 점차 형성되면서 수집한 모피를 최종 수출할 거점으로 몬트리올이 선정되었다. 모피 채취는 원주민이 했기 때문에 모피의 최종 집하 지점인 몬트리올에서는 일손이 거의 필요 없었다. 몬트리올 주변에서는 농사를 짓지 않았기 때문에, 17세기 말 인구는 1,000명 정도에 불과했고, 그로부터 1세기 후인 1789년에

---

1 강의 가운데 상류에서 공급된 토사 등이 퇴적되어 육지로 된 지형을 가리킴

도 5,500명에 불과했다. 1760년대는 7년 전쟁을 치르면서 프랑스가 영국에 밀리고, 몬트리올이 영국의 지배하에 들어가게 되었다. 프랑스계 상인은 영국계 상인들에게 그 자리를 넘겼고, 그 과정에서 모피 거래를 하는 노스웨스트사(社)가 생겨났다. 회사 이름의 북서란, 캐나다의 북서부 즉 모피를 채취할 수 있는 지역을 말한다. 이 회사는 영국의 특허회사로 같은 모피 교역을 하던 허드슨베이사(社)에 대항하기 위해 설립되었다(그림 5-2). 허드슨만은 캐나다 북부의 큰 만이며, 영국 국왕은 이 회사에 허드슨만으로 유입되는 하천의 유역 모두를 이용할 권리를 부여했다(Morenus, 1956).

그림 5-2 영국과 프랑스의 모피 거래 지역(1960~1760년)

출처: Class Website 웹 자료

지역에서만 채취가능한 모피라는 자원을 이용해 몬트리올은 이를 최종적으로 모아서 수출하는 거점으로 발전해 갔다. 그러나 이 정도의 기능으로 게이트웨이 도시라고 부를 수는 없다. 배후권에 사람이 정착하여 그곳에서 생산된 산물을 집하하여 수출하거나 해외로부터 배후권을 위해서 여러 물자를 공급하게 될 때 비로소 게이트웨이의 기능을 하게 되었다고 말할 수 있다. 18세기 말 이후의 몬트리올은 어퍼캐나다라 불리는 몬트리올보다 서쪽 평야에 유입된 사람들을 배후권으로 하는 도시가 되었다. 1815년부터 시작된 아일랜드 이민자의 대량 유입은 배후권 경제 발전의 동력이 되었다. 그리고 1820년대에 들어서자 몬트리올은 인구수에서 퀘벡시를 앞지르기 시작했고, 1825년에는 22,540명, 1844년에는 44,591명으로 증가했다. 이 무렵이 되자 단순히 모피 교역에 의존하기만 하던 도시가 아니라, 갑자기 일어선 조선업, 금융업, 철도업 등이 도시의 경제를 지탱했다. 영국에서 온 이민이 증가해 1831년에는 영어를 사용하는 주민이 프랑스어를 사용하는 주민보다 많아졌다. 이때부터 영어권 주민과 프랑스어권 주민 사이에 갈등이 두드러지기 시작했다. 어수선한 분위기 속에서 그때까지 몬트리올에 있던 연합캐나다의 행정 중심은 토론토, 퀘벡시로 옮겨져, 최종적으로 오타와에 자리를 잡았다.

20세기 이후 몬트리올은 경제의 부침(浮沈)이 컸다. 장기적으로 보면, 서측의 토론토에 국내 최대도시의 지위를 넘겨주는 시대였다고 할 수 있다. 제1차 세계대전으로 인한 공업 활동이 몬트리올을 크게 발전시키지만, 전후에는 대불황이 일어나 대량의 실업자가 발생했다. 연방정부로부터 생활 지원을 받는 사람들이 넘쳐나, 자율적인 도시 운영이 어려운 상태에 몰릴 정도였다. 그럼에도 불구하고 제2차 세계대전이 시작되자 다시 공업생산에 자극되었고, 그 기세로 전후 경제도 성장했다. 그러나 1970년대의 불황으로 경제는 다시 침체 상태에 빠진다. 이러한 상황에서 벗어나기 위해 1976년에는 하계 올림픽을 개최하였고, 그 밖에도 국제적인 행사를 열어 산업구조를 재편하려고 하였다. 그러나 영어와 프랑스어의 언어 차이에서 기인하는 민족적·정치적 대립은 해소되지 않았고, 대립적 분위기에 염증을 느낀 기업은 토론토로 본사를 옮겼다.

경공업 중심의 전통적 산업구조를 가진 몬트리올에 반해, 미국의 제조업 지대에 가까운 토론토는 보다 현대적인 산업 구조를 가지고 있었다. 금융·정보·서비스 면에서도 토론토는 몬트리올의 우위에 있었다. 산업발전의 시기가 빨랐던 만큼, 산업구조의 현대화도 보다 빨리 진행되었다고 말할 수 있다. 결국, 캐나다 동부의 게이트웨이 기능은 퀘벡시에서 시작하여 생로랑강을 거슬러 올라가 도중에 몬트리올을 거쳐 다시 서쪽 토론토로 옮겨갔다. 그러나 이러한 점으로 퀘벡시와 몬트리올의 게이트웨이 기능이 없어졌음을 의미하는 것은 아니다. 예를 들어 역사관광 면에서 퀘벡시는 국내외에서 많은 관광객을 끌어모으고 있다. 몬트리올 역시 역사관광·예술·문화 등 폭넓은 분야에서 존재감을 잃지 않고 있다. 두 지역 모두 2개 국어에서 다문화로 변화해 온 캐나다를 대표하는 국제도시로서 역사를 쌓고 있다.

3. 캐나다의 경제적 게이트웨이 도시 토론토

온타리오호의 북쪽 해안에 펼쳐진 토론토는 온타리오주의 주도일 뿐만 아니라, 캐나다 최대의 인구·산업 집적을 자랑하는 대도시다. 그러나 건국 자체가 짧은 캐나다의 다른 도시들과 마찬가지로, 역사도 짧다. 물론 유럽인들이 이 땅에 살기 이전부터 원주민의 역사는 있었다. 역사를 크게 거슬러 올라가면 북미 대륙의 북부를 덮고 있던 빙하가 녹기 시작한 시기에까지 이르지만, 유럽인과 원주민이 접촉하게 된 때는 17세기 중반의 일이다. 그 무렵 토론토 북부에 있던 와이언도트족은 외래 전염병으로 멸망했고, 대신 뉴욕 방면에서 북상해 온 이로쿼이족이 토론토 주변에 마을을 이루었다. 전후로 북쪽의 캐나다 순상지(楯狀地)에서 알곤킨족이 토론토로 와서 이로쿼이족과 어울리게 됐다. 한편 예전부터 있던 이로쿼이족은 뉴욕 방면으로 이동해 갔다. 알곤킨족의 일부는 그 후 미시소 가족으로 불리게 되었고, 18세기 말까지 토론토를 세력하에 두었다. 참고로 토론토라는 명칭은 모호크족의 말로 '물속에 나무들이 서 있는 곳'을 뜻하는 트카론토(tkaronto)에서 유래했다. 이것이 바뀌어 Toronto가 되었고, 이 물가는 현재의 미시소가 북쪽 오리아 부근의 물고기 떼가 모이는 둑을 중심으로 많은 종족이 모여들게 된 장소이다.

미국의 독립에 반대하여 쫓기는 처지에 놓인 왕당파는 북상하여 캐나다로 도망쳤다. 영국 왕에게 충성을 맹세하는 왕당파는 1791년 토론토를 어퍼캐나다(온타리오주의 별칭)의 거점으로 정하고 미국의 공격에 대비했다. 1796년에는 어퍼캐나다 의회가 설립되면서 토론토에서 북쪽으로 향하는 도로가 뚫렸다. 이 도로야말로 현재 토론토 최대의 번화가를 남북으로 관통하는 영스트리트로, 당시 영국의 육군 대신 조지 영 경에 의해 명명되었다. 이곳도 영국 국왕 조지 3세의 아들 요크 공의 이름을 딴 요크로 온타리오호반(湖畔)의 작은 항구도시였다. 최초 호반에서 시작되어 북으로 향하는 도로와 연결된 것이 요크, 즉 토론토에 이후 유리하게 작용했다. 토론토가 게이트웨이 기능을 갖춘 순간이다. 비록 항구의 배후권이 충분히 확보되지 않았으나, 이는 1780년대부터 시작된 원주민의 토지 매입으로 확보되었다. 황무지에서 경작이 시작되고, 현재의 토론토 시가지에 해당하는 지역에 사람들이 살게 되었다(Taylor, 2016).

토론토 거리는 1812년 미국과의 전쟁으로 파괴되었고, 이를 계기로 반미 의식이 사람들 사이에 생겨났다. 전쟁 후 영국으로부터 이민이 유입되어, 1834년에 인구가 9,000명이 되었다. 1840년대부터 1850년대에 걸쳐 몬트리올은 물론 뉴욕, 디트로이트, 시카고 등에 철도가 개통되었다. 전기와 하수 등 도시 인프라의 정비와 함께 농기구, 섬유, 출판, 금속 가공 등의 산업도 생겨났다. 인구는 1831년부터 1891년에 걸쳐 2배 증가해, 1867년 캐나다 건국과 함께 온타리오주가 주도로 선택되었다. 캐나다는 기본적으로 천연자원의 생산에 힘입어 경제성장을 해온 역사를 지녔다. 이 때문에 국토의 북과 서에서 토론토로 보내진 목재, 광물, 농산물 등이 경제적 혜택을 가져왔다. 토론토를 경유해 몬트리올과 뉴욕으로 출하하는 물류업이 번창했기 때문이다. 토론토의 게이트웨이 성격은 1890년대와 1910년대에 걸쳐 생겨났다.

현재도 영업 중인 이튼백화점이 통신 판매로 캐나다 서부를 상권 안에 포함시킨 것은 토론토 게이트웨이 기능의 한 면을 보여주고 있다. 이것은 같은 업종의 시어즈 로벅(Sears, Roebuck and Co.)이 시카고를 거점으로 서부에 통신 판매를 실시한 것과 같다. 토론토 서부에 펼쳐진 미지의 자원 산출지를 대상으로 투자를 하는 기업가와 금융업, 보험업을 생업으로 하는 사람들이 몰려들었다.

제1차 세계대전 이후, 토론토의 경제적 지위가 높아졌다. 그전까지는 몬트리올보다 아래에 있었다. 전쟁에 따른 산업 투자와 제조업의 발전이 토론토의 경제력을 끌어올려 대규모 식육가공업부터 탄약제조업에 이르기까지 다양한 제품을 생산하는 기업이 자리잡았다.

이러한 경제 발전을 발판으로 토론토의 시가지는 교외까지 확장되었다. 그러나 1930년대의 대불황이 닥치면서 실업률이 치솟았다. 오래지 않아 재발발한 세계대전으로 기업들은 살아났고 전기제품, 항공기, 정밀기계 등 새로운 산업이 생겨났다. 전쟁 후에는 다른 선진국과 마찬가지로 베이비 붐과 주택건설의 호황으로 경제성장이 계속되어 인구도 100만 명을 넘어섰다. 토론토는 주변 자치제와 합병하여 시역이 확장됨에 따라 점점 대도시의 면모를 갖추기 시작했다. 1998년 메가시티의 탄생으로 토론토가 금융, 정보, 전문 서비스업의 일대 집적지임이 대내외로 알려지게 되었다. 이 일로 정치는 오타와에서 이루어지고 경제 부문에서는 토론토가 캐나다를 대표하는 국제적인 게이트웨이 도시가 되었음을 알리게 되었다 (Murphy, 1994).

퀘벡시에서 시작하여 몬트리올, 토론토로 이어져 온 지역 도시 역사는 캐나다의 자연 조건에 기인한다. 세계에서 두 번째로 넓은 국토를 가진 캐나다는 고위도에 위치하고 있어 농업 조건은 그다지 좋지 않다. 평탄한 지형은 많지만, 캐나다 순상지처럼 메마른 땅이거나 강수량이 적은 한랭지다. 산악지나 북극에 가까운 곳은 원래 거주하기에 적합하지 않다. 이러한 한정된 조건 속에서, 유일하다고 해도 좋을 만큼 농업으로 풍족한 지역이 세인트로렌스강 따라 있는 띠 모양의 지구대(地溝帶)다. 즉, 퀘벡시-몬트리올-토론토가 이 지구대 위에 있고, 수상교통이 유일한 대량 운송 수단이었던 개척 시대에 이 지구대에 취락이 생기는 것이 당연했다. 단, 이 시기는 국토개척 초기 무렵의 일로, 내륙을 향해 입식이 진행됨에 따라 새로운 게이트웨이가 오지에서 발생하게 된다.

초기 수상교통에서 철도를 거쳐 자동차로 교통수단은 바뀌었다. 현대의 교통수단은 항공기이며, 특히 국토 면적이 넓은 캐나다에서 항공기를 이용한 도시 간 이동은 중요하다. 그림 5-3은 토론토의 피어슨국제공항과 직항

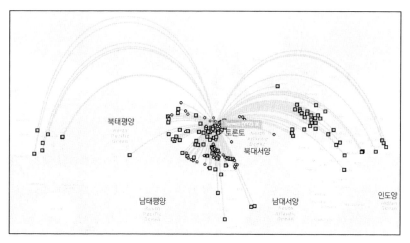

그림 5-3 토론토 피어슨국제공항과 직항편으로 연결된 공항

출처: timton.ch 웹 자료

편으로 연결되어 있는 상대편 공항을 나타낸 것이다. 모두 216개 도시와 직항편으로 연결되어 있으며, 국내 편이 가장 많다. 2위는 몬트리올로 153개, 3위는 밴쿠버로 116개, 이하, 캘거리(86), 위니펙(63), 에드먼턴(53), 핼리팩스(48) 순으로 많다. 부연하자면, 직항 편수 216개는 미국 로스앤젤레스의 211개와 거의 같으며, 로스앤젤레스 수준의 항공결절점(結節点)이라고 볼 수 있다. 또한 피어슨은 20세기 후반 캐나다에서 가장 위대한 정치가였던 1960년대 총리 레스터 B. 피어슨의 이름에서 유래하였다.

제2절 캐나다 서부 게이트웨이 도시의 세력 관계

1. 아시아태평양 관문 밴쿠버

밴쿠버는 종종 캐나다의 서쪽 관문으로 불린다. 서측 즉 태평양 측에 접해 있기 때문에, 아시아 방면에서 물건과 사람을 받아들이거나 반대로 내보내거나 하는 역할을 해 왔다. 주요 경로가 유럽이고, 이웃 미국과는 긴 국경선으로 접해 있는 캐나다의 무역 상대는 기본적으로 유럽과 미국이었다. 그런데 최근 일본이나 중국 등 아시아태평양 지역의 경제 발전과 함께, 이들 지역과의 경제적 관계가 비약적으로 발전하게 되었다. 그 연락소의 역할을 손에 넣게 된 곳이 바로 밴쿠버다. 국토 서쪽 끝의 작은 마을에서 현재는 대도시권을 형성할 정도로 발전하여(Morley, 1969), '살기 좋은 도시'

국제적 순위에서 상위에 위치한 밴쿠버는 지형·기후 등의 자연 환경과 다문화 사회·항만경제 등의 인문 환경으로 구성된 매력적인 게이트웨이로 많은 사람을 매료시켜 왔다.

밴쿠버가 도시로 성립된 때는 1886년으로, 이는 캐나다 건국 후 19년 만이다. 그 전해에 대륙횡단철도(캐나다태평양 철도)에 의해 밴쿠버는 동부 여러 도시와 연결되었다. 대륙횡단철도가 밴쿠버에 오는 조건으로 1871년 영국 식민지하에 있던 브리티시컬럼비아는 캐나다 연방에 가입했다. 밴쿠버는 캐나다태평양 철도의 서쪽 터미널이 됨으로써, 아시아태평양과 캐나다 본토를 중계하는 게이트웨이의 역할을 확실히 하게 되었다. 현재는 밴쿠버가 대도시권에 포함되지만, 밴쿠버의 동쪽 교외에 위치한 뉴웨스트민스터나 포트무디보다 집락의 형성 시기는 빨랐다. 이러한 마을보다 바다 쪽에 가까운 밴쿠버가 철도 터미널의 역할을 맡음으로써, 무역을 비롯한 게이트웨이 기능을 보다 발휘할 수 있게 되었다. 다만, 아시아태평양과 캐나다 사이의 동서 교류가 시작되기 전에 이미 밴쿠버에는 원주민의 생활 역사가 있었다. 원주민의 역사는 현대화된 밴쿠버의 도시 생활에 문화적 배경으로 언급되기도 한다.

캐나다의 태평양 연안을 따라 생계를 꾸려온 살리시족은 식량 자원으로 연어에 의존하는 비중이 컸다. 햇볕에 말리거나 훈제를 하면 오래가기 때문에 연어는 보존식으로 좋았다. 연어 이외의 물고기나 조개류, 혹은 육상의 동물, 식물, 딸기 등도 귀중한 식량 자원이었다. 이 지역에서 원래부터 살아온 사람들은 이후 유럽에서 온 사람들과 어떻게 공생해 나갈지 선택해야만 했다. 캐나다의 다른 지역의 원주민이 조약 체결로 토지를 처분한 것과는 다르게 이곳에서는 조약을 체결하지 않고 일방적으로 총독의 관리하에 놓이게 되었다. 총독은 캐나다 정부의 우두머리인 총리와는 별개의 존재이며, 형식적이라고는 하지만 영국 국왕의 대리인 총독이 이 지역의 우두머리로 서게 되었다.

밴쿠버라는 지명이 영국 배의 선장에서 유래한 것처럼 이 도시의 성립 역사에 영국의 영향은 지대했다. 사실 조지 밴쿠버 선장이 스페인 사람 2명과 함께 이곳을 방문했던 1792년 전해에 이미 스페인의 해군사관 호세 마리아 나르바에스가 이곳에 들어와 현지인과 접촉하고 있었다. 하지만 당시만 해도 모피 교역이 성행하던 캐나다 북부에서 보면, 그저 멀리 떨어진 땅에 지나지 않았다. 북부에는 허드슨베이사가 관할하는 지역이 넓게 퍼져있어, 태평양 측보다 오히려 앞서 있었고, 이 시기에는 밴쿠버에서 교역이 시작되지는 않았다.

나르바에스가 지휘하는 군함은 1791년 조지아 해협을 지나 버라드만으로 들어갔다. 조지아 해협은 브리티시컬럼비아 대륙 측과 서쪽에 있는 밴쿠버섬 사이에 위치해 있어, 그 뒤를 이은 버라드만은 태평양에 직접 면해 있진 않았다. 수심이 깊은 버라드만은 피오르드 지형으로, 이 때문에 파도도 잔잔해 배가 계류(係留)하기에 좋은 장소였다. 나르바에스에 이어 1년 뒤 찾아온 밴쿠버 선장이 버라드만을 항만의 적지로 택한 것도 납득할 수 있는 부분이다. 다만 버라드만의 남측에는 파르스크리크라는 작은 만이 있고, 두 곳의 만 사이의 토지는 반도 모양을 하고 있는데 이 반도야말로 밴쿠버의 발상지이다(Armitage, 2001).

밴쿠버의 항만 활동이 소규모였을 때는 반도 상의 시가지에도 여유가 있었다. 그러나 곧 반도 위공간만으로는 땅이 부족하게 되어, 파르스크리크를 넘어서 시가지가 확장되어 갔다. 캐나다의 서쪽 관문으로서 게이트웨이 기능을 도맡은 밴쿠버의 항만은 캐나다 경제 발전과 함께 면적 확장이 필요해졌다. 시가지뿐만 아니라 항만지구 그 자체도 넓힐 필요가 있었다. 이에 따라 버라드만 건너편의 노스밴쿠버도 항만지구로 편입되었다. 그러나 이 항만 시설만으로 모두 수용할 수 없어, 최근에는 버라드만에서 50킬로나 떨어진 조지아 해협에 접한 곳에 신항이 건설되었다. 이곳은 미국 국경과 가깝고, 오리건주에서 석탄 등을 모을 수 있다.

캐나다는 광대한 국토 면적을 가지고 있는 만큼, 언뜻 보면 항만 건설을 위한 용지 사용이 유리한 것 처럼 보인다. 그러나 브리티시컬럼비아주는 산지 부분이 많고, 밴쿠버의 도시권은 프레이저강이 형성한 델타 지형에 한정되어 있는 것이 현실이다. 아시아태평양 지역과의 교류가 증가하고 이주자도 증가해, 주택 사정은 어려워지고 있다. 산지와 피오르드 등 복잡한 지형 환경에 적응하면서, 밴쿠버의 게이트웨이 기능은 유지되어왔다. 항만에서 취급되는 컨테이너 화물의 상당수는 록키 산맥의 아득한 동쪽에 펼쳐진 배후권을 기지로 하고 있다. 일본의 항만 등과는 비교가 되지 않을 정도로 원거리이면서 광대한 배후권을 기지로 하여 항만 기능이 이뤄지고 있다.

그림 5-4는 캐나다 정부가 진행해 온 아시아태평양 게이트웨이 회랑 정비 사업과 철도망을 나타낸 것이다. 캐나다의 대외적인 게이트웨이는 이웃 미국, 역사적 유대가 있는 유럽, 여기에 경제 발전으로 위세가 있는 아시아태평양 등 이상 3개의 방향으로 열려 있다. 이 중 아시아태평양의 관문이 되는 곳은 밴쿠버이며, 이 항구와 내륙부를 어떻게 효율적으로 연계할지가

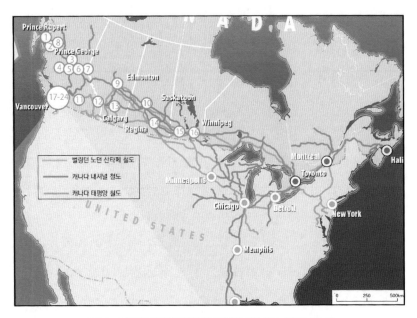

그림 5-4 캐나다·아시아태평양 게이트웨이 회랑 정비 사업과 철도망

출처: Asia-Pacific Gateway and Corridor Initiative 홈페이지 게재 자료

주 : ① Prince Rupert Port Container Security Program(2,800만달러)

② Road, Rail and Utility Corridor, Prince Rupert(1,500만달러)

③ Highway Improvements near Vanderhoof(100만달러)

④ Ashcroft Terminal(500만달러) ⑤ River Road, Prince George(280만달러)

⑥ Twinning of Simon Fraser Bridge(1,610만달러)

⑦ Highway 97 Upgrade near Prince George(690만달러)

⑧ Grade Separations, British Columbia(240만달러)

⑨ Highway 2 and 41 Avenue Intermodal Access, Edmonton(7,500만달러)

⑩ Freeway Interchanges and South River Crossing Bridge(9,500만달러)

⑪ Trans Canada Highway Upgrade(720만달러) ⑫ Trans Canada Highway Upgrade(2.67억달러)

⑬ 52nd Street SE, CPR Grade Separation and Western Headwaters, Calgary(3,450만달러)

⑭ Global Transportation Hub(2,700만달러)

⑮ Highway Interchange and Grade Separation, Portage la Prairie(2,100만달러)

⑯ Centreport Way, Winnipeg(3,330만달러)

큰 과제이다. 북아메리카 자유무역협정(NAFTA) 체제하에 미국 남부를 사정권에 넣은 배후권과의 사이를 철도로 연계하는 프로젝트도 진행되고 있다. 국토 동부의 게이트웨이 도시들과 비교해 보면, 역사가 새로운 밴쿠버에 대한 기대가 어느 정도인지를 알 수 있다.

2. 대평원의 중계지에서 자원공급 산업도시로 변모한 캘거리

밴쿠버를 캐나다 서쪽 관문으로 보는 시각은 이해하기 쉽다. 이곳에서

그림 5-5 캘거리, 에드먼턴과 그 주변 도시

출처: Wikipedia 웹 자료

도로로 1,000km 가까이 동쪽으로 떨어진 위치에 있는 캘거리는 캐나디언 로키를 넘을 때의 베이스캠프 같은 지점이라고 할 수 있다. 같은 관문이라도 태평양을 염두에 두고 캐나다의 동에서 서를 향해 산맥을 넘을 때 통과하는 거점이다. 캘거리는 또 캐나디언 로키의 동에서 남북으로 펼쳐진 대평원 안에 있어 배후권이 매우 넓다. 대평원의 북쪽은 앨버타주의 주도인 에드먼턴에 포함되며 캘거리는 남쪽의 거점 역할을

한다(그림 5-5). 그러나 사람과 물건 흐름의 중심은 남북이 아닌 동서이기 때문에 캘거리는 서쪽 관문인 밴쿠버와 캐나다 중앙부를 포함해 위니펙을 연결하는 위치에 있다. 실제로 대륙횡단 철도의 캐나다태평양 철도의 본부는 캘거리에 있고 동서남북의 철도망을 묶는 역할을 해왔다(Fred, 1994).

캘거리의 이러한 역할은 역사적으로 정해진 것으로 처음부터 정해졌던 것은 아니다. 당초 캐나다 동부에서 모피를 구하러 온 백인 업자들이 원주민과 교역하기 위한 거점을 마련했다. 미국과의 국경까지는 200km도 채 안 되며, 남쪽에서는 야생의 들소를 잡기 위해 포수가 왔다. 지역의 치안 유지를 위해 마운틴폴리스(산악기마대)가 탄생했다는 이야기는 잘 알려져 있다. 말에 올라타 불량배들을 쫓는 모습은 캘거리 캐나디언 로키 동쪽 기슭이 바위가 많은 지역임을 상기시킨다. 앨버타주 동쪽에 이웃한 서스캐처원주와 이곳에서 더 동쪽에 있는 매니토바주와는 달리 해발고도가 높아 곡식 재배에는 그다지 적합하지 않다. 이 때문에 목축이 성행하게 되었고, 육우를 기르는 데 힘썼다. 처음에는 자연 상태에 가까운 방목이었으나, 이후 울타리에 가두어 육우를 상업적으로 사육하는 형태로 바뀌어 갔다. 유럽에서 이민 온 사람들이 이주해 보리쌀이 생산하면서 농촌은 활기를 띠게 되었다. 그러나 이민 열풍도 사그라들고, 극심한 냉해(1906~1907)가 닥치면서 캘거리 경제는 침체에 빠져들었다.

다시 활기를 찾은 것은 석유·천연가스의 발견이었다. 최초의 발견은 1914년에 캘거리의 남서쪽에 가까운 터너 밸리였고, 33년 후인 1947년에 앨버타주에서 대규모 발견되었다. 처음에는 지역민의 사업으로 실시되었지만, 곧 각지에서 석유·천연가스 채굴을 목표로 많은 사람이 캘거리에 모여들었다. 캘거리는 단번에 그 이름이 세계적으로 알려지게 되었다. 석유 · 천연가스는 각지에 공급되었다. 하지만 단순히 에너지 자원의 채굴 · 공급지에 머무르기만 했다면, 오늘날의 캘거리가 태어나지 않았을 것이다. 에너지에 직접 관련된 산업은 물론, 화학공업과 생화학산업 등의 연구개발이 캘거리에서 활발히 이루어지게 되었다. 정보산업, 전자산업 등의 고도 과학기술 산업과 금융업의 집적이 이루어지면서 실행되어 캐나다에서 빠른 성장을 보이는 도시로 알려지게 되었다. 여기에 캐나디언 로키의 관광 거점이라는 점도 더해져 대륙횡단철도의 중계지 · 목축업 마을이라는 이미지가 크게 바뀌었다(Mac Fadyen and Watkins, 2014).

토론토대학에서 오랜 세월 교편을 잡은 경제사학자 해롤드 이니스는 캐나다는 자원개발과 함께 역사를 걸어온 나라이며, 스테이플 이론(Staples thesis)이 캐나다를 설명할 수 있는 키워드라고 하였다. 대서양 측의 청어 · 대구잡이로부터 시작되어 석탄, 목재, 철광석 · 니켈 등의 광물, 또 밀과 같은 자원이 캐나다의 경제 발전을 뒷받침했다. 석유 · 천연가스의 발견이 새롭긴 하지만, 록키 산맥이라는 관광 자원의 발견이 더 새롭다. 이렇게 계속되어 온 자원의 발견과 생산이 각지에 취락과 도시가 발생하는 배경이 되었다. 특히 캘거리는 몇 가지 자원 개발과 관련되어 성장해 왔다. 처음에는 밀 생산 · 목축, 다음으로 석유 · 천연가스, 마지막으로 록키 산맥 관광으로 이어진다. 이러한 부분이 서로 겹쳐져 캘거리에 다양한 이미지를 주고 있다. 캘거리는 석유 대기업의 고층빌딩과 소먹이 카우보이가 공존하는 독특한 풍경이 펼쳐진 도시다. 매년 열리는 로데오 대회인 캘거리 스탬피드는 평원의 대도시 캘거리를 떠들썩하게 만든다.

캘거리의 급격한 도시 발전은 현재도 계속되고 있다. 주요한 점은 캐나다 국토발전에 기여한 천연자원의 경우와 달리 석유·천연가스 채굴로부터 발전한 화학산업과 전자산업을 비롯하여, 일견 석유·천연가스와는 무관하게 생각되는 각종 산업이 이를 뒷받침한다는 것이다. 연구개발형 산업집적이 젊은 인재를 캘거리로 끌어들이고 있어, 결과적으로 급여 수준이 상승하기도 하였다. 캘거리국제공항의 직항 편수는 밴쿠버 다음으로 국내 4위이며, 국내외에서 많은 사람이 캘거리를 찾고 있다. 쇠퇴한 어촌과 유령도시가 된 광산마을이 역사적으로 걸었던 길과는 다른 도시발전모델을 이곳에서 볼 수 있다.

3. 모피 무역에서 시작한 에드먼턴

앨버타주 주도 에드먼턴은 종종 캐나다 북부의 게이트웨이로 불린다 (Gilpin, 1984). 이는 같은 앨버타주의 캘거리는 물론, 서스캐처원주의 리자이나와 매니토바주의 위니펙보다 위도상 북쪽에 있으며, 캐나다 북부로 향할 때 반드시 통과하는 위치에 있기 때문이다. 에드먼턴의 이러한 전략적 위치의 성격은 모피와 같은 자원이 교역품으로 거래되던 시절에 이미 있었다. 모피와 같이 가볍고 값비싼 물건은 장거리 이동비용이 비쌌던 시대에 교역품으로 최적이었다. 캐나다 북부 허드슨만에 유입되는 하천의 전 유역을 자유롭게 이용할 수 있는 권리를 영국 국왕에 의해 인정받은 허드슨베이사는 경쟁 관계에 있던 노스웨스트사와 1821년에 합병했다. 이들 두 교역회사는 합병 이전부터 에드먼턴에 교역 거점을 마련하여 활동하고 있었다. 원주민이 포획한 모피를 위스키나 총 등으로 교환한 유럽 상인은 모피 수요가 많던 유럽으로 보내 이익을 챙겼다.

모피 교역 거점으로 가장 먼저 선정된 곳은 포트아우구스투스였다. 합병 후 허드슨베이사는 거점을 포트에드먼턴으로 옮겼다. 이전 이유는 수해를 입을 위험을 줄이기 위해서였으며, 이전 장소는 현재 에드먼턴의 주 의회 장이 있는 곳이다. 포트에드먼턴은 모피 상인에게 고기 등 식량을 공급하거나, 허드슨만에서 사용하는 보트를 제조하는 거점이기도 했다. 1860년대에 들어서면서 모피 교역은 약화되었고, 1915년에 최후를 맞이하게 되었다. 모피 교역과 교체되도록 남쪽에서 온 이주민들이 첫 번째 취락을 만들었다. 장소는 노스서스캐처원 강가이다. 에드먼턴에 첫 철도가 들어온 것은 1903년의 일로, 남쪽 캘거리 방면에서 철로가 연장되었다. 그 이듬해 에드먼턴은 인구가 겨우 5,000명 정도였으나, 타운에서 시로 승격되었다. 그것도 앨버타주 주도로서의 시(市)였으며, 이는 얼마나 정치적 거점성에 혜택을 받았는지를 말해준다. 그 후 에드먼턴은 주변 도시들을 합병하는 등 규모가 커졌고, 제2차 세계대전을 계기로 더욱 사회경제적으로 발전하게 된다.

1929년 블래치포드비행장의 운용이 개시된 것은 캐나다 북부의 에드먼턴에 대한 게이트웨이 기능이 본격화되었음을 말해준다. 에드먼턴 시장을 지낸 블래치포드의 이름을 딴 이 비행장에서 캐나다 북부 방면으로 우편물, 식료품, 의약품 등이 배달되었다. 모두 극지에 가까운 가혹한 지역에 사는 사람들에게 있어서는 빠뜨릴 수 없는 것뿐이다. 그리하여 에드먼턴은 북부 캐나다 안에 있게 되었고, 가장 북쪽에 위치한 지역과 남쪽을 연결하는 게이트웨이 역할을 하게 되었다. 다만, 여기서 말하는 북과 남에는 캐나다뿐만 아니라 미국도 포함된다. 제2차 세계대전을 계기로 캐나다와 북아메리카 대륙 전체를 지정학적 관점에서 볼 때 캐나다 북부와 알래스카 일대가 중요한 의미를 갖게 되었다고 생각되었기 때문이다. 알래스카 고속도로 건설이 에드먼턴을 주요 거점으로 1942년부터 건설되기 시작된 것은 그러한 맥락에서다. 제2차 세계대전 중에 앨버타주, 브리티시컬럼비아주, 알래스카주, 유콘에 걸쳐 광대한 항공망과 라디오 방송망이 구축되었는데, 에드먼턴은 중요한 거점이 되었다. 이리하여 에드먼턴은 사회경제적인 역할뿐만 아니라 정치적·군사적 역할도 담당하는 게이트웨이가 되었다.

제2차 세계대전 후에 에드먼턴이 경험한 큰 사건들은 남부 경쟁 도시 캘거리와 같았다. 즉 석유·천연가스가 근처에서 발견되었고, 이것이 계기가되어 에너지자원산업이 급격하게 성장해갔다. 처음에는 앨버타주 남부의 캘거리 주변이 주목받았지만, 그 후의 자원 발견은 오히려 주내 북측에서진행되었다. 주의 지리적 중심에 가까운 에드먼턴은 중부에서 북부에 걸쳐 분포하는 석유·천연가스를 채굴·공급하는 기업의 집적지가 되었다. 1970년대에 일어난 두 차례의 석유 파동은 세계 불황의 원인이 됐다. 그러나 국제유가 급등은 오히려 에드먼턴의 도시 발전에 도움을 주었다. 그러나 이러한 일도 석유에 그다지 의존하지 않는 에너지자원 절약경제의 침투로 풍향이 바뀌었다. 자원가격 하락의 영향을 받게 되었기 때문이다. 캘거리와 마찬가지로 에너지 가격의 국제적 변동에 취약한 체질이 되지 않으려면, 산업의 다양화를 추진해야 했다.

허드슨베이사가 영국 왕의 허가를 받아 허드슨만으로 유입되는 하천 유역 전체를 지배하게 된 이후, 에드먼턴은 모피 교역의 중요한 거래소로 발전하기 시작했다. 모피라는 당시의 자원은 석유·천연가스·셰일오일로 바뀌었지만, 노스서스캐처원강의 강변에서 발생한 도시는 여전히 지역 중심지로서의 지위를 유지하고 있었다(Cashman, 2002). 1970년대 당시 세계에서 가장 큰 매장 면적을 가진 웨스트 에드먼턴 몰을 건설할 경제력이 있었다. 앨버타주 주도로서 정치 기능은 현재도 유지되고 있으며, 문화·교육 면에서도 존재감이 있다. 캘거리에서 최초로 설립된 대학도 처음에는 에드먼턴에 있는 대학의 분교 형태로 생겨났다. 지금은 자원·에너지를 기초로 산업·인구의 집적이 눈부신 캘거리에 밀리는 경향이 있지만, 준주(準州: 주의 자격을 얻지 못한 행정구역)를 제외하면 캐나다에서 가장 북측에 위치한 주도로서 정치, 교육, 관광의 분야에 힘을 쏟으며 새로운 게이트웨이 도시로 발전을 모색하고 있다.

4. 캐나다 서부 개척의 관문 위니펙

19세기 말부터 20세기에 걸쳐 캐나다에서는 서부지역에서 입식이 진행되면서 보리 등의 곡물 생산이 활발해졌다. 그 중심이 된 곳이 매니토바주, 서스캐처원주, 앨버타주다. 이 중 가장 동쪽인 매니토바주에서는 위니펙이 서부로 들어가는 입구로서 게이트웨이 기능을 발휘했다. 농업에 부적합한 캐나다 동부 순상지에 뒤이은 그레이트플레인즈가 막 시작되는 지점에 위치한 점이 위니펙이 농산물 집하와 생활물자 공급의 기능을 담당하게 된 배경이다(Bower, 2011). 유럽인이 도래하기 이전부터, 레드강과 아

시니보인강의 합류 지점은 원주민에게 있어서 수렵과 어로(漁労)의 거점
으로 선호되고 있었다. 초기 교역 활동으로 활쏘기로 잡힌 모피의 집하 지
점으로 이곳이 선택된 것도 두 개의 강과 그 지류를 수송경로로 삼기에 편
리했기 때문이다(그림 5-6). 그러나 1873년 위니펙이 시가 되기 전 이 지
역 일대는 영국의 식민지 중 하나일 뿐이었다. 이듬해에 시의회가 열렸다
고는 하지만, 인구는 3,700명 정도에 불과해 도시로서의 조건을 갖추고 있
다고는 할 수 없었다.

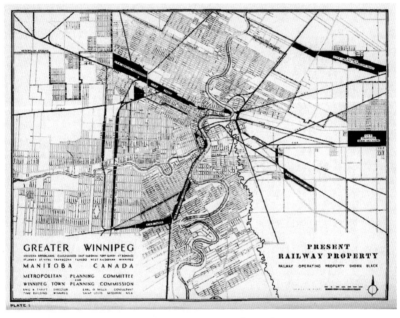

그림 5-6 위니펙 시가지 중심부(1946년)
출처: Fiveprime 웹 자료

위니펙이 캐나다 중앙부의 게이트웨이 기능을 발휘한 계기는 1885년에 캐나다태평양 철도의 건설이다. 캐나다 정부는 서부로 가능한 한 빨리 이민을 보내 정착을 기정사실로 만들고 싶었다. 그렇지 않으면 미국이 캐나다 서부의 영토 보유를 목적으로 북상해 오는 것을 막을 수 없었기 때문이다. 영국의 자금으로 캐나다 서부로 향하는 철도 건설을 추진한 결과, 1885년에 몬트리올에서 위니펙을 경유해 포트무디(밴쿠버 동쪽 외곽)에 이르는 대륙횡단철도가 개통되었다. 앨버타주의 캘거리가 프런티어로 부상하기 전까지는 매니토바주의 위니펙이 서부 캐나다의 게이트웨이로 기능했다. 정착민을 받아들이는 입구, 국제가격이 상승 경향에 있던 밀의 집하 거점, 캐나다 동부에서 보내지는 일용품의 도매 거점으로 위니펙은 충분히 기능했다. 캐나다 동부에서 멀리 떨어져 있는 위니펙은 농업생산을 위한 기계 등을 현지에서 생산했기 때문에, 1911년 시점에서 공업생산은 국내 제4위에 있었다.

이렇게 도시를 발전시켜 온 위니펙이었으나, 배후권에서 시작된 새로운 경제활동으로 인해 발전에 그늘이 지게 되었다. 그 이유 중 하나는 1914년에 개통한 파나마운하의 영향이다. 그동안 캐나다 서부 일대에서 생산된 밀은 위니펙에서 집하되어 동부로 보내졌다. 밀은 외화를 벌어들이는 귀중한 수출품이었다. 그런데 파나마운하 개통 후, 태평양 측의 밴쿠버를 통과하며 운하를 경유해 동부로 보내는 편이 더 싸게 운반할 수 있는 방편이 되었다. 이로 인해 위니펙의 밀 집하력은 약화되었다. 반면 밴쿠버는 아시아 방면 이민자의 수용 입구이자, 무역 창구 역할을 하게 되었다. 결국 밀의 집하와 출하를 둘러싼 육지와 해상 게이트웨이 간 경쟁이 벌어지게 되었다.

또 하나는 1940년대에 록키 산맥에 가까운 앨버타주에서 석유·천연가스가 발견된 것이다. 그 중심은 캘거리이며, 석유 채굴 기업이 각지에서 모여들면서 급격히 도시 규모가 확대되었다. 앨버타주에서는 캘거리의 북쪽에 있는 에드먼턴이 모피 교역 시대의 주요한 지위에 있었다는 점은 이미 말했다. 이 지역이 모피를 넓은 범위에서 모으는 한편, 원주민에게 총과 알콜 등의 일용품을 공급했다는 의미에서 게이트웨이이다. 1980년대 중반에 캘거리는 위니펙의 인구를 상회하게 되었고, 석유 개발뿐만 아니라 관련 산업과 상업·서비스업도 집적되었다. 그 여파는 위니펙의 배후권에도 영향을 미치게 되어, 결과적으로 위니펙에 세력권이 침식되었다고 할 수 있다. 석유·천연가스라는 자연의 혜택을 받아 발전의 계기를 잡은 캘거리의 경우는 논외로 하더라도 위니펙과 마찬가지로 농업지역의 상업중심지 성격을 가진 리자이나와 새스커툰이 위니펙의 배후지를 침식한 것은 뼈아팠다.

현재 위니펙에는 캐나다 전체 970곳을 헤아리는 역사유산 지구의 11%에 해당하는 107곳이 있다. 이 자체만으로 역사가 짧은 캐나다라는 나라 안에서 위니펙이 비교적 오래된 도시임을 말해준다. 밀과 일용생활 물자의 집산을 중심으로 일찍이 번성했던 도매·창고 지구를 시작으로 시내에는 역사의 풍격을 느끼게 하는 지구가 남아 있다. 이곳은 역사적 관광자원으로서 비즈니스와 연결될 수 있다. 이러한 관광자원과도 친화성 있는 오케스트라, 발레, 미술 등 예술 분야에서도 위니펙은 지명도를 높여왔다. 천연자원과 같이 큰 규모는 아니지만, 국내외로부터 사람을 불러들이는데 성공했다. 최근 개발이 진행되고 있는 위니펙역 앞 철도지구(12에이커)의 더포

크는 문화적 배경이 다른 사람들이 한자리에 모여 음식을 즐길 수 있도록 창고 터를 활용한 시설이다. 역사적 역할을 마친 철도지구는 도심부에 새로운 교류 공간을 제공함으로써 위니펙의 부활에 기여할 것이다(Newman and Levine, 2014).

위니펙의 미래를 생각할 때, 그 위치의 의의를 재고하는 것은 중요하다. 서부 개척이 시작되었을 무렵에는 '북쪽의 시카고'라 불리며, 개발 잠재력이 큰 광대한 배후권의 게이트웨이로서 큰 기대를 받았다. 그 후 1919년 노동자의 사회경제적 격차와 생활 불안으로 인한 대규모 파업이 일어나면서 위니펙은 '북쪽의 디트로이트'라고 불리게 됐다. 비록 사회와 경제는 혼란스러웠지만, 위니펙에 활기가 넘쳤음을 말해주는 사건이었다. 그러나 서부 프런티어가 더 서쪽으로 이동함에 따라 위니펙은 당초 기대한 바와 같은 길을 걷지는 못했다. 반대로 위니펙의 지리적 위치를 확인해 보면, 이 도시는 대륙 국가 캐나다의 거의 중심에 위치한다. 국민국가의 관점에서 보면, 국토의 지리적 중심이라고는 해도, 동부의 대도시권에서는 멀다. 국제무역과 자원개발에서 강세를 보이고 있는 브리티시컬럼비아주와 앨버타주의 도시에서도 멀리 떨어져 있다. 그러나 남북 방향으로 눈을 돌리면, 대평원의 동쪽 녹지를 따라 미국의 주요 도시들이 늘어서 있다. 멀게는 멕시코까지 이르는 남북 방향의 도시 연계라는 선택 사항도, 향후에는 생각해 볼 수 있다. 도시의 위치는 달리보고자 하면 달리 보이는 법이다.

제3절 호주 남동부 게이트웨이 도시

1. 식민지 건설에서 선두를 달린 시드니

영국인이 처음 호주에 왔을 때 현재의 시드니 분지에는 에오라족의 에보리진이 생활하고 있었다. 에오라는 '여기' 혹은 '여기서'라는 뜻인데, 그들과 접촉한 영국인들은 이 부족을 그렇게 불렀다. 또 현재 시드니 중심부 근처에는 카디갈이라는 에보리진이 살고 있는데, 에오라와 마찬가지로 호주에서 최초로 토지를 빼앗긴 부족이었다. 탐험과 조사를 목적으로 영국에서 처음으로 호주를 방문한 사람은 제임스 쿡(통칭 캡틴 쿡)이다. 영국 왕실 군함 인데버호를 타고 1770년 4월 호주 동해안으로 접근해 현재의 보터니만 해안에 상륙했다. 보터니 즉 식물이라는 이름은 엔데버호에 타고 있던 박물학자 조지프 뱅크스가 해변에 무성하고 다양한 식물에 놀랐기 때문에 쿡 선장이 보터니만을 그렇게 명명했다고 한다. 쿡과 뱅크스는 보터니만을 발판으로 이 땅에 식민지를 건설하는 것이 가능하다는 보고서를 영국 본국에 보냈다.

쿡의 탐험으로부터 18년 후인 1788년에 아서 필립이 이끄는 11척의 배가 식민지 뉴사우스웨일스에 왔다. 총인원 1,000명 가운데 778명은 죄수였다. 처음에는 쿡이 적지로 선택한 보터니만으로 향했지만, 보다 좋은 장소를 찾게 되었고 현재의 시드니로 이동했다. 남쪽의 보터니만과는 서로 등을 맞댄 반대 위치 관계에 있는 북쪽 후미이다. 국경일인 호주의 날

(Australia Day)은 1788년 1월 26일 필립 일행이 시드니만에 도착한 것을 기념한 날이다. 시드니만은 포트잭슨으로 불리는 현재의 시드니항 남쪽에 위치한 작은 만으로, 바로 이곳이 영국인에 의해 건설된 호주 식민지의 출발지가 되었다(Karskens, 2010). 식민지 건설을 지휘한 필립은 에보리진에 대해서는 유화적으로 행동하고, 죄수들의 갱생도 배려했다. 그러나 식민지 건설은 쉽게 진행되지 않았고, 질병과 식량 부족에 시달렸다. 영국에서 제2진이 1790년에 도착하였으나, 4분의 1은 항해 중 병몰하였다. 1791년 제3진이 도착한 후에야 비로소 식민지의 고립감이 사라지고, 교역을 시작할 준비가 갖추어졌다.

시드니만은 항만으로서 중시되긴 하였으나, 농경에 보다 적합한 장소를 찾기 위해서 서쪽을 향해 간 결과, 식민지의 행정 중심은 시드니에서 서쪽으로 23km 떨어진 파라마타에 두게 되었다. 농업에 종사했던 사람들은 죄수 중에서 토지를 부여받았거나 병역을 마친 군인 출신들이었다. 농지 확대는 에보리진의 땅을 빼앗는 일이었고, 이에 반감을 품은 원주민들이 집을 불태우거나 가축을 죽이는 일도 있었다. 에보리진에 불행했던 부분은 토지를 빼앗긴 일 외에도 영국으로 인해 유입된 천연두에 걸려 많은 사망자를 낸 것이었다. 천연두가 어떻게 들어갔는지 원인에 대해서는 여러 가지 설이 있지만, 저항력이 없는 에보라진에는 재앙 외에 어떤 의미도 아니었다. 식민지 건설의 초기 단계는 힘들고 혼란도 적지 않았다. 제1진과 함께 와 있던 의용군과 식민지 총독 사이에 싸움이 있어, 총독이 자리에서 쫓겨나는 일도 있었다. 1810~1821년에 총독의 지위에 있던 라클란 맥쿼리는 시드니의 기반 정비를 추진하였고, 죄수 중심의 식민지에서 자유로운 식민지로의 이행도 고심하였다.

영국에서 온 죄수를 포함한 이민자들에 의해 건설된 시드니는 1851년 시드니에서 서쪽으로 150km 떨어진 바써스트(Bathurst)에서 금이 발견되면서 그 양상이 완전히 바뀌었다. 일확천금을 꿈꾸는 사람들이 바다를 건너 몰려오는 한편, 모은 금괴를 시드니에서 해외로 보낼 방법을 생각해야만 했다. 시드니는 입(入)과 출(出)의 쌍방향 게이트웨이가 됐다. 골드러시가 이어진 20년간 인구는 3.6만 명에서 20만 명으로 5배 가까이 증가했다. 사람과 물건을 나르는 교통수단으로 철도도 건설되었다. 골드러시는 시드니 주변 이외에 뉴사우스웨일스 남쪽의 빅토리아에서도 일어나 새로운 금광을 목표로 시드니에서 사람들이 이동해 왔다. 빅토리아주 멜버른에서는

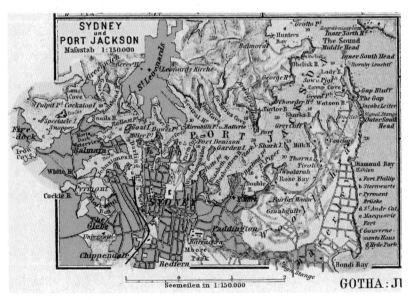

그림 5-7 하버 브리지가 연결된 시드니(1906년)

출처: esauboeck 웹 자료

취락 형성이 시작되었고, 이후 시드니와 멜버른은 경쟁 관계 도시로 각축을 벌였다. 두 도시의 주도권 다툼은 연방제 수립 운동으로 발전되었고, 나아가 정치 중심은 지리적 중간에 해당하는 캔버라로 정했다.

시드니의 항만은 몇 개의 작은 반도에서 구획된 작은 항만들로 이루어진다(그림 5-7). 이 중 달링하버는 19세기 초 산업혁명의 산물이 호주에 들어온 이후 호주 최초로 증기기관차와 강철제 증기선이 건조되고, 최초의 가스등회사가 생기는 등 중심적 역할을 했다. 1870년경까지 밀, 양모, 석탄, 목재 등이 부두에서 수출되었으나, 1870년대 이후 오직 양모만 수출되었다(Andrews, 1986). 달링하버의 강철제 부두는 파리의 에펠탑이 생기기 전까지 세계에서 가장 큰 강철 구조물이라고 할 정도였다. 달링하버와 함께 시드니항에서 중요한 역할을 한 곳이 울룸루였다. 이 색다른 지명은 에보리진의 말로 '젊고 검은 캥거루가 많이 있는 곳'을 뜻한다. 정착 초기에는 울룸루 하우스라는 이름이 붙은 주택이 있어 그렇게 불렸는데, 이곳은 많은 이민자를 받아들이거나 세계대전에 종군할 병사들을 배출했던 곳이다. 항만의 컨테이너화가 진전됨에 따라 달링하버와 마찬가지로 역사를 활용한 도시재생으로 다시금 되살아났다.

6개 주와 1개 준주로 이루어진 호주 각 주의 중심지, 즉 주도(州都)는 모두 바다에 접하고 있다. 엄밀히 말하면 서호주의 주도인 퍼스는 외항 프리맨틀의 안측에 있지만, 접하고 있는 스완강이 바로 인도양으로 흘러 들어가기 때문에 대부분 바다에 접해 있다고 해도 과언이 아니다. 어찌 됐든 주도가 항구도시라는 것은 이 나라의 국토개발이 바다에서 시작되어 내륙에 큰 도시를 형성하는 데까지 이르지 못했다는 것을 말해준다. 그 가운데 선두에 서서 개발을 시작한 곳이 시드니였다. 캐나다와 마찬가지로 자원개발과 국제무역에 크게 의존하는 호주는 캐나다와는 달리 육지로 연결된 나라가 없다. 고립성이 짙은 국가이며, 지정학적 의미에서는 복잡한 측면도 있다. 시드니는 국가적 정치 기능조차 없지만, 멜버른과 함께 호주 경제를 견인하는 역할을 해왔다. 20세기에 건국된 역사가 오래되지 않은 호주 안에서 국가를 대표하는 도시로 발전하고 있다.

2. 선행하는 시드니를 따라가는 멜버른

빅토리아주의 주도 멜버른은 시드니의 남서쪽 880km에 위치해 있으며, 남쪽으로 510km 가면 태즈메이니아섬의 북쪽 해안에 이른다. 이러한 위치 관계는 이 도시가 호주 최초의 식민 거점인 시드니와 남측 태즈메이니아의 두 도시와 어떠한 관계로 형성되었는지를 시사한다. 최초의 관계는 남측 태즈메이니아 방면에서 시작됐다. 1820년대에 태즈메이니아 북부에서 방목업을 하던 존 배트먼이 1835년 5월에 포트필립만의 인덴티드헤드에 상륙했다. 포트필립만은 현재의 멜버른이 속해있는 만을 말한다. 포트필립만 주변은 이미 몇몇 탐험가들이 조사를 시도하고 있었지만, 반드시 정주지를 찾겠다는 탐험은 아니었다. 배트먼은 당초 현재의 멜버른 남서쪽 75km에 위치한 절롱으로 갔고, 그 후 야라강, 매리비농강을 거슬러 올라가 현재의 멜버른 교외 일대를 탐색했다. 그곳에서 만난 에보리진의 우룬제리와 토지 매매계약을 했다. 그는 그 일대가 취락을 형성하기에 적합한 장소라고 판단하였다.

배트먼이 태즈메이니아로 돌아와 호주 본토에 정착할 계획을 세울 무렵, 같은 태즈메이니아의 론서스턴에 사는 상인 존 포크너 역시 정착을 고려하고 있었다. 1835년 9월에 배트먼이 본토 정착 예정지에 도착하자, 포크너도 그곳에 있어서 놀랐다. 두 사람은 토지가 충분했기 때문에 정착 희망자에게 분양하는 데 동의했고, 어느 쪽이 먼저 정착 예정지에 왔는지는 다투지 않기로 동의했다. 그러나 상인들의 이러한 행위를 시드니에 있는 총독은 인정하지 않고, 에보리진과 맺은 토지 매매계약을 무효화했다. 식민지를 총괄하는 총독의 입장에서는 상인들의 구속받지 않는 행위를 인정할

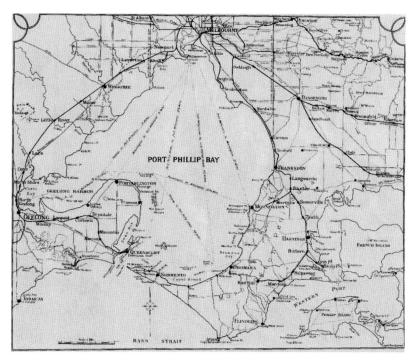

그림 5-8 포트필립만(灣)에 접한 멜버른(1950년)

출처: Melbourne University Library 웹 자료

수 없었기 때문이었다. 그러나 최종적으로 이 건은 기정사실로 묵인되었다. 1836년에 뉴사우스웨일스의 일부로 포트필립지구가 인정된 것은 이 지역에서 정착의 움직임이 시작되어 버렸기 때문이다. 시드니에서 치안 책임자가 파견되면서 포트필립지구는 시드니 다음가는 정착지로 자리잡았다. 멜버른은 시드니를 거점으로 하는 뉴사우스웨일스의 일부로 출발했다.

시드니에서 총독으로 일했던 리처드 버크는 포트필립지구의 도시계획을 로버트 호델에게 명했다. 호델은 후에 호델 그리드라 불리는 1.6km×0.8km의 직사각형 격자 모양으로 도로를 까는 계획을 채택하고, 각 구획은 공개 경매를 통해 분양되었다(그림 5-8). 1837년 4월 이 지역을 방문한 버크 총독은 영국 수상의 이름을 따서 이곳을 멜버른이라고 명명했다. 버크의 뒤를 이어 1838년 총독에 취임한 조지 깁스는 찰스 라 트루베를 멜버른의 감독으로 명했다. 트루베는 멜버른의 도시 정비에 주력했으며, 특히 트레저리 가든을 비롯한 여러 개의 공원 건설에 힘썼다. 도시의 조건을 갖춘 1842년, 멜버른은 도시로 인정받아 의회도 설립되었다. 멜버른을 중심으로 하는 포트필립지구가 뉴사우스웨일스로부터 분리되어 빅토리아주가 된 시기는 1851년이다. 주 탄생 시 주 인구는 7.7만 명, 그 중 2.3만 명이 멜버른에 살고 있었다.

멜버른이 당초에 수행한 경제 기능은 양모 수출과 정착자에 대한 생활 물자 공급이었다. 당시에는 야라강을 따라 허술한 목조주택이 밀집해 있었고, 오염된 강물을 빨래나 음료로 이용하는 바람에 병사자가 속출했다. 토지 투기를 목적으로 한 자금 유입과 그 반동으로 멜버른은 혼란 상태에 있었다. 그러나 양모 수출이 궤도에 오르면서, 멜버른은 양모 수출의 중심지로 발전하기 시작했다(U'Ren and Turnbull, 1983). 빅토리아주가 된 지 몇 달 만에 주내(州內) 발라랏과 벤디고에서 금이 발견됐다. 골드러시로 인한 도시인구의 급증은 이미 시드니에서 경험하고 있었다. 많은 사람이 금을 목적으로 바다 쪽에서 멜버른에 상륙한 결과, 1852년 불과 1년 사이에 인구는 7.5만 명으로 증가했다. 그러나 골드러시는 오래가지 않았고, 실업자가 멜버른에 체류했다. 그 반면에 도시의 주변에서 농업을 시작하는 사람도 있어 멜버른의 도시 규모는 점점 확장되어 갔다.

1880년대부터 1890년대에 걸친 멜버른 경제의 호조로 인해 대영제국 중 런던 다음으로 큰 도시가 되었다. 시가지는 교외로 급속히 확장되어, 근대적인 교외 지역이 출현하였다(Lewis, 1995). 그러나 부동산투기 거품은 곧 종식되었고, 침체 시대를 맞게 되었다. 금광이 바닥났기 때문에 새로운 골드러시를 찾아 서호주나 남아프리카로 향하는 사람도 많았다. 그러나 1901년 호주 건국으로부터 1927년까지 잠정적이나마 호주의 수도였다는 사실은 경제뿐만 아니라 정치 분야에서도 멜버른이 시드니에 충분히 대항할 수 있는 위치에 있었음을 의미한다. 제1차 세계대전에 종군한 병사 중에서 적지 않은 희생자가 나왔다. 제2차 세계대전 중 수도가 캔버라로 이전했지만, 군사, 행정 분야에서의 중요 기능은 여전히 멜버른에 있었다. 이 때문에 군수경기로 경제도 순조로웠다. 전쟁 후에는 양모의 국제가격이 고가로 거래되었기 때문에, 성공을 찾아 새로 유입되는 이민도 많았다. 전쟁 전과는 달리 이민자의 출신지는 다양해졌다. 처음에는 유대계가, 그 후에는 동유럽이나 아시아 등 영국 이외의 이민이 주류가 되었다.

현재 멜버른과 시드니의 인구 차이는 2만 명 정도밖에 안 되며, 이대로

가면 21세기 중반에는 멜버른이 시드니를 추월할 것으로 예상하고 있다. 그 근거의 하나로 지형 조건을 들 수 있다. 시드니는 복잡한 작은 만에 접해 있고, 동쪽과 남쪽은 바다이기 때문에 시가지는 서쪽을 향해 펼쳐질 수밖에 없다. 도시권 전체로 보면 도심이 동쪽으로 치우쳐 있어 현시점에서 교외 통근에 시간이 걸린다. 만약 서쪽 교외에 해당되는 파라마타 부근에 부도심이 생기면 통근 문제는 해소될 수 있을지도 모르지만, 만을 넘나드는 교통난을 벗어날 수 없어 시드니의 주택지 부족으로 이어지고 이로 인해 가격 급등의 원인이 된다. 실제로 이런 주택난을 싫어해 멜버른이나 브리즈번으로 이주하는 사람도 적지 않다. 이러한 시드니와 대조적인 것이 멜버른의 지형 환경이다. 같은 만이라도 포트필립만은 규모가 커서 교통 장애를 낳지 않는다. 도심 주변부터 교외에 걸쳐 평지가 펼쳐져 있어 지형이 시가지 발전에 장애가 되는 일은 없다. 다만 앞으로 교외 남동부의 박스힐이나 단데농 등을 부도심으로 하여 도심 집적을 보완할 필요성이 생길지도 모른다. 도시 형성의 초기 단계에서는 상상도 할 수 없었던 상황 대처가 요구되는 것은 어느 도시나 마찬가지다.

3. 크게 사행(蛇行)하는 강을 따라 형성된 브리즈번

퀸즐랜드주의 주도 브리즈번에 유럽인들이 정착해 가는 과정에서 시드니가 깊이 관여된 점은 멜버른의 경우와 같다. 호주의 첫 정착이 시드니에서 시작되어 그곳에 거점을 정하고 식민지에 관련된 일들이 모두 결정되었다고 생각한다면 어쩌면 당연한 일인지도 모른다. 1823년 뉴사우스웨일스에서 자유이민으로 호주에 온 사람들이 질 나쁜 죄수들을 어디 다른 곳으로 옮겨 달라고 총독에게 청원했다. 청원을 받은 토머스 브리즈번 총독은 시드니 940km 북쪽에 위치한 현재의 브리즈번으로 죄수를 보내기로 했다. 총독의 이름을 따서 브리즈번으로 명명되기 이전, 이 지역 일대에는 호주의 다른 지역과 마찬가지로 에보리진이 수렵, 어로, 농업을 하며 살았다. 태평양으로 흘러가는 브리즈번강은 수로로 이용할 수 있었기 때문에 에보리진은 계절마다 물 위를 이동하며 필요한 것을 손에 넣었다. 1823년 10월 총독의 명을 받은 존 옥슬리는 죄수를 데리고 시드니에서 북상하여 모턴만을 지나 포트커티스로 향했다. 당시 포트커티스로 불렸던 현재의 글래드스턴은 막상 도착해 보니 유지하기가 힘들 것 같아 정착지로 적합하지 않다고 판단하였다.

지나쳤던 모턴만으로 되돌아간 옥슬리는 근처에서 난파해 시드니로 돌아가고 싶어하는 뱃사람을 만났다. 그는 7개월 동안 현지의 에보리진과 생활했기 때문에 주변 지리에 정통했다. 옥슬리는 그 정보를 바탕으로 브리즈번강을 거슬러 올라가 현재의 브리즈번 중심지에서 다시 20km 정도 상류로 올라간 곳에 도착했다. 그러나 최초 정착촌은 그곳이 아닌 브리즈번 중심부에서 북동쪽으로 28km 떨어진 레드클리프로 결정됐다. 다만 이곳도 일시적인 장소로 옥슬리는 물을 찾아 탐험을 계속한 결과, 현재의 브리즈번 중심부에 해당하는 노스키를 최종 정착지로 선택했다. 1825년 12월 브리즈번에 정착한 정착민은 남자 45명 여자 2명에 불과했다. 식민 초기 이 지역 일대는 모턴만으로 불리다가 최초의 죄수 이민자를 시드니에서 보낸 총독의 이름을 따서 브리즈번으로 불리게 되었다.

정착 초기 브리즈번은 죄수정착지 중에서도 가장 어려운 조건의 정착지로 불렸다. 상습범들이 끌려와 가혹한 환경에서 일했다. 너무도 혹독해서 도망을 꾀하는 자도 있었지만, 상당수는 실패하고 덤불 속에서 죽어갔다. 이와 같은 악평도 있고, 그다지 많은 죄수는 보내지 않았기 때문에 인구는 늘지 않았다. 그러다가 영국 본국에서 브리즈번을 죄수의 정착지로 그냥 두는 곳에 대해 의문을 품기 시작했다. 양모의 국제가격이 상승세를 타고 있는 가운데, 목축업을 하고 싶다는 희망자가 많아졌다. 브리즈번을 정착지로 유지하는 데 있어 시드니에서의 이동비용이 컸다. 이러한 이유로 브리즈번을 죄수정착지에서 자유민의 정착지로 전환하는 결정이 내려졌다. 이 결정을 기다렸다는 듯 독일 이민자를 포함한 자유이민이 브리즈번으로 정착해 갔다. 그러나 정착이 진행되면서 에보리진과의 다툼이 눈에 띄게 되었다. 에보리진은 농가의 헛간을 습격하는 등 저항했다. 총에 맞아 사망하는 사람이 생기는 등 다툼이 몇 번이고 반복되었다. 다만 1840년대부터 1860년대에 걸쳐 정착민들이 에보리진에게 경제적으로 크게 의존했던 것도 사실이다. 연료용 목재나 어패류의 입수, 삼림의 벌채, 산울타리 만들기 등 에보리진의 도움이 필요했기 때문이다.

브리즈번이 시가 된 것은 뉴사우스웨일스에서 분리되어 퀸즐랜드주가 탄생한 1859년의 일이다. 주도로서 입스위치를 밀고 나갈 생각도 하였으나, 지나치게 내륙에 들어와 있는 점이 꺼려져 브리즈번으로 결정되었다. 브리즈번의 북쪽에서도 금이 발견되었지만, 골드러시 소동은 남쪽의 시드니나 멜버른이 주 무대였다. 1879년에 철도가 깔렸는데, 그것 역시 입스위치에서 선로가 연장된 결과였다. 크게 사행을 반복하는 브리즈번강에 접근하기 위해서 홍수 대책이 브리즈번에 필요했다(Cook, 2019). 1893년의 대홍수가 발생해 시가지가 광범위하게 수몰되는 등 큰 피해를 입었다. 그림 5-9는 1906년 당시의 브리즈번 시가지를 나타낸 것이다. 당시 인구는 남녀 모두 5.5만 명으로, 합하여 11만 명이었다. 시내를 달리던 역마차는 전철로 대체되어, 전철이 도심과 교외를 잇는 중요한 교통수단으로 기능했다. 1909년에 퀸즐랜드대학교가 창립되었고, 1924년에 도심부의 상업지구에 브리즈번 아케이드가 건설되었다. 크게 사행하는 하천으로 시가지가 양분된다는 제약을 안고 있으면서도, 퀸즐랜드주의 주도로서 브리즈번

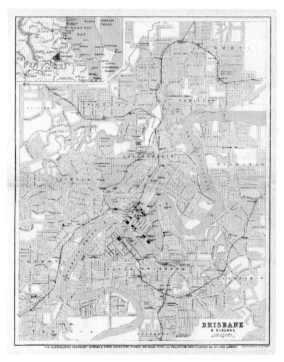

그림 5-9 브리즈번강을 따라 발전한 브리즈번(1906년)
출처: City of Brisbane 웹 자료

은 발전해왔다.

시가지의 중앙을 사행하면서 흐르는 강이 수해의 위험성뿐만 아니라 일상적인 이동에 있어서도 장애가 되는 도시는 호주에서는 브리즈번 정도이다. 시가지는 브리즈번강을 따라 동과 서로 펼쳐져 있으며, 시가지와 교외의 경계는 도심부에서 강을 내려가면 약 8km 정도, 상류 쪽에서는 10km 정도에 있다. 다만 이 거리는 직선거리이며, 실제로는 더 긴 거리를 강이 굽이쳐 흐르고 있다. 이 사이로 15개나 되는 다리가 놓여있어, 밤이 되면 조명이 켜져 브리즈번의 관광 명소이다. 이중 철교는 2개, 보행 가능한 다리는 10개이다. 가장 하류쪽에 있는 것은 레오힐셔브리지(1,670m)이며, 명칭은 현지 브리즈번의 유력자에 연유한다. 2010년 5월에 완성한 이 현대적인 교량은 실은 이전에 게이트웨이브리지로 불리고 있었다. 1986년 1월 준공 이래 많은 시민의 사랑을 받아왔으나, 증가하는 교통량에 대처하기 위해 2열 병행형 교량이 새롭게 설치되었다. 다리 이름이 변경된 것은 이러한 연유에서다. 정착지를 물색하면서 1823년에 옥슬리가 브리즈번강을 거슬러 올라왔을 때, 이곳을 적지의 관문으로 생각했을 것이다. 바로 그 입구 부근에 놓인 다리를 게이트웨이브리지라는 이름으로 가장 적절했다. 브리스번의 채널 나인의 조사에 의하면, 이 역사적인 다리 이름을 바꾸는 것에 97%의 사람이 반대했다고 한다. 지극히 당연한 반응이지 않을까?

제4절 호주 남부와 서부의 게이트웨이 도시

1. 자유민의 정착을 가정해 건설된 애들레이드

유럽인들이 현재 남호주 주도인 애들레이드 근처에 왔을 무렵, 그곳에는 카우마라고 불리는 에보리진이 300~1,000명 정도 살고 있었다. 카우마는 예르타라는 가족 집단에서 생활하고 있었으며, 그 거주지는 타른다야로 불렸다. 그것은 그들의 말로 '붉은 수컷 캥거루가 있는 바위'라는 의미였다. 인구가 많지 않았던 것은 이미 들어와 있던 유럽인으로 인해 유입된 천연두가 머리강 상류부에서 퍼져나가, 천연두에 걸린 사람들이 많았기 때문이다. 머리강은 2,508km나 되는 길이를 가진 호주에서 가장 긴 하천으로, 호주 동부의 고지에서 남서 방향으로 내륙부를 흐르다가 마지막에는 애들레이드의 동쪽에 있는 엔카운터만에 이른다. 장대한 머리강 하류부 오른쪽 해안에는 남서~북동 방향에 구릉지(애들레이드힐)가 가로놓여 있다. 이 구릉 북쪽에는 애들레이드에 없어서는 안 될 트렌스강이 흐르고 있다. 머리강의 중류부·하류부는 건조 지역이 많지만, 애들레이드힐에서 트렌스강 유역은 초록빛 자연의 혜택이 있는 지역이다.

시드니가 속한 뉴사우스웨일즈의 건조 지역에서 멀리 떨어져 있으며, 빅토리아의 멜버른에서도 멀리 떨어져 있는 곳으로 1836년부터 정착이 시작되었다. 죄수 노동력으로 정착이 이루어진 다른 도시들과 달리 애들레이드는 자유 이민자들에 의해 도시 만들기가 이루어졌다. 이는 1834년 영국

본국에서 제정된 '남호주 식민지법'에 따른 것으로, 애초부터 죄수가 아닌 자유민에 한하여 정착하기 위한 의도에서 제정되었다. 런던에 설립된 남호주회사가 식민지 토지구입과 사업에서 중심 역할을 했다. 이 회사는 1949년까지 존속했으며, 애들레이드의 도시 기반 정비와 남호주은행 설립 등에도 깊이 관여했다.

애들레이드의 도시 만들기의 토대가 되는 토지 측량과 도시 설계는 남호주의 초대측량장관인 윌리엄 라이트 대령이 담당했다. 그림 5-10은 애들레이드에 이주민이 도착하기 직전 2개월 동안 라이트가 조사를 실시해 만든 도시계획이다. 라이트는 2,400km나 되는 해안선을 조사해 360km^{2}의

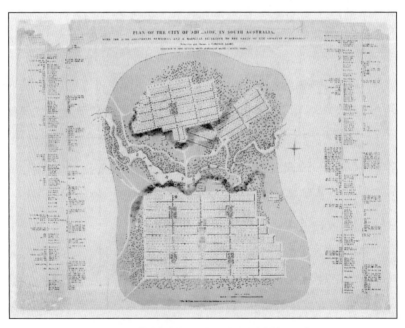

그림 5-10 윌리엄 라이트의 애들레이드 도시계획(1840년)
출처: ADELAIDIA 웹 자료

정착 예정지를 경작 예정지와 시가지로 나누었다. 시가지에 해당되는 곳이 이 그림의 범위이며, 이곳을 1,042구획으로 나누었다. 단구를 사이에 두고 북쪽으로 342구획, 남쪽으로 700구획이 설정되었다. 남쪽 분양 예정지에는 공원용지가 5곳 설정돼 있어, 후에 애들레이드가 공원 도시로 유명해질 소지가 애초부터 마련됐음을 알 수 있다. 또한 이 그림은 라이트의 계획을 바탕으로 분양이 이루어진 다음의 상태를 나타내고 있는데, 양측에 알파벳 순으로 구획의 구입자 명이 기재되어 있다. 기본적으로는 개인이 구입을 했지만, 그 중에서 앞서 설명했듯 남호주회사와 같이 수많은 구획을 일괄 구입한 예도 있다.

시드니와 멜버른에서는 해안 바로 근처에 도시 발전의 거점이 마련되었다. 이에 반해 애들레이드에서는 세인트빈센트만에 접한 해안선에서 내륙으로 6km 정도 떨어진 대지 위에 도시 중심이 정해졌다. 물론 항구도 만들어졌지만, 그곳은 해안을 따라서가 아니라 토렌스섬을 둘러싸듯이 흐르는 포트애들레이드강의 하구 부근에 마련되었다. 이런 점에서 애들레이드는 교역을 염두에 둔 항구도시가 아니라 경작지를 배후에 둔 대지 위를 흐르는 트렌스강의 강변마을로 설계되었다고 할 수 있다. 라이트 대령의 도시계획에 대해서 반대하는 사람들도 있었지만, 이상적인 공원 도시의 실현을 바라는 대령의 이념이 관철되어 애들레이드는 도시 건설 당초부터 명확한 격자형 도로와 여유로운 공원 녹지를 가진 도시로 형성되었다.

애들레이드라는 지명은 영국 국왕 윌리엄 4세의 왕비 애들레이드에서 따왔다. 그런데 우연하게도 애들레이드는 독일어로 귀부인이라는 뜻이기도 하다. 우아한 이미지를 불러일으키는 이 도시의 이름은 사실 독일계 이민자들의 정착에 깊이 관여하고 있다. 종교적 박해에서 벗어나기 위해 호주로 이주한 독일계 사람들은 정착지에 포도나무를 들여왔다. 이것이 이후 포도주 양조장의 일대 생산지인 바로싸 밸리가 형성되는 계기가 되었다(Jupp, 1988). 독일계뿐 아니라 이탈리아, 그리스, 네덜란드, 폴란드의 이민자도 더해져, 미개척된 토지에서 새로운 생활이 시작되었다. 이후에도 유럽의 이주가 계속되었지만, 베트남전쟁 이후에는 아시아의 이민자도 새로 들어왔다. 문자 그대로 국제색이 풍부한 코스모폴리탄적인 도시로 발전해 갔다.

바로싸 밸리의 포도주 양조장은 산업으로는 농업과 식품가공업의 중간쯤에 해당한다(Peter, 1984). 현재(2018년) 애들레이드는 농업 부문의 취업자 수 비율이 전체의 1.2%에 지나지 않는다. 사회복지(15.8%), 소매업(10.8%), 교육·트레이닝(8.9%)과 같이 광의의 서비스업 취업자가 많은 것은 호주의 다른 주요 도시와 같다. 제조업은 7.6%로, 자동차공업(홀덴, 미쯔비시 자동차공업), 타이어공업(브리지스톤) 등이 있다. 관광 서비스에 상당하는 숙박·식료서비스가 6.7%, 기업서비스에 상당하는 전문·과학·기술 서비스가 6.4%인 점은 애들레이드가 예술·문화의 국제행사에 주력하거나 군사연구소·공군기지를 거느리고 있는 점을 반영하고 있다. 국토 면적이 광활했기 때문에 수도를 중심으로 독립적·고립적인 경제권이 생기기 쉽다. 호주 게이트웨이 도시의 특징적인 성격이 이러한 산업 구성에 나타나고 있다.

2. 퍼스의 식민지 건설과 프리맨틀 교역

1962년 2월 미국의 우주비행사 존 글렌은 지구를 도는 우주선에서 칠흑같은 호주 대륙 서부에 한 군데 불이 켜져 있는 것을 발견했다. 그것은 지상에 사는 사람들이 집과 가로등의 불빛을 가능한 한 많이 밝혀, 상공을 통과하는 위성에 신호를 보낸 것이었다. 어둠 속의 빛은 인상적이었고, 이 사실은 곧 매스컴을 통해 전해졌다. 화제가 된 불을 밝힌 지역은 서호주의 주도 퍼스였다. 광대한 암흑의 세계에 한 점의 빛, 호주 최서단 퍼스의 '연출'이었다. 대륙 서쪽 끝에 남겨진 것처럼 사는 퍼스 사람들은 1998년 글렌 비행사가 우주왕복선으로 다시 우주비행을 했을 때도 지상에서 빛을 비추었다. 이후 퍼스는 '빛의 도시(City of Light)'로 불리게 되었다(Gregory, 2003).

'빛의 도시' 퍼스가 영국인의 정착지로 공식적으로 인지된 때는 1829년이다. 그 이전, 이 지역에서는 호주의 원주민이 사냥이나 농업 등으로 생활하고 있었다. 지금보다 해수면이 낮을 무렵, 퍼스의 앞바다에 있는 로트네스섬 사이를 사람들은 도보로 왕래하고 있었다. 영국인이 도래하기 전에는 네덜란드인이 들른 적도 있었다. 그러나 일대는 정착하기에 부적합한 곳으로 여겨져 손을 댈 수 없었다. 영국은 당초 프랑스가 이 땅에 침입할까 봐 두려워 호주 남서단의 킹 조지 사운드(현재 알바니)에 기지를 건설하고 경계했다. 이후 영국인들은 스완강 유역에 잠입하여 식민 거점으로 퍼스를 택하였다. 스완이라는 강의 이름은 이 유역에 번식하던 블랙스완(흑조)에서 유래했다. 퍼스라는 지명은 초대 정착지 장관의 출신지인 스코틀랜드의 퍼스샤이어에서 따왔다.

영국의 이민자들은 벌판을 개간하여 농지로 만들어 취락을 형성하였다. 처음에 이 땅은 뉴사우스웨일스주에서 관리하였으나, 곧 1831년에는 준주가 되었다. 개척을 추진하기 위해서는 값싼 노동력을 늘릴 필요가 있었으며, 1885년 이후 죄수를 영국에서 데려와 노동을 시켰다. 1890년대가 되자 내륙에서 금광이 잇따라 발견되는 바람에 골드러시가 일어났고, 퍼스도 그 번영에 기여했다. 농업과 광업의 발전과 함께 준주의 경제적 지위가 향상됨에 따라 1900년에 주민 투표가 실시되었다. 연방 가입 여부를 묻는 투표였다. 동부의 선진 지역과는 거리상으로 멀리 떨어져 있어 그곳과 연대하려는 의식은 퍼스 측에서는 희박했다.

연대를 거부당한 동부 지역은 철도를 서쪽으로 연장한다는 조건을 제시하며 연계를 재차 촉구했다. 이 제안을 받은 퍼스 사람들은 연방 가입에 동의하기로 했다. 이와 비슷한 사례는 캐나다에서도 있었다. 대륙의 동쪽에서 생겨난 캐나다 연방이 국토를 서쪽으로 넓혀 가면서 아직 영국의 식민지였던 브리티시컬럼비아를 끌어들이려 했다(den Otter, 1977). 이 때 조건으로 제시된 것이 철도 연장이며, 밴쿠버까지 철도를 연장한다는 조건으로 브리티시컬럼비아는 연방에 가입하였다. 나라는 다르지만, 상황은 비슷하다. 국토의 서단에 위치하는 퍼스의 지리적 고립감은 그 후로도 가끔 나타난다. 1931년에 호주로부터 분리 독립운동이 일어났으나, 영국 의회가 이를 거부한 경우도 있었다.

퍼스의 도시 중심은 스완강의 강폭이 넓어진 저지대 북측에 있다. 이러한 지형은 이곳이 분지상으로 움푹 패여 있음을 말해준다. 실제 이 분지 모양의 지역이 대도시권의 내부지역을 형성하고 있어, 이곳을 둘러싸는 듯

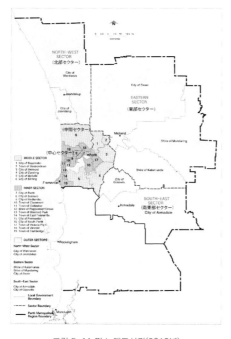

그림 5-11 퍼스 대도시권(2012년)

출처: Perth Area Consultative Committee(ACC) 자료

한 고리 모양의 영역이 있다. 외부 지역은 바깥쪽 교외부이며, 내부지역에서 동쪽 방향으로 대략 50km 떨어진 곳에 경계선이 있다. 북측과 남측의 교외는 도시 중심부에서 모두 70km 정도 가야만 경계선에 이른다. 대도시권은 인도양과 동부 구릉에 끼인 듯한 직사각형의 형태를 하고 있다(그림 5-11). 동쪽 구릉은 퍼스힐로 불리며, 지질학적으로는 달링벼랑이라 불리는 일종의 단층 지형이다. 이 단층은 내륙부의 안정괴(Craton)와 그 서쪽 저지대 경계 부근을 남북 방향으로 1,000km에 걸쳐 뻗어 있다. 처음에는 산맥으로 생각되었으나, 실제로는 단층에 의해 만들어진 벼랑이라는 것이 나중에 밝혀졌다.

영국인이 이 땅에 식민지를 구축하기 시작했을 무렵, 지중해식 기후의 농업생산과 내륙에서 생산되는 금광석의 채굴이 사람들의 생활을 지탱했다. 농민들은 야생의 대지를 개간하여 경지로 바꾸고, 그곳에 유럽에서 들여온 농업을 시도했다. 도로가 충분하지 않았기 때문에 하천이 교통수단으로 이용되었다. 이 때문에 초기에는 강변으로의 접근을 중시한 가늘고 길게 구획된 토지구획이 채용되었다. 이민의 증가와 동시에 내륙부 개발이 진행되면서, 인구가 모인 지역에 공유지분할제도(township)가 생겨났다. 농업은 밀을 중심으로 한 곡물 재배와 양, 소 등의 가축사육을 주로 했다. 20세기에 들어서자 양모가 국제적 상품으로 거래되기 시작하여 농업 경영의 방향성이 결정되었다. 그 후 식용을 목적으로 한 목축과 낙농이 가세해 농업생산 형태가 정해진 점은 호주의 다른 지역과 동일하다.

한편 금광석을 비롯한 광물자원 채굴의 경우 1890년대에 퍼스에서 600km 정도 동쪽에 있는 칼굴리 부근에서 광맥이 발견된 것이 광업개발의 시작이다. 해외에서 많은 노동자가 금 채굴을 꿈꾸며 모여들었다. 1896년에는 협궤철도가 퍼스에서 칼굴리까지 깔렸다. 그러나 금광석을 호주 남부의 항구 포트오거스타까지 운반하는 표준궤도의 철도가 개통될 때까지는 20년 정도 더 기다려야 했다. 포트오거스타까지 2,000km의 대부분은 사막지대이다. 캘거리와 퍼스 간 표준궤도 철도가 개통된 때는 1968년의 일이며, 이 이후 퍼스는 호주 동부의 여러 지역과 철도로 연결되었다.

퍼스는 외항으로 프리맨틀이 있다. 행정 단위로는 다른 도시이지만, 프리맨틀은 퍼스 도시권에 있어 퍼스와 그 배후권을 배경으로 무역 활동을 하고 있다(Dowson, 2011). 프리맨틀은 스완강 하구에 위치하고 있으며, 얕은 여울 모양의 강바닥을 깊게 하여 항만 기능을 높여 온 역사가 있다. 호주의 남서단에 위치하기 때문에 호주의 항구에 기항하면서 화물을 싣고 가는 배는 프리맨틀에 처음이나 마지막에 들른다. 예를 들어 인도양 방면에서 오는 배(수입)는 최초로 프리맨틀에 기항하고, 반대로 그 방면으로 향하는 배(수출)는 마지막에 기항한다. 처음 기항하는 경우는 타항에 앞서 화물을 양륙하는 이점이 있고, 마지막에 기항하는 경우는 최후에 짐을 싣기 때문에 시간을 벌 수 있다. 이것은 어디까지나 상대적이며, 수출, 수입이 반대라면 이점·단점은 다르다.

3. 절묘한 지리적 위치에 있는 태즈메이니아주의 주도 호바트

호주에서 가장 작은 면적의 태즈메이니아주의 주도인 호바트도 다른 주도들과 마찬가지로 영국에서 끌려온 죄수들에 의해 생겨난 도시이다(Harman, 2018). 그 시작은 1803년으로 영국인은 처음에는 현 호바트의 북쪽 7km에 있는 리스돈 내포에 상륙했다. 이곳은 더웬트강 동쪽 해안에 있으며, 영국은 프랑스 세력이 이 지역 일대에 영향을 미치는 것을 경계하여 방위 거점으로 삼았다. 그러나 불과 1년 후에 이보다 강 아래의 설리번 내포로 거점이 변경되었다. 설리번 내포는 현재의 호바트

그림 5-12 태즈메이니아주의 주도 호바트
출처: Parliament of Tasmania 웹 자료

중심부에 접해 있으며, 시가지는 이 근처에서 다웬트강의 양쪽 기슭을 따라서 남북 방향으로 펼쳐져 있다(그림 5-12). 시가지의 북단은 다웬트강이 포구에 접어드는 부근에 해당하고 있으며, 브리지워터에는 그 이름과 같은 브리지워터라는 다리가 놓여있다.

영국이 태즈메이니아를 식민지로 삼기 이전, 1643년에 네덜란드의 아벨 타스만이 유럽인 최초로 태즈메이니아를 방문했다. 그는 이 섬을 반디멘스 랜드라고 이름 지었다. 반디멘스는 네덜란드 동인도 회사의 총독 이름이다. 그 후 프랑스인이 태즈메이니아에 와서 유럽에 태즈메이니아에 관한 소식 을 알렸다. 태즈메이니아는 그대로 반디멘스랜드로 불리다가 처음 온 타 스만의 이름을 따서 1901년부터는 태즈메이니아로 불리게 되었다. 그간의 경위는 다소 복잡하지만, 19세기 영국의 식민지화는 정확히 태즈메이니아 가 아닌 반디멘스랜드에서 이루어졌다. 영국에서 끌려온 죄수들은 도시 건 설 노동에 종사했는데, 몇몇은 도피를 시도하기도 했다. 하지만 운 좋게 도 망칠 수 있어도 험난한 자연조건 속에서 연명해 나가기는 어려웠다. 곧 규 제도 느슨해져 모범수들은 고역에서 벗어나 자유민으로 정착에 힘쓰게 되 었다. 현재 남아있는 태즈메이니아의 역사적 건물 상당수는 자유민에 의한 것이며 관광자원이 되고 있다.

호바트의 게이트웨이 기능은 그 지리적 위치와 지형적 조건에 의해서 충 분히 완수되어왔다. 호주 안에서도 남극에 가장 가까운 주요 도시이자, 각 국 탐험대가 반드시 들르는 중계지이다(Hudspeth and Scrips, 2000). 19세 기는 국제적으로 고래잡이가 성행했고, 호바트는 거점으로서 그리고 조선 업의 고장으로 번창했다. 호바트가 위치한 설리번 내포 즉, 태즈메이니아항의 깊은 수심이 각국 선박을 불러 모으는 조건으로 작용했다. 특히 제2차 세계대전 중에는 군함의 기항지로 중요한 역할을 했다. 지금도 중동지역에서 모국으로 향하는 미해군 선박은 보급을 위해 호바트에 기항하는 경우가 많다.

호바트의 게이트웨이 기능의 또 다른 측면은 자원 유출에 나타나고 있다. 이 점은 호주의 다른 주도와 공통점이기도 하다. 농목업과 광업 등 1차 산품이 항구에서 반출되고 있다. 과거에는 어업 자원으로 고래도 이 안에 포함됐다. 이러한 산업을 담당하는 사람들의 뿌리는 영국의 죄수이고, 이러한 부분도 다른 도시와 같다. 그 후에는 해외 이주자가 산업 노동력으로서 태즈메이니아의 경제를 지탱했다. 그러나 호바트의 경제발전 속도는 호주 본토에 비하면 느렸다. 배후에는 본토에서 떨어진 곳에 위치하고 있는 태즈메이니아의 지리적 조건 때문이었다. 호바트에 들어오는 인구 유입은 해외뿐만이 아니다. 호주 본토에서 이주하는 사람도 많았는데, 본토에 비해 물가가 싸고 자연에 둘러싸인 조용한 생활을 찾아왔다.

20세기 후반에 이르러서는 아시아계 사람들이 유입되기 시작하였다. 과거에는 영국계 외에는 이탈리아, 그리스, 유고슬라비아, 폴란드 등 남유럽과 동유럽에서의 이민이 많았다. 단, 현재 인구에서 차지하는 비율로 보면 영국계 이민과 호주 태생의 비율이 높다. 본토의 여러 도시에 비하면 인구 비율은 비교적 안정적으로 증가해왔다는 점에서 본토 수도의 그늘에 가려지기 쉬운 도서 지역 태즈메이니아의 성격이 나타난다. 광대한 면적을 가진 호주 본토의 수도와는 달리 호바트는 68,400㎞의 한정된 크기의 섬 중심지에 불과하다. 그러나 긴 역사를 염두해 두고 이야기하면, 시드니에 이어 두 번째로 오래되었고, 멜버른과 애들레이드가 식민지로 시작된 지 얼마 되지 않았을 때 이들에게 곡물, 목재, 양모 등을 보내는 역할을 했다. 호주 본토에서 골드러시가 일어났을 때는 운송용 목조선을 공급했다. 즉 호바트는 본토 식민지의 발전을 도운 것이다. 유럽에서 시드니로 가는 길에 반드시 기항하는 절묘한 지리적 위치가 역사적으로 영향을 미친 역할도 적지 않았다.

칼럼 5. 캐나다와 호주의 정체성

캐나다와 호주가 자연과 인문에서 서로 닮아있다는 것은 건국 이전의 역사를 풀어보면 잘 알 수 있다. 캐나다는 당초 프랑스의 영향을 받은 시기가 있었지만, 그 후에는 오로지 영국의 영향력 하에서 나라 만들기가 진행되었다. 호주는 처음부터 영국의 힘으로 국토가 개방되었고, 그 후로도 그러한 연장선상에서 오늘에 이르렀다는 인상이 짙다. 양국 모두 면적이 넓은 데 비해 인구는 적다. 캐나다는 고위도에 위치하고 한랭지가 많다는 혹독한 자연조건을 가지고 있다. 이에 반해 호주는 건조 기후가 내륙부를 넓게 덮고 있어 생산과 생활에 적합한 지역은 해안 부근으로 한정된다. 두 나라 모두 역사가 새로운 것과 어려운 자연조건이 현재의 적은 인구를 설명한다.

다만, 두 나라를 역사가 새로운 나라로 생각하는 데에는 주의가 필요하다. 왜냐하면, 유럽인이 도래하기 이전부터 생활해 온 원주민들이 있기 때문이다. 캐나다에서는 이전부터 에스키모로 불려지는 현재는 이누이트라고 칭해지는 원주민 외에 인디언도 오래전부터 살아왔다. 최근에는 인디언이라는 호칭은 사용하지 않고, 퍼스트네이션이라고 부르는 것이 일반적이다. 호주에서는 에보리진이 원주민이지만, 이러한 차별적 호칭은 사용하지 않고, 호주 원주민(Indigenous Australians)이나 에보리진 호주인(Aboriginal Australians)으로 바뀌어 왔다. 양국 모두 원주민의 전통문화를 존중하고, 다문화주의 속에 녹아들고 있다.

더불어 다문화주의를 표방하고 있는 캐나다와 호주는 사회적 통합의 필요성 때문에 다문화 공생이라는 사고를 가져야만 하는 측면이 있다. 캐나다에서는 역사적인 이유로 영어와 프랑스어를 공용어로 하는 이중언어 정책을 취해왔다. 사실 민족적 뿌리가 프랑스라는 사람들이 퀘벡주에 많이 살고 있다. 이 부분을 포함해 캐나다라는 나라의 통일성을 유지하려면 역시 다문화주의를 바탕에 두지 않을 수 없다. 캐나다는 미래 지구의 모습을 선점했다는 평가를 받기도 한다. 코스모폴리탄 사회는 어떠해야 할 것인가에 관한 의견은 분분하지만, 캐나다의 다문화주의가 하나의 모델임에는 틀림없다.

지리학 시점에서 캐나다의 정체성을 생각하면, 미국과의 관계를 보지 않을 수 없다. 정체성은 그 성격상 국토의 자연조건과 깊은 관계가 있다. 어떠한 지형이나 기후에서 나라가 만들어졌는지, 그 역사가 정체성과 깊게 관련되어 있기 때문이다. 이러한 관점에서 볼 때, 캐나다와 미국은 위도의 높낮이라는 차이는 있지만, 지형 조건에는 유사성이 많다. 동부에서 서부를 향해 해안, 산맥, 평원, 산맥, 해안이라고 하는 남북 방향의 지형이 있고, 그것을 상당히 인위적인 의도로 북과 남으로 나누어 나라가 생겨났다는 역사적 경위가 있다. 동서로 나눈다면 좀 더 차이가 있었겠지만, 남북으로 나눔으로써 두 나라 모두 비슷한 지형을 갖게 되었다.

물론 지형 조건만으로 정체성이 결정되는 것은 아니다. 그러나 비슷한 지형 위에 형성된 국가 안에서 생활하는 사람들의 의식에 유사한 요소가 있다고 해도 이상할 것은 없다. 캐나다와 미국을 헷갈릴 일은 없지만, 캐나다 지형을 배울 때 미국 지형과 무엇이 다른지 궁금해하는 학생은 있을 수 있다. 이런 의식은 정체성에 민감한 캐나다인 자신 속에도 있다. 미국과의 차이를 주장하기 위해 캐나다가 고위도, 즉 한랭지라는 것을 굳이 강조하는 사람도 있다. '아이스 앤 파이어'라는 말이 있는데, 이는 캐나다를 얼음에 비유하고 미국을 불에 비유한 표현이다. 얼음으로 덮인 북쪽의 대지를 캐나다의 상징으로 삼고, 다소 핏기가 많은 미국을 불타는 불꽃에 비유하고 있다.

남반구에 있는 고독한 대륙이 호주에 대한 외부의 인상일 것이다. 대륙 이동설에 따르면 호주 대륙은 약 5천만 년 전에 다른 대륙으로부터 분리되었기 때문에 유대류 등의 생물이 독자적인 진화를 이뤄 독특한 생태계를 형성했다. 이것만으로도 충분히 호주는 남다른 독자성을 갖고 있다고 주장할 수 있다. 코알라와 캥거루는 그런 역할을 톡톡히 한다. 다만 인간 사회의 일이 되면 이러한 주장은 뒤로하고, 호주다움이 요구된다. 역사적 경위로 보아 영국과의 관계가 여전히 강하다는 것은 캐나다와 같다. 덧붙여 남반구에 있어 아시아에 가깝다고 하는 지리적 조건이, 특히 경제 면에서 친근감을 증폭시킨다. 최근에는 이민 유입 면에서도 아시아와의 관계가 강해지고 있다. 캐나다처럼 이웃 강대국과 혼동될 우려는 없지만, 같은 오세아니아의 뉴질랜드와는 국가 성립 과정이 비슷하다. 캐나다도 호주도 정체성 확립을 목표로 하여 새로운 나라 건설이 진행될 것으로 생각된다.

제6장

중세와 근세 일본의 주요 항구와

에도시슈쿠의 역할

제1절 중세 일본을 대표하는 삼대 항구, 하카타항, 사카이항, 보우노항

1. 중세 일본의 주요 항구와 하카타항의 번영

사방이 바다로 둘러싸인 일본에서는 예로부터 바다를 이용한 수상교통이 성행해 왔다. 배는 착안(着岸)하기 쉬운 장소를 선택해 정박하고, 뭍으로부터 사람이나 짐을 싣고 목적지로 향한다. 이와 반대로 사람이나 짐을 실은 배가 물가에 도착하고, 거기서 목적지로 이동해 가기도 한다. 육상교통이 발달하지 않았던 시대에 배가 연안·착안하는 장소는 서로 다른 세계를 연결하는 게이트웨이로서 해국(海国) 일본에 빼놓을 수 없는 특별한 장소이기도 했다. 특히, 배의 정박지나 물가에는 사람이나 짐을 싣고 내리는 것을 생업으로 하는 사람들이 있었고, 그러한 사람 수가 많을 경우에는 마을이 형성되기도 한다. 이른바 자연 발생적으로 생겨난 항구(항)가 일본 각지에 있었으며, 이 항구들은 지역 간 교류를 돕는 중계지 역할을 하였다. 또한 이러한 지역들은 주변 지역이나 국내에 국한되지 않고 멀리 이국의 다른 지역에까지 영향을 미치기도 하였다. 이렇게 형성된 항구 중에는 역사적 발전을 이루어 항구도시의 지위를 구축한 곳도 많았다.

일본에서 가장 오래된 바다의 법률 즉, 해상법으로 '회선식목(回船式目)'이 있다. 이 해상법은 '회선대법(回船大法)', '선법도(船法度)', '선법(船法)'이라고 불리기도 하였으나, 최근에는 회선식목이라는 명칭으로 통일

되었다. 원래는 뱃사람들 사이에 통용되는 해상법으로, 지방마다 달랐던 바다에 관한 관습이 해운의 발전과 함께 통일되어 문서로 만들어지게 된 것이다(住田, 1942). 이 해상법은 무로마치시대 말기 무렵에 제정된 것으로 추정하고 있으며, 전체 31개 조로 구성되어 있다. 이후 후세에 내용이 추가되어 41개 조로 구성된 것도 있다. 이 회선식목에는 배의 차용에 관한 규정, 화물이 손상되었을 때의 보상, 선박끼리 충돌했을 때의 책임 등에 관하여 상당히 구체적인 항목이 적혀 있다. 특히 항목 중에서 조난선의 처리 방법에 관해 언급한 부분도 있는데, 조난선은 사찰에 봉납하는 것을 우선시한다고 명시되어 있었다. 이러한 바다에 관한 규정은 세계 각지에서 필요했던 것으로, 유럽에서는 이탈리아 베네치아가 상업의 번성과 함께 처음으로 등장했다. 무로마치 시대의 회선식목은 당시로서는 선진적인 내용을 포함하고 있었고, 이는 그 무렵 일본의 해운계가 상당히 높은 수준에 있었음을 말해준다고 할 수 있다.

당시 이 회선식목에는 일본에서 중요한 역할을 했던 10대 항인 삼진칠주(三津七湊)의 이름이 기록되어 있다. 삼진(三津)이란 아노항安濃津(이세국伊勢国 아노쯔), 하카타항(치쿠젠국筑前国 나카군那珂郡), 사카이항(셋츠국摂津国 스미요시군住吉郡과 이즈미국和泉国 오시마군大島郡)의 3개 항을 말한다. 다만, 중국 명대의 역사서『무비지(武備志)』에서는 사카이항 대신에 보우항(사쓰마국薩摩国 카와베군川辺郡)이 거론되고 있다. 하카타항을 제외하면 모두 일본열도 남측에 위치하는 항이다. 그리고 칠주(七湊)란, 산코쿠항(에치젠국越前国 사카이군坂井郡), 모토요시항(카가노국加賀国 이시카와군石川郡과 노미군能美郡), 와지마항(노토국能登国 후겐군鳳

至郡), 이와세항(엣츄국越中国 카미니카와군上新川郡), 이마마치항(에치고노국越後国 나카쿠비키군中頚城郡), 츠치자키항(데와국出羽国 아키타군秋田郡), 토사항(무쓰국陸奥国 하나와군鼻和郡)의 7개 항을 말한다. 이 항구들은 일본열도의 북측인 동해에 위치하고 있으며, 중국 대륙과 한반도에서 교역을 하던 당시, 대륙 측에서 보면 일본의 바깥 쪽에 위치한 항이라고 할 수 있다. 모두 하천이 바다로 흘러가는 하구 부근에 위치하고 있어, 하천교통을 이용한 방안을 고려하고 있었다.

삼진 중에서 유일하게 동해에 접하고 있는 하카다항은 1161년에 타이라노 키요모리(平清盛)[1]가 건설한 일본 최초의 인공 항(소데노항袖の湊)이 그 기원이다. 스미요시 신사에 보관되어있는 하카타 고지도(古圖)를 보면, 하카타항은 나카강과 히에강이 유입되는 레이센항, 이곳과 작은 언덕으로 가로막힌 쿠사가강, 쇼후쿠사(聖福寺)와 쿠시다궁이 있는 중심부, 거기서 중심부와 다리로 연결된 오키노하마라고 하는 데지마(出島)로 이루어져 있었다. 옛부터 견수사(遣隋使), 견당사(遣唐使)의 경유지이기도 했던 하카타항은 스미요시신사와 하코자키궁 등의 사찰·신사와 장원영주(莊園領主) 등의 일·송(日宋) 사무역(私貿易)의 거점지였다(大庭, 2009). 이후 헤이안 말기에는 다이토오가(大唐街)로 불리게 되는 '송나라사람 거리'가 하코자키궁(筥崎宮) 주변에 형성되었다. 이들 송인(宋人)은 선단(船団)을 이루어 왕성하게 왕래하였고, 하카타에 거처를 마련하여 사찰과도 관계를 맺어 나갔다. 특히, 송상인은 고슈(綱首)로 불리며 일·송 관계에 힘썼

---

[1] 일본 헤이안시대 말기의 무장

는데, 그러한 연유에는 1195년 송나라에서 돌아온 영서(榮西)가 처음으로 승구사(承久寺)를 세웠을 때 물심양면으로 도움을 준 것에서 잘 보여준다.

송상인과의 무역은 1274년에 있었던 '분에이노에키(文永の役)'까지 성행하였다. 몽골군과 하카타만 일대에서 전투가 벌어졌고, 하카타의 마을 상륙을 막지 못한 일본군은 열세에 몰리게 되었다. 이 사건을 교훈으로 가마쿠라 막부는 몽골내습(蒙古襲来)에 대비해 하카타만 연안 20km에 걸쳐 원구방루(元寇防塁)를 구축했다. 그 7년 후인 1281년에 몽골군은 다시 하카타를 침입하였는데, 내습에 대비한 방루와 하급무사들의 분투와 더불어 큰 폭풍우로 몽골군을 물리칠 수 있었다. 그리고 '고안노에키(弘安の役, 1281년)'라고 불리는 몽골군의 2차 침공 이후, 중국 측이 왜구라고 부르는 무법 자집단이 중국 연안과 조선에서 금품을 빼앗는 등 '도량발호(跳梁跋扈)'[2] 하기 시작했다. 당시 명나라와 조선은 무로마치 막부에 단속 강화를 요구해 왔고, 이에 따라 정부 공인을 받은 감합무역이 제도화되었다. 하카타항은 감합무역의 기지로서 세력을 회복했고, 이로 인해 막대한 이익을 얻은 무로마치 막부는 키타야마 문화와 히가시야마 문화를 꽃피울 수 있었다.

막대한 이익을 가져다주는 하카타항은 센고쿠 시대(戦国時代)에 들어서도 유력 무장들을 끌어들이는 요충지가 되었고, 오우치, 모오리, 오토모, 류조지, 시마즈 등의 센고쿠 다이묘들이 지배권을 둘러싸고 치열하게 싸웠다. 이른바 '치쿠젠센고쿠쟁란(筑前戦国争乱)'이 일어나 하카타의 마을들은 초토화가 되었다. 이렇게 황폐해진 하카타의 마을을 부흥시킨 인물은 큐슈

---

2 권세나 세력을 제멋대로 부리며 함부로 날뛰는 행동이 만연함

평정을 위해 하카타에 입성한 토요토미 히데요시(豊臣秀吉)였다. 히데요시는 '타이코쵸와리(太閤町割り)'라 불리는 전쟁피해 부흥사업에 착수하여 현재의 하카타 시가지 형성의 기초가 되는 마을 건설을 실행했다(그림 6-4). 타이코쵸와리는 하카타의 거상인 카미야 소우탄과 시마이 소우시쯔가 히데요시에게 제안하여 실행된 것으로, 두 사람은 다도를 통해 히데요시와 두터운 친분을 만들어간 사이였다. 이러한 상인들은 히데요시로부터 폭넓은 자치권을 얻었으며, 이로 인해 마을에 활기를 북돋을 수 있었다. 이

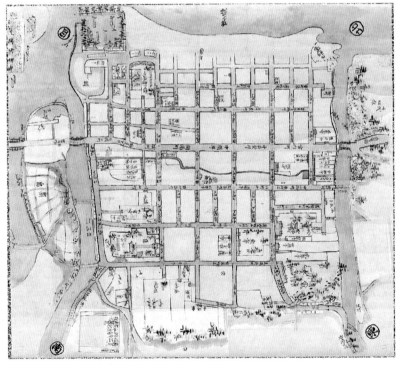

그림 6-1 타이코쵸와리(太閤町割り, 1587년) 이후의 하카타 구지도
출처: 후쿠오카현립도서관 웹 자료

러한 하카타항은 게이트웨이로 기능하면서 대조선, 루손섬, 자바섬 등과의 교역을 통해 하카타의 거상들에게 많은 이익을 가져다줄 수 있었다.

2. 감합(勘合) 무역 등 무역 활동으로 번영한 중세 자유도시 사카이항

사카이항의 지명은 오사카만 북쪽의 셋츠국, 남쪽의 이즈미국 그리고 동쪽에 위치하는 카와치국의 경계선, 즉 사카이(堺)[3]가 접하고 있는 것에서 유래한다. 11세기경부터 사카이로 불리게 된 이곳은 바닷가의 작은 어촌마을이 아니라 바다의 신들과 깊은 관계를 가진 항이었다. 이는 오사카만의 기슭에는 요도강과 야마토강에서 바다로 운반된 토사가 파도에 의해 언덕 모양으로 쌓여 형성된 사력단구가 있었는데, 이 사력단구 위에 아구찌신사와 스미요시신사가 모셔져 있었기 때문이다. 일찍이 에나쯔(福夏)라고 불렸던 사카이는 요도강을 경유하여 교토로 갈 수 있을 뿐 아니라, 이즈미국을 거쳐 키노국(紀伊国) 쿠마노(熊野)로도 갈 수 있는 교통의 요충지였다. 사카이에는 천황가와 조정에서 필요로 하는 물자를 조달하는 쿠고인(供御人)[4]을 비롯하여 신분적 특권을 가진 요리우도(寄人)[5], 토네리(舎人)[6], 메시쯔기(召次)[7], 신징(神人)[8] 등이 거주하고 있었다. 이들은 여러 활동에 종사

---

3 한국어로 경계

4 일본 중세에 조정의 천왕·왕족 등에 산해 특산물 등 식료와 각종 수공예품 등을 공납한 집단

5 기록소 등에서 일하는 직원

6 왕족·귀족 곁에서 잔일을 시중하던 소임

7 궁에서 잡일을 행한 하급의 직원

8 신사에 예속되어 잡역 등을 행하는 하급 신직

했고, 전문적 기능을 가진 집단으로 활약한 사람도 적지 않았다. 특히 단남주물사(丹南鑄物師)가 그 예로, 이 기능 집단은 서일본을 중심으로 주물제품을 팔 뿐만 아니라, 방문지에서 곡물과 비단을 구입한 후 사카이로 돌아와 이를 판매하여 이익을 챙기기도 하였다.

사카이항이 해외 교역항으로 명성을 떨친 때는 견명교역선(遣明交易船)으로서 중국으로 향한 쿠보(장군)선과 호소카와(관령)선이 1469년에 귀국했을 시기로, 오닌(応仁)·분메이의 난(1467~1477년)으로 인하여 전란 중이었던 세토나이카이(瀨戶內海)를 피해 큐슈에서 토사(土佐) 앞바다를 경유해 당초 예정했던 효고항이 아닌 사카이항에 도착했기 때문이다. 이러한 견명교역선을 이용하여 이루어진 감합무역은 해금정책(海禁政策)을 취한 명나라가 감합한 배에만 허용한 무역이었다. 이렇듯 명으로부터 감합을 허가받은 무로마치 막부는 직영의 감합선을 파견할 뿐만 아니라, 무역을 하고자하는 슈고다이묘(守護大名)와 대사사(大寺社)에게도 감합을 허용했다. 무역을 하고싶어하는 유력자에게 감합을 허용한 이유는 감합무역으로 큰 이익이 발생할 것으로 예상되었고, 이러한 감합이 허용된 유력자로부터 수입(사례금)을 얻을 수 있다고 보았기 때문이다.

감합무역 경영을 실제로 실행한 것은 무로막치 막부도, 다이묘와 사찰도 아닌 하카타와 사카이의 상인들이었다(角山, 2000). 그리하여 감합선이 귀항하면, 1척에 대해 3,000-5,000 관문 정도의 수입세가 상인으로부터 막부와 슈고다이묘, 사찰에 지불되었다. 수입세의 액수는 실제로 수입한 물자 가격의 10%로 하는 경우와 예상 수입 가격의 10%로 먼저 결정하는 경우의 두 가지가 있었지만, 시대가 흐름에 따라 후자의 방법으로 결정되었다. 이를 통해 볼 때 상인이 위험을 부담하도록 강요받았다고 할 수 있다. 그러나 막부의 힘이 점차 약해진 15세기 후반에 이르러, 사카이 상인과 결연을 맺은 호소카와씨와 하카타 상인과 결연을 맺은 오우치씨가 무역의 실권을 쥐게 되었다.

당시 아시아의 중계 교역지로 번영하고 있던 류큐와 교역하여 이익을 얻고 있던 사카이 상인 유카와 센아는 1476년에 사카이에서 출항하는 3척의 견명교역선을 모두 도급받았다. 이 견명교역선은 생사 · 견직물 · 면 · 사라사 · 도자기 · 향료 · 약종 등을 가져왔고, 수입세를 막부에 납부한 후에는 자유롭게 판매하여 많은 이익을 챙길 수 있었다. 그리고 오닌의 난으로 교토가 황폐해지자 사카이는 이를 대신하는 물자 집산지로서 발전하였다. 그 발전상은 1527년부터 1532년까지 5년간 미요시 모토나가(三好元長)가 아시카가 요시쯔나(12대 쇼군 요시하루의 동생)를 거느리고 '사카이 막부'를 세운 것에서도 알 수 있다. 그 후, 미요시 모토나가의 아들인 미요시 나가요시는 사카이에 야가타(屋形)⁹를 세웠고, 그에 따른 경제력으로 기나이(畿內) 일원을 세력하에 둘 수 있었다. 사카이가 이러한 안전성을 유지하면서 마을 주민에 의한 자치를 완수할 수 있었던 것에는 주변의 무력 세력에 군자금을 보낼 수 있을 만큼 풍부한 자금력이 있었기 때문이다.

---

9 공가나 무가 등 귀인의 거관居館을 의미

사카이의 자치를 주도한 인물들은 에고슈(会合衆)[10] 혹은 나야슈(納屋衆)[11]라고 불리는 세습적 문벌의 유력 상인들이었다(豊田, 1957). 그리고 나야는 물건을 넣어두는 헛간을 말하며, 해안이나 항구에 헛간을 짓고 창고업을 했기 때문에 이렇게 불렸다. 이러한 사카이의 유력 상인들은 마을의 남쪽, 북쪽, 동쪽의 세 방면에 출입구를 설치하여 로닌(牢人)[12]을 고용하고 자위(自衛)하는 체제를 마련했다. 또한, 경제력과 자치력이 있으면 문화적으로도 뛰어난 활동을 펼칠 수 있는 기회가 많아지게 된다. 바로 이러한 기회를 바탕으로 센노 리큐(千利休)가 다도 문화를 완성시켰다. 또한 풍부한 경제력은 위정자들에게도 매력적으로 다가왔다. 1568년 오다 노부나가는 교토로 상경할 즈음에 사카이에는 군자금 2만관, 이시야마혼간지(石山本願寺)에는 5,000관을 요구했다. 사카이 에고슈는 처음에는 이러한 요구에 응하지 않았다. 그러나 일을 시끄럽게 하지 않게 하기 위해, 이마이 소우큐(今井宗久) 등이 노부나가가 지배하는 직할지를 인정하고, 마츠이 유칸(松井友閑)이 사카이봉행(奉行)이 되어 직할지를 경영하게 되었다. 또한 토요토미 히데요시도 사카이를 직할지로 삼아 통일 거점으로 삼았고, 오사카성을 건설할 때 교토, 후시미 상인과 함께 사카이 상인들에게도 오사카 이주를 명하였다. 이로 인하여 상인이 줄어든 사카이의 해자는 매립되었고, 1615년 오사카나츠진(大坂夏の陣)에서는 전화(戰火)를 입어 잿더미로 변

---

10 도시에서 자치의 지도적 역할을 한 특정 조직 또는 그러한 조직의 구성원

11 해안에 나야라 불리는 헛간을 설치해 이곳에 해산물 등을 보관하도록 헛간을 빌려주고 이윤을 남기는 사카이의 부유한 상인

12 대장을 잃어버린 무사

하게 되었다. 에도시대의 사카이는 나가사키, 교토 등과 함께 생사의 수입 특권을 인정받았으나, 상업력이 오사카, 교토에 미치지는 못했다.

그림 6-2는 자유무역항으로서 번창했을 무렵의 사카이항의 고지도이다. 환호(環濠)로 둘러싸인 사카이 마을은 중앙을 남북 방향으로 종단하는 큰 길(기슈가도)과 중앙부의 큰길이 서로 교차하고, 횡단하는 동서 방향의 대소로(大小路)에 의해서 네 개의 촌락으로 나누어져 있었다. 이러한 도로와 평행하도록 만들어진 바둑판 모양의 거리에 경간(京間) 60간(약 118m)을 기준 치수로 하는 지역으로 정연하게 구획되어 있었다. 시가지의 동쪽 끝에는 남북에 걸쳐 사원이 배치되어 있으며, 이러한 계획적인 시가지 구조는 죠카마치(城下町)와 공통점도 많았다. 마을을 나누는 방법도 죠카마치와 같이 거리에 면한 양쪽이 하나의 마을이 되는 두 마을을 기본으로 하고 있어, 각 네거리에는 마을 경계의 표시가 되는 출입구가 있었다.

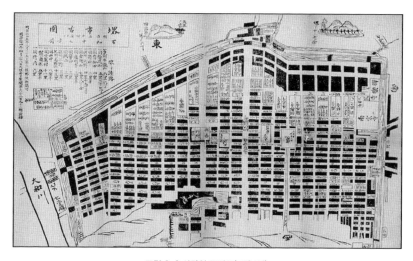

그림 6-2 사카이 고지도(1704년)
출처: 미쯔이스미토모 트라스트부동산 웹 자료

3. 견당사선(遺唐使船), 감합무역, 밀무역 등의 역사를 가진 보우항(坊津)

보우항은 무로마치시대의 삼진칠항 중 삼진(하카타항, 사카이항, 아노항) 안에 포함되어 있지는 않다. 그러나 중국 명나라 때 모원의(茅元儀)가 저술한 병서 『무비지(武備志)』에는 일본의 주요 항구로 보우항(사쯔마국 카와베군)을 꼽고 있다. 그렇다면 중국에서 그 이름이 알려졌던 보우항은 과연 어떤 항구였을까? 지명에서 짐작할 수 있듯이 불교와 관련이 있으며, 일본의 불교 여명기에 백제를 섬겼던 니찌라(日羅) 스님이 이곳에 료겐지(龍源寺, 훗날 이치죠인)를 건립한 것이 계기가 되었다고 전해진다. 방사

그림 6-3 사쯔마 반도 남서의 보우항

출처: HOMER'S 웹 자료

(坊舍)나 중(坊主) 등 불교와 관련된 시설이나 사람들과의 연관성 때문에 보우항(坊津)이라 불리게 되었다. 특히 아스카시대부터 견당사선의 기항지로 '당나라에서 들어오는 항구', '당나라에 입국하는 길'로 불리게 된 것이 중국 역사서에 그 이름이 기록된 배경이다(森高, 1992). 754년 지엔쩐(鑑真)이 도일 시도 6번째 만에 보우항의 아키쓰마야우라(秋妻屋浦, 현재 아키메)에 상륙한 것은 이 후 불교사에 중요한 발자취를 남긴 사건이었다(그림 6-3).

지엔쩐의 도일 목적은 불교를 국가의 통치 수단으로 하는 조정이 중국으로부터 고승들을 초빙하여 올바른 수계의 실행과 계율 지식을 보급하기 위해서였다(中村, 2005). 당시 대륙에서 도래한 불교는 예로부터 내려온 종교를 능가하여 융성하고 있었다. 그러나 불교의 비호(庇護)를 자신의 것으로 하기 위해 불법(仏法) 수행을 거치지 않고 출가를 가장하는 자가 나타나기도 하여 조정은 이를 단속하였으나, 혼란은 가라앉지 않았다. 고생 끝에 지엔쩐이 도착한 보우항은 사쯔마 반도, 타네가섬, 야쿠섬, 아마미오섬을 사이에 두고 중국 측과 연결된 경로인 일본 측 기점에 해당했다. 이 경로 즉 난세이 제도 경로는 나라시대에 실시된 일곱 차례의 견당사에서도 그대로 이용되었다. 특히 이 경로가 선택된 것은 조류나 계절풍의 자연조건에서 안전성이 높았기 때문이다. 또 다른 이유는 한반도를 지배하던 신라와의 관계가 좋지 않았기에 키타큐슈에서 쓰시마를 경유해 한반도 남단을 도는 경로가 꺼려졌기 때문이다. 견당사 경로는 이 외에 키타큐슈와 중국 양저우(揚州) 사이를 직선에 가까운 형태로 연결하는 남쪽 경로도 있었다. 하지만 중간에 중계지가 없는 이 경로는 위험도가 커서 2회밖에 이용되지 않았다.

사쯔마 반도의 남단에 가까운 보우항은 북위 31도 부근에 위치하고 있으며, 중국 창장 하구부 부근과 거의 같은 위도에 있다. 견당사선은 4척으로 선단이 이루어져서 4선이라고도 하였다. 그리고 견당사선에는 대사·부사 등 정부 파견 관리 외에 유학생·유학승 등 총 100~250명이 승선했으며, 당나라 수도 장안이 목적지였다. 일행은 야마토(大和)[13]에서 키타큐슈를 거쳐 사쯔마 반도까지 육로를 남하하였는데, 키타큐슈와 사쯔마 사이에는 역마·덴마(伝馬)의 설비가 정비되어 있었고, 역자(駅子)와 전자(伝子) 등의 인원도 배치되어 있었다. 특히 선진적인 당나라 문화를 흡수하고 이를 본떠 중앙집권국가 건설을 서둘렀던 조정에게 키타큐슈와 미나미사쯔마를 연결하는 통로는 중요한 교통로였다. 하지만 국가적 사명을 띠고 보우항을 출항한 네 배 모두가 성공적으로 목적지에 도달한 것은 아니었다. 당시 조선 기술로는 오랜 항해를 견뎌낼 수 있는 크고 견고한 배를 만들기가 쉽지 않았다. 평평한 밑바닥에 네모난 돛을 단 배로는 바람과 조류를 거슬러 나아가기 어려웠고, 도중에 난파된 견당사선도 있었다. 어떻게 해서든 대륙에 도착한 것만으로도 다행스러운 일이었고, 때로는 폭풍에 휩쓸려 행방불명이 되는 경우도 있었다.

견당사 폐지 이후 국가적 차원의 대규모 교역은 끊겼지만, 보우항 일대가 코노에케(近衛家)의 사유지(莊園)이기도 하여 귀족 소유의 선단들이 왕래하게 되었다. 무로마치시대에 이르러 막부가 감합무역을 시작하고, 견명교

---

13 일본의 옛 이름으로 지금의 나라현

역선을 히라도(平戸) 경유가 아닌 보우항을 출발지로 명했기 때문에 보우항은 다시 역사의 전면에 등장하게 되었다. 막부의 힘이 약해지는 가운데, 보우항의 이치죠원을 보호한 시마즈씨는 명나라와의 교역을 시작하였고, 더 나아가 류큐나 동아시아 방면으로도 교역을 확장했다. 그리고 보우항에 기항한 것은 교역선만이 아니었다. 당시 동아시아를 석권한 왜구 즉 해적 또는 사무역(私貿易)을 하는 무장 상인들도 보우항을 드나들었다. 왜구는 남북조의 동란 등 중앙정부의 힘이 약화되자 일본 측에서 활발하게 활동하였고, 이와 반대로 대륙 측은 명나라의 힘이 약해지자 명나라 사람이 중심이 된 해적 행위가 활발해졌다. 그러나 왜구의 활동도 시마즈씨가 오스미·사쯔마에서 세력을 확장하고, 오다·토요토미씨가 천하인(天下人)으로 대두하게 되자 자연히 사라지게 되었다. 따라서 시마즈씨와 명나라의 활발한 교역이 명나라의 역사서에 보우항이 일본의 주요항구 중 하나로 기록된 배경이라 생각할 수 있다.

에도시대에 이르러서는 막부가 쇄국정책을 실시했기 때문에 대외적 교역은 나가사키의 대네덜란드·중국(청나라)으로 한정되었다고 일반적으로 알고 있다. 그러나 사실은 약간 다르며, 나가사키 이외에도 쓰시마를 통한 조선과의 교역, 마쯔마에번(松前藩)을 통한 북동아시아와의 교류, 여기에 사쯔마(薩摩, 시마즈씨)가 류큐를 경유한 청·조선과의 교류도 있었다. 사쯔마는 이 밖에 난반선(南蛮船)과 무역도 했다. 소위 이를 사쯔마의 밀무역이라고 보지만, 그렇다고 사쯔마번(薩摩藩)의 모든 교역을 말하는 것은 아니다. 막부는 사쯔마번에 무역액이나 품목을 엄격히 제한하고, 허가한 범위 내 무역만을 인정하고 있었다. 그러나 실제로는 허가한 범위를 넘어서 밀수품의 거래인 밀무역이 이루어졌다. 이 밀무역은 1722년 일제히 실시한 단속으로 종지부를 찍었다. '외래품의 붕괴'로 불리는 이 단속은 사쯔마번 관리가 실행하였기에 단속의 실시 주체가 막부인지 사쯔마번인지 불분명한 부분은 있다. 만약 사쯔마번이었다면 특정 어용상인들에게 밀무역을 독점시키려는 의도였을 것으로 추측된다. 어찌됐든 이 단속으로 보우항에서 활동하던 19명의 해상(海商)은 이곳을 떠났다. 그 후에 보우항은 어항과 물 · 식료의 보급항으로 유지되었지만, 범선에서 기선으로 시대가 변하면서 대량 운송이 대도시의 항구를 중심으로 이루어지게 됨에 따라, 결국 지방항의 지위만 남게 되었다.

제2절 바다와 강이 만나는 곳에 위치한 근세 항구

1. 모가미강(最上川) 유역권을 배후로 서쪽 순항 항로의 거점이 된 사카타항

섬나라 일본에는 많은 항구가 해안에 있지만, 상류에서 바다로 흘러드는 강의 하구 부근에 있는 항구는 같은 해안의 항구와 비교하면 유리한 점과 불리한 점이 있었던 것 같다. 아직 철도가 존재하지 않았던 근세 이전에 하천은 주운(舟運) 기능으로서 뛰어난 역할을 하고 있었고, 강 유역에서 생산되는 농산물이나 특산품을 운반하거나 그 지역에서 필요한 생활물자를 상류로 수송하는 수단으로 이용되었다. 따라서 이러한 하구에 있는 항구는 하천교통과 해상교통을 연결하기에 안성맞춤이었고, 이것이 하구항의 유리한 점이다. 한편 하천은 상류로부터 토사를 운반하여 하구 부근에 퇴적시키기 때문에 항구의 깊이를 일정하게 유지하기가 쉽지 않았다. 특히 당시에 준설(浚渫) 기술 등이 존재하지 않았기 때문에 항구의 깊이를 유지하는 일은 할 수 없었고, 결국에는 항구를 다른 장소로 옮기는 방안으로 해결했다. 또한 하천이 홍수로 범람해 지형을 바꾸는 일도 있었기 때문에, 이에 대한 대책을 강구할 필요도 있었다.

일본 토호쿠의 동해를 대표하는 사카타항은 모가미강이라는 일본에서 7번째로 긴 하천의 하구에 위치한다. 전체 길이 229km는 하나의 현(県)만을 흐르는 하천의 거리로는 최장이며, 유역면적은 야마가타현 전체 면적의 약 75%를 차지한다. 이러한 비율은 근세 야마가타현의 옛 국명인 우젠국(羽前国)이 모가미강의 주운에 얼마나 많은 것을 의존하고 있었는지, 그리고 그 하구에 있는 사카타항을 얼마나 의지하고 있었는지를 말해준다. 모가미강 유역은 상류에서 하류에 걸쳐 오키타마(置賜), 무라야마(村山), 모가미(最上), 쇼나이(庄内) 4개의 지역으로 구성된다. 역사적으로 살펴본다면, 이 유역의 오키타마 지역은 세키가하라 전투를 계기로 패한 서쪽 우에스기의 집정(執政) 나오에 가네쯔구(直江兼続)가 다스렸으나, 이 지역외에는 우고국(羽後国) 남부와 힘을 합쳐 이긴 모가미씨의 영지가 되었다. 그러나 1622년 모가미씨가 개역한 이후, 이 영지는 막부에 가까운 후다이(譜代) 다이묘와 천령으로 분할되었다. 이리하여 옛 우젠국은 분할되었으나, 당시 쌀을 주식으로 하는 농경사회였기 때문에 번미(藩米)나 마쿠미(幕米)

는 모가미강을 이용해 사카타까지 운반되었다. 그리고 모가미강을 이용해 운반된 물품은 쌀뿐만은 아니었다. 특산물인 홍화, 담배, 대두, 고구마 등이 운반되었고, 반대로 사카타에서는 소금, 생선, 차, 헌 옷, 히나마츠리 인형, 불상, 석등 등이 운반되었다. 따라서 이러한 모가미강은 우젠국 전체의 산업과 생활에 꼭 필요한 운송 연결망의 역할을 담당했다.

이러한 산업 · 생활 물자를 한 곳에 집산시키는 기능을 담당한 사카타항은 당초에는 모가미강 하구의 좌안 쪽에 위치해 있었다. 이곳은 무카이사카타(向酒田)라 불리는 곳으로 동해에 가까운 사구 위에 위치한다(그림 6-4). 일반적으로 사구가 발달하는 것은 하천에서 배출되는 토사의 양이 많아, 이 모래가 강한 바람에 의해 불어오기 때문이다. 사구의 안쪽은 습지대가 많기 때문에 이 부분을 피하거나, 또는 물을 빼거나 해서 취락을 형성한다. 그 배후에는 넓은 논밭이 펼쳐져 있다. 사카타와 유사한 사례는 센다이강과 돗토리 사구의 돗토리, 시나노강과 니가타 사구의 니가타에서 볼 수 있으며, 모두 동해 측에 항구가 있다. 사카타의 경우, 초기의 무카이사카타는 모가미강과 하구 부근에서 합류하는 아카강의 흐름에 의해 영향을 받았기 때문에, 센고쿠 말기에 현재의 사카타가 있는 모가미강 우안 쪽으로 취락이 형성되었다. 이는 하천은 분류(分流)해야 그 영향력이 감소하기 때문에 현재 아카강은 모가미강에서 분리되어 바로 동해로 흐르고 있다.

사카타의 항만 기능이 본격적으로 역할을 발휘하기 시작한 시기는 1672년에 카와무라 즈이켄(河村瑞賢)에 의해 서쪽 순항항로가 개척되어 서측 방면으로 쌀 운반이 활발히 이루어지게 된 이후이다(長内, 2007). '오사카 쌀운반(大阪廻米)'이라 불리는 이 운송 경로는 오쯔 쌀운반으로 불린 쯔루

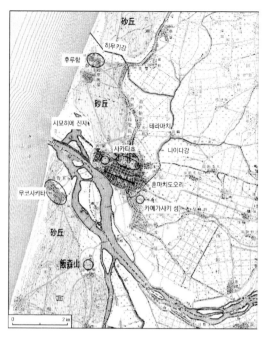

그림 6-4 사카타와 그 주변(1913년)

출처: 마찌아루키 고고학 웹 자료

가·오쯔 경로에 비하면 직접 목적지까지 해상 수송할 수 있다는 점에서 큰 이점이 있었다. 그리고 드문 경우이지만, 쯔가루 해협을 통과하는 동쪽 순항항로도 이용되었으나, 쯔가루 해협은 험난한 곳이 많았기 때문에 운반한다고 해도 쌀 정도에 불과했다. 2개월 남짓 걸려 오사카에 쌀이 도착하는 서쪽 순항항로는 날수뿐만 아니라 노력이나 품질 유지의 측면에서도 장점이 컸다. 한편 모가미강의 우안 측에 생겨난 사카타항의 북측에는 시가지가 형성되었다. 그 시가지의 특징은 모가미강의 주향(走向)[14]과 병행하여

---

14 기울어진 지층이 수평면과 만나서 이루는 선의 방향

간선도로(街路)가 남동-북서 방향으로 깔렸고, 그것과 직교하도록 도로가 건설된 점이다. 이러한 격자형으로 정리된 도로망은 근세 초기에 이미 계획적으로 마을 만들기가 이루어졌음을 말해준다.

사카타의 마을 만들기는 후지와라 히데히라의 동생이자 후실인 토쿠니코우(德尼公)가 사카타로 왔을 때 동반한 36인방으로 불리는 가신단(家臣団)의 후예에 의해 이루어졌다. 그리고 에도시대가 되면서 신흥 상인이 등장해, 이들이 물자의 거래를 담당하게 되었다. 특히 유력한 가문이 바로 혼마씨(本間氏)로 오사카도지마(大坂堂島)의 쌀 거래에서 거액을 벌어 전답 매수에 투자했다(佐藤, 1972). 오슈제번(鳴州諸藩)을 상대로 다이묘 대금과 연공미(年貢米),[15]의 환금을 지불하는 쌀도 청부받았다. 또한 혼마씨는 쇼나이번(庄内藩)의 재정 설계에도 공헌했으며, 번주에게 헌상한 후 불하받은 저택은 좌우에 대문을 갖춘 호화로운 무가의 저택이었다. 메이지 유신 이후에도 혼마씨의 힘은 쇠퇴하지 않았고, 옛 번주인 사카이씨와 함께 쌀의 저장 · 관리 · 거래로 사카타의 경제를 뒷받침했다. 다만, 오우본선이나 우에츠본선 등 철도망의 건설에 수반된 모가미강과 동해의 수상교통의 역할은 큰 폭으로 그 기능이 저하되었다. 결국 사카타항은 새로운 시대를 맞이해 지금까지와는 다른 길을 모색하게 되었다.

---

15 수입의 일정 부분을 쌀로 현물납

2. 키타카미강 유역을 배후권으로 쌀 항로에 힘쓴 이시노마키항(石巻港)

동해의 서쪽순항 항로로 쌀 운반 거점이 사카타였다면, 태평양 측에서는 동쪽순항 항로로 쌀 운반 거점이 된 곳이 이시노마키였다. 사카타항의 배후권이 모가미강의 광대한 유역이었던 것처럼 이시노마키항의 배후에는 키타카미강의 유역이 펼쳐져 있었다. 키타카미강의 총 길이는 249km로 모가미강보다 20km나 더 길다. 강의 길이가 이 정도로 길면 한 지역 안에서만 끝나지 않고, 실제로는 남쪽의 리쿠젠(현재 미야기현)과 북쪽의 리쿠츄(현재 이와테현)에 걸쳐 흐르고 있었다(그림 6-5). 특히 하구에 항구가 있는 상황은 사카타의 경우와 같지만, 이시노마키는 에도에 쌀 운반으로 특화된 항구였기 때문에 지역에 시(市)가 특별히 형성되지는 않았다. 하지만 그럼에도 불구하고 리쿠젠과 리쿠츄의 여러 번은 태평양 측의 항구에서 에도로 쌀을 수송하는 역할을 담당했기에 이시노마키와 에도를 연결하는 항로를 만들고자 노력했는데, 이는 이시마키항의 거점성이 컸기 때문이다. 이러한 점도 동해 측의 사카타항과 같았다.

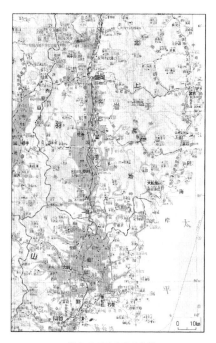

그림 6-5 키타카미강 유역
출처: 사람 그리고 강 웹 자료

앞서 설명한 것처럼 사카타항-모가미강과 이시노마키항-키타카미강은 몇 가지 공통적인 부분이 있었다. 이외에도 양쪽 모두 하천이 배출하는 토사의 퇴적으로 일이 진척되지 않아 어려움을 겪은 점도 유사하다. 이시노마키항에서는 에도 후기가 되면서 하구가 퇴적물로 얕아져, 규모가 큰 배는 하구에 들어갈 수 없거나, 들어갔다고 해도 하구의 바로 근처에서 나룻배에 다시 화물을 싣고 내려야만 했다. 하구의 바로 앞바다에는 '이치노오리(一之折)', '니노오리(二之折)'라고 불리는 얕은 여울이 생겨, 거기에 좌초되어 파선되기도 했다. 또 하나의 공통점은 하천의 상류에서 중류에 걸쳐 강의 흐름이 크게 변화하는 곳이 있어, 그곳을 경계로 사용하는 배를 바꾸어야 한다는 점이었다. 모가미강의 경우는 오이시다의 카와미나토(川湊)가 그런 장소였고, 이곳에서 짐을 옮겨 실었다. 키타카미강의 경우는 하구로부터 117km 거슬러 올라간 쿠로사와지리(黒沢尻)가 이에 해당하며, 상류에 있는 난부번의 쌀을 수송하기 위해서 쿠로사와지리까지는 얕은 수심에서도 항행이 가능한 작은 배를 사용해야만 했다. 이 작은 배로는 4말 3되(약 65kg)들이 쌀가마니를 100섬 정도 실을 수 있었다. 그리고 쿠로사와시리에서 하구의 이시노마키까지는 적재량이 큰 히라타배(平田舟)[16]를 사용해 운반했다. 이 배는 같은 양의 쌀가마를 350가마가량 운반할 수 있었다.

마찬가지로 키타카미강을 이용해 쌀을 수송하는 경우에도 강상류의 난부번(모리오카번)과 강하류의 센다이번은 사정이 달랐다. 난부번은 원래 내륙부에서 생산하는 많은 물자를 말과 소로 오슈가도를 이용해 에도까지

---

16 일본 배의 한 종류로 내수면을 항행

운반했다. 그러나 키타카미강의 주운 기능이 정비되면서 영내의 연공미나 곡류를 큰 소비시장인 에도나 오사카로 그 기능을 이용하여 운반할 수 있 게 되었다. 이에 따라 번의 재정 상황은 현금이 들어오면서 개선되었다. 특 히 키타카미강과 와가강이 합류하는 쿠로사와지리는 오슈가도의 역참 마 을이기도 하여, 토노(遠野)와 오후나토(大船渡) 등에서도 물자가 들어왔 다. 또한 쿠로사와지리에는 난부번의 미쿠라봉행소와 카와도메초소 등도 마련해 두었다. 작은 배(小繰舟)가 출발하는 모리오카 측의 항구는 니야마 하안으로 불리며, 여기서 짐을 내리기 시작한 배는 도중의 쿠로사와지리에 서 짐을 옮겨 싣고, 하구의 이시노마키에는 4일 정도 걸려 도착했다. 하지 만 돌아오는 짐의 수송은 쉽지 않아 14일 정도에 걸쳐 모리오카에 도착했 다. 물론 자력이 아니라 배에 밧줄을 달아 '뱃길(船引道)'이라 불리는 땅 위 를 끌고 가는 항행이었다.

키타카미강을 간선수로로 하고, 이곳 주변에서 수송되어온 물자를 하류 로 보내는 방식은 센다이번(仙台藩)도 마찬가지였다. 센다이번 영내에는 51곳의 강의 항구와 선장이 있었고, 특히 시모카와하라(下川原), 아토로이 (跡呂井), 무이카이리(六日入) 등의 강 항구에는 인근에서 모은 쌀을 일시 적으로 보관·관리하는 창고도 있었다. 번주인 다테 마사무네(伊達政宗) 는 토목 기술이 뛰어난 카와무라마고베에 시게요시(川村孫兵衛重吉)를 초 슈(長州)에서 초빙하여 하자강과 에아이강이 와부치(和渕)에서 키타카미 강에 합류하는 공사를 맡겼다. 이를 계기로 남부 모리오카의 주운 이용과 새로운 화전 개발, 거기에 홍수 대책이 함께 실현되었다. 또한 센다이번, 남 부번 외에 이치노세키번(一関藩)도 이시노마키에 창고를 만들었기 때문에 이시노마키는 센다이번 경제의 중심이 되었다. 특히 센다이번 정책에서 주목할 부분은 독자적인 쌀수매 제도를 이용해 번 재정을 풍부하게 한 점이다. 이는 초봄에 미리 농민에게 쌀수매 전도금을 지불하고, 가을에 수확한 쌀을 에도와 후카가와에 운반한 후 매각해 차액을 얻는 방식이었다. 양질의 쌀로 유명한 센다이번의 쌀은 에도의 쌀소비량의 절반을 차지한다고 할 정도로 많아 번이 얻는 이익은 매우 컸다고 할 수 있다.

키타카미강에서 쌀 수송의 주역은 번이 고용한 '어용곡선(御用穀船)'이라 불리는 배였다. 이외에 토세이선(渡世船)으로 불린 민간의 배도 사용되고 있었다. 토세이선에는 역료(役料)라고 칭하는 운항세가 부과되었고, 키모이리(肝入)라고 불리던 마을 관리들이 그 업무를 담당하였다. 막부 말기에는 난부번 어용곡선의 작은 배(小繰舟)와 히라타배(平田舟)만 해도 90여 척이 있었으며, 토세이선까지 합치면 1,000척 가까운 배가 사용되었다. 센다이번도 800여 척의 히라타배와 500척 가까운 센고쿠선(千石船)을 사용했다. 이시노마키항을 떠난 센고쿠선은 처음에는 히타치의 나카항(那珂湊)과 쵸시항(銚子港)을 경유해 에도로 향했는데, 이는 이 무렵까지 아직 카시마나다(鹿島灘)[17]와 쵸시의 앞바다 등을 항행하는 기술이 없었기 때문이었다. 이후 1671년 막부가 카와무라 즈이켄(河村瑞賢)에게 센다이 쌀의 안정적인 수송항로 개척을 하고 나서, 보소(房総) 앞바다를 우회하여 사가미의 미사키와 이즈의 시모다로 이동한 후, 이곳에서 남서풍을 기다렸다가 에도만으로 들어가는 경로를 이용하게 되었다. 사카타항이 동해 측의 토호

---

17 이바라키현 동부의 오아라이곶~ 치바현 동부의 이누보 곶에 펼쳐진 태평양 해역

쿠와 사이고쿠(西国)의 오사카 항로를 개척한 것처럼, 이시노마키도 태평양 측의 토호쿠와 칸토의 에도 항로를 연결시켰다.

3. 키소삼천(木曽三川) 하구에 있는 동서 경제권의 접점인 쿠와나

해양으로 흘러 들어가는 하천의 하구 부근에 항구가 형성된다고 하는 점에서는 쿠와나도 사카타나 이시노마키와 같다고 볼 수 있다. 다만 쿠와나가 사카타나 이시노마키와 다른 점은 하천이 구국(旧国), 이 경우는 이세국

그림 6-6 키소삼천과 쿠와나

출처: Network 2010 웹 자료

을 흐르고 있는 것이 아니라, 이웃의 미노국(美濃国)과 오와리국(尾張国)을 흐르고 있었다는 점이다. 사카타와 하젠국, 이시노마키와 리쿠젠국, 리쿠츄국이라고 하는 항구와 배후권의 예와는 달리, 쿠와나는 미노와 오와리를 흐르는 하천 유역을 배후권으로 하고 있었다. 이러한 차이는 기본적으로는 지형 조건의 차이에서 유래한다. 쿠와나는 이비(揖斐), 나가라(長良), 키소(木曽) 등 이른바 키소삼천이 합류하면서 이세만으로 흘러드는 하구에 근접해 있다(그림 6-6). 전국적으로 이름이 알려진 3개의 주요 하천이 하구를 공유하고 있는 것은 노비(濃尾) 경동지괴(傾動地塊)의 움직임을 받아 요로(養老) 산맥 쪽으로 기울면서 유로를 취하고 있기 때문이다. 남북으로 달리는 요로 단층의 동쪽에 키소삼천이 모이고, 산맥이 이세만으로 들어가는 위치에 쿠와나가 위치해있다. 쿠와나의 북동 쪽에는 키소삼천이 형성한 광대한 델타 지역이 펼쳐져 있다. 철도가 아직 없고, 키소삼천에도 다리가 없었던 근세 이전에는 미노와 오와리는 쿠와나에 있어서 수상교통으로 교역을 하는 배후권이었다.

쿠와나의 이러한 지리적 위치설정은 이 도시가 역사적으로 담당해 온 게이트웨이 기능의 한 면을 보여주는 것에 지나지 않는다. 다른 한 면은 쿠와나가 속해 있는 이세국의 관문기능이다. 쿠와나가 근세에 이르러 죠카마치가 되기 이전에는 이세신궁(伊勢神宮)과 관계가 깊은 황실령으로서 중요한 기능을 담당해 왔다(西羽, 1962). 특히 쿠와나선이라 불리는 배가 이세만을 남하해 신궁으로 공물을 수송했다. 쿠와나 상인은 전통적으로 자치의식이 강했고, 1510년 가까이 있던 호족 나가노씨가 쿠와나에 침입했을 때 대항했으나, 최종적으로는 이세신궁의 설득으로 나가노씨를 마을에서 철수시켰다. 이세국을 포함한 서쪽과의 교역에서 살펴보면, 오미(近江) 상인이 쿠와나에서 출발해 미노와 오와리에서 집하된 물자를 구입했다. 이는 근세 초기에 제도화된 토카이도를 연결하는 교역을 연상시킬 수 있다. 이처럼 쿠와나는 미카와를 포함한 토카이와 이세, 오미ㆍ나라ㆍ교토 등의 선진 지역인 기나이(畿内)를 서로 연결하는 역할을 했다.

쿠와나의 뿌리는 현재 쿠와나 중심부 북쪽에 위치한 타도(多度, 오쯔하마)에 있다. 키소삼천에서 흘려보낸 토사가 퇴적하여 육지가 남쪽으로 확장되면서 형성된 세 개의 주가 합쳐져 현재의 지형으로 변모했다. 세키가하라 전투가 끝난 후, 토쿠가와 이에야스의 후원을 받아 혼다 타다카츠(本多忠勝)가 '케이쵸의 마을분할(慶長の町割り)'이라 불리는 죠카마치 건설에 힘썼다(山本, 2014). 그러나 앞서 기술한 바와 같이, 쿠와나의 마을조직은 결속력이 강해 오래된 마을보다 보다아래쪽을 개발해야만 했다. 그리고 혼다에서 마쯔다이라로 영주가 바뀌면서 쿠와나번은 재정난을 이유로 마을 주민들에게 차입금을 부과하였으나, 마을 주민은 차입금집회소(御内用会所)를 조직해 일괄적으로 대응하도록 했다. 이러한 대응으로 쿠와나 상인의 세력을 알 수 있다. 그리고 이 차입금집회소는 메이지 시대가 되면 쿠와나은행이 된다.

1422년 카마쿠라의 엔가쿠지쇼조쿠인(円覚寺正続院)의 조영(造営)에 필요한 용재(用材)가 미노에서 뗏목으로 보내졌다는 기록이, 키소삼천을 이용해 하구의 쿠와나까지 운반해 와서 해상으로 운송된 기록으로 가장 오래된 것이다. 나고야에 성을 세운 오와리번은 자신의 영지인 키소야에서 베어낸 목재를 뗏목으로 쿠와나까지 흘려 보냈고, 다시 이세만을 가로질러 아쯔타 · 시라토리 시장까지 운반해 갔다. 미노에는 막부령과 하타모토령(旗本領)이 많아, 거기서부터 연공미(年貢米)를 키소삼천을 이용해 쿠와나에서 집하시키고, 다시 해상을 이용해 에도까지 운송했다. 그러나 강에서 사용되는 배와 바다에서 사용되는 배는 구조가 다르기 때문에 강 하구의 쿠와나에서 환적할 필요가 있었다. 그리고 운송되는 품목은 목재와 쌀뿐만 아니라 도자기, 종이, 직물 등의 가공품과 장작, 돌덩이 등도 운송되었다. 반대로 쿠와나에서는 오가키, 기후, 이누야마 방면으로 일상생활 물자가 운송되었다. 돛단배가 바람의 영향을 잘 받으면 키소강의 경우 이누야마 근처까지는 자력으로 움직일 수 있었고, 세토우치(瀬戸内)에서 운반되어 온 소금은 소분되어 상류로 보내졌기 때문에, 쿠와나에는 소금 도매상이 있었다. 그 밖에 해운업자, 쌀도매상, 창고업자, 재목업자 등도 줄지어 있었다.

에도시대 토카이도에서 유일하게 긴 거리를 해상 이동하는 '7리(七里)의 해로'의 경로 서쪽 끝이 쿠와나였다. 동쪽 끝의 아쯔타(熱田)가 도로를 따라 제일 많은 숙박시설 수를 자랑했던 것에 비해, 쿠와나는 그 다음으로 많았다. 그만큼 일반 서민과 상인, 그리고 참근교대(参勤交代)[18]로 인한 이동이 활발했음을 말해준다. 그리고 조선사절단 일행은 내륙부를 통과한 반면, 류큐의 사절은 7리의 해로를 이용하였다. 7리의 해로를 꺼리는 여행자는 사야가도와 산리의 강을 조합한 경로로 이동을 했는데, 서쪽의 기종점은 역시 쿠와나였다. 쿠와나는 동국(東國) 방면의 이세국으로 출입하는 관문 · 게이트웨이로, 이 역할은 키소삼천에 다리가 놓여 철도가 개통될 때까

---

18 에도막부가 다이묘들을 교대로 일정 기간 에도에 머무르게 한 제도

지 계속되었고, 이는 근대에 와서도 한동안 게이트웨이 역할이 유지되었다. 그러나 원래 있던 지형조건, 즉 키소삼천의 토사의 퇴적 때문에, 큰 배의 육지 접근이 어려워졌다. 결국 남쪽의 옛 덴료(天領)인 욧카이치(四日市)가 항만 정비에 힘을 쏟으면서, 쿠와나의 항구 기능은 최종적으로 욧카이치에 빼앗기게 되었다.

제3절 가도 출입구로서 에도시슈쿠의 역할

1. 토카이도 시나가와슈쿠의 역할

에도시슈쿠 혹은 시슈쿠라고 불린 숙박지는 니혼바시를 기점으로 토카이도, 나카센도, 코슈가도, 닛코가도, 오슈가도를 여행할 때 최초로 들르는 시설이었다(街と暮らし社編, 2001). 각각 니혼바시로부터 20리 이내의 장소에 설치되어있다. 다만 코슈가도의 경우, 처음에 제1 숙소는 니혼바시에서 40리나 떨어진 타카이도슈쿠였기 때문에 두 지역 사이에 숙박지를 마련하게 되었다. 이것이 나이토신주쿠 즉, 현재의 신주쿠이다. 다섯 가도 중에서도 가장 중요한 곳은 토카이도이며, 제1 숙소가 된 시나가와는 규모가 컸다(그림 6-7). 현재의 세타가야구, 메구로구, 시나가와구를 관통하듯 흐르는 메구로강이 당시의 에도만에 흘러드는 곳을 중심으로 숙박지가 형성되어 메구로강의 남쪽을 미나미시나가와, 북쪽을 키타시나가와라고 불렀

다. 처음에는 이 2곳의 숙박지가 시나가와슈쿠를 구성하고 있었지만, 나중에 키타시나가와에서 좀 더 북쪽에 보행신주쿠가 설치되어 신주쿠(3곳의 숙박지)가 구성되었다. 여기서 보행이란 숙소에서 요구하는 보행인부를 말한다. 본래라면 짐을 운반하는 말(伝馬)도 필요하지만, 보행인부의 공출로 숙소가 인정되었기 때문에 이렇게 불렸다. 메구로강 하구 부근은 유로가 활모양으로 구부러져 있어 흐름이 잔잔했다. 이 때문에 항구를 설치하기에 좋았고, 자연스럽게 다양한 물건(品物)의 거래가 이루어졌기 때문에 시나가와(品川)라는 지명이 붙었다.

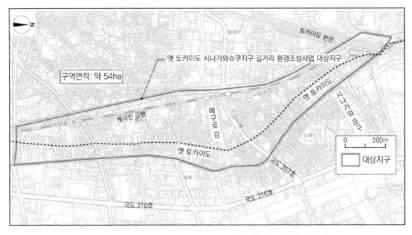

그림 6-7 옛토카이도 시나가와슈쿠지구 길거리 환경조성사업 대상지구

출처: 시나가와구 웹 자료

남북으로 긴 시나가와슈쿠의 여관은 도로 폭이 3~4간(약 5~7m), 길이는 19정 40간(약 2,143m)으로 북으로는 타카나와쵸(高輪町) 경계에서 남으로는 오이무라(大井村) 경계까지 이어져 있었다. 숙박지가 딸린 톤야바

(問屋場)[19]는 북측과 남측에 두 곳 있었지만, 1823년 큰 화재로 양쪽 모두 소실되어, 이후 미나미시나가와의 톤야바만 남게 되었다. 1712년에는 수하물의 정량을 검사하는 무게검사장(貫目改所)이 톤야바와 같은 건물 안에 마련되었다. 그리고 톤야바의 역할은 공무수행여행자를 위해 다음 숙소까지 짐을 운반할 말과 인부를 준비하는 것이다. 시나가와슈쿠의 경우는 토카이도의 제2숙소 카와사키와 기종점 니혼바시까지 역참에서 마부와 말을 갈았다. 공무수행여행은 미리 정해진 인마의 범위 내에서는 무료, 그 이상은 유료였다. 일반 서민이나 상인의 짐은 보통 여관이나 길가에 있는 가마꾼이나 마부와 직접 교섭하여 품삯을 결정하였다.

시나가와의 역과 숙소의 역사는 고대에는 관도(官道)의 역인 오이역이 있었다고 추정할 정도로 오래되었다. 중세 무렵에는 카마쿠라가도의 숙박지로 시나가와슈쿠가 있었고, 호조씨(北条氏) 시대는 전마제 하에서 시나가와슈쿠가 기능하고 있었다(荻窪, 2010). 1590년 칸토에 들어온 토쿠가와 이에야스는 영지(領国) 경영을 위해 에도를 기점으로 하는 가도와 전마 제도를 운영했다. 1596년 호조씨 때부터 오다와라돌을 세공하는 솜씨가 뛰어난 석공이 있었음을 이에야스가 인정했기 때문에 에도~오다와라 사이의 채석전마증거문(石切伝馬手形)을 주었다. 에도시대가 되어 토카이도를 여행하는 사람이 늘어나 여관과 찻집의 수도 증가하게 되었다. 에도 시내에서 온 유람객도 증가하여 숙소는 한층 더 활기를 띠었다. 또한 숙박객의 생필품을 포함해 숙박업소에서 필요한 물건을 취급하는 상인 수도 두

---

19 에도시대에 역참에서 인마 등에 관한 사무를 보던 곳

드러지게 증가하였다.

　남겨진 기록에 의하면, 1838년 시나가와슈쿠의 수는 1,367채였으며, 그 대부분은 여관과 찻집을 하는 상인 아니면 농작업 중 틈틈이 물건을 파는 상인, 장인, 어민 등이었다. 농사만으로 생계를 꾸려가는 농민은 30명도 되지 않았다. 5년 후인 1843년 조사에 의하면, 장사하는 가게가 601곳에 이르렀다. 업종이 무려 31가지나 되어 이를 통해 얼마나 다양한 장사가 이루어지고 있었는지를 알 수 있다. 이 중 여관(111곳)이 가장 많았으며, 찻집(64곳), 전당포(40곳)가 뒤를 이었다. 전당포 수가 많았던 이유는 여관에 침구나 이불 등을 빌려줄 권리가 전당포에서만 가능했기 때문이며, 전당포에는 여관에 침구를 빌려줄 의무가 있었다. 또 전당포와는 별도로 대여점이 8곳 있었는데, 이곳도 여관에 침구 등을 빌려주고 있었다. 여행자를 위한 가게를 제외하고는 쌀집, 술집, 야채가게, 두부가게, 초물전(草物廛), 약국, 숯가게 등 일상생활에서 빼놓을 수 없는 업종의 상점들이 즐비했다.

　쌀집은 시나가와슈쿠 전체에 25곳이 있었다. 에도시대의 서민이 백미를 주식으로 하게 된 것은 에도 중기 이후의 일로 덴포기(天保期, 1831-1845년)에는 이미 백미가 주식이었다. 시나가와의 쌀가게에는 쌀장사(舂米屋)와 정미소(舂屋, 米舂屋)의 두 업종이 있었다. 쌀장수는 에도시 안에 가게를 가진 쌀도매상에서 현미를 구입하여, 그것을 백미로 만들어 소매 판매하였다. 이에 비해 정미소는 집 근처에 현미를 정제하는 업체였다. 이들은 따지고 보면 다른 업종이지만, 실제로는 겸업하는 경우가 많았다. 미나미시나가와의 절과 신사 문 앞 거리에 정미소를 경영하는 사람이 네 명 있었다. 또한 1830년까지 현미는 해상이나 육상으로 시나가와까지 운반해 온 것을 직접 구입하는 방식이었다. 그러나 이러한 직접 매입에 대해 시바카나스기(芝金杉)의 쌀도매상으로부터 어음이 나왔기 때문에, 그 후에는 에도에서 가까운 곳에서 수확한 지방쌀을 에도의 쌀도매상을 통해 구입하게 되었다. 이는 시바카나스기의 쌀도매상이 시나가와에서 직접 구입하면 자신들의 구입 분이 줄어들게 되고, 결국에는 장사를 계속할 수 없게 되는 것을 두려워했기 때문이었다.

2. 닛코가도, 오슈가도, 센쥬슈쿠의 번영 모습

우타가와 히로시게(歌川広重)의 작품인 『명소에도백경』에는 '센쥬대교'라는 한 장의 그림이 있다. 이 그림에는 아라강에 센쥬대교가 있고, 양쪽 기슭의 선착장에는 타카세배(高瀬舟)[20]와 히라타배(平田舟)[21]가 정박되어 있으며, 남쪽 기슭에 목재가 놓여 있는 것을 볼 수 있다. 에도 막부는 에도성을 중심으로 한 칸핫슈(関八州: 무사시, 사가미, 카즈사, 시모우사, 아와, 코즈케, 시모쓰케, 히타치 8개국)와 연결되는 가도를 건널 수 있는 다리를 놓는 것을 금지했다. 그럼에도 불구하고 닛코가도와 오슈가도의 첫 번째 숙박지가 되는 센쥬에서는 1594년 아라강에 다리가 놓여져 있는 점으로 미루어, 이 방면과의 교류가 얼마나 중요했는지를 알 수 있다. 이것이 히로시게가 그린 센쥬대교이다. 센쥬는 미토가도로 가는 분기점이고, 미토가도를 지나 센쥬의 여관을 거쳐 에도로 가는 참근교대의 다이묘 수는 23명을 헤

---

20 얕은 여울에서도 저을 수 있는 운두가 낮고 밑이 평평한 너벅선
21 바닥이 평평하고 긴 작은배

아렸다. 닛코가도를 왕래한 다이묘 4명, 오슈가도에서 오는 37명의 다이묘도 센쥬를 거쳐 에도로 향했기 때문에, 전체적으로 64명의 다이묘가 센쥬의 여관을 이용했다. 또한 일반 서민이나 상인들의 왕래까지 포함한다면 이 숙박지가 얼마나 많은 사람들로 붐볐을지 알 수 있다(塩見, 1998). 이러한 상황으로 봤을 때 에도시슈쿠 중 센쥬는 최대 규모를 자랑하며, 1844년 현재 인구는 9,556명, 가옥은 2,370호를 헤아렸다. 센쥬는 토카이도의 시나가와슈쿠(7,000명, 1,600채)와 코슈가도의 나이토신주쿠(2,377명, 698채)를 큰 폭으로 웃돌고 있었다.

센쥬가 에도로 보내는 물자와 에도에서 들어오는 물자 이동으로 번성한 이유는 아라강과 아야세강이 교차하듯 흐르고 있어 하천 배편이 좋았기 때문이다(그림 6-8). 에도로 내려가는 물자로는 쌀 · 보리 · 잡곡, 목재 · 창호지 · 목탄 · 석회, 간장 · 기름 등이 있었다. 이 중 목재는 오메 · 한노 · 나구리 · 오고세에서, 석회는 오메 · 한노 방면에서 왔다. 에도에서 올라오는 물자로는 삼 · 면과 염색용 원자재, 잡화류, 설탕 · 식초 · 술, 어패류, 말린 생선 · 쌀겨 · 목탄 · 기름 등의 비료, 소금, 돌 등이었다. 그리고 센쥬에는 '얏챠바'라고 불리는 농산물시장도 있었는데 주변 농촌에서 수확한 채소류 · 곡류 외에 강 어류도 취급하였다. 센쥬의 농산물시장은 칸다, 코마고메와 함께 막부의 관용시장으로 자리매김될 정도였으며, 에도막부 말기에는 무사시, 카즈사, 시모우사, 히타치 방면으로부터도 청과물이 운반되었다. 그리고 이곳에서 막부의 관용품으로 판매되었다. 시장에는 많은 도매상이 모여서 아침마다 곡류, 야채, 민물고기 장터가 열렸다. 도매상은 취급품에 따라 나누어졌는데, 미곡도매상, 야채도매상, 민물고기도매상 등이

그림 6-8 센쥬슈쿠(대일본연해여지전국 : 1821년)

출처: Wikipedia 웹 사료

있었다. 야채도매상은 다시 뿌리작물, 밭작물, 잎파리작물의 각 도매상으로 나뉘는 등 상당히 전문적으로 분화되어 있었다.

이처럼 센쥬는 단순한 숙박시설이 있는 지역이 아니라 하천 주운을 이용한 물자의 집산지·중계지로서 기능하였다. 센쥬를 중심으로 서쪽에는 아라강과 신가시강을 따라서 30곳 정도 되는 하안(河岸)²²이 줄지어 있어, 에도 방면 사이에서 물자 교환이 활발하게 이루어졌다. 특히 이는 신가시강가의 하안에 토쇼궁(東照宮) 재건을 위한 화물보관소가 마련한 점에서

---

22 하천 양쪽의 둔덕

알 수 있다. 센쥬에는 하시도하안(센쥬하안)으로 불린 하안도 있어, 치치부 방면에서 아라강을 따라 내려가는 타카세배가 운반해 온 목재가 쌓여 있었다. 히로시게의 그림에 그려져 있던 곳이 바로 이 하안이다. 그리고 이 인근에는 목재도매상의 점포가 줄지어 있어, 에도에서 필요로 하는 목재를 배후권에서 조달하여 공급하는 역할을 하고 있었다. 에도 초기에는 에도후카가와가 목재 취급의 중심지였으나, 중기 이후에는 목재를 생산하는 야마가타하주와 이카다야도(筏宿)라 불린 에도 근교의 목재 취급업자 간에 직거래가 이루어졌다. 센쥬의 목재도매상은 바로 이러한 움직임 속에서 위세를 더해 갔다.

그러나 센쥬의 숙박지에서 보면, 붕어가게 8채, 곡물가게, 야채가게, 호분가게, 농가 각 2채, 떡집을 비롯한 13개 업종이 각 1채, 그 외 직업 불명이 23채였다. 이는 1823년의 기록으로, 여관은 유곽에 있는 것만도 45채가 넘었다. 이 시기가 센쥬의 여관이 확대된 시기로, 원래 센쥬는 센쥬 1~5쵸메가 정식 여관이었다. 그리고 1625년 닛코 · 오슈 두 가도가 처음 여관으로 지정되면서, 토지세 면제 대신 전마세 · 보행세를 부담하게 되었다. 토지에 대한 세금을 내기보다는 숙소로서의 운송 기능을 할 것으로 기대하였다. 그 후, 근처에서 새로운 토지개발이 이루어진 결과, 카몬슈쿠, 카와라마치, 하시도쵸가 새롭게 센쥬의 숙박지에 포함되었다. 카몬슈쿠의 카몬이란 이 토지개발에 노력한 이시다 카몬스케(료)를 말한다. 이들 세 마을이 센쥬의 새로운 숙박지에 해당하지만, 이러한 숙박지의 발전은 이에 머무르지 않고, 1660년 센쥬대교의 남쪽에 해당하는 코즈카하라쵸와 나카무라쵸가 숙박지에 포함된다. 또한 센쥬슈쿠에는 본여관, 보조여관이 각 1채 있으며,

센쥬 1쵸메에 톤야바와 무게검사장이 설치되었고, 카몬슈쿠에는 이정표와 법령 등의 알림 게시판도 있었다. 따라서 에도부터 북동 방면에서 사람이나 물건이 드나드는 게이트웨이로서 센쥬의 발전이 이어진 데는 북에서 남으로 숙박지의 범위가 확장되어 간 점에서도 알 수 있다.

3. 나카센도의 이타바시슈쿠와 코슈가도의 나이토신주쿠

에도시슈쿠는 시나가와슈쿠를 기점으로 반시계 방향으로 돌면, 센쥬슈쿠의 다음은 이타바시슈쿠이다. 나카센도로 향하는 니혼바시의 첫 숙소이지만, 오가도(伍街道) 이외의 주요한 가도(脇往還)로 에도에서 카와고에 방면으로 향하는 카와고에가도의 분기점이자 중요한 숙소였다(板橋区教育委員会生涯学習課文化財係編, 2017). 카와고에가도가 분기되는 곳은 이타바시슈쿠 내의 히라오슈쿠이며, 분기점은 히라오오이와케(平尾追分)로 불리고 있었다. 히라오슈쿠는 시모슈쿠(下宿)라고도 불렸는데, 이는 이타바시주쿠 전체가 북에서 남에 걸쳐 3곳의 숙박지로 구성되어 있고, 그 맨 아래쪽 남측에 위치하고 있기 때문이었다. 그리고 북측 윗쪽에 카미슈쿠(上宿)가 있었고, 정가운데에 나카슈쿠(中宿)가 있었다. 카미슈쿠와 나카슈쿠의 경계선은 숙박지 전체의 이름의 유래이기도 한 이타바시가 연결된 카미샤쿠지강이었다(그림 6-9). 이타바시를 건너 남으로 내려가 칸묘지(観明寺) 부근에 이르면, 히라오슈쿠에 들어간다. 이타바시슈쿠 전체의 중심은 나카슈쿠로 여기에는 본여관이 있었다. 보조여관은 3곳의 여관에 각한 채씩 있었다. 나카슈쿠는 여관 전체의 중심답게 톤야바와 무게검사장,

마장, 파수막이 있었다. 여관 전체의 길이는 20개 마을 9간[23](약 2,200m)으로, 이 중 15개 마을 49간(약 1,700m)이 집과 상점가가 즐비한 가도 부분이었다.

그림 6-9 이타바시슈쿠(나카센도분간연에도: 1806년)

출처: mustangCafe 사무국의 웹 형성 자료

---

23 간(間): 적관법에 의한 길이의 계량단위

이타바시슈쿠가 나카센도와 카와고에가도의 분기점이었듯 에도시슈쿠의 하나인 나이토신주쿠는 코슈가도와 오메가도의 분기점이었다(東京都 編, 1983). 그러나 나이토신주쿠의 역사는 다른 세 곳의 숙박지와 비교하면 새로운 곳이다. 코슈가도의 에도쪽 첫 숙박지가 처음에는 타카이도슈쿠였으며, 그 후에 니혼바시와 타카이도의 중간 지점에 해당하는 장소에 이 숙박지가 마련되었기 때문이다. 그 배경에는 아사쿠사 상인의 신설 숙박지 설치 요청이 있었기 때문이다. 그리고 이때까지는 니혼바시와 타카이도가 숙박지의 의무로 인마를 제공해 왔지만. 두 숙박지 간의 거리가 길어 부담이 컸다. 이 때문에 다카마쓰 키헤(高松喜兵衛) 등 5명의 아사쿠사 상인은 중간 지점에 숙박지가 설치되면 새로운 사업이익을 기대할 수 있다고 생각했다. 이에 막부는 심사를 실시하여 5천 6백냥의 상납금을 납부하는 조건으로 허가하였다. 새로 생긴 곳이 현재 신주쿠의 뿌리가 되는 나이토신주쿠이다. 나이토라는 이름은 시나노국 타카토번(高遠藩) 나이토의 별저에서 유래한 것으로 이곳 부지를 막부에 반환시키면서 신주쿠가 생겨났다. 다만, 이 근처에는 그 이전부터 나이토슈쿠라는 호칭이 있었던 듯하고, 타카토번의 나이토씨와는 관계가 없다. 신주쿠를 번화가 · 행락지로 만들어 장사를 하고자 한 아사쿠사의 상인의 계획은 처음에는 일이 계획대로 진행되었다.

나이토신주쿠는 동쪽으로 타마강 상수(上水)의 상수검사소가 있던 요쯔야오키도(四谷大木戸), 서쪽으로는 신쥬쿠오이와케(新宿追分)까지 동서약 1,000m가 그 범위였다. 그리고 요츠야일각 대문은 코슈가도를 지나는 사람이나 짐을 검사하는 관문소의 일종으로, 토카이도 시나가와슈쿠 근처의 타카나와일각 대문과 같은 역할을 담당하고 있었다. 신주쿠가 서쪽부터 순서대로 카미마치, 나카마치, 시타마치로 나누어져 있던 것은 이타바시슈쿠의 경우와 같다고 할 수 있다(그림 6-10). 숙박지의 3부 구성은 센쥬슈쿠, 시나가와슈쿠, 에도시슈쿠와 같이 큰 여관이 되면, 가는 띠 모양의 가도는 자연스럽게 몇 개로 나뉘게 된다. 타카마쓰 키헤는 이름을 키로쿠(喜六)로 개명해 대대로 본여관을 경영했다. 다만, 본여관은 화재 그리고 뒤에 언급할 여관 폐지 등에 따른 혼란 때문에 일시적으로 중단되기도 했다. 가도의 이용이 증가하면서 여관이 번창한 결과, 1718년에는 여관이 52채나 있었다. 그리고 여관에 기생을 두는 것은 허가되지 않았지만, 손님 접대라는 명목으로 기생이 고용되어 있었다.

그림 6-10 나이토신주쿠(실측복각에도도: 1856년)

출처: 히로시게 Hiroshige '명소 에도백경' 시공map 웹 형성 자료

이리하여 나이토신주쿠가 생겨났지만, 20년 후인 1718년 막부에 의해 여관은 폐지되고 말았다. 폐지 이유는 코슈가도의 이용이 많지 않다는 것이었지만, 그것은 표면적 이유일 뿐이었다. 실제로는 교효(享保)의 개혁이 한창이었기에, 유곽으로 붐비던 나이토신주쿠를 풍기단속 대상으로 삼아 사실상 없앤 것이었다. 막부측의 이러한 조치에 대해 다카마쓰 키로쿠 등은 나이토신주쿠의 여관 폐업과 이로 인한 타카이도 니혼바시 여관들의 부담증대를 호소했다. 여관 재개의 조건으로 1,100냥의 상납을 신청했지만, 실현되지 않았다. 그 후도 상인 측과 막부 측 쌍방이 신주쿠의 재개를 둘러싸고 거래했지만, 재개에는 이르지 못했다. 시나가와슈쿠, 센쥬슈쿠 등의 여관 재정이 위기 상황에 빠지자 이러한 추세에 변화가 생겨났다. 이 쇠퇴 상황에서 벗어나려면 여관 규제를 풀고 활기를 되찾아야만 했다. 그러던 중 소비 확대를 주도하는 타누마 오키쯔구(田沼意次)가 막번 내에서 실권을 쥔 것이 계기가 되어 나이토신주쿠의 재개의 단초가 되었다. 최종적으로 나이토신주쿠가 재개된 때는 1808년 이후의 일로 이때 여관 수는 50곳, 찻집 수는 80곳이었다. 기생의 경우 1764년까지 막부는 여관 한 곳에 2명까지로 정했으나, 이후에는 여관마다 상한선을 달리 주었다. 재개 후의 나이토신주쿠는 센쥬슈쿠, 이타바시슈쿠와 같은 150명으로, 시나가와슈쿠의 500명과 비교하면 큰 차이가 났다고 할 수 있다.

칼럼6. 일각대문(木戸)과 게이트웨이 시티를 지리학적 시점으로 보기

당초 일각대문이란 성새(城塞)가 각지에 있었을 무렵, 그 출입구를 나타내는 말이었는데 그 후 도로, 정원, 주거 등에 출입하기 위해서 설치된 곳을 일각대문이라고 하게 되었다. 특히 지붕은 없고, 덧문이 달린 나무 문만이 있는 간소한 곳이었다. 에도시대가 되면, 일각대문은 무가의 저택과 마을 경계선 부근에 초소를 병설한 문을 지칭하게 되었다. 나아가 연극 · 연예 등을 연기하는 흥행장의 출입구도 일각대문이라고 불리게 되어, 안에 들어갈 때는 관람료로 키도전(木戸錢)을 지불했다. 키도전은 키도로 약칭하기도 하며, 키도전이 면제되는 경우는 키도어면(木戸御免)이라고 했다. 일각대문은 마을의 규모가 큰 경우에는 한 개 마을 단위로, 중소형 마을에서는 몇 개 마을 단위로 설치되는 것이 보통이었다. 에도의 경우 2간 정도의 간격으로 세운 기둥 사이에 양 여닫이문이 있고, 양옆에는 도로변까지 울타리를 설치했다. 판장(板塀)이 있는 나무 문도 있고, 근처에 나무 문지기가 있는 초소도 있었다.

문지기는 흔히 '반타로' 혹은 '반타'로 불리며, 오후 10시에는 일각대문을 닫고 읍내의 화재 경계에 나섰다. 일각대문이 닫힌 오후 10시 이후에 행인이 있으면 쪽문으로 출입시켰다. 이 경우에는 '딱따기(送り拍子木)'를 쳐서 통행인이 있다는 것을 다음 일각대문에게 알리는 것이 관례였다. 문지기는 초소에 가족과 함께 살았고, 마을 내에서 급료를 받고 생활했다. 급료로 생활비를 충당할 수 없을 때는 과자나 군고구마, 초물(草物) 등을 펼쳐

놓고 팔아서 돈을 벌었다. 연극·연예 등을 공연하는 흥행장의 일각대문에 서서 지키는 사람은 말로 설명하며 호객행위를 하거나 손님의 출입을 수습하면서 매출을 늘리려고 했다. 이러한 일각대문에 공통되는 점은 다른 두 개의 세계 경계에서 사람의 출입을 조절한다는 것이다. 이러한 조절을 통해 다툼이나 사건을 미연에 방지할 수 있었다.

상대가 자연이라면 제방을 쌓아 물의 침투를 막거나 울타리를 쳐서 동물이 들어오는 것을 막을 수 있다. 그러나 상대가 사람일 경우는 일정한 규칙을 두어 출입을 제한하는 것이 상례이다. 낮에만 통행을 허용하는 고관들의 저택 일각대문이나 입장료를 지불한 자만 들어갈 수 있도록 허용하는 흥행장의 일각대문이 그것이다. 사람의 출입을 제한할 필요성은 동서고금을 막론하고 어디에서나 찾아볼 수 있다. 근세까지 일본의 각처에 있었던 관문이나 통행세를 징수했던 유럽 중세의 도시 등이 그 예다. 지금도 기업의 본사 및 공장 출입은 엄격히 통제된다. 아파트단지 등에서는 외부인이 허가 없이 건물 안으로 들어가는 것을 제한하고 있다. 그리고 출입자 모두 보안을 제일 중요하게 생각하며, 출입이 제약되는 것에 이의를 제기하는 일은 거의 없다.

그런데 도시 내 일반적인 주택 지역에서 특정 구역으로의 출입을 제한하는 사례 또한 각지에서 찾아볼 수 있다. 그 중 대부분은 미국도시의 경우이지만, 중국이나 일본의 일부 지역에서도 찾아볼 수 있다. 빗장 동네 (gated community), 즉 벽이나 울타리와 같은 구조물로 둘러싸인 주택 지구이다. 이곳은 거주자 등 특정 관계자만 제한된 출입구를 통해 출입할 수 있다. 일반적인 주택 지역이라고는 하지만, 이런 주택 지역을 일반적인 곳이라고 할 수는 없다. 오히려 다른 주택 지역으로부터 분리된 특별한 지역이며, 상당수는 분리되어 있다는 것을 장점으로 내세우고 있다. 즉 출입이 제한되어 있어 외부인이 접근할 우려가 없고, 안전성이 보장된 주택 지역으로서 부동산이 거래되고 있다. 주택 구입의 희망자도 안전성이 확보된 점을 높이 평가해, 입주하고 싶어 한다. 매도자와 매수자의 계산이 일치하면 매매는 성립한다.

빗장 동네가 모여 도시가 되면 빗장 도시의 탄생이다. 이미 미국에서는 이런 종류의 도시가 존재하고 있으며, 어떠한 의문도 없이 받아들여지고 있는 듯 보인다. 일본에서는 아직 이런 도시가 발생하지 않았으며, 빗장 동네로 출입을 물리적으로 제한하는 사례도 아직 적다. 그러나 옛날처럼 바로 옆집인 이웃집을 서로 돕는 것을 당연시하는 주택 지역은 줄고 있다. 특히 도시의 교외 등 새로운 지역에서는 공동체 내부의 교제는 희박하다. 이러한 상황을 우려해, 자치회나 반상회를 조직해 안전한 마을 조성에 힘쓰고자 하는 지역도 있다. 여기에는 지역의 치안은 가능한 한 지역의 힘으로 유지하려 하고 있다. 물론 경찰과 소방 등 공적 조직도 있지만, 인력에는 한계가 있기 때문에 전적으로 의존할 수는 없다.

역사적으로 존재한 일각대문과 현대의 빗장 동네의 출입구, 모두 치안을 유지하고 안전을 확보하기 위해 비용을 들여 설치한 것이다. 안전과 안심은 돈을 주고 사는 것이라는 의식이 작용하고 있다는 점에서 공통점이 있다. 무사와 마을 사람 사이에 신분적 격차가 있던 봉건사회와 사회경제적 계층에 큰 차이가 생겨나고 있는 현대사회. 시대와 장소도 다르지만, 공간을 나눈다는 점에서 분리의 사상은 상통하고 있다. 신분이 다른 상대나 계층에 차이가 있는 상대는 기본적으로 신뢰할 수 없다는 생각이 바탕에 깔려 있다. 대화나 교류를 처음부터 거부하고, 가까이 어울리는 것을 가정하지 않는 사회가 거기에 있다. 이것을 유토피아라고 할지 디스토피아라고 해야 할지, 생각이 나눠질 듯하다.

제 7 장

근대 일본의 개항이 산업발전과
국토형성에 미친 역할

제1절 요코하마, 코베, 니가타 개항과 항만 활동의 전개

1. 요코하마항의 개항 과정과 개항의 영향

요코하마항이 개항 2년째인 1860년에 전국 무역액의 70% 가까이를 차지했다는 사실은 얼마나 단기간에 특정 항이 전국적 규모로 영향을 미치게 되었는지를 잘 보여주고 있다. 메이지시대 전까지 요코하마항은 약 80%의 무역 점유율을 차지했고, 국내 최대의 무역항의 지위를 유지했다. 1854년 미일화친조약의 체결로 요코하마항이 개항되었고, 그 4년 후에 미일수호통상조약이 체결되었다. 그 당시 미국의 제안은 이미 개항하고 있던 시모다, 하코다테 외에 오사카, 나가사키, 히라도, 교토, 에도, 시나가와를 개항하자는 것이었고, 카나가와 혹은 요코하마는 개항 후보지에 포함되지 않았다. 그럼에도 불구하고 최종적으로 카나가와가 개항하게 된 이유는 무엇인가? 여기에는 미일수호통상조약의 교섭에 관여한 이와세 타다나리(岩瀬忠震)의 정치적 영향력이 컸다고 할 수 있다(森, 2001). 교섭 책임자는 노중수석(老中首座)[1]인 홋타 마사요시(堀田正睦)였는데, 홋타에게 무역취조어용(貿易取調御用)을 명 받은 이와세가 요코하마 개항을 요구하는 의견서를 제출했다. 이와세의 의도는 오사카 개항을 저지하는 것이었다. 당시 오

---

1 쇼군에 직속하여 정무를 총찰하고 다이묘를 감독하던 직책

사카는 수륙 양면에서 국내 물류의 중심이었으며, 그 이권의 7, 8할은 카미가타(上方)[2] 상인이 쥐고 있었다. 따라서 해외와의 무역 이권을 카미가타만 가지게 된다면, 오사카를 중심으로 한 지역만 번영하게 되고 에도를 비롯한 전국의 경제발전은 어렵다고 보았던 것이다.

이와세는 한 나라가 문호를 개방하려는 이른바 역사의 전환점에 있어서, 정치적 의도와 정책이 이후 정세에 큰 영향을 미친다고 생각했다. 막부가 있던 칸토가 정치적 중심지였으나, 경제적으로는 칸사이가 큰 힘을 가지고 있었다. 또한 세키가하라 전투 이래, 토쿠가와의 에도막부와 패자로서 명맥을 유지해 온 여러 시코쿠번 간의 정치적 대립이 은연중에 존재했다. 막부 타도의 움직임마저 어른거리는 시대였음을 생각하면, 에도와 비교적 가까운 곳을 개항하자는 이와세의 주장은 경제보다는 오히려 정치나 사회의 견지에서 이해할 필요가 있다.

요코하마가 개항되면서 생사, 차, 구리 등이 수출되었다. 생사의 주산지는 칸토와 코신 지방이며, 차는 시즈오카로 칸토에서 가깝다. 즉 요코하마 개항은 에도를 중심으로 한 지역에 가장 큰 혜택을 주었다고 할 수 있다(高木編著, 2014). 단, 개항에 따른 수출용 생사 수요의 급증으로 인해 국내 수급 균형이 깨져 결과적으로 물가 급등을 초래했다. 이 때문에 막부는 생사의 수출을 억제하기 위해 직접 요코하마항에 수출품을 반입하는 것을 금지했다. 이 조치는 잡곡, 등유, 납, 포목에도 적용되었고, 모두 에도의 도매상을 통해 수출이 이루어졌다. 그러나 많은 반대로 인해 이 정책은 4년 정도 지나

---

2 에도시대에 쿄토와 오사카를 비롯한 키나이를 불렀던 이름

폐지됐다. 오품에도회송령(伍品江戸廻送令)이라 불리는 이 정책은 재정재건을 통해 실권을 장악하려는 막부의 정치적 의도가 그 배경에 있었다. 여기에서도 무역을 정치적으로 이용하려는 막부 측의 속셈을 읽을 수 있다.

요코하마 개항 결정에 이르는 과정에서 간과할 수 없는 것이 한 가지 있다. 그것은 항구의 위치에 관한 부분인데, 근대 이후 항구의 발전이나 항만도시 형성과정에 미친 영향력을 생각할 때 이는 간과할 수 없다. 미일수호통상조약의 체결 교섭 결과, 카나가와가 개항지로 결정된 것으로 명기되었다. 이때 일본에서는 카나가와에 요코하마도 포함된다는 인식을 지니고 있었다. 그런데 상대편인 미국의 타운젠트 해리스(Townsend Harris)를 비롯하여 수호통상조약을 맺은 외국 대표들은 카나가와는 토카이도의 카나가와슈쿠로 알고 있었다. 이들이 벽촌 상태인 요코하마를 개항장으로 하자는 막부측 안에 반대한 것은 교통 불편을 우려해서만은 아니다. 토카이도에서 떨어진 위치를 개항장으로 하면 나가사키 데지마의 경우처럼 외국인을 격리한 상태에서 무역 활동을 하게 될 것에 대한 우려했기 때문이다. 사실 막부 측에는 일본인과 접촉이 잦아질 토카이도를 피하고자 하는 마음이 있었다. 이 후의 과정을 보면 카나가와슈쿠는 해안 근처에까지 숙박지가 있어 외국인 거류지를 마련하기 어려웠다. 결국 지형조건도 일본 측 의사에 따라 고립된 한촌(寒村)요코하마에 개항장을 마련하게 되었다.

수출용 생사가 요코하마항에 집중되면서 수급 균형이 무너져 가격 급등으로 이어졌다는 것은 앞서 말했다. 국내산 생사 가격이 상승함에 따라 키류(桐生), 니시진(西陣), 하카타(博多), 하치오지(八王子), 치치부(秩父) 등 국내 견직물 산지에서는 생산이 어려워졌다. 게다가 1863년에는 큰 서리 피해로 인해 누에 수확이 예년의 절반 정도로 감소하여 산지 생산을 더욱 어렵게 하였다. 한편, 요코하마항에서 수입되는 주요 제품 중에 면직물이 있었다. 영국 등에서 들어오는 기계생산에 의한 값싼 면직물로서, 이것이 모오카(真岡), 츠카고시(塚越), 아시카가(足利), 카와치(河內) 등의 면직물 산업을 압박하였다. 이러한 일들로 해외 무역을 통한 수출입품이 국내경제를 혼란에 빠뜨렸다는 것을 알 수 있다. 단, 이런 종류의 혼란 현상은 이 시기에 국한된 것은 아니며, 어느 시대에나 나타난다. 다만, 이 시기에 이러한 점이 부각된 것은 지금까지는 국내 규모 안에서 나름 생산과 소비의 균형이 유지되고 있었기 때문이다. 이렇게 유지되었던 것이 해외 무역으로 인하여 처음으로 국내 산업에 큰 영향을 주게 된 것이었기에, 이러한 영향을 무시할 수 없었다. 근대를 맞이하며 항만이 국제적 규모로 게이트웨이 기능을 담당함에 따라, 좋든 싫든 국내에 큰 영향을 주게 된 최초의 사례를 요코하마 개항에서 볼 수 있다.

그림 7-1은 개항한 지 얼마 되지 않았을 무렵의 요코하마항을 그린 조감도이다. 북측에서 보면 중앙에 차후 코끼리코라고 불리는 돌제(突堤)[3]가 만들어져 있음을 알 수 있다. 맞은편 좌측(동편)에 외국인 거류지가 있고, 우측(서편)에는 시가지가 펼쳐져 있다. 나카무라강이 거류지와 그 좌측으로 이어지는 시가지와 구릉지의 경계가 되어 거류지의 출입은 제한되고 있었다. 중앙 돌제 우측에 창고 시설이 해안을 따라 자리 잡고 있었다. 우측으로 더 가면 오카강이 바다로 흘러들어가고 그 너머로 철도 선로가 놓여있

---

3 육지에서 강이나 바다로 길게 내밀어 만든 둑

다. 여기가 당시의 요코하마역(현재 사쿠라기쵸역)이었으며, 일본에서 최초로 개통된 신바시~요코하마 구간의 서쪽 끝인 요코하마역이다. 선로가 여기서 멈추어 있는 것은 오오카강을 지나 항구 중심까지 철도를 연장하는 것에 반대가 있었기 때문이다. 선사와 조운업자가 항구 부지를 선로로 분리하는 것을 꺼렸던 것으로 알려져 있지만, 사실은 외국과 직접적인 관련이 있는 항만지구와 기존 시가지를 쉽게 연결할 수 없도록 하고자 했기 때문이다. 요코하마항이 근대적인 게이트웨이로 본격적인 역할을 해 나가기까지는 더 많은 시간이 필요했다.

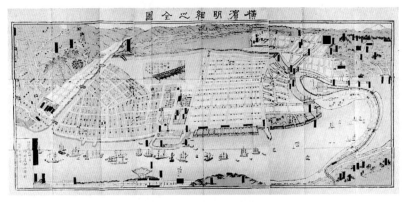

그림 7-1 개항 당시의 요코하마항(1873년)
출처: 문화유산 온라인 웹 자료

2. 섬유 및 잡화품의 수출항인 요코하마항을 뒤쫓는 코베항

코베시의 표장(市章)은 반원 두 개를 겹친 카타카나의 'カ'와 같은 디자인으로 되어있다. 이 디자인의 유래를 거슬러 올라가다 보면, 코베항의 개항과 그 후의 건설과정을 알 수 있는 단서에 이른다. 우선 코베항의 개항은

요코하마 개항이후 9년이 지난 1868년에 먼저 제1부두에 코베 운용소(세관)를 설치한 후 개항했다. 개항지로는 타이라노 키요모리(平淸盛)와 승려 교키(行基)와의 관계로도 알려진 오와다노토마리(大輪田泊) 즉, 효고항이 아니라 그 동쪽에 위치한 코베 마을이었다. 처음에는 효고항의 개항이 예정되어 있었으나, 현지를 시찰한 영국공사 해리 파키스(Harry Parkes)가 멀리까지 물이 얕은 지형이 개항 예정지로 적절하지 않다고 판단해 동쪽으로 변경하였다. 또한 효고항에는 오래된 취락이 있어, 새롭게 외국인이 생활하는 거류지를 마련할 여유가 없었던 것도 코베항으로 변경한 이유 중 하나였다. 결국 개항장은 코베로 정해졌지만, 역사가 깊은 효고항도 후에는 코베항의 일부로 편입되었다.

앞에서 언급한 표장이 결정된 1906년은 코베항 제1보수공사가 시작된 해이며, 코베항이 본격적인 근대항만으로 건설되어 가는 기념할 만한 해이기도 했다. 도시표장을 고안한 것은 당시의 코베시장으로 항만 건설에 힘을 쏟아 축항시장이라고도 불린 미나카미 히로미(水上浩躬)였다. 미나카미는 예전부터 선항(扇港, 부채모양 항)이라고도 불린 효고항과 새롭게 건설하려고 하는 코베항이 함께 부채모양의 만형인 것에 주목했다. 그리고 양쪽의 부채모양을 조합해 코베의 오래된 카나표기법인 'カウベ(카우베)'의 'カ'를 나타내는 디자인을 고안했다. 역사를 거듭해 온 오래된 항구와 지금부터 건설될 새로운 항구의 이미지를 합친 것으로, 항구의 시간성과 공간성 양쪽 모두를 표현하고자 했다. 단순한 도안이지만, 심오한 뜻이 담겨 있다.

당초 외국선과의 무역이 허용된 유일한 부두인 제1부두에 이어 제2~제4

부두가 개항하는 해에 건설되었다(그림 7-2). 메리켄 부두라고도 불린 제3부두는 근처에 미국영사관이 있어서, 후에 미국과 싸우게 된 전시 중에는 호칭이 만국 부두로 변경되었다. 제1부두 북쪽에는 외국인 거류지가 마련되었다(田井, 2013). 원래는 모래땅 습지대였던 것을, 설계를 맡은 영국인 기술자 존 허트(John Hurt)가 거류지를 22개의 블록으로 나누고 다시 126개의 정리된 구획으로 바꾸었다. 1868년에 이 중 36개의 구획이 제1차 영대차지권(永代借地権)의 경매에 부쳐졌다. 그 결과, 영국 12곳, 미국 10곳, 네덜란드 7곳, 프랑스 4곳, 독일 3곳의 구획 배분이 결정되었다. 차지권의 경매는 다음 해에도 시행되어 25구획이 분양되었고, 그 다음 해에는 60구획이 분양되었다. 개항 직후의 항만 정비도 진척되어, 1870년에 오사카운

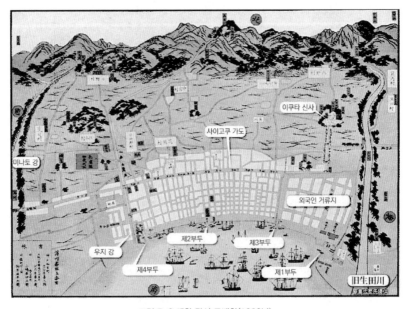

그림 7-2 개항 당시 코베항(1868년)
출처: 미쓰이스미토모 트라스트부동산 웹 자료

상소(大阪運上所) 간에 전신 케이블을 깔고, 다음 해에는 와다곶에 서양식 등대가 설치되었다.

메이지유신을 전후해서 개항한 요코하마와 코베의 무역형태는 일본인 상인이 개항장(거류지)에 가서 외국 상인(外商)에게 생사나 차 등을 팔거나, 면사·면포·모직물을 외국 상인으로부터 매입하는 것이었다. 외국 상인이 주도권을 쥔 거류지무역에서 일본인 상인은 주체성을 충분히 발휘하지 못했다. 거류지에서는 외국 상인에 의한 일방적인 계약 폐기나 터무니없는 가격 거래 등 어처구니없는 일도 있었다. 이는 다분히 일본인 상인이 국제무역의 지식이나 노하우가 부족했기 때문이다. 이런 상황을 무릅쓰고 주도권을 일본 측으로 가져오자는 '상권회복운동'이 일어났다. 그러한 예로 1880년에 도쿄생사상회를 설립하여 당시 지역산업의 중심을 이루고 있던 양잠제사업(養蠶製糸業)의 발전을 저해하는 요인으로 통상의 불평 등을 지적하였다.

이러한 움직임이 계기가 되어, 해외에도 지점을 둔 무역상사 설립의 움직임이 나타나기 시작했다. 그러나 1873년에서 1880년에 걸쳐 생겨난 상사의 대부분은 도쿄나 요코하마에 본사를 둔 회사였다. 더구나 이들 중 상당수는 메이지 정부의 중요한 인물과의 강력한 유대관계를 바탕으로 생겨났다. 일본인 자신이 주체적으로 무역을 하는 직수출입상사(直輸商社)의 설립은 정부의 핵심지역인 도쿄나 요코하마에서 유리하게 작용했던 것이다. 따라서 도쿄에서 멀리 떨어진 코베의 지리적 불리함은 부인할 수 없었다. 다만 정치색이 짙은 칸토계의 무역회사의 상당수는 오래 지속되지 못했다. 이렇듯 근대 초기 국제무역 여명기의 특징으로 정치와 경제가 깊이 결부된 무역 활동을 들 수 있다.

이와 같이 근대 초기에는 앞서 개항하고, 정치적 중추에도 가까운 위치에 있던 도쿄, 요코하마를 중심으로 한 무역의 비중이 컸다. 그러나 1889년에 설립된 카네마츠를 시작으로 코베에서도 직수출입상사가 등장하게 되었다. 그 중에서도 스즈키 상점은 코베에 본사를 둔 무역상사로 비약적인 발전을 이룬 것으로 유명하다. 1917년에는 칸토의 미츠이물산과 대등하거나 그것을 웃도는 취급액을 달성하기에 이르렀다. 설탕 거래로 시작한 스즈키 상점은 메이지 말기에 모지제당소를 매각해 얻은 이익을 밑천으로 기업 인수를 거듭하며 성장해 재벌기업을 형성했다. 스즈키 상점의 급속한 발전 배경에는 제1차 세계대전에 따른 대전경기(大戰景気)가 있었다. 조선과 해운의 경기가 좋은 코베항을 기지로 무역액이 크게 증가하였다. 그리고 스즈키 상점이 미츠이물산의 무역액을 따라잡은 1917년은 코베항이 요코하마항을 제치고 국내 최대의 무역항이 된 해이다. 개항 반세기 만에 코베는 요코하마를 추월했다.

코베항의 수입품목은 메이지 중기부터 쇼와 초기에 걸쳐 면화가 가장 많이 차지했다. 압도적인 비율이며, 코베항은 배후권에 방적 공장을 건설하면서 면화를 공급하는 거점이 되었다. 국산 면화를 사용하던 단계는 이미 지나가고 인도, 미국, 이집트에서 대량의 면화가 수입되었다. 특히 메이지 후반 이후, 인도 면화가 대부분을 차지해 코베항에서 한신 지구로 확장된 방적 공장으로 운반되었다. 당시에는 카네가부방적, 아마가사키방적, 토요방적, 오사카합동방적, 키시와다방적 등의 공장이 오사카만을 따라 다수 분포하고 있었다. 이러한 공장에서 생산된 면사나 면포는 제품으로 코베항에서 수출되었다. 1902년과 1918년 면직사가 압도적 1위였다. 주요 수출지로는 조선, 중국을 비롯한 아시아권이었다. 면제품의 파생품인 생광목·시트천과 메리야스 제품의 수출액도 상위를 차지하였으며, 원료인 면화를 코베항으로 수입하고 면제품을 코베항에서 수출하는 전형적인 가공무역 체제가 구축되어 갔다.

면화의 수입과 면제품의 수출에 특화된 듯한 코베항이었지만, 실제로는 그 이외의 무역품에도 특징이 있었다. 같은 섬유라도 국산 생사에 관해서는 요코하마항과 경쟁 관계였다. 원래 츄부, 키타칸토, 토호쿠 지방이 주산지였던 생사는 요코하마항이 수출 거점으로 유리했다. 그런데 제1차 세계 대전 이후, 불황으로 인하여 유럽으로의 수출이 부진한 데에 더해 1923년 9월에 발생한 칸토 대지진으로 요코하마항은 큰 피해를 입었다. 전체 수출액의 70% 가까이를 생사가 차지하고 있던 요코하마항에는 큰 타격이었지만, 생사 산지는 대체할 수출항을 찾아야만 했다. 당연히 대체 수출항은 코베항이 되었고, 이후 '생사 2항제(生絲2港制)'를 실시 하면서 코베항에서도 생사가 수출되었다(小泉, 2013).

칸토 대지진 이듬해 코베항의 생사 수출은 전국의 10% 정도였지만, 쇼와 초기에는 전체의 4분의 1 정도까지 늘어났다. 견직물 점유율은 더욱 증가하여 1922년에 8%였던 것이 5년 후에는 64%나 되었다. 면제품이나 비단제품 이외에도 코베항의 수출에 특징적인 점은 성냥, 밀짚모자, 꽃방석, 도자기 등 이른바 잡화품이 많았다는 것이다. 이 중 성냥은 1877년 코베형 무소에 성냥공장이 설치된 것이 계기가 되어 코베 주변에 성냥공장이 생겨났으며, 그 수는 60곳이나 되었다. 생산량의 80%는 중국과 동남아시아

의 수출용이었으며, 미국과 스웨덴의 성냥회사와 함께 세계 시장을 삼분할
정도까지 성장하였다.

3. 하천항만의 문제극복에 어려움을 겪은 니가타항의 근대화

니가타는 미일수호통상조약에 의해 이미 개항된 하코다테 외에 카나가
와, 나가사키, 효고와 함께 개항하기로 결정된 항구였다(그림 7-3). 동해
에 접한 유일한 개항 예정지였으며, 이 결정은 키타마에선(北前船)의 주요
기항지로 활기를 띠었던 근세 니가타항의 번영으로 미루어 볼 때 당연한
것으로 생각되었다. 그러나 몇 가지 이유로 니가타항의 근대항 정비는 지

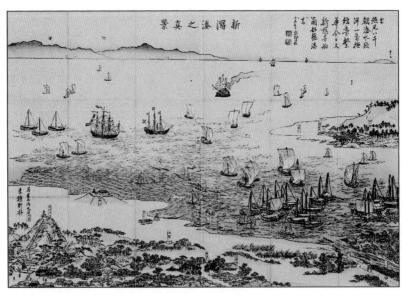

그림 7-3 개항 직전의 니가타항(1859년)

출처: Wikipedia 웹 자료

연되어 만족스러운 성과를 거두지 못했다. 이는 철도가 없던 시절 오직 주운·해운의 대량 운송 수단을 통해 번성했던 항구가 근대의 변화된 정치체제와 새로운 시대에 잘 적응하지 못한 사례였다. 물론 지금은 니카타항이 동해 지역의 중요한 게이트웨이 기능을 담당하고 있지만, 근대 초기에는 자연조건 극복의 어려움, 운송수단의 변화, 정치사회적 문제 등에 직면해 항만으로 충분한 역할을 다하지 못했다. 특히 나가타항이 하구에 위치함에 따라 수심이 얕아지기 쉬운 항만 조건을 지녔기에 요코하마, 코베에는 없는 문제를 짊어지고 있었다(新潟市編, 2011).

근세에서 근대에 걸쳐 니가타항이 어떠한 상황 변화에 직면했는지를 알기 위해서는 근세 니가타항의 번영에 우선 주목해 볼 필요가 있다. 미곡이 중심이었던 당시 무라카미번, 마쯔무라번, 나가오카번, 아이즈번 등 니가타항의 배후권에서 영지쌀(領国米)이 수집되어 오사카 방면으로 운송되었다. 특히 니가타항으로서 다행이었던 점은 무라카미번과 소미번에서 수집되는 쌀이 많아, 전체의 40% 가까이를 차지했다는 점이다. 두 곳 번의 쌀반출은 원래는 니가타항이 아닌 동측 놋타리항(沼垂港)에서 이루어졌다. 니가타항의 하구 시나노강과 놋타레항의 하구 아가노강은 본래는 다른 강이었으나, 이 두 강은 최하단 강 유역에서 합류하였다. 두 항은 하구 부근의 교역권을 둘러싸고 대립하는 일이 있었는데, 막부의 재량으로 무라카미번과 소미번의 쌀을 니가타항이 취급하게 되었다. 니가타를 지배하는 나가오카번이 놋타리(沼垂)를 다스리는 시바타번을 정치적으로 이겼던 것이다. 그 결과 니가타항은 급증한 연공미 처리량을 배경으로 크게 번창했다. 연공미 이외에 민간업자가 취급하는 쌀과 물자도 많았으며, 북으로는 다시마·청어·홍화, 서로는 소금·철·목면·장신구 등 다양한 물자가 니가타항을 경유해 거래되었다.

이러한 니가타항의 번영이 급변한 것은 바닥이 얕은 작은 와선(和船)⁴에서 서구에서 보통 사용하는 대형 증기선의 시대로 항만을 둘러싼 상황이 변화됐기 때문이다. 1858년 미일수호통상조약으로 개항이 결정되었지만, 실제로 개항한 때는 11년 후의 일이었다. 그 사이 조약 체결국들은 시나노강 하구에 위치한 니가타항이 수심이 얕아 대형 선박이 입항하지 못하는데다가 안전하게 정박할 수 없다는 사실에 불만을 토로했다. 동해에서 불어온 강풍으로 니가타항에 입항할 수 없는 경우에는 사도가섬 료쯔만에 있는 료쯔항을 피난용 보조항으로 사용한다는 조건에도 불만을 토로했다. 어렵게 개항했지만, 토사가 쌓이기 쉬운 하천항의 약점은 숨길 수 없었고, 결국 네덜란드와 미국은 개항 이듬해에, 영국과 독일은 12년 후에 모두 니가타의 공관을 닫고 철수해 버렸다.

구미 각국의 니가타항에 대한 이러한 까다로운 평가는 결코 편파적이었다고 볼 수 없었다. 1877년에 산업 사정(事情)의 일환으로 실시된 제4국립은행과 대장성(大蔵省)의 니가타항 평가에서도 대형선을 이용할 수 없는 결함이 지적되고 있다. 객관적으로 볼 때, 니가타항은 새로운 시대의 항만 조건을 갖추지 못했던 것이다. 이러한 문제를 극복하기 위해 지역 정재계는 정부에 항만 정비 촉진을 거듭 진정했다. 정부는 시나노강 전체에 대한 조사가 우선되어야 한다며 니가타항 개보수 사업은 뒤로 미뤘다. 1895년

---

4 일본의 재래식 목조선

에야 시나노강 수심 개수공사를 실시하기로 결정하고 예정보다 2년 늦은 1902년에 공사가 완료되었다. 이 공사로 항 내 수심은 3~4.5m를 확보할 수 있을 것으로 예상되었으나, 대형선의 입항은 여전히 어려웠다.

1878년 중국·유럽에 쌀을 수출해 60만엔 정도의 무역액을 기록했지만, 이 금액을 그 후 10년 이상 웃돌지 못한 점에서도 개선되지 않은 니가타항의 부진 상황은 드러난다. 1900년대에 들어서도 상황은 호전되지 않았고, 전국의 주요 15개 항 안에서 순위가 좋으면 11위, 그 외는 14위에 머물렀다. 동해 측의 경쟁항이라고도 할 수 있는 쯔루가항과 비교하면 1906년 무역액으로 2배를 기록했다. 그러나 같은 해에 쯔루가~블라디보스톡 간의 직항편이 개설되면서, 다음 해는 형세가 단번에 역전되는 모습을 보였다.

쯔루가항에 추월당했다는 위기감 때문인지 3,000톤급 대형 선박이 입항하기 위해서는 시나노강 하구를 대규모로 준설(浚渫)해야 한다는 필요성이 제기되었다. 준설 비용으로 국비가 투입되었는데, 국가는 오코항 분수(分水) 개착사업과 연계하여 하천 개수공사에 예산을 책정했다. 오코항 분수는 시나노강 하류의 홍수 대책을 위해 중류에서 직접 동해로 강물을 유출시키는 분수로를 말한다. 이렇게 분류(分流)를 하게 되면 하구에서의 토사 퇴적량이 감소하기 때문에 준설과 함께 실시하면 효과를 볼 수 있었다. 그러나 결과적으로 신식등대는 설치되었지만, 정작 대형선 접안용 부두는 고사하고 매립도 제대로 하지 못한 채 사업이 끝나버렸다.

한편 아가노강의 눗타리항은 매립 가능한 공간을 가지고 있었기 때문에, 갑자기 눗타리를 니가타에 편입하려는 대안이 등장했다. 결국 1914년 이에 대해서는 일부 반대는 있었지만, 니가타시와 눗타리쵸(沼垂町)의 합병이 실현되었다. 합병 후의 니가타시는 시 예산의 8배에 상당하는 사업비를 항만 정비에 투입했다. 그러나 제1차 세계대전에 따른 호황으로 공사자잿값이 오르사, 예산 부족으로 결국 이 사업은 니가타현에 인계되었다. 이리하여 니가타항의 광역적인 개수사업은 진행되었지만, 사업 추진의 최대 장애는 토사 퇴적이 많은 하천항이라는 점에 도달했다(新潟市編, 1969). 근세의 번영을 되찾으려는 목표를 내걸고, 어려운 자연조건의 극복을 위해 얼마나 많은 정치적·경제적인 노력을 기울였는지 니가타항의 예를 통해 알 수 있었다.

제2절 특별수출항, 개항 외 무역항으로 시작한 지방 항구

1. 해협 지점과 석탄 자원을 입지요인으로 개항한 모지항

해협의 한쪽 끝은 해협을 사이에 둔 상대 측의 다른 한쪽 끝과 연결되기 쉬운 잠재적 가능성을 가지고 있다. 쓰가루 해협에서는 아오모리와 하코다테, 칸몬 해협에서는 시모노세키와 모지가 바로 그런 관계다. 그러나 이들 해협의 가장자리가 단순한 도항 지점이라면, 기껏해야 화물환적이나 사람의 환승을 위한 기능만 했을 것이다. 해협의 끝에서 내륙으로 뻗어나가는 지역을 배후권으로 갖고 있지 않으면 게이트웨이 기능은 발생하지 않는다. 경우에 따라서는 맞은편 해협 너머로 펼쳐진 지역도 배후권으로 확장될 가능성이 존재한다. 이와 같이 보통의 항구와는 다른 가능성을 내포하고 있는 것이 해협에 접한 항만의 특징이다. 그러나 이러한 지리적 조건을 갖춘 지점이 모두 항구가 될 수는 없다. 근처에 비슷한 조건의 경쟁항이 존재하기 때문이다. 따라서 이 같은 경우에 다른 유리한 조건이 없다면 항구는 발생하지 않는다.

큐슈의 관문이라 할 수 있는 모지는 무로마치시대에 견당사선의 항구였다는 역사는 있지만, 근대가 될 때까지 제대로 된 항구로는 기능하지 않았다(門司鄕土叢書刊行会編, 1981). 모지와 마주 보는 해협 건너편의 시모노세키는 근세로 들어서면서 키타마에선이 위쪽 지방으로 항해할 때 기항하는 항구로 번창했다. 모지를 큐슈의 관문으로 보는 시각은 근대 철도망이 정비되어 가는 과정에서 강해졌다. 철도 이전의 연락선 시절에는 토쿠야마항~바칸항(현재 시모노세키항)~모지항을 연결하는 항로가 있었다. 그 후이 항로는 시모노세키항~모지항의 관문 연결항로가 되었는데, 혼슈 측은 시모노세키역에, 큐슈 측은 모지역(현재 모지항역)에 철도를 통한 물자와 사람을 집결하여 연결하는 기능이 생겨났다. 이것이 관문 연락선의 터미널 기능으로 1969년 관문 터널이 개통될 때까지 연결하는 기능을 수행하였다. 모지와 시모노세키가 선택된 것은 큐슈와 혼슈 사이의 최단 거리였기 때문이다. 이러한 부분에서 경쟁항이 존재하지 않았다.

무로마치시대에 감합무역의 거점이었던 모지가 그 후 항구 기능을 상실한 것은 키타큐슈의 경쟁지라 할 수 있는 하카타와 오구라에게 그 지위를 빼앗겼기 때문이다. 메이지 초기의 모지는 제염업을 생업으로 하는 인구 3,000명에 미치지 못하는 어촌마을에 불과하였다. 이러한 한적한 마을에 근대적 항만을 설치하려는 움직임이 나타난 것은 전적으로 국제정세에 기인한다. 즉, 근대국가의 성립을 목표로 하는 메이지 정부는 무역입국 실현을 위해 항만을 통한 수출에 힘을 쏟고 있었다. 전국에 많은 항구가 있지만, 당초 외국 무역이 가능한 개항장으로 인정된 곳은 카나가와, 나가사키, 니가타, 효고, 하코다테의 5개 항에 지나지 않았다. 수출을 늘리려면 당시 일본에서 많이 산출한 쌀, 보리, 밀가루, 석탄, 유황 등을 항구에서 운송되어야 했는데, 이들은 대체로 무게가 많이 나가기 때문에 산출지와 가까운 곳에서 수출하는 것이 바람직하다고 여겼다. 이 때문에 정부는 1889년 특별수출항제도를 마련해 개항장이 아닌 항구 중에서도 특정 물자에 한정해 수출할 수 있는 항구를 지정했다. 항만까지의 운송비를 절약한다는 관점에서 보면 합리적 제도였다.

특별수출항제도가 발족하기 3년 정도 전부터, 모지 주변에서는 항만 건설 사업을 구상하는 움직임이 나타났다. 그 중심에 있던 인물이 사노 쯔네히코(佐野經彦)로 1886년 후쿠오카현에 모지항의 축항을 신청했다. 모지가 축항에 적합하다는 것은 ① 깊은 수심을 확보할 수 있는 지형 조건, ② 거친 파도를 피해 배가 정박하기 쉬운 만형 조건, 그리고 ③ 혼슈와 연결이 용이한 지리적 조건 등 세 가지를 겸하고 있었기 때문이다. 그러나 이러한 지형적, 지리적 조건보다도 중시된 것은 키타큐슈에 풍부하게 존재하는 석탄 산지가 모지와 가깝다는 점이었다. 국내에서 산출되는 자원을 운반하기 쉬운 인근 항구에서 수출한다는 특별수출항제도의 조건에 딱 들어맞았다. 사노 쯔네히코는 동향(同鄉)인 타카야마 사다마사(高山定雅)나 야마구치현의 토요나가 쵸키치(豊永長吉)와 함께 염전 매립을 계획해 축항사업에 대비했다. 멀리까지 얕은 염전을 매립하게 되면, 염전 앞은 수심이 깊은 천연항이 된다.

그리하여 민간인에 의한 모지항 축항 계획이 시대의 흐름에 따라 구상되었다. 그런데 이 구상에는 당시의 후쿠오카 현령 야스바 야스카즈(安場保和)가 개입했다. 야스바는 철도 건설도 동시에 계획하면서, 보다 큰 규모의 계획이 될 수 있도록 제의했다. 모지항 건설에는 민간뿐만 아니라 현도 축항사업에 참여하여 함께 추진하는 방향으로 진행되었다. 민간 측은 사업을 진행시키기 위해서 시부사와 에이치(渋沢栄一)나 아사노 소이치로(浅野総一郎) 등 당시의 재계 지도자가 주주로 이름을 올린 모지축항주식회사를 설립했다. 현령 야스바는 아직 철도가 큐슈에 없었던 시대에 탄광에서 석탄을 철도로 항구까지 운반해, 거기에서 해외로 수송하는 구상을 하는 등 꽤 선견지명이 뛰어난 인물이었다. 큐슈의 철도 개통은 1889년 하카타~치토세강 구간이 최초이며, 모지(현재 모지항)~온가강 구간은 1891년에 개통되었다. 철도사업을 담당한 큐슈철도회사가 본사를 모지에 둔 것은 당초부터 모지를 큐슈 일원의 철도망의 기점으로 생각하고 있었음을 말해준다.

모지항이 기대한 대로 그 역할을 해왔음은 특별수출항으로 지정된 다음 해인 1890년 입항 수 86척이 8년 후에는 1,000척을 넘어 전국에서 5번째로 많았던 것에서도 드러난다. 수출전용 항구이므로 수출액만으로 비교하면 요코하마, 코베와의 차이는 크지만 나가사키에 이어 4위였다. 더욱이 석탄 수출에 주목하면, 특별수출항 지정 다음 해에는 전국에서 제3위, 6년 후인 1896년에는 제1위를 했다. 이렇듯 차근차근 수출 실적을 쌓아온 모지항은 1899년에 염원하던 개항장으로 지정되었다. 이 해는 지금까지의 무역항 제도가 대폭 개정된 해로 모지항을 시작으로 22곳의 항구가 개항 지정이 되었다. 이때 지정된 22곳 항구 중 7곳의 항은 현재의 모지항 세관의 관할 범위에 포함되어있다. 당시는 조선, 중국 방면과 연계가 많아, 지정된 항은 주로 큐슈 지역에 많았다.

개항장으로 지정된 이후, 대부분 석탄 수출을 목적으로 한 모지항은 면사, 목재, 제당 등을 수출 품목에 추가하게 되었다. 이 중 면사와 제당은 모지항에서 조면과 설탕을 수입하여 배후에 있는 공장에서 생산한 것이다. 수출에 추가된 시멘트를 포함해 모지항 주변의 방적, 제당, 시멘트 기업들에 따른 생산이 수출 품목의 다양화에 기여했다. 1901년 수출 전체에 83% 이상을 차지하는 석탄의 비율은 1907년에 40%까지 줄어들었다. 이 시기 키타큐슈에서는 일본 공업근대화의 일익을 담당하는 기업이 계속 들어섰다. 1901년 생산을 시작한 관영 야와타제철소가 그 대표 격이지만, 그보다 먼저 아사노시멘트 모지공장이 1893년에 조업을 개시했다. 1904년 칸몬제당소, 1908년 메이지방적 등도 모지항에 들어섰다.

그리하여 모지가 석탄 수출뿐만 아니라 다양한 제조업이 집적되는 도시로 발전함에 따라 항만 지구의 시가지화도 진행되었다(그림 7-4). 상선회사와 철도회사는 물론 일본은행 지점을 비롯한 국내 주요 시중은행과 대만 은행들도 대거 참여함에 따라 모지는 단순한 항만도시를 넘어서게 되었다. 문자 그대로 큐슈의 관문으로 해운업, 광업, 제조업, 금융업 등이 결합된 근대 도시를 상징하는 도시가 되었다(堀, 2017). 모지의 공업화가 진행됨에 따라 와카마쯔, 하찌만, 토바타에서도 공업화가 진행되어, 최종적으로는 상업 중심지인 코쿠라를 포함해 대도시 키타큐슈시의 탄생으로 연결되었다. 탈공업화가 진행된 현재 근대 공업화의 역할을 다한 모지항은 과거의 도시산업 유산 그대로 복고풍 분위기를 가지고 있어 국내외 관광객이 많이 방문하고 있다.

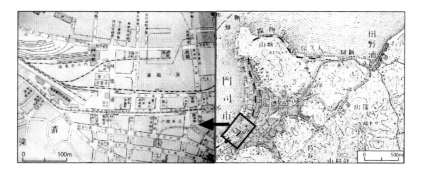

그림 7-4 모지항(좌: 다이쇼기, 우: 쇼와 초기)

출처: British Collection IN THE MOOD 웹 형성 자료 및 '큐슈거리여행' 웹 자료

2. 역사적 · 지리적 정세 안에서 성쇠를 반복한 쯔루가 · 나가하마

바다나 강에 접해 생겨난 항구가 근대에 이르러 배후에 철도가 개통됨에 따라, 그간 이용했던 수상교통의 역할을 빼앗긴 사례가 각지에 있다. 교통수단의 변화에 따른 항구의 쇠퇴가 도시를 위축시킨다. 그러나 항구의 뒤를 잇는 철도가 단번에 건설된다고는 할 수 없고, 일시적으로라도 철도가 항구에 활기를 불러오는 경우도 있다. 또 그 중에는 당초 건설된 철도 노선이 정세 변화로 변경되어 항구의 중계 기능이 소멸하는 경우도 있다. 이는 근세에서 근대로 옮겨가는 시대의 이행기에 물자와 사람을 모아 먼 곳으로 보내는 게이트웨이 기능이 그 역할과 성격이 크게 변화된 사례라 볼

수 있다.

동해에 접한 후쿠이현의 쯔루가항과 비와코(琵琶湖)에 접한 시가현의 나가하마항에서 이러한 사례를 찾아볼 수 있다. 이들 두 항구는 토호쿠와 호쿠리쿠에서 교토·오사카 방면으로 쌀을 수송하는 경로로 이용된 역사가 있다. 키타마에선으로 동해, 세토나이를 돌아, 직접 카미가타 방면으로 조운하게 되기 전의 일이다. 쯔루가와 나가하마 간에는 남북 방향의 산지가 여러 개 늘어서 있지만, 그 골짜기를 이어보면 거리는 50km 정도에 지나지 않는다. 이러한 짧은 경로로 옛부터 이용되고 있다는 점을 충분히 알 수 있다. 메이지 신정부가 출범한 지 얼마 되지 않은 1869년 최초의 철도 건설 후보지로 도쿄~교토, 도쿄~요코하마, 교토~코베와 함께 나가하마~쯔루가를 든 것도 이해가 된다. 태평양 측과 동해 측을 연결하는데, 이보다 단거리에서 실현될 수 있는 경로는 없다.

메이지 정부의 이러한 판단에 근거해, 1880년 쯔루가~나가하마 구간에 철도 건설이 시작되었다. 중간에 산지가 있어 그곳을 제외한 노선 부분은 2년 후에 개통되었다. 2년 후, 산지에 터널(야나가세터널, 1,352m)을 뚫어 전 구간이 개통되었다. 쯔루가(항은 카네가사키항)~나가하마 간 개통으로 쯔루가항의 연간 취급액은 개통 전 200만 엔(1881년)에서 개통 후 1,100만 엔(1889년)으로 급증했다. 1884년에는 현내의 경쟁항이었던 사카이항과 거의 같은 금액이었던 것이, 4년 후인 1888년에는 7.5배나 증가하여 압도했다. 당시 일본의 철도, 예를 들면 도쿄~요코하마 구간의 총수입 대비 화물 수입의 비율이 15% 정도였던 것에 비해, 쯔루가~나가하마에서는 40%를 웃돌았다. 동해와 비와코를 잇는 노선으로 얼마나 많은 물자가 수송됐는지 알 수 있다. 그러나 쯔루가항에 활기를 가져온 철도의 연장선으로 인해 부정적인 영향을 가져오게 된다(敦賀市立博物館編, 1999). 쯔루가에서 북으로 후쿠이까지 1896년에 개통되었고, 그 후로도 코마쯔, 카나자와, 타카오카로 철도 구간이 연장되었다. 1900년에는 토야마까지 개통되었고, 이에 따라 호쿠리쿠본선이 전부 개통되었다. 철도 전역 개통의 영향은 커서, 그때까지 호쿠리쿠지방의 각 항에서 쯔루가항으로 조운되고 있던 쌀 등의 물자가 호쿠리쿠본선으로 운송 되었다.

철도 전역 개통으로 인한 쯔루가항의 손해는 단지 해상교통에서 육상교통으로의 변화에 수반되는 것만은 아니었다. 호쿠리쿠 연안의 경쟁항과의 경합에서도 쯔루가항은 이기지 못했다. 이것은 토야마현보다 먼 니가타현의 나오에항 이북에서 오는 물자가 토야마현의 후시키항에 모이게 되었기 때문이다. 이전에는 코시노쿠니(越の国)라고 불렸고, 그 다음은 에치젠, 엣츄, 에츠고로 나누어진 동해 연안은 그 거리가 멀었다. 쯔루가는 에치젠에 있었고, 엣츄의 후시키와 비교하면 서쪽의 끝이라는 느낌이 든다. 키타마에선이 활약한 근세, 비와코의 경로에 가까운 쯔루가는 확실히 좋은 위치에 있었다. 그러나 호쿠리쿠본선이 전 구간 개통된 근대에는 보다 넓은 배후권에 얼마나 접근하기 좋은지가 게이트웨이의 결정적 계기가 되었다. 쯔루가항의 쇠퇴는 이출입액이 1900년 4,013만 엔을 정점으로 2년 후에는 1,600만 엔으로 급감한 데서도 여실히 드러난다.

호쿠리쿠본선의 개통으로 인한 부정적인 영향은 비와코의 나가하마에서도 볼 수 있었다. 일본 최대 크기의 호수인 비와코는 철도 등장 이전에는 내륙에서 물자를 대량으로 실어 나를 수 있는 수단으로서 중요한 역할을 했다. 그러나 여기서도 철도가 그 역할을 대신하게 되면서 수상교통의 역할은 마치게 되었다. 다만 나가하마는 단번에 지금까지의 중계 기능을 잃는 일은 없었다. 왜냐하면, 1883년 나가하마~세키가하라 구간, 나아가 세키가하라~오가키 구간의 철도가 타케토요선의 일부로 개통되어, 메이지 정부가 당초 구상한 료쿄철도 즉 도쿄와 교토 · 오사카를 잇는 철도 중계지의 지위를 유지할 수 있었기 때문이다. 이 철도는 당초부터 나가하마에서 비와코의 주운과 연결되는 것으로 계획되었다.

그러나 이런 상황은 오래가지 않았다. 메이지 정부가 료쿄철도의 경로를 옛 나카센도에서 옛 토카이도로 변경했기 때문이다. 세키가하라에서 서쪽으로는 나가하마가 아닌 마이바라 쪽으로 철도를 건설하게 되었기 때문에 상황이 크게 변했다. 나가하마는 마이바라와 쯔루가의 사이를 잇는 호쿠리쿠본선의 중간역에 지나지 않게 되었다. 또한 그 후 타케토요선 시절 세키가하라와 나가하마 사이를 연결하고 있던 노선이 폐지되었다. 비와코의 수상교통과 호쿠리쿠 혹은 토카이도의 육상교통을 오랜 세월 연결해 온 나가하마의 연결성 저하를 피할 수 없었다(市立長浜城歷史博物館編, 1999).

이상이 쯔루가~나가하마 간의 교통수단 변화에 수반된 성쇠의 경위이지만, 이것으로 이야기가 끝난 것은 아니다. 쯔루가에서는 쇠퇴하는 항만의 위상을 되찾기 위해서 해외와 교역을 통해 항구 기능을 확대하려는 움직임이 나타났다. 게이트웨이를 국내용에서 해외용으로 전환함으로서 항세를 부활시키려는 전략이다. 당시 동해 건너편에 펼쳐진 시베리아대륙에서는 러시아가 1891년 시베리아철도를 건설하기 시작했고, 1901년에는 시베리아철도 동청선이 준공됐다. 동청선은 러시아가 만주 북부에 건설한 철도로, 본선은 만저우리(滿洲理)에서 하얼빈을 거쳐 중국 쑤이펀허(綏芬河)에 이르렀다. 이듬해에는 시베리아철도의 하바로프스크~블라디보스톡 구간도 개통됐다. 시베리아의 철도 건설 정세를 인지함에 따라 쯔루가에서는 블라디보스톡과의 정기적인 직항로 개통을 바라는 움직임이 나타났다. 쯔루가는 조속히 메이지 정부와 교섭을 통해 1899년에 개항 지정을 얻어내는 데 성공했다. 그러나 시베리아철도의 정비가 늦어지자, 중국에서 콩 수입을 하는 등 실적을 만들면서 때를 기다렸다.

1902년 쯔루가~블라디보스톡 간 직항로가 개통되었고, 처음에는 이시카와현의 나나오항과 병행 운항을 했다. 그러나 두 곳 모두 40일에 1회라는 적은 편수였기 때문에 1904년에 쯔루가항으로 통합되었다. 블라디보스톡으로 향하는 항로는 두 항구 이외에 니가타항에도 개설되었다. 그러나 주 3회 운항하는 쯔루가에 비해 니가타는 연 6회라는 적은 횟수여서 문제가 되지 않았다. 블라디보스톡 직항로 개설을 계기로 쯔루가의 무역액은 급증하여 1900년 전후 10만 엔에도 미치지 못했던 금액이 1908년에는 수출 339만 엔, 수입 155만 엔을 기록하기에 이르렀다.

쯔루가~블라디보스톡 직항로를 국내 철도교통과 연결하면 중국, 시베리아는 물론 유럽도 갈 수 있었다. 실제로 지금까지 인도양을 경유해 한 달 가까이가 걸렸던 여행이 그 절반 정도 기간에 갈 수 있게 되었다. 갑자기 일본과 해외를 연결하는 창구로서 쯔루가의 지위는 높아지게 되었다. 한층 더 지위가 올라가게 된 계기는 제1차 세계대전에서 연합국이 필요로 하는 군사 물자의 수출 거점으로 쯔루가가 기능하면서부터다. 시베리아 출병이라는 군사정세 하에서 병사 수송기지가 된 점도 컸다.

근세부터 근대에 걸쳐 쯔루가 혹은 나가하마가 걸어 온 게이트웨이의 역사는 교통수단의 발전과 그 경로의 변화가 항구와 배후지 도시의 성쇠에 어떻게 관련되어 있는지를 보여주고 있다. 계기는 동해에서 비와코를 경유해 카미가타 방면으로 빠지는 지름길이 생겼다는 것이다(市立長浜城歷史博物館企畵・編集, 2004). 그 자체는 지형 조건이지만, 이를 이용한 해상→육상→호수→육상의 경로가 발견되어 근대 이후는 육상이 철도로 대체되었다. 이로써 초기의 유리함은 사라졌지만, 기사회생의 한 획을 해외와의 교역에서 찾았고 다시 게이트웨이 기능을 되찾았다. 그러나 이후의 오랜 전시(戰時) 체제와 그 귀결로 인해 상황이 다시 바뀌어 갔음은 주지하는 바와 같다. 쯔루가가 걸어온 궤적은 중심시가지 곳곳에 역사의 증거로 남겨져 있는 각종 건물과 기념물을 돌아봄으로써 보다 깊이 체감할 수 있다(그림 7-5).

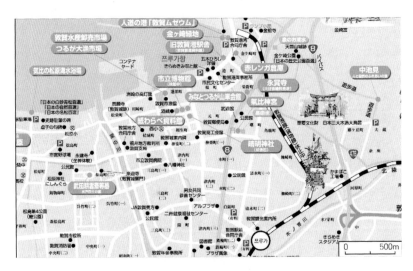

그림 7-5 쯔루가시의 중심 시가지

출처: 쯔루가시 웹 자료

3. 차의 거류지무역에서 현지항의 직수출을 실현한 시미즈항

근대 초기의 일본에서 먼저 개항이 허가된 곳은 요코하마, 코베, 나가사키, 니가타, 하코다테의 다섯 항구였다. 이 중 차를 수출할 수 있었던 곳은 요코하마, 코베, 나가사키뿐이었다. 차는 생사 다음으로 중요한 수출품이었으며, 수출을 원하는 차의 산지에서는 차들 중 어느 한 항구로 차를 수송해야 했다. 일본의 차가 고품질이라는 것은 큐슈의 우레시노에서 생산되는 차를 애용한 나가사키의 영국인 등을 통해 세계적으로 알려졌다. 그러나 산지에서 생산된 차를 건조가 덜 된 상태로 해상 수송을 하다 보면 부패하게 된다. 원래 차를 윤기가 흐르는 녹차나 홍차로 만들려면 어딘가에서 모아 가공할 필요가 있었다. 그 역할을 담당한 곳이 요코하마와 코베에 설치된 차 재생공장이었다. '차바'라고 불린 재생공장은 모두 외국인이 경영하는 상사였으며, 중국인 감독이 감시하는 공장 안에서 많은 여성들이 작업을 했다. 차의 제조 기술이 중국에서 도입된 것이었기 때문에 감독은 중국인이 도맡았던 것이다. '화입(火入)'과 '착색' 공정은 맨손으로 하는 교반 작업과 광택을 내는 작업으로 장시간에 걸쳐 이루어졌다. 이는 마치 녹차 버전의 '여공 애사(哀史)'였다.

1882년 당시 국내에서 산출되는 차의 82%가 수출되었으며, 이 중 상당수는 미국에 수출되었다. 미국은 남북전쟁이 끝나고 차에 대한 수요가 많아졌으며, 그곳에서 사업 기회를 찾은 외국인들이 요코하마와 코베에서 차 재생공장을 운영했다. 여기에 차를 들여오는 이는 산지의 중간상인이지만, 직접 외국 상인에게 넘기지 않고 '판매 도매상'의 손을 거칠 필요가 있었다. 도매상은 개항장의 외국 상인 알선 및 도매를 전문으로 하고, 중간 거래로 이익을 보고 있었다. 개항한 지 얼마 되지 않을 당시, 불평등한 관세제도나 국제적 상거래에 대한 무지 때문에, 상거래는 외국 상인과 하는 경우가 많았다. 외국 상인 중에는 이익을 내기 위해 조악한 차를 섞거나 과도하게 착색해 품질을 떨어뜨리는 사람도 있었다. 외국 상인 주도의 유통·생산·수출 체제에서는 산지 중간상인이나 도매상 모두 외국 상인에 팔아 넘기면 그만이었으며, 특별한 책임감을 느끼지 않았던 것이다. 주체성 없는 생산이 결국 산지에서 조악한 차를 출하하는 상황을 허용하게 되었다. 산지의 몫은 적었고, 메이지 첫해 차의 출하량은 증가했지만, 가격은 안정되지 않았다.

차의 산지로 알려진 시즈오카현은 근거리에 있는 요코하마항으로 차를 수송하고 있었다. 수송방법은 현내에 있는 차 산지에 가까운 항구에서 해상을 이용해 요코하마로 보내는 것이었다. 누마즈, 시미즈, 야이즈, 사가라, 후쿠다, 카와사키 등의 항구가 이에 해당했다. 그러나 위에서 말한 것처럼, 요코하마의 판매 도매상을 거쳐 외국 상인에게 반입하는 방법으로 불리한 경우가 많았다. 이 때문에 차 생산지에서 자체적으로 직접 수출하는 '직수출' 움직임이 나타나기 시작했다. 이 경우 직수출에는 두 가지 의미가 있다. 하나는 요코하마의 외국 상인을 거치지 않고 직접 외국시장에 판매한다는 의미이다. 즉 재생공장을 자체적으로 마련해 최종 제품으로 만들어 수출한다. 이에 대해서는 관영 재생공장이 1875년에 개업한 것을 계기로 현내에 재생공장을 개업하는 업자가 나타났다. 하지만 자본 규모가 작고 극심한 시세 변동에 잘 대응하지 못해 단기간에 파산하는 경우가 많았다. 따라서 거래방법은 외국 상인이나 일본 상사를 통한 위탁판매였고, 산지업자가 스스로 해외시장에 나가 판매하지는 않았다.

'직수출'의 또 하나의 의미는 요코하마와 코베의 항에서가 아니라 현지의 항구에서 차를 해외로 출하한다는 의미이다(森竹, 1993). 이러한 움직임이 생겨난 배경에는 시미즈항에서 활동해 온 해운업이 위기적 상황에 몰리고 있는 사정과 얽혀있었다. 1889년 토카이도본선이 전부 개통되면서 지금까지 해상으로 운송하고 있던 차가 철도에 의해서 요코하마로 운송되었다. 차의 대부분은 시즈오카에서 집하해 근처의 시미즈항에서 요코하마항으로 운반되었지만, 시미즈항을 통과하지 않게 되었다(그림 7-6). 이로 인

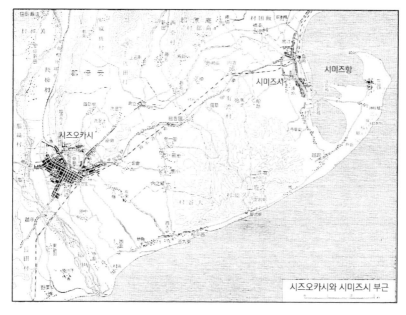

그림 7-6 시미즈항과 시즈오카시(1930년)

출처: Wikiwand 시즈오카철도 웹 자료

해 시미즈 읍장(町長)과 지역 재계의 유력자들은 시미즈항이 개항 외 무역항으로 지정될 수 있도록 정치적으로 압력을 가했다. 이 움직임으로 시미즈항은 1896년에 개항 외 무역항으로 지정되었고, 다시 3년 후에는 외국무역의 개항장으로 지정되었다. 이런 일련의 과정을 거쳐 차를 직접 수출할 수 있는 제도적 환경은 갖추어졌지만, 정작 가장 중요한 차의 재생공장 설치가 늦어졌다. 실제로 시미즈항에서 차를 실은 배가 출항한 것은 1906년 5월이었다. 선사인 일본 유센과 교섭은 10여 년에 이르렀고, 그 동안 여전히 요코하마항까지 차가 운반되었다. 이후 시미즈항의 차 수출에 관한 눈부신 결과도 있었는데, 1908년에는 코베항, 그 다음 해에는 요코하마항을 제치고 전국 차 수출량이 가장 많은 항구가 되었다(粟倉, 2017).

요코하마항의 외상에 의존하는 수출에서 현지항에서 직수출로 단계가 올라간 시미즈항의 차 수출은 항만의 게이트웨이 기능이 '중앙'에서 '지방'으로 이전해 간 사례이다. 여기에는 근대 초기의 제도적 과제와 지방의 산업진흥이라는 두 가지 측면이 있다. 조심스레 시작된 개국과 교역할 수 있는 환경을 지방에까지 넓혀 가려는 정치 행보와 그동안 인연이 없던 해외시장을 손에 넣어 잘살려는 지방경제의 움직임이 맞물려 있다. 차 외에도 생사, 도자기, 목제품 등이 귀중한 외화를 벌어 근대 일본의 산업을 지탱하였다. 이들 제품은 모두 국내에서 생산되는 원자재로 만들어졌다. 면사와 면직물처럼 해외에서 수입한 원자재로 만든 제품과 현지 제품과는 차이가 있다. 가공무역체제가 본격화되기 이전 단계에서 수출에 기여한 국산품과 지방항이 이룬 성과도 그 의의는 크다고 할 수 있다.

제3절 홋카이도, 시코쿠, 큐슈의 게이트웨이 과정

1. 홋카이도의 관문(게이트웨이) 과정

항만이 게이트웨이로서 충분한 역할을 발휘하는 것은 항만의 배후에 생산과 생활의 장소가 있고, 그곳에서 물자의 입출입이나 수출입의 운송 수요가 나타나기 때문이다. 그러나 이러한 운송 수요가 비록 충분하다고 할지라도 항만의 입지 조건이 나쁘면 게이트웨이는 발생하지 않고 다른 장소에 생겨날 가능성이 있다. 지리학은 장소 고유의 조건(site)과 다른 장소와의 상대적 위치 관계(situation)를 실마리로 항만과 배후권의 관계를 설명한다. 수심이 깊고 평온한 해안이라는 장소 고유의 조건은 항만의 입지 조건으로 적합하다. 그러나 운송 수요가 발생하는 지역에서 거리가 멀면, 운송 비용이 많이 들기 때문에 항만에 물자는 오지 않는다. 시대가 발전해 항만의 건설 기술이 진전되거나 운송 수단이 개선되면, 항만은 충분히 기능을 발휘할 것이다. 장소의 조건과 위치 조건은 바꿀 수 있기 때문에 항만 입지는 역사적으로 변해갈 가능성이 있다.

근대 이후 홋카이도 항만의 동향을 살펴보면, 지리학의 이러한 개념적 구조를 통해 주요 항만의 변천을 설명할 수 있다고 본다. 홋카이도라는 이름이 생겨나기 이전부터, 이 땅에 사는 사람들과 혼슈 이남의 사람들 사이에서는 교역이 이뤄지고 있었다. 잘 알려진 것은 북쪽의 바다에서 잡힌 다시마나 염장류가 동해나 카미가타 방면으로 운반된다는 것이다. 농가가 필요로 하는 어비(魚肥)도 북방에서 운반되어왔다. 당시는 아직 홋카이도 전역에 대한 자세한 정보는 없었고, 홋카이도 남단(道南)의 마츠마에번이 주변 해역을 경비하는 역할을 담당하고 있었다. 마츠마에성은 현재 아오모리현 쯔가루 반도 끝에서 직선거리로 약 30km로, 홋카이도 전체에서 볼 때 혼슈 측에 가장 가까운 위치에 있었다. 그러나 충분히 넓은 죠카마치를 확보할 만한 평지는 없었고, 성의 배후에는 산지가 있었다. 쯔가루 해협에 면해 있어 항구는 있었지만, 거센 파도를 피할 수 있는 만이나 섬도 없었다. 남하하는 러시아의 움직임이나 해협을 가로지르는 선박 감시 장소로는 적합했지만, 이곳을 거점으로 배후권과 연계를 맺을 상황은 아니었다.

마츠마에에서 북동쪽으로 100km 정도 떨어진 곳에는 하코다테가 있다. 하코다테는 마츠마에번 영내에 있었지만, 그저 한촌에 지나지 않았다. 그런데 1779년 히가시에조치(東蝦夷地)가 막부의 직할령이 되고, 이곳에 하코다테 봉행소가 설치되면서 상황이 달라졌다. 막부가 하코다테를 에조치 경영의 거점으로 택한 이유는 지형 조건을 높게 평가했기 때문이다. 하코다테는 쯔가루 해협으로 돌출된 육계사주[5]로 이뤄져 있으며, 사주 북쪽 부분은 해협에 직접 닿지는 않았다. 육계사주는 서쪽과 남쪽에서 불어오는 거친 파도를 막아주는 역할을 하며, 만 내는 고요하고 배가 정박하기에 더없이 좋은 조건을 갖추고 있었다(그림 7-7).

이러한 호조건을 높게 평가한 막부는 마츠마에번에게 하코다테에 새로운 성을 쌓도록 명했다. 그러나 당시 마츠마에번은 그럴 만한 여유가 없었

---

5 육지와 섬을 연결한 사주

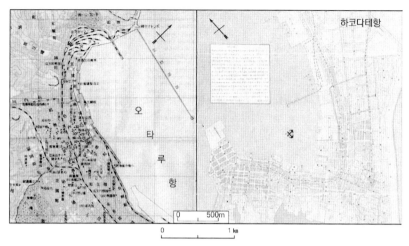

그림 7-7 오타루항(1936년)과 하코다테항(1908년)

출처: BESTT!MES 웹 자료 및 하코다테시 공식관광정보 웹 자료

기에 마츠마에성을 개축함으로써 이 요구를 대신했다. 그러자 막부는 마츠마에번를 대신하여 쯔가루번과 난부번에 에조치 방위를 명령하고, 자신은 에조치 경영에 전념했다. 아와지섬 출신의 타카다야 카헤(高田屋嘉兵衛)가 키타마에선의 무역으로 막부에 큰 이익을 가져온 때가 이 때쯤이었다. 마츠마에번은 세 차례에 걸쳐 영지를 반환해 달라고 막부에 청원했고, 막부도 재정난 때문에 1821년에 이 청원을 받아들였다. 그러나 활약했던 타카다야 카헤도 밀무역 혐의를 받고 몰락해 하코다테도 쇠퇴했다.

그 후 30년 뒤 1853년 미국 동인도함대 사령장관 매튜 페리(Matthew Calbraith Perry)가 우라가 앞바다에 나타났다. 이듬해 페리는 일본에 다시 와서 일본 측과 교섭한 결과, 하코다테의 개항을 허가받았다. 페리는 3척의 증기선을 거느리고 실제로 하코다테를 방문했다(須藤, 2009). 항구의 측량이 목적이었지만, 화친조약이 체결된 사실조차 전해지지 않았던 마츠마에번의 당황스러움은 대단했다. 1858년에 각국과 맺은 수호통상조약에 의거하여, 하코다테는 이듬해 정식으로 무역항이 되었다. 페리가 일본에 개항을 요구한 것은 미국의 포경선에 물 · 식량 · 연료를 보급하기 위해서였다. 당시 미국은 대륙의 동부가 자국의 영토였고, 태평양은 대서양과 인도양을 거쳐 들어왔다. 넓은 태평양을 항행하려면 어딘가에서 보급할 필요가 있어, 태평양 측에서 일본에 접근하는 데 하코다테는 유리한 위치에 있다고 판단했다. 하코다테 개항(1859년)은 하코다테에 커다란 충격을 주었으며, 그로부터 10년도 지나지 않은 1868년에 하코다테 전쟁으로 혼란 상태에 빠지게 된다.

1867년 대정봉환(大政奉還)[6] 정치 체제가 이행(移行)될 것이라 보았으나, 에노모토 타메아키(榎本武揚)가 이끄는 옛 막부군의 저항은 수그러들지 않고, 하코다테에서 관군과 격렬한 전투가 벌어졌다(菊池, 2015). 하코다테 고료카쿠(伍稜郭)를 거점으로 싸우던 옛 막부군은 1869년에 겨우 항복했고, 이로써 막부파와 타도막부파 간의 일련의 싸움은 종식되었다. 메이지에 이르러 신정부가 하코다테(箱館)의 이름을 하코다테(函館)로 바꾼 이유는 에조치를 홋카이도로 개명하고, 이곳을 혼슈와 연결하는 항만거점으로 정했기 때문이다. 그러나 정비되어야 할 하코다테항의 개수사업은 바로 이루어지지 않고, 1895년에서야 시작되었다. 주요 공사내용은 방파제와 방사제의 건설 그리고 항만의 준설이었다. 가메다강이 만 안으로 토사

---

6 1867년 11월 9일 도쿠가와 막부 15대 쇼군 토쿠가와 요시노부가 메이지 천황에게 통치권을 반납하는 것을 선언한 정치적 사건

를 배출하고 있었기 때문에 유로가 시가지 북쪽을 지나도록 변경해 토사가 만 안으로 유입되지 않도록 하는 공사도 함께 실시되었다.

혼슈에 가장 가까운 오시마반도의 끝에서 시작된 홋카이도 개발의 거점 은 개척의 진전과 함께 현재의 삿포로 주변으로 옮겨갔다. 평지가 많지 않 은 오시마 반도에 비하면 삿포로 주변은 평지도 많아 개척 거점으로서 적 합했다. 삿포로에서 해상으로 접근하는 지점으로, 처음에는 동해에 접한 제 니바코(錢函)가 검토되었다. 그러나 제니바코는 항구의 조건이 갖추어져 있지 않았기에, 오타루가 선택되었다. 오타루에는 타카시마라고 불리는 반 도 모양의 지형이 동해에서 부는 강한 서풍으로부터 마을을 보호해 주었 다. 정부는 하코다테를 웃도는 규모로 오타루의 축항사업에 착수했다. 물 론 홋카이도 개척의 거점이 된 삿포로의 외항으로, 오타루의 항만 기능을 충실하게 하기 위해서였다.

이렇게 오타루는 혼슈 측에서 도내로 반입되는 물자와 정착민을 받아들 이는 관문 즉 게이트웨이의 기능을 갖추게 되었다. 그러나 오타루가 수행 한 기능은 그것뿐만이 아니었다. 도내의 개발과 함께 홋카이도 중앙(道央) 을 중심으로 분포하는 석탄 자원이 주목받게 되었다. 공업 근대화를 서두 르는 당시의 일본에 빠뜨릴 수 없는 석탄을 혼슈 방면으로 나르는 거점항 으로 오타루는 자리매김되었다. 게다가 러일 전쟁에 승리하여 남사할린(南樺太)을 영토로 갖게 되면서, 오타루는 이 방면 구간에서 실시하는 교역 이나 북양어업의 거점이라는 성격도 더해졌다. 이렇게 이중 삼중의 역할 을 할 수 있도록 운하 건설 등 근대적인 항만 정비가 오타루에서는 급격하 게 진행되었다.

'북쪽의 월 스트리트'라고도 불릴 만큼 오타루에는 많은 기업의 사무실과 창고 등이 집적됐다. 그러나 삿포로의 외항에는 오타루 외에 무로란도 있다는 사실을 잊지 말아야 한다. 현재 도로 거리로 삿포로~오타루 구간이 38km인 데 반해, 삿포로~무로란 구간은 130km로 길다. 이 거리만으로는 삿포로의 외항은 이름뿐인 듯하지만, 하코다테의 북쪽 45km에 있는 모리마치와 무로란 사이를 해상교통으로 연결하면, 오시마반도를 크게 돌아 삿포로를 가는 것보다 단시간에 갈 수 있다. 무로란에서 삿포로까지 해안선의 동쪽으로 나아가, 현재의 토마코마이(苫小牧) 근처에서 북상하면 삿포로에 이른다. 실제로 무로란~모리 간 정기 항로는 꽤 빠른 1872년에 개통되었다. 무엇보다도 무로란의 장점은 에토모 반도에 안긴 듯한 형태의 만이 있다는 점으로, 1876년 훈카만을 조사한 영국 군함이 천연 양항이라고 보증했을 정도였다. 무로란은 소라치 지방의 석탄 산출이 뛰어나 1892년에 오타루를 제치고 도내 최대의 석탄 산출항이 되었다. 국내 최초의 민간경영 무기제조소가 생긴 것도 이런 무로란의 항만 우위성을 높이 평가한 것이다. 이후 무로란은 항만과 공업을 조합한 도시로 발전했다.

2. 토쿠시마 경제의 역사적 변화와 시코쿠의 관문

홋카이도 관문이 근대 초기 이후, 시기별로 변화된 과정에 관해서는 이미 설명했다. 오타루와 무로란이 담당해왔던 석탄 적출항의 역할도 에너지혁명과 함께 끝을 맺었다. 제2차 세계대전 후에는 태평양 측의 토마코마이에 국내 최초로 육지 바닥을 뚫어서 조성된 항만(掘り込み式港湾)이 건설

되면서, 지금은 홋카이도에 출입하는 화물의 70% 가까이를 취급하는 항만으로 성장했다. 직선 해안에서 예전 같으면 항만을 건설할 엄두를 못 냈지만, 기술혁신이 이를 가능하게 했다. 패전으로 북부의 영토를 잃어버렸기 때문에, 전쟁 전에 교역 상대였던 오타루는 그 상대를 잃었다. 시대가 변해 전후에는 태평양 측에서 삿포로로 향하는 중계지로서 토마코마이가 게이트웨이 기능을 완수하게 되었다. 여기서도 장소 고유의 조건(site)과 다른 지역과의 상대적 관계(situation)가 설명의 단서가 된다. 토마코마이항은 항만 건설의 토목적·기술적 진화와 동해에서 태평양으로라는 정치경제적인 구조변화를 전제로 탄생했기 때문이다.

시대적 변화와 함께 게이트웨이의 위치가 바뀌어 가는 점에 관해서는 본서에서 재차 설명했다. 다음에 설명할 시코쿠의 게이트웨이도 근세부터 근대 그리고 현대에 걸쳐 그 위치나 중요성에 변화가 있었다. 알려진 바와 같이 시코쿠라는 지명은 7~8세기에 만들어진 오기칠도(伍畿七道)[7]와 영세국(令制國: 이른바 구국)의 지역 구분에서 유래한다. 이때 아와국, 사누키국, 이요국, 토사국의 4개의 지역이 있었으며, 폐번치현(廃藩置県)[8] 이후에는 토쿠시마현, 카가와현, 에히메현, 코치현으로 불리게 되었다.

시코쿠 산맥을 등지고 태평양과 세토나이카이를 향해 강이 흐르고, 그 유역상에 도시와 산업이 생겨났다. 단, 시코쿠 최대의 강은 동서를 가로지르는 중앙구조선을 따라 흐르는 요시노강이며, 하류에 토쿠시마 평야가 생

---

7 옛날 일본 전국의 호칭

8 1871년 8월 29일 메이지 유신 때 메이지 정부가 번을 폐지하고 지방 통치를 중앙관 아래에 정부와 현을 일원화한 행정개혁을 말함

겨났다(奧村ほか, 1999). 시코쿠의 구조선(構造線)은 이뿐만이 아니다. 중앙 구조선 남쪽으로 미카보 구조선과 부쯔조(佛像) 구조선이 나란히 달리고 있다. 산지인 시코쿠에서는 이러한 구조선의 영향을 받으면서, 토쿠시마, 마츠야마, 코치의 각 평야가 바다와 접하는 인근에 도시가 발생했다. 사누키 평야는 구조선에서는 벗어났지만, 역시 해안 가까이에 도시가 형성되었다.

이렇게 보면 시코쿠의 주요 도시(현청 소재 도시)는 바다를 정면으로 바라보면서 각각 독자적으로 발전을 해 온 것처럼 생각할 수 있다. 근대 초기 시코쿠의 인구를 살펴보면, 1889년에 시제를 시행한 토쿠시마가 센다이, 히로시마에 이어 제10위였다. 시코쿠의 다른 4개 도시도 같은 시기에 시가 되었다. 토쿠시마와 마츠야마(24위), 코치(25위), 타카마쓰(26위)에는 인구 수에서 3만 정도 차이가 났다. 공교롭게도 토쿠시마 이외의 3개 도시는 인구 차이가 거의 없었다. 이를테면 도토리 키 재기 같은 상태였다. 덧붙여서 2010년 국세조사에 의하면, 시코쿠 4현의 현청소재도시 인구 순위는 마츠야마, 타카마쓰, 코치, 토쿠시마 순이다. 인구만으로 논하는 것이 공평하지는 않지만, 그렇다면 근대 초기와 현대 사이의 차이는 어떻게 생각하면 좋을까? 그것을 푸는 열쇠가 산업구조와 교통 조건의 변화에 있다고 볼 수 있다.

원래 근대 초기에 토쿠시마의 인구가 전국에서 제10위였던 것은 근세부터 계속되는 산업 유산이 많이 남아있었기 때문이다. 근세의 아와노국은 토쿠시마번의 치하에 있었고, 25.7만 석은 전국에서 17위였다. 물론 시코쿠 최대는 석고(石高)[9]이다. 다만 당시는 아와지시마도 토쿠시마번 치하에 있었으므로 그곳의 8만 석을 제외하면 순위는 내려간다. 그러나 25.7만 석은 표면적인 수치이고, 실제로는 영내에서 상품작물을 활발히 재배하거나 염전사업을 적극적으로 추진하였기 때문에 이시다카는 50만 섬 정도였다. 그 중에서도 남(藍) 재배는 질과 양 모두 전국 제일의 지위에 있었다.

남(藍) 재배의 역사는 헤이안 시대로 거슬러 올라갈 수 있다. 홍수가 일어나기 쉬운 요시노강 하류 유역은 쌀농사에 적합하지 않아, 대신에 남이 재배되었다(그림 7-8). 전국에서 면직 생산이 확산되면서 토쿠시마번은 아와노 남 생산을 장려했고, 전국 시장을 통해 얻은 이익을 번 재정에 투입했다(福島, 1990). 남 거래는 오사카의 도매상이 주도하였는데, 도매상의

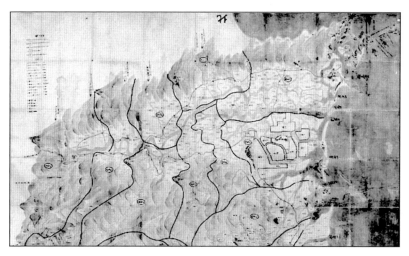

그림 7-8 요시노강 하류 평야 고지도(1639년)
출처: 츄코쿠시코쿠농정국 웹 자료

---

9 근세 일본에서 '석'이라는 단위를 이용하여 토지의 생산성을 나타낸 수치를 말함

기능은 토쿠시마 상인이 쥐고 있었다. 상인들은 금융기능도 담당하고 민관 일체의 생산·유통체계를 구축하였다. 이렇게 축적되어 간 죠카마치의 재력은 근대로 계승되어 은행과 전등회사의 설립, 철도사업이 1880년대부터 1890년대에 걸쳐 이루어졌다. 토쿠시마의 남쪽에 있는 코마츠시마항은 남(藍) 상인이 직접 운영하는 곳으로, 정부나 현 대신에 산업계가 하나가 되어 추진했다. 그러나 이러한 기세도 1903년을 정점으로 남 생산량이 감소함에 따라 그늘이 드리워지기 시작했다. 값싼 외국산 남과 화학염료가 시장에 나옴에 따라 이에 대항할 수 없었기 때문이다.

토쿠시마 산업의 쇠퇴는 남만이 아니었다. 아와와산본토(阿波和三盆糖)라고 불리는 제당이 1776년 경부터 토쿠시마에서 생산되었다. 토쿠시마번은 이것을 전매화해 처음에는 고구마의 재배 면적에 대해서, 후에는 제품에 대해서 세금을 매겼다. 그런데 이것도 근대에 이르러서는 해외산 설탕에 밀리게 되었고, 특히 1890년대 대만에서 대량으로 수입됨에 따라 큰 타격을 입었다. 산업의 약화는 여기에서 그치지 않았고 '나루토 소금'이나 '아와 대담배'에도 영향을 미쳤다. 제염은 1599년에 하리마국에서 이리하마식(入浜式)[10] 염전이 전해진 것이 시초인데, 이것도 토쿠시마번에 의해 철저히 보호되었다. 무야(撫養)에서 만들어지는 '사이다 소금(斎田塩)'은 양질이고 산출량도 많아 전국적으로 알려졌다(德島県郷土文化会館民俗文化財集編集委員会編, 1989). 그러나 1905년에 국가가 국내 소금의 보호와 군사비 조달을 목적으로 전매제를 실시함으로써 자유로운 생산이 불가능해

---

10 만조 때의 해면보다 낮은 바닷가에 둑을 쌓아 만조 때 바닷물을 유입시켜 소금을 만드는 방법

졌다. 더욱이 제2차 세계대전 후에는 유하식(流下式) 생산법이 주류를 이루어 생산 과잉이 일어났고, 염전은 대폭 줄었다. 최종적으로는 염전이 불필요한 이온교환막법이 등장한 결과, 무야 제염은 한 회사에서만 생산하게 되었다. '아와노키자미'의 브랜드로 이름이 알려진 담배도 제염과 같은 전매제로 자유롭게 생산할 수 없게 되었다. 생산 공장의 정리 통합이 진행되면서 업자는 전업(轉業)을 피할 수 없게 되었다.

주력 산업의 쇠퇴로 경제력이 약화된 토쿠시마는 이러한 상황으로부터 벗어나기 위해서 여러 가지 대책을 강구하였다. 토쿠시마의 죠카마치를 상징하는 비잔(眉山)을 '벚꽃 명소'로 광고하거나 '아와춤'의 구경에 대한 홍보를 통해 관광객을 토쿠시마에 불러들이는 시도가 1910년대부터 1930년대에 걸쳐 성행했다(德島新聞社編, 1980). 1932년 코마쯔시마~오사카 간 당일 직항로가 개통되자 한신 지방에서 많은 관광객이 토쿠시마를 방문하게 되었다. 아와춤의 기원에 대해서는 여러 설이 있지만, 근세의 남 거래에서 큐슈와 깊은 관계가 있으며, 그 영향이 현지의 윤무와 융합되어 생겨났다는 설이 유력하다. 춤의 심사, 피로연, 유료견학 등을 포함해 일대 관광사업으로 만들어 관광 수입을 벌어들인다는 사업 전개였다.

칸사이 방면에서 토쿠시마를 경유해 시코쿠로 가는 경로는 헤이안 시대부터 있었던 아와지섬을 거쳐 무야에 이르는 이른바 '순례의 길'을 답습한 것이다. 그러나 이 이외의 경로도 만들어지게 되었고, 결국 새롭게 만들어진 토쿠시마 경로에 점유율을 빼앗겼다. 1903년 취항한 오카야마~타카마쯔 구간 연락선이 1910년 우노선 개통을 계기로 우노~타카마쯔 구간 항로로 바뀐 점이 컸다. 혼슈 측의 철도망이 확장됨에 따라 타카마쯔 노선은 시코쿠를 향하는 주요 노선이 되었다. 마쯔야마를 관문으로 하는 경로를 포함하여 어떻게 혼슈와 큐슈를 효율적으로 연결할 것인가, 시코쿠라는 섬이 해결해야 할 교통 과제였다. 배에서 철도, 자동차 그리고 항공기로 교통수단이 변화되면서 시코쿠 관문의 위치도 바뀌게 되었다.

3. 큐슈의 관문 · 게이트웨이 성격을 강화시켜 온 후쿠오카(하카타)

큐슈 면적은 혼슈의 16.1%, 홋카이도의 약 절반 정도이지만, 시코쿠와 비교하면 2배나 되고, 현의 수도 시코쿠 4현과 비교하면 7현으로 많다. 여기서 알 수 있는 것은 시코쿠(四国)가 그 이름과 같이 현이 4곳인데, 큐슈는 왜 9곳이 아니고 7곳인가 하는 점이다. 이에 대해서는 아스카시대부터 메이지 초기까지는 영국제(令国制)에 따라 큐슈에는 9개의 지역이 있었으나, 폐번치현에 의해 7개로 줄인 이른바 제도적 이유로 설명할 수 있다. 큐슈 북부의 치쿠젠국, 치쿠고국은 후쿠오카현이, 큐슈 남부의 오스미국, 사쯔마국은 카고시마현이 되었다. 그 밖에 히젠국은 동서로 분할되어 사가현, 나가사키현이 되었고, 부젠국의 일부는 각각 후쿠오카현, 오이타현에 편입되었다.

이렇게 해서 7현 체제에 의한 큐슈의 근대가 시작되었는데, 그 관문이 어디인가를 둘러싸고 다양한 논의가 이루어져 왔다. 근세에 막부가 나가사키를 해외와 교역할 수 있는 유일한 관문으로 삼았음은 주지의 사실이다. 1858년 미일수호통상조약으로 정해진 개항지 안에 나가사키가 포함된 것도 그러한 맥락에 의한 것이다. 그러나 새롭게 정치 · 경제의 중심이 된 수도 도쿄 근처의 요코하마가 개항하면서 나가사키는 일본 관문의 지위를 잃어갔다. 원래 나가사키가 네덜란드, 중국을 상대로 문물을 교류할 수 있는 일본의 관문이었던 것은 나가사키에서만 대외교역을 인정한 막부정책에 의한 것이었다. 그런데, 구미를 모델로 강력한 중앙집권국가를 지향하는 메이지 정부는 정치권의 힘 중추를 도쿄에 두면서, 교역이 가능한 관문을 서서히 늘려가는 정책이 시도되었다. 이 또한 국가정책으로 요코하마가 그 선구에 서게되었다.

중앙집권체제 하에서 폐번치현 이후 각 현은 도쿄와의 연계를 요구하게 되지만, 직접 연계되지는 않았다. 현보다 위인 지방이라는 레벨을 가정한 중간적, 간접적 지배 종속 형태가 되지 않을 수 없었다. 국가 권력의 행선지라고도 할 수 있는 지방 레벨의 연결 기능을 큐슈에서는 어디가 담당할 것인가 하는 것이다. 당초 메이지 정부는 쿠마모토를 중시하여 1873년에 쿠마모토 군대(鎭台)를 두었다. 이것은 토호쿠의 센다이진대, 츄고쿠의 히로시마진대와 대등한 위치인데, 그 배경에는 이 시기에 연이은 대만 출병(1874년), 사가의 난(1874년), 신푸렌의 난(1876년), 그리고 센난전쟁(1877년)이라는 서일본에서 일어난 일련의 군사적 긴장이 있었기 때문이다(猪飼, 2008). 쿠마모토에 진대가 설치된 이유는 큐슈 남부의 옛 사쯔마와 오스미의 신정부에 대한 움직임을 억제하기 위해 쿠마모토에 진대가 설치된 것이다. 과거사를 살펴보면 그 배경이 절로 드러난다. 군사적, 정치적 판단을 바탕으로 큐슈 일원을 관할하는 정부 기관의 대부분이 쿠마모토에 설치되었다.

근세 이전부터 계승되어 온 정치적 싸움의 연장선으로 근대 초기 큐슈의 관문은 쿠마모토에 있었다. 그러나 시대는 대외적 게이트웨이를 창구로 해외와의 교류를 다지고, 국력을 증진하는 단계로 나아간다. 무역이 가능한 항만 수가 전국적으로 늘어났다. 해외 무역에 직접적, 간접적으로 관여함으로써 산업을 발전시키고, 나아가 도시를 크게 성장시키는 시대가 되었다. 정부가 중시한 쿠마모토에서는 1887년에 미스미니시항(三角西港)이 국비를 들여 건설되었다. 이것은 미야기현의 노비루항, 후쿠이현의 미쿠니항과 함께 메이지의 3대 축항이라 불릴 정도로 큰 사업이었다. 그러나 그 후의 과정을 보면 기대했던 만큼의 성과를 거두지는 못했다.

큐슈에서는 치쿠보 탄전(炭田)의 에너지원을 공업 근대화에 비장의 카드로 여겼고, 북부의 임해부가 석탄의 적출항과 공업입지를 수용하는 곳으로 각광받게 되었다. 그 선두를 달린 곳이 모지, 코쿠라, 야와타, 와카마츠 등으로 이루어진 키타큐슈였다. 실제로 청일전쟁의 막대한 배상금으로 야와타에서는 관영제철소가 1901년에 조업을 시작했다. 치쿠젠, 치쿠고, 거기에 부젠의 일부 지역이 합쳐져 근대에 돌입한 후쿠오카현은 치쿠젠의 중심 후쿠오카(하카타), 치쿠고의 중심 쿠루메, 부젠의 중심 코쿠라로 이루어진 이른바 3극 구조로 출발했다. 그 중 혼슈 측에 가장 가까운 코쿠라, 모지와 옛 치쿠젠이기는 하지만 코쿠라에 가까운 야와타, 토바타, 와카마쓰가 임해부를 공업화함으로써 산업도시가 되었다. 그 결과는 1963년 키타큐슈시의 탄생으로 이어지고, 공업화를 바탕으로 대도시 형성에 매진해 온 느낌이 강하다.

한편, 후쿠오카는 고대부터 하카타항의 역사를 가진 상업 도시의 성격이 강했고, 큐슈의 각 방면과 연결되는 교통 연결망의 중심이 되는 것을 목표로 했다. 이미 전쟁 전부터 나지마 수상비행장, 후쿠오카 제1비행장, 후에 후쿠오카공항이 될 이타즈케 비행장 등이 건설되어 있었다(西村, 1974). 하카타항이라는 해상 외에도 항공편을 통해 대외적으로 연결하려는 움직임이 있었던 것이다. 혼슈에 가까운 동쪽의 공업·석탄 에너지, 중국·조선과도 교류가 있었던 서쪽의 상업·교통 양면에서 큐슈의 북부 지역을 활성화시키려는 움직임은 곧 이 지역을 큐슈 전역에 이르는 관문 즉 게이트웨이로 만드려는 움직임으로 발전했다.

이처럼 큐슈의 긴 역사 안에서 게이트웨이적인 기능을 담당하려는 장소가 각지에 나타나면서 발전해 간 것을 알 수 있다. 이전부터 북쪽에 하카타항, 남쪽에 보노항이 있었고, 쇄국시대에는 나가사키, 유신 후의 혼란기에는 쿠마모토, 그리고 북부 큐슈의 모지, 하카타 등이 이러한 역할을 담당하였다. 형식상으로는 원래 담당하고 있던 하카타에 돌아온 것 같지만, 이는 결코 우연이 아니다. 시코쿠와 마찬가지로 산이 많은 큐슈 안에서 후쿠오카 평야와 쿠루메 평야는 그 규모가 큰데, 산지와 평지라는 바꾸기 어려운 지세 조건(site)의 존재는 역시 크다. 후쿠오카, 쿠루메 평야는 한반도와 중국 동해안에서 볼 때 일본에 가장 가까운 위치(situation)에 있다. site와 situation은 여기에서도 유효한 설명 개념이다.

항구가 있는 상업 도시로 오랜 역사를 가진 하카타(후쿠오카)는 신칸센과 제트항공 시대에 들어서면서 거점성이 점점 더 강화되었다(그림 7-9). 후쿠오카의 최근 눈부신 발전상은 중심성과 결절성이라는 지리학 개념으로 생각하면 이해하기 쉽다. 중심성은 도시 외부에 대한 영향력의 크기를 나타내고, 결절성은 도시 전체의 규모를 나타낸다. 중심성은 도매의 규모,

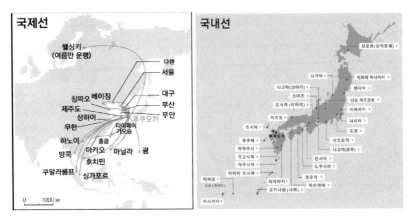

그림 7-9 후쿠오카공항의 국제, 국내선

출처: 후쿠오카공항 웹 자료

결절성은 도매에 소매를 더한 금액으로 편의적으로 파악할 수 있다. 후쿠오카는 도매의 규모가 크고, 큐슈 일원에 강한 영향력을 미친다. 큐슈 경제의 수준 향상은 후쿠오카의 도매에 반영되고 이를 지탱하는 하카타의 소매·서비스·사무실도 덩달아 성장해간다(日本経済新聞社編, 1996). 이것이 현대 큐슈의 게이트웨이 기능의 성장 메커니즘이다. 후쿠오카와 하카타라는 지명을 구분하는 것은 그 나름의 의미가 있다.

칼럼 7. 근대 초기에 네덜란드인 토목기술자가 건설한 지방 축항

메이지시대의 항만 건설은 후에 전국적 수준의 주력 항이 되는 요코하마와 코베뿐만 아니라, 지방에서도 시작되었다. 코베항 외국인거류지의 계획설계도(1872년)를 만든 존 하트(John Hart)는 영국 리버풀 출신의 토목기사였다. 요코하마항의 정비계획(1888년)을 제안한 헨리 파머(Henry Spencer Palmer)는 영국 바스에서 교육받은 영국 육군의 공병 소장이었다. 이들은 모두 영국인이다. 이 시대 일본의 항만 건설은 몇몇 소위 고용 외국인이 관여하였는데, 아래에 기술하는 지방항만 건설에서는 모두 네덜란드 출신의 토목기사가 중요한 역할을 담당하였다. 후에 메이지의 3대 축항으로 불리게 되는 노비루, 미쿠니, 미스미의 세 항구가 그것이다. 그리고 메이지 정부의 직할 사업으로 실시된 나가사키항의 개수공사도 네덜란드인 토목기사와 관련이 있었다.

우선 노비루의 위치는 센다이와 이시노마키의 중간에 위치한다. 토호쿠 지방의 개발을 계획한 메이지 정부는 축항사업의 전액을 부담했다. 이 축항사업에는 신정부에 불만을 가진 불평사족(不平士族)을 구제하려는 목적도 있었다. 이와테 현내를 흐르는 키타카미강 강수계와 미야기현과 후쿠시마현을 흐르는 아부쿠마강 강수계를 잇는 중계지점의 역할을 신항이 맡았으며, 나아가 아부쿠마와 아가노 두 수계와 아사카 수로를 합쳐 토호쿠, 니가타를 수운으로 연결하려는 매우 장대한 구상이었다.

정부는 축항사업을 추진하기 위해 네덜란드 토목기술자 코넬리스 요하네스 판둔(Cornelis Johannes van Doorn)을 이시노마키항에 파견했다. 판둔은 노비루 이외의 후보지도 검토하였지만, 지형 조건과 센다이 방면과의 연계를 고려하여 노비루로 축항을 결심하였다. 판둔이 설계한 노비루축항 계획도에는 서쪽의 나루타키강과 동쪽의 키타카미 운하가 만나는 곳에 항(내항) 건설 후보지가 그려져 있다. 1881년에 우선 키타카미 운하가 완성되고, 이듬해 노비루 항구로 이어지는 신나루타키강도 완성되었다. 그러나 불행히도, 1884년의 태풍으로 돌제가 붕괴되는 바람에 항만 기능은 현저하게 저하되었다. 이 때문에 항만 바깥쪽에 대규모 방파제를 건설하여 대응하였으나, 건설비 조달이 불가능하여 결국 노비루항은 포기하게 되었다. 또한 토호쿠본선의 정비가 신항의 필요성 저하로 이어졌다. 이는 수상교통에서 육상교통으로의 주역이 교체됨을 상징하는 사업 중단이었다.

다음으로 후쿠이현의 미쿠니항인데, 사카이시에 있었기 때문에 사카이항이라고도 불린 이 항은 기항지 키타마에선의 역사가 있으며 쿠즈류강 하구에 위치한다. 쿠즈류강은 중류에서 히노강, 아스와강과 합류해 대하가 되어 동해로 흘러간다. 상류에서 운반되어 오는 토사 퇴적량이 많아, 하구 부근에서 배의 접안을 방해한다. 쿠즈류강은 홍수 피해를 불러오기도 해 주민들을 괴롭혔다. 지역으로부터 항만 정비를 요청받은 메이지 정부는 네덜란드 토목기사인 조지 에셔(George Arnold Escher)를 현지에 파견하여 조사를 실시했다. 미쿠니를 다녀온 에셔는 쿠즈류강 하구부 우안 측에 방파제와 도류제를 겸한 돌제를 만들 것을 제안했다. 또 좌안 측에는 단풍나무와 벚나무 등의 가지를 엮어 암석을 해저에 고정시키는 소타스제(粗朶水制)를 시행하자고 제안했다. 이 공사는 1878년부터 1882년까지 같은 네덜란드 기사인 요하니스 드 라이케(Johannis de Rijke)의 지도 아래에 이뤄졌다. 또 다른 동해 특유의 겨울철 악천후와 콜레라 유행에 시달려 한동안은 난공사였다. 511m 길이로 쌓은 방파제는 1948년 후쿠이 지진으로 침하됐으나, 그 후 더 높이 쌓아 올려 현재도 동해의 거센 파도로부터 미쿠니항을 지키고 있다.

세 번째는 쿠마모토현의 미스미항이다. 미스미항은 우토반도의 끝에 있어, 아마쿠사만보다 더 안쪽으로 이어지는 시마바라만에 면한 파도가 잔잔한 항이다. 외국과의 무역을 원하는 쿠마모토현은 당초 쯔보이강 하구에 항만을 건설할 계획을 정부에 신청했다. 1881년 정부에서 파견된 네덜란드인 기사 로벤호르스트 밀더(Rouwenhorst Mulder)는 쯔보이강 하구보다 우토반도의 지대가 항만 건설조건에 적합하다고 보았다. 실제로 미스미는 쿠마모토의 시가지에서는 25km나 남동쪽으로 떨어져 있었지만, 해양에 접한 지형 조건은 더할 나위 없이 좋았다. 1884년부터 3년 동안 내륙지역에 수로를 뚫는 공사가 진행됐다. 그러나 뒤에 산이 있고 토지가 없는 조건은 기본적으로 변하지 않아, 발전의 가능성은 한정되었다. 후에 동쪽에 다른 항만(미스미히가시항)도 만들어졌지만, 아마쿠사 본섬과 연결하는 다리가 놓여, 항만 기능은 현저하게 저하되었다.

토호쿠 개발을 국가적 목표로 삼고 추진했던 노비루항 외에 미쿠니항과 미스미항 모두 메이지 정부가 자체 공사부담비를 줄인 것을 계기로 항만은 그 중요도에 따라 차이가 났다. 같은 지방항이라도 기대감에서 자연히 차이가 발생했다. 이러한 점에서 보자면, 1885년에 내무성의 직할 사업으로서 진행된 나가사키항의 개수공사는 메이지 정부가 주안점을 둔 주된 사업이었다고 할 수 있다. 이 사업도 정부가 파견한 네덜란드인 기사 요하네스 드 라이케의 계획을 바탕으로 선진 기술을 도입하고자 했다.

주요 공사내용은 항 내 준설공사, 사방공사, 나카시마강의 유로변경공사 등이다. 포대가 있던 지점에서 외국인거류지에 이르는 구간을 준설하고, 그 준설 토사로 매립지를 넓혔다. 사방공사는 만 안으로 흘러드는 하천으로 인한 토사 유입을 막기 위해 석보, 저수지, 식림, 호안공사로 대응했다. 또한 유로 변경은 나카지마강이 데지마의 배후를 흐르게 하는 것으로 토사를 항 내 불필요 부분에서 방류하는 것을 목적으로 했다. 나가사키항은 제1기 공사부터 제3기 공사까지 실시되었고 근대의 중요 항만의 모습을 보여주었다. 메이지 정부가 힘을 기울여 근대 항만으로 변모시킨 나가사키항에서는 준설과 매립에 의해 항만이 정비되었을 뿐만 아니라 시가지도 또한 변해갔다. 특히 도로 정비는 필수적이었는데, 항만과 배후지를 연결하는 교통로가 근세까지 도보 중심에서 인력거와 짐마차의 통행을 전제로 한 폭이 넓은 도로로 변화된 점을 주목할 수 있다.

메이지 첫해부터 20년 정도 사이에 일본에서 고용된 '고용 외국인'은 2,600명 남짓을 기록했다. 이 중 40%는 영국인이었고, 미국인(16%), 프랑스인(13%), 독일인(8%), 네덜란드인(4%) 순이었다. 영국인은 그 중 절반이 정부 고용으로, 특히 공부성(工部省)에 고용되어 있었다. 미국인의 반은 민간 고용으로, 교사가 많았다. 프랑스인은 육군을 중심으로 절반 가까이가 군에 의한 고용, 독일인은 문부성, 공부성을 중심으로 60%가 정부 고용이었다. 네덜란드인(99명)의 절반은 민간 고용으로, 특히 선원으로 일하는 사람이 많았다. 그 배경으로 네덜란드가 해운 · 항구로 번성했던 점도 있겠지만, 한편으로는 저지대라는 국토 조건을 극복하는 치수 기술이 뛰어난 점도 있었기에, 하구 부근에 항만을 건설하는 사업에서는 네덜란드 출신의 기술자가 활약할 기회가 많았다.

제8장

근현대 나고야역 게이트웨이 기능의 전개 과정

제1절 나고야역 개설과정과 나고야역 위치 결정의 의의

1. 동서 도시를 연결하는 신칸센 철도 노선 선정을 둘러싼 움직임

에도시슈쿠는 니혼바시를 기종점으로 하여 고카이도(五街道)의 첫 번째에 해당하는 숙박지였다. 토카이도의 시나가와슈쿠 근처에는 타카나와 오키도(高輪大木戶), 코슈가도의 나이토신주쿠의 동쪽에는 요츠야오키도가 있었다. 이와 비슷한 구조로 오와리나고야의 죠카마치에는 비와지마 입구, 오조네 입구, 아쯔타 입구 근처에 역시 일각 대문(=오키도)이 설치되어 있었다. 나고야에는 시미즈 입구, 미카와 입구라는 출입구도 있어 전부 합쳐서 '나고야 5입구'라고 불리고 있었다. 근세의 죠카마치에서는 출입하는 가도와의 접점이 안과 밖의 경계선이며, 여행자에게는 기분이 변화되는 지점이기도 했다. 나고야의 경우, 나고야 5입구가 죠카마치 관문 게이트웨이였다. 그런데 근대에 들어서면서, 철도가 옛 죠카마치 근처를 지나가면서 역도 개설되었다. 도로교통의 출입구는 큰 변화없이 과거부터 현재까지 존재하지만, 근대이후 철도역이 새로운 관문으로 탄생했다. 나고야의 경우에는 죠카마치 서쪽 변두리에서 보다 더 서쪽에 있는 논 안에 나고야(名古屋)역(당초는 나고야(名護屋)역))이 만들어졌다. 이곳을 지나는 최초의 철도와 그 역이 어떤 개설과정으로 개통되었는지 먼저 이 부분에 대해 생각해 보자.

메이지 신정부는 1869년 전국에 철도를 건설하기로 결정했다. 최초로 개통된 곳은 신바시~요코하마 구간으로, 이를 시작으로 동서에 있는 2개의 도, 즉 양경(교토와 도쿄)을 잇는 신칸센철도를 건설할 계획이었다. 칸사이 방면에서는 1874년 코베~오사카 구간 임시 개통을 거쳐 1877년에는 코베~교토 구간의 철도가 운행되었다. 그 후, 1880년 철도는 교토에서 오사카산을 경유해 오츠까지 연장되었고, 여기서 연장된 오츠~나가하마 구간은 비와코를 경유하는 철도 연락선으로 연결되었다. 1883년 5월에 나가하마에서 세키가하라에 이르는 구간이 개통되었고, 다시 세키가하라~오가키 구간의 공사도 시작되었다. 한편, 칸토 방면에서는 1881년 우에노~다카사키~마에바시 구간 철도 건설을 정부는 결정했지만, 세이난 전쟁의 전비 처리를 위해 기공 명령을 취소해 버렸다. 그러나 1882년 설립된 민간 철도회사가 조사 완료된 노선의 건설에 나서게 되면서 1885년에 무사히 완공되었다.

서측의 오가키와 동측의 타카사키, 이 두 곳은 옛 나카센도를 따라서 토자이 간선철도 건설 사업의 해당 지역이었다. 원래 간선철도의 노선을 나카센도로 한 배경에는 해상의 공격을 받기 쉬운 해안부보다 산속이 안전하다는 군부를 대표하는 야마가타 아리토모(山県有朋)의 건의가 있었기 때문이다(名古屋駅編, 1967). 해도의 경로를 피하고자는 건의는 구미 열강의 위협을 강하게 느끼고 있던 메이지 초기에 공감을 불러일으켰다. 그러나 그 후로는 국력의 증강과 함께 사라져갔다.

정부가 나카센도를 따라 간선철도를 건설할 예정이라는 것을 안 나고야 구장(区長) 요시다 로쿠자이(吉田禄在)는 이에 대해 우려를 표시했다. 1899

년 시정을 시행하기 이전의 나고야는 아직 나고야구(区)였으며, 구청장인 요시다는 철도가 계획대로 건설된다면 나고야는 철도 노선으로부터 남측으로 크게 벗어나기 때문에 지역발전이 저해될 것을 우려했다. 이러한 사태를 피하기 위해, 그는 나카센도 철도와 나고야를 연결하는 철도를 개통하고자 했다. 이렇게 개통하고자 하는 연결 철도는 아츠타항을 기점으로 나고야에 이르고, 여기서 두 갈래로 나뉘어 한편은 기후현의 오가키를 향하고, 다른 한편은 기후현의 나카센도 후시미로 향했다(名古屋市編, 1954). 전자는 옛 미노지(美濃路), 후자는 옛 우와가도를 따르는 노선이었다. 연결 철도의 건설을 주창한 것은 요시다 로쿠자이 외에도 아이치현 내 군수들이었고, 그들은 많은 현민(県民)에게 호소해 '아이치철도회사'를 설립하려고 했다.

　그러나 시간이 지날수록 연결철도를 독자적으로 건설하는 것이 어렵다는 것을 알게 되면서 철도회사 설립 구상은 좌절됐다. 요시다 등이 새롭게 내세운 것은 간선철도를 나카센도가 아닌 토카이도에 건설하도록, 정부에 계획 변경을 요구하는 것이었다. 요시다는 아이치현령(현재의 지사)인 쿠니사다 렌뻬이(国貞廉平)의 동의를 얻어, 현의 토목과장인 쿠로카와 하루요시(黒川治愿) 등과 함께 상경하여 공무성의 이노우에 마사루 철도국장을 면회했다(名古屋市編, 1961). 이 자리에서 오와리번의 키소야마 주관을 맡기도 했던 요시다는 스스로 현장 답사한 야마강의 지세를 지도로 설명하면서 키소 개발이 얼마나 난공사인가를 역설했다. 또한 토카이도를 건설하는 경우와 비교하며 연안지역의 경제 발전에 미치는 영향이 미미함을 설명했다. 요시다 등의 열의와 진지함에 마음이 움직인 이노우에는 현장 답사를 한 후 요시다를 나고야에서 만나기로 약속했다(名古屋駅編, 1967).

표 8-1 나카센도와 토카이도의 건설비교

	건설거리 (마일)	건설비용 (만엔)	마일단가 (엔)	터널 (마일)	교량 (피트)	소요시간 (시간)	수익률 (%)
나카센도	176.5	1,500	84,000	11	4,200	19	1.95
토카이도	218.0	1,000	45,000	짧음	21,700	13	4.82

출처: 名古屋駅編(1967) pp.11~12.

이노우에 철도국장은 일단 나카센도 철도계획에 착수해 타카사키와 오가키에서 공사를 시작했지만, 우스이·키소지방을 실측한 결과, 부설(敷設)하기 어려운 부분이 의외로 많고 공사 기간도 예상보다 길어진다는 것을 알게 되었다. 그는 은밀히 토카이도에 대해 조사를 하게 했고, 그 결과를 나카센도와 비교했다. 우선 건설 거리와 건설 비용은 기설 부분을 제외하고 나카센도가 176.5마일에 1,500만 엔, 토카이도가 218마일에 1,000만 엔이었다(표 8-1). 이것을 마일 단가로 비교하면, 나카센도의 8만 4,000엔에 대해서 토카이도는 4만 5,000엔이었다. 다음으로 터널과 교량을 비교해보면 나카센도는 터널이 48개소이고 가장 긴 길이는 11마일(5만 8,080피트)인 데 반해 토카이도는 터널 부분은 짧지만, 교량은 2만 1,700피트로 길었다. 경사의 정도와 소요 시간을 비교하면, 급경사가 많은 나카센도는 19시간을 필요로 하지만, 평탄한 부분이 많은 토카이도는 13시간에 주행할 수 있다. 마지막으로 수익률을 계산했을 때 나카센도를 1이라고 했을 경우, 토카이도는 2.5였다. 이러한 조사 결과를 통해 이노우에 철도국장은 나카센도 철도 경로를 토카이도로 변경할 것을 결심하고, 이를 내각총리대신에게 상신했다. 상신은 1886년 7월 13일 각의에서 가결되어, 같은 달 19일자로 노선 변경이 공포되었다.

2. 타케토요선 일부를 노선으로 사용한 토카이도본선

동서 양경을 잇는 간선철도를 나카센도를 따라 부설하기로 결정된 후, 그 노선이 토카이도로 변경되기까지 약 3년의 시간이 걸렸다. 그 기간 동안 나고야와 그 주변에서는 이후 토카이도본선의 일부 혹은 그 지선이 되는 철도의 건설이 진행되었다. 이 철도는 처음에는 나카센도철도 건설용의 자재 운반을 목적으로 욧카이치~타루이 구간에 부설되었다. 그 기원은 1883년 12월 미에 현령이 욧카이치~세키가하라 구간의 철도 부설을 청원한 시점까지 거슬러 올라갈 수 있다(名古屋駅編, 1967).

이듬해 상술한 바와 같이 욧카이치~타루이 구간으로 노선이 변경되었지만, 당시 아이치와 미에 두 현내의 최대 항만인 욧카이치항에서 철도 건설 자재를 내륙부로 운반하는 노선은 그대로 진행되었다. 이 시점에서는 아직 나카센도를 따라 간선철도를 부설하기로 되어있었기 때문에, 이를 위한 자재를 어떻게 운반할지가 논의되었다. 1883년 5월에 나가하마~세키가하라 구간이 개통되므로 칸사이 방면에서 자재를 운송할 수 있었지만, 운송 경로가 너무 길다는 점이 문제가 되었다.

해상으로 운반되어 온 자재를 욧카이치항에 내리고, 그 자재를 철도로 나카센도까지 운송하는 계획은 1885년 3월에 중지된다. 이노우에 철도국장이 욧카이치선(욧카이치~타루이 구간)의 건설을 취소하고, 대신 나고야~한다 구간에 나카센도의 건설을 목적으로 철도를 건설할 것을 건의했기 때문이다. 그 근거는 새로운 철도선의 건설비용과 공사의 난이도였고, 욧카이치선이 건설비 200만 엔으로 2년이 필요한 반면, 한다선(나고야~한다 구간)은 건설비 80만 엔으로 7, 8개월 안에 건설이 가능한 것으로 조사됐다(名古屋駅編, 1967). 욧카이치 노선은 길이가 35마일로 길고, 게다가 도중에 철도 건설에 적합하지 않은 장소가 있다는 점이 이러한 계산 결과와 결부되었다. 다만, 처음에는 나고야~한다 노선 혹은 단순히 한다선으로 불렸던 이 건설 예정선은 실제로는 자재 운반의 항구로 타케토요항을 이용했기 때문에 나중에는 타케토요선으로 개명되었다. 또한 나고야는 나카센도에서 멀리 떨어진 남측에 위치하기 때문에, 타케토요~나고야 구간의 건설에 이어서 오가키 방면의 건설이 진행될 예정이었다.

건설 자재를 양륙할 항이 욧카이치에서 타케토요로 변경되었다고는 하나, 이 건설 예정선의 목적은 어디까지나 나카센도철도를 건설하기 위해서 자재를 운반하는 것에 있었다. 자재를 양륙하는 항으로 나고야의 외항인 아츠타항이 선택되지 않았던 이유는 전적으로 약한 항만 기능과 얕은 해안으로 인해 대형선이 입항할 수 없는 악조건 때문이었다. 해안에서 내륙인 나고야에 이르는 철도를 이세만 측이 아닌 치타반도의 동쪽에 위치하는 키누우라 만에서 반도 너머로 굳이 부설키로 한 것은 당시에는 그만큼 항만이 중요한 의미가 있었기 때문이다. 철도 건설이 본격화되어 철도가 운송을 담당하게 되기 이전까지는 운송 능력이 큰 선박이 중요한 역할을 담당하고 있었다.

건설이 결정된 타케토요선의 측량과 설계는 영국인 토목기사 윌리엄 피츠(William Pitts)에게 맡겨져 철도 건설이 시작되었다. 당시는 아직 일본인 중에서 철도 건설 설계를 할 수 있는 사람이 적었던 탓이다. 측량은 1885년 4월부터 시작되었고, 공사는 같은 해 8월에 착수되었다. 공사는 순조롭게 진행돼 이듬해 3월 1일 타케토요~아츠타 구간 20마일이 개통됐고, 중간에 4개 역이 생겼다. 본래는 철도 건설용 자재만을 운반하는 목적이었으나, 개통 당초부터 일반 여객 · 화물도 취급하였고, 그 내용을 기록한 광고가 신문에 게재되었다.

한 달 후인 4월 1일 아츠타~키요스 구간이 개통됐고, 다시 한 달 뒤인 5월 1일에는 키요스~이치노미야 구간이 개통되었다. 북으로 연장되는 철로 건설은 더 빠르게 진행되어, 6월 1일에는 이치노미야~키소강 구간이 개통되었다. 그런데 7월 19일 정부는 지금까지의 방침에서 간선철도를 나카센도가 아닌 토카이도에 건설하기로 결정했다. 이 때문에 철도 건설 자재를 운반할 목적으로 건설된 타케토요선과 그 연장 부분에 해당하는 나고야~

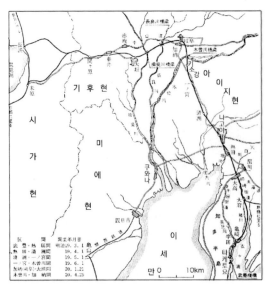

그림 8-1 타케토요~나가하마 구간의 철도 경로
출처: 일본국유철도 편, 1969, p.216

키소강 구간의 철도는 처음에 상정된 것과는 다른 역할과 성격을 가지게 되었다. 후에 토카이도 본선의 일부가 되는 이 철도의 건설로 1887년 4월 25일 키소강을 연결하는 키소강 철교가 완공되었고, 키소강~카노(후에 기후로 개칭) 구간이 개통되었다. 같은 해의 1월 21일에는 오가키~카노 구간이 개통되므로, 이 시점에서 타케토요~나가하마 구간의 개통 즉 타케토요~츠루가 구간이 개통된다(그림 8-1).

한편, 정부에 의한 간선철도 경로 변경에 따라 1886년 11월부터 공사가 시작된 토카이도 본선은 요코하마 서쪽의 각지에서 건설공사가 진행되었다. 이 중 오사카~하마마츠 구간은 1888년 9월 1일에 개통되었는데, 오사카역은 먼저 개통된 타케타카선과 새로 설치될 토카이도본선을 연결하기 위해 1887년 9월 개통되었다. 타케토요선은 오사카~하마마츠 구간이 개통된 시점에 타케토요~오사카 구간만을 지칭하도록 개정되어 이 선은 토카이도본선에서 분리된 선이 되었다. 당초 철도 자재 운반선의 도중역에 지나지 않았던 나고야역(개설 당초는 나고야(名護屋)역, 1887년 4월 나고야(名古屋)역으로 개칭)은 간선철도의 경로 변경, 즉 1889년 7월 1일의 토카이도본선의 전선 개통으로 동서의 주요 도시와 직접적으로 연결될 수 있었다.

3. 도시구조와 발전을 예측해 결정한 나고야역의 위치

나고야역은 1886년 5월 1일에 개설됐다. 정부가 간선철도 노선을 나카센도에서 토카이도로 변경한 시기가 그해 7월 19일이었기 때문에 나고야역이 개설된 지 얼마 되지 않아서 상황이 크게 변화되었다. 만일 간선철도가 나카센도를 따라서 부설되었다면, 나고야역은 본선으로부터 분리된 하나의 역에 지나지 않았을 것이다. 나고야 구장인 요시다 로쿠자이가 간선철도 노선 변경을 정부에 강력히 호소한 것은 이미 말했지만, 결과적으로 이 호소가 빛을 발해 나고야가 근대 도시로 시작되는 시점에 철도교통 면에서 발전할 기회를 잡았다고 할 수 있다. 나고야역이 개통했을 당시 열차는 타케토요~이치노미야 사이를 하루에 2번 왕복했고, 타케토요에서 나고야까지는 2시간 남짓 소요되었다. 타케토요~쯔루가 구간 102마일이 전부 개통된 1887년도 여객수송량은 78.3만 명이었고, 이듬해에는 67.9% 늘어 131.5만 명으로 증가했다. 마찬가지로 화물수송량은 1887년도 8.3만 톤, 1888년도 13.2만 톤으로, 전년 대비 59.0%가 증가했다.

간선철도의 노선이 토카이도로 변경됨으로써 나고야는 도시 간 수준에서 동서 주요 도시와 직접 연계될 수 있는 가능성을 가지게 되었다(林, 2013). 이는 근대 도시 나고야의 발전을 생각할 때 중요한 점이지만, 한편으론 시점을 도시 내 수준으로 옮겨 나고야역의 개설 위치가 갖는 의미에 대해 생각해 볼 필요가 있다. 다른 지방에서 나고야를 방문할 때, 관문으로 나고야역을 어디에 개설하느냐에 따라 그 후 시가지 구조의 본연의 모습이 달라질 수 있다고 가정할 수 있기 때문이다.

만일 메이지 정부가 처음부터 간선철도를 토카이도를 따라 부설했다면, 그 경로는 현재 건설된 노선과는 달리 나고야 부근 아츠타에서 쿠와나를 거쳐 욧카이치를 경유하는 토카이도 노선이 선택되었을 것이다. 그렇다면 옛 죠카마치 나고야에 가장 가까운 역은 미야슈쿠, 즉 아츠타에 설치되었을 가능성이 크다. 실제로 철도는 칸사이 방면에서 기후 부근까지는 나카센도를 따라, 칸토 방면에서 니시미카와까지는 토카이도를 따라 부설되었다. 건설 초기 타케토요선은 이러한 동서 철도를 서로 연결하는 역할을 하게 되었는데, 이는 나고야역의 개설 위치 결정에 적지 않은 영향을 주었을 것으로 추정된다.

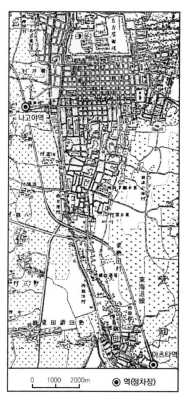

그림 8-2 1890년 당시 토카이도본선과 나고야역
출처: 메이지 22년 측량 5만 분의 1 속도 측도

철도 건설 자재를 운반할 목적으로 건설된 타케토요선의 노선은 타케토요에서 기후 혹은 오가키를 향해 뻗은 거의 직선노선이다. 당시 나고야 부근의 주요 시가지로는 옛 죠카마치 남쪽에 위치한 항구도시 겸 숙박 장소인 아츠타였고, 타케토요선은 이들 두 시가지 사이를 빠져나가도록 북북서-남남동 방향으로 부설되었다(그림 8-2). 역은 아츠타에도 설치되었지만, 이곳은 아츠타 시가지를 위한 역으로 나고야 근처 역은 아니다. 당시 나고야 시가지의 남단을 지나쳐 시가지의 서쪽 가장자리를 따라서 연장된 노선 설정을 전제로 보면, 관문 나고야역은 시가지의 남단이나, 혹은 시가지의 서쪽 교외에 설치하는 것이 적절하다고 예측할 수 있다. 실제로는 후자가 선택되었지만, 어쨌든 철도건설자재 운반선이 나고야의 시가지 근처를 통과한 점이 시가지에 더 가까운 곳에 역을 둘 가능성을 높였다고 할 수 있다. 도시의 관문으로 철도역을 어디에 두느냐에 따라 그 후 도시발전의 방향이 크게 좌우된다고 본다면, 타케토요선이 근대 도시 나고야의 시가지 발전에 미친 영향은 크다.

그렇다면 나고야역의 설치 후보지 가운데, 시가지 서편 교외가 선택된 이유는 무엇일까? 이 점에 대해서는 당시의 나고야 구장 요시다 로쿠자이의 존재를 빼놓고는 생각할 수 없다. 나고야역이 옛 죠카마치 나고야의 서쪽 변두리에 설치하기에 이른 경위를 기록한 여러 문헌(名古屋市編, 1954; 名古屋駅編, 1967; 大野·林, 1986)이 공통적으로 지적하고 있는 것은 나고야의 발전을 염원하는 구장 요시다 로쿠자이가 군이 불편한 논밭 한가운데 역을 세우기로 한 탁월한 식견이다. 나고야역으로 선택된 장소는 주요 도로의 폭이 넓은 길을 서쪽으로 연장해 철도와 교차하는 지점이지만, 중심 시가지로부터 그곳에 이르는 제대로 된 도로는 당시에는 없었다. 많은 사람이 의문을 갖는 장소를 요시다가 군이 선택한 것은 중심 시가지에서 역으로 가는 넓은 도로를 건설하면, 이곳이 열차에서 내려 중심 시가지로 가기에 최적의 장소가 될 것이라는 확신 때문이었다. 요시다는 폭이 넓은 도로를 건설하기에 좋은 장소라는 점을 들어, 늪지대나 논이 많은 불편한 장소에 역을 세우는 것에 찬성하지 않는 사람들을 설득하러 다녔다(名古屋駅編, 1967).

이후 도로 폭이 넓은 길의 연장을 지칭하는 사사지마 가도의 개수(改修)는 구장이 된 후 요시다가 최초로 임한 대사업이었다. 사사지마는 설치된 역을 포함한 일대의 지명이며, 그로 인해 나고야역은 당초 사사지마스텐쇼(스테이션의 의미)라고 불렸다(服部, 1973). 도로 연장을 하기 위한 공사 비용의 각출(各出)과 관계된 부분은 주민의 설득이 필요했다. 공사비용이 막대하게 소요될 것으로 예상되었고, 실제로 6만 7,000엔이 소요되었는데, 이는 1887년도 나고야구의 예산 수입(8만 8,000엔)의 76.1%에 상당했다. 요시다는 개보수사업비를 조달하기 위해 현령 카츠마타 미노루(勝間田稔)를 위원장으로 세우고 자신은 부위원장으로 해 모금운동을 전개했다. 세대 당 10전, 20전이라는 모금액은 상당한 부담이기에 구민들로부터 반발이 일어났다. 그러나 이러한 반발에도 굴하지 않고 개수사업을 위한 운동은 진행되어 나고야역이 개통된 1886년 이듬해에 사사지마 가도(폭 23.4m, 연장 1,373.5m)의 개수공사는 완공되었다.

제2절 칸사이철도와 중앙본선의 개통으로 강해진 나고야역의 관문성

1. 칸사이철도(칸사이본선)의 개통으로 미에현 방면의 관문이 된 나고야역

막 개설한 나고야역이 나고야의 새로운 관문으로 그 지위를 높이려면, 나고야역을 기종점(起終点)으로 토카이도본선과는 다른 방향으로 연결될 철도가 필요했다. 보다 많은 방면과 연결되면, 폭넓은 규모로 게이트웨이 기능을 발휘할 수 있기 때문이다. 칸사이 방면으로 향하는 칸사이철도와 기후현 히가시노와 나가노 방면으로 향하는 츄오본선이 그 역할을 수행했다. 칸사이철도는 옛 토카이도의 아츠타(나고야) 서쪽, 츄오본선(츄오니시선)은 옛 나카센도와 연결된 오조네(나고야) 동쪽의 시타가도를 대체로 따르는 노선으로 건설되었다. 이는 결과적으로 근세까지의 도시와 교통의 관계가 근대에도 노선 결정에 영향을 주었다고 볼 수 있다.

우선 칸사이철도는 사설철도조례에 의거하여 1888년 3월 1일에 욧카이치에 설립된 칸사이철도회사가 경영한 사설철도이다(奧田編, 1975). 이 회사는 회사 설립에 앞서, 쿠사츠~욧카이치 구간, 욧카이치~쿠와나 구간, 카와하라다~츠 구간의 건설 허가는 받았지만, 쿠와나~나고야 구간의 허가는 취득하지 못했다. 이유는 키소미강 지역의 지반이 약해 난공사가 예상되었기 때문이다. 그러나 이 구간도 1893년 6월에 허가장을 받을 수 있었다. 이에 앞서 쿠사츠~나고야 구간 공사는 1888년 8월부터 시작되어 1890년 12월에 쿠사츠~욧카이치 구간, 1891년 11월에 카메야마~츠 구간이 개통되었고, 1894년 7월에는 욧카이치~쿠와나 구간이 개통되었다. 이 철도가 나고야에서 선로가 연장된 시기는 1895년 4월부터이며, 나고야~야토미(마에가스) 구간의 건설공사가 완료된 이후의 일이다. 이 구간의 운송 업무는 그해 5월 24일부터 시작됐다. 11월 7일에는 최대의 난공사였던 이비강 철교가 준공되므로 야토미~쿠와나 구간이 개통되었고, 이로 인해 나고야와 쿠사츠 구간의 전 노선이 개통되었다. 당시 나고야와 욧카이치 구간은 1일 6편 왕복 운행, 소요 시간은 1시간 15분이었다.

칸사이철도의 나고야 방면의 기점은 아이치역이었다. 아이치역은 1895년 5월에 나고야~야토미 구간이 개통되면서 같은 해 7월에 토카이도본선 나고야역의 남쪽 300m 지점(아이치군 오이세무라 다이지평야)에 개통되었다. 지붕 위에 특징적인 시계탑을 갖춘 역은 토카이도본선의 나고야역보다 디자인이 뛰어나다는 평을 들었다. 칸사이철도회사는 그 후, 서쪽으로 공사를 진행해, 1897년 2월에는 이미 개통되어 있던 나니와 철도를 매수했다. 이듬해 6월에 신키즈~시죠나와테 구간이 개통되었고, 같은 해 11월에는 츠게~키즈 구간도 개통되었다. 그 결과 오사카의 쯔나시마 섬까지 전부 개통되었다. 그 후 1900년 6월에는 오사카철도를, 그리고 1905년 2월

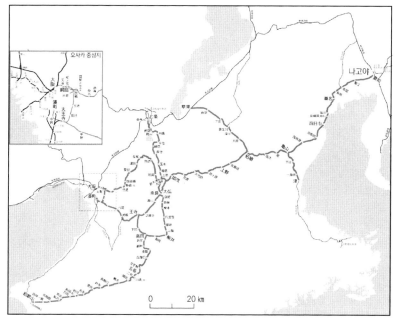

그림 8-3 칸사이철도 노선(1907년)

출처: Wikiwand 웹 자료

에는 나라철도를 인수함으로써 오사카와 교토, 나고야의 연결이 편리해졌다(그림 8-3). 이 시기에는 아직 아이치역과 나고야역이 개통되어 있지는 않았지만, 미에현을 거쳐 칸사이로 향하는 철도 선로가 만들어지므로 게이트웨이 기능은 강해졌다.

칸사이철도는 나고야~오사카 구간에 이미 개통한 관영의 토카이도본선과 경합하는 입장에 있었다. 거리상으로 보면, 토카이도본선의 나고야~오사카 구간 195.4km에 비해 칸사이철도의 나고야~미나토마치 구간은 172.0km로 칸사이철도가 23km나 짧았다. 두 철도 간의 여객화물 운임 경쟁은 1902년부터 1904년에 걸쳐 전개되었다. 토카이도본선의 나고야~오사카 구간 왕복 할인 여객 운임은 원래 1등석이 6엔 86전, 2등석이 4엔, 3등석은 2엔 30전이었다. 그런데 칸사이철도는 종래의 운임을 인하해 나고야~미나토마치 구간 왕복 운임을 1등석은 4엔, 2등석은 3엔, 그리고 3등석은 2엔으로 했다. 이에 맞서고자 토카이도본선의 운임도 가격 인하했고, 여기서 칸사이철도가 다시 가격 인하를 하므로 운임 인하 경쟁이 전개되었다. 그러나 운임 인하 경쟁이 너무 치열해 견디기 어려웠던 칸사이철도가 협정을 신청했고, 그 결과 1902년 9월 25일에 각서가 교환되었지만, 협정의 내용이 칸사이철도 측에는 그다지 만족스럽지 못했다(名古屋市編, 1954).

1903년에 오사카에서 개최되는 제5회 국내 박람회의 화객 수송을 독점하기 위해서 칸사이철도의 양보로 체결된 이 협정은 박람회가 끝난 후에는 의미가 없어지게 되었다. 이로 인해 운임 인하 경쟁이 1903년 11월부터 다시 시작됐다. 칸사이철도가 가격 인하를 하면, 토카이도본선 측도 이에 따라 운임을 인하하는 일이 반복되었다(小野田, 2014). 경쟁은 운임의 가격 인하에 머무르지 않고, 열차 내의 서비스에도 이르렀다. 칸사이철도는 열차 내에 신문, 잡지, 바둑판·장기판, 조리 대여를 비치하거나 차주전자(따뜻한 물)를 두는 등 특별한 서비스를 제공하였다.

두 철도 간의 경쟁은 운임 인하와 서비스 향상이라고 하는 점에서는 이용자에게 바람직한 결과를 가져왔다. 그러나 동시에 나고야~오사카 구간 화물 운송의 면에서는 상당한 혼란을 일으켰다. 사설과 관설 중 어느 쪽을 이용하느냐에 따라 운임이 달랐기 때문에, 상거래 현장에서는 다양한 오해가 발생했다. 결국 일련의 사태로 오사카부 지사와 중의원 의원이 두 철도회사 사이에서 서로 간의 의견을 조정했고 경쟁은 진정되었다. 조정은 효력을 나타내 1904년 4월 25일에 철도작업국 장관 히라이 세이지로(平井晴二郎)와 칸사이철도회사 사장 카타오카 나오하루(片岡直温) 간에 협정서가 체결되어 햇수로 3년에 걸친 경쟁은 종지부를 찍었다(名古屋市編, 1954).

칸사이철도주식회사는 철도국유법 제2조에 의거하여 1907년 10월 1일 국가에 매수되었다. 인수 당시 이 회사의 자본금은 2,418만 1,800엔, 영업 선로는 451.3km에 이르렀다. 국가의 매수 금액은 3,612만엔 남짓이었다. 국유 후, 이철도의 간선에 해당하는 나고야~미나토마치 구간은 칸사이본선이라고 불려지게 되었다. 또 국유화로 나고야 측의 화객 수송은 모두 나고야역에서 이루어지게 되었기 때문에 칸사이철도의 아이치역은 1909년 5월 31일부로 폐지되었다. 이런 경위로 칸사이철도와 그 후의 칸사이본선이 생겨나게 되었고, 나고야역은 미에현 방면에 대한 관문의 특징도 가지게 되었다.

2. 츄오본선(츄오니시선)의 노선 결정 경위와 나고야의 도시구조

나고야역을 기점으로 칸사이철도와 반대 방향으로 건설된 것이 츄오본 선이다. 이러한 츄오본선의 건설은 일찍부터 노선 선정에 관한 논의가 오 갔다. 1886년 토카이도본선 건설 결정을 한 뒤에도 군부는 국방상의 관점 에서 혼슈 중앙부에 간선을 부설해야 한다고 주장했다. 1887년에 코신철 도회사에 코후~마쓰모토 구간 철도 부설의 허가가 내려졌고, 다음 해에 코 부철도회사에 도쿄~하치오지 구간 철도 건설의 허가가 떨어졌다. 그러나 이 구간들과 츄오간선의 관계에 대해서는 아직 결론이 나지 않았다. 1892 년 6월 21일 공포된 철도부설법에 따라 하치오지 혹은 고텐바를 기점으 로 코후, 스와를 거쳐 나고야에 이르는 간선과 지선을 합하여 츄오본선이 라 부르게 되었다. 고텐바가 기점 후보가 된 것은 토카이도본선과 연결할 수 있었기 때문이다.

츄오본선은 철도부설법에 규정된 제1기 노선의 8곳 후보 노선 중 하나에 불과했다. 이 때문에 8곳 후보 노선 중에 츄오본선이 우선 착공될지 말지가 다른 한쪽의 기점인 나고야에 있어서는 중대한 관심사였다. 나고야에서는 상공회의소와 나고야시가 츄오본선 건설 운동을 시작했고, 상공회의소는 1892년 9월 29일 임시총회에서 츄오본선 건설 조사를 실시하기로 결정했 다. 그러나 농상무성은 이 같은 방침에 대해 부정적 태도를 취했기 때문에 상공회의소는 철도장관에게 '철도 부설 순서에 관한 의견'을 건의했지만, 정부는 1893년이 되도록 건설에 착수할 기미를 보이지 않았다.

츄오본선 동쪽 노선은 하치오지~코후 구간, 고텐바~코후 구간 중 전자로 결정되었다. 한편, 서쪽은 이나선(카미스와~이다~아시리~나고야), 세이나이지선(이다~세이나이지~나카츠강~나고야), 니시치쿠마선(시오지리~미야노코시~키소후쿠시마~나고야)의 세 개의 노선이 후보에 올랐다. 지역주민들의 이해관계가 얽혀있고 경쟁이 치열해 정부는 이 중 어느 것으로 해야 할지 빨리 결정을 내리지 못했다. 결국 나고야에서는 자체적으로 나고야~나카츠강 구간을 독자적으로 사설철도를 부설하려는 움직임도 일어났으나, 이 사설철도 건설 신청은 기각되었다.

우여곡절을 겪고, 1894년 제6회 제국의회에서 츄오본선을 니시츠카마선 노선으로 건설하기로 결정하였다. 츄오본선 건설 촉진 운동과 사설철도 건설의 움직임이 정부의 태도에 영향을 미친 것이 분명했다. 1896년 4월 8일 하치오지와 나고야에 철도출장소가 설치되면서 동서 양쪽에서 공사를 착수했다. 나고야 출장소는 츄오니시선 즉 나고야~미야노코시 구간 건설을 담당하게 되었다. 미야노코시는 옛 나카센도의 미야노코시쥬쿠가 있던 곳으로 북으로 6km 정도 지점에는 태평양 측과 동해 측을 나누는 토리이고개가 있다. 츄오본선의 동서 분기는 좀 더 북쪽으로 이동한 시오지리이지만, 미야노코시를 포함한 키소강 유역과 토리이고개 북측의 나라이강 유역이라는 지형적 경계선이 공사구역의 경계가 되었다.

이러한 경위로 츄오니시선을 부설하는 것이 결정되었지만, 노선의 자세한 부분에 관해서는 아직 미정이었다. 나고야를 기점으로 하여 타지미까지의 노선을 고려할 경우, 도자기 산지인 세토를 거쳐 타지미에 이르는 안이 사회경제적으로는 타당한 것처럼 생각되었다(그림 8-4). 왜냐하면 세토는 오와리번의 관용가마(御用窯)로 발전해 온 역사가 있었고, 나고야와 인연이 깊었기 때문이다. 그러나 세토에서 타지미로 가려면 아이기구릉을 넘어야만 하기 때문에, 25‰라고 하는 구배(勾配)는 당시의 철도 기술로는 어려웠다. 세토 경유 이외에 코마키 혹은 토리이마쓰(카스가이)를 경유하는 방안이 비교 검토되었다. 전자라면 나고야의 시가지 북쪽을 또 후자라면 시가지 동쪽을 통과하게 된다.

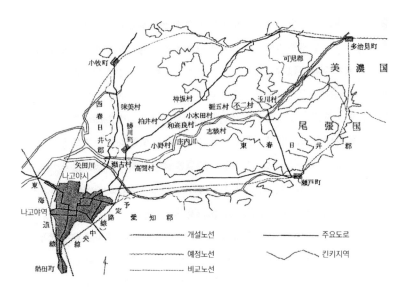

그림 8-4 나고야~타지미 구간 츄오본선 계획경로(1894년경)
출처: 나고야 철도 편 1994, p.22, 그림 1-3.

두 방안을 둘러싸고 활발한 논의가 일어난 이유는 근대 나고야의 도시발전 방향을 북쪽으로 할지, 아니면 동쪽으로 유도할 것인지 시민들 사이에서 의견이 분분했기 때문이다. 결과적으로는 당시 시가지의 동쪽 끝을 지나치듯 통과하는 경로로 결정되었다. 이 경로는 쇼나이강을 따라 카스가이

동쪽을 향하고, 다시 쇼나이강의 계곡을 따라 타지미까지 간다. 카스가이 동쪽에서 타지미로는 아이기 구릉의 우쯔츠 고개를 넘는 경로도 고려할 수 있지만, 세토의 경우와 마찬가지로 경사가 심했다. 이러한 우쯔츠 고개를 넘는 경로는 근세까지 시타가도 경로를 많이 이용하였지만, 경사에 익숙지 않은 철도에는 적합하지 않았다.

이렇게 해서 결정된 나고야~타지미 구간(36.2km)은 대략 24km까지는 평탄한 구간을 통과한다. 그러나 그 앞으로는 아이치현과 기후현 경계의 험난한 협곡이 있어, 이 구간에서 몇 개의 터널을 지나갈 수밖에 없다. 이 깊은 협곡은 전문용어로는 선행곡(先行谷)[1]이라 불리는데, 태고 적부터 계속되는 지반의 융기와 쇼나이가와강의 침식작용의 결과 생겨난 골짜기이다. 1896년 11월 14개 터널 중 우선 제5·제6·제7·제14 터널 공사가 시작되었다(日本国有鉄道編, 1997). 공사는 시작되었지만 건설 자재의 운반 공급이 뜻대로 되지 않아 공사가 매우 어려워졌다. 자재 공급로로는 우쯔치 고개를 넘는 시타가도와 쇼나이강 오른쪽 기슭의 아이기가도의 이용이 고안되었다. 그러나 시타가도는 마차의 왕래가 많았고, 또 아이기가도는 위험 장소가 많았기 때문에 양쪽 다 충분히 이용할 수 없었다. 이 때문에 아이기가도를 따라가도록 케이벤철도를 부설하여, 1897년 6월 착공되었다. 케이벤철도 부설 후 터널 지대와 연결하는 운수 편이 크게 개선되었다.

나고야~타지미 구간의 공사가 모두 완공되고, 이 구간이 개통된 때는 1900년 7월이다. 개통 당시 나고야~치쿠사 구간의 소요 시간은 17분, 운

---

1 강의 중류나 하류 쪽이 상류 쪽보다 급속히 융기하는 불균등한 지반 변위가 생겼을 때 생기는 골짜기

임은 2등석이 13전, 3등석이 7전이었다. 또한 종점인 타지미까지는 소요시간이 1시간 35분, 운임은 2등석 60전, 3등석 34전이었다(名古屋駅編, 1967). 츄오니시선의 건설공사는 그 후로도 진행되어 1902년 12월 타지미~나카츠(나카츠강) 구간 43.6km가 개통되었다. 그러나 이후 러일전쟁으로 인해 공사 진행이 어려워져 1904년에 중단되었다. 1906년에 공사는 재개되었으나, 나카츠로부터 좀 떨어진 장소는 지형이 가파르고 험준하여 공사는 난항을 거듭했다. 특히 키소강 연안의 험준한 절벽 사이를 통과하는 공사는 매우 힘들었다. 난공사 끝에 1911년 5월 키소후쿠시마~미야노코시 구간이 완공되었고, 츄오니시선 전 노선이 개통되었다.

이러한 난공사 끝에 개통된 츄오니시선은 나고야의 도시구조에 큰 영향을 미쳤다. 토카이도본선은 먼저 있었던 나고야 다섯 출입구 중 비와시마 입구와 아츠타 입구를 연결하는 선로를 달렸다. 츄오니시선의 노선에는 오조네 입구와 미카와 입구가 있고, 이 중 미카와 입구에 해당하는 위치에 치쿠사역이 있다. 치쿠사역은 당시 도심을 중심으로 서쪽의 나고야역과 대칭적인 위치에 있었기 때문에 동쪽의 관문으로 자리 잡았다. 그러나 승객 수를 비교하면 나고야역이 압도적으로 많았고, 나고야역이 최대의 관문임에는 변함이 없었다. 개통 당시 없었던 오조네역과 츠루마이역이 이후 츄오니시선에 연결된 것으로, 츄오니시선은 불완전하지만 나고야 시내의 순환선 역할을 완수하게 되었다. 기존에 있었던 토카이도본선(타케토요선), 칸사이본선(칸사이철도)에 츄오니시선이 연장되므로 나고야역의 게이트웨이 성격이 한층 더 선명해졌다.

3. 화객 취급 분리와 무역항과의 연계에 따른 게이트웨이 기능의 고조

　도시가 발전할 때 주로 교외의 농촌 지역으로 도시 기능이 확대되어 가는 경우와 기존 시가지 안에서 낡은 도시 기능이 갱신되는 경우를 생각해 볼 수 있다. 근대 중반에 들어선 나고야역은 이러한 두 가지의 발전 형태를 보이면서 늘어나는 운송 수요에 적응해 갔다. 이미 역 주변은 시가지화가 상당히 진행되고 있었고, 한정된 역 공간 내부에서만 대응하기 어려워져 어쩔 수 없이 운송 기능의 일부를 교외에서 찾아야만 했다. 철도 운송 기능의 일부를 분리하여 다른 장소로 옮기는 일은 전후 토카이도 신칸센이 건설되었을 때 요코하마나 오사카 등에 새로운 역을 기존의 역과는 다른 장소에 설치한 사례 등에서 찾아볼 수 있다. 나고야에서는 전쟁 전 화물운송 전용공간을 기존의 역에서 분리하여 확보함으로써, 늘어나는 운송 수요에 대응했다.

　나고야역에서 사람과 화물의 취급량이 허용 수준을 넘어서게 된 건 타이쇼(大正) 중기라고 본다. 개통한 지 14년이 지난 1900년의 취급 화물량은 연간 14만 톤이었지만, 26년 후인 1926년에는 허용량을 대폭 초과해 107만 톤까지 증가했다(名古屋驛編, 1987). 당시 하루 동안 취급할 수 있는 화물차는 최대 300량이었지만, 실제로는 1.5배에 해당하는 450량이 취급되었다. 이러한 상황에서 당시의 나고야시의회는 국가에 적절한 대응이 가능하도록 반복적으로 요청했다. 그 결과, 화물의 취급업무와 화물차의 발착·중계 작업을 나고야역에서 분리하여 새로운 장소에서 취급하게 되었다. 원래대로라면 이들 두 가지 업무와 작업은 같은 장소에서 하는 것이 바람직하다. 그러나 공간적 제약 때문에 어려웠고, 전자의 업무는 나고야역에서 남쪽으로 2km 떨어진 곳(사사지마 화물역을 설치)에, 또 후자의 발착·중계 작업은 북쪽으로 11.1km나 떨어진 곳(이나자와 조차장(操車場)을 설치)에서 취급하게 되었다.

철도화물 취급업무의 이전계획은 역 그 자체의 이전·신축계획과 관계가 밀접하게 있었다. 즉, 메이지 말기부터 타이쇼에 걸쳐, 나고야역의 기능은 화물뿐만 아니라 사람의 승하차에서도 이미 한계를 넘어섰다. 특히 1910년에 나고야시 츠루마이 공원을 회장으로 해서 개최된 제10회 칸사이부현연합공진회를 계기로 나고야역을 이용하는 사람 수가 늘어났다. 공진회라고 하는 일종의 박람회를 개최하는 것을 통해 근대 도시의 기초를 굳히려고 한 나고야시는 증가하는 철도 이용객을 얼마나 원활히 처리할 것인가를 두고 고민하게 되었다. 또한 도쿄, 오사카의 도중에 있는 나고야역을 두 역의 기종점으로 하는 운행 시간표는 이용하기 어려웠기 때문에, 열차 운행 시간을 재검토하도록 철도원에 진정서를 냈다. 그러던 중 1923년 9월에 발생한 칸토 대지진이 계기가 되어 나고야와 토호쿠 지방과의 상거래가 활발해져, 화물뿐만 아니라 사람의 왕래도 증가하게 되었다.

화물 부문의 분리가 완료된 1934년은 나고야역에서 북으로 200m 정도 떨어진 토지에서 신역이 건설되기 시작한 해이기도 하다. 현재 역의 재건축이 아닌, 그 근처의 다른 장소에 신역이 건설된 이유는 현재 위치에서는 충분한 용지를 확보할 수 없다는 점과 현재 역을 이용하면서 신역으로 재건축하는 것이 곤란했기 때문이다. 새롭게 건설된 나고야역은 총면적 5.28만m²으로 동양 제일의 규모를 자랑하는 건물이었다. 새로운 기차 플랫폼은 접속하는 선로 부지도 기존의 부지에서 떨어져 있었다(그림 8-5). 사용할 수 없게 된 낡은 선로 부지는 신역으로 통하는 역 앞 큰 길과 그곳에 접한 빌딩 등의 건설 용지가 되었다.

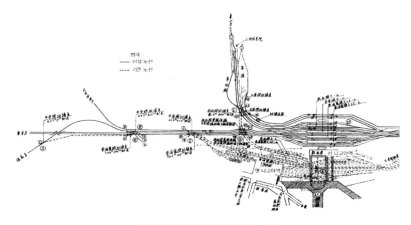

그림 8-5 옛 나고야역에서 신설 나고야역

출처: 小野·林, 1986, p.107 그림

이리하여 나고야역은 새로운 시대를 맞이하게 되었고, 나고야는 타지역과의 연계성이 한층 더 커졌다. 이로 인해 나고야시를 중심으로 산업과 인구가 집적되는 결과를 초래했다. 또한 나고야시는 주변 마을과의 합병을 반복해 시역을 확장시켰다. 확장된 시역을 중심으로 사람과 화물이 나고야역을 경유하게 되므로 외부와 연결성도 높아졌다. 여기에는 사사지마화물역을 중계지로 나고야항 수출입 화물이 경유하는 부분도 포함된다. 수출입화물은 1930년에 준공한 나카강 운하를 통해 사사지마화물역과 나고야항구간을 이동했다(名古屋市編, 1954). 이 시기에 이르러 나고야역(사사지마화물역)은 국제적인 게이트웨이 기능의 일부를 분담하게 되었다.

4. 나고야역 게이트웨이 기능을 지탱하는 현지 철도망

도시의 게이트웨이 기능이 제대로 작동하려면, 이 기능과 연결되는 도시 내부의 로컬한 기능이 충분히 갖춰져 있어야 한다. 구체적인 예로 철도의 경우, 중앙역과 연결하는 도시내 교통이 철도 이용객의 승강 시 이동을 원활히 처리하지 않으면 안 된다. 인력거에서 시작해, 노면전차, 승합자동차(버스), 택시 등으로 확장되어 간 것이 근대 일본 도시의 교통발전이다. 나고야에서는 1898년에 개통한 나고야전기철도의 노면전차가 그 선봉에 섰다. 이 철도회사는 설립 당초 세 개의 노선 건설계획을 가지고 있었지만, 창업자금이 생각처럼 모이지 않아 순조로운 출발을 할 수 없다. 이 때문에 일본에서 최초로 시내전철을 개통한 교토전기철도에 도움을 요청해 자금과 경영 지원을 받았다.

이러한 나름의 과정을 거쳐 나고야전기철도는 국내에서 두 번째로 시내전철을 개통할 수 있었다. 그것이 나고야역 앞과 아이치현청 구간을 잇는 히로코지선이다. 이 노선이 시내에서 제일 먼저 건설된 것은 히로코지 거리가 당시는 화려한 번화가였고, 교통 수요도 많아 채산이 맞다고 판단되었기 때문이다. 부연하면 근세부터 간선도로였던 혼마치거리는 그 거리에 있는 현지 유력자가 소음이나 진동을 이유로 시내전철의 건설에 반대했기 때문에 시내전철은 부설되지 않았다(名古屋鉄道編, 1994). 계획보다 빠른 기간에 시내전철이 개통된 히로코지거리는 명실공히 나고야 제일의 중심가가 되었고, 그때까지 히로코지거리보다 북측에 있었던 은행과 보험회사 등이 점차 이 거리로 진출하게 되었다.

나고야전기철도는 히로코지선의 건설 이후에도 차례차례로 시내 노선을 부설해 나갔다. 1900년 츄오니시선의 나고야~타지미 구간이 개통되었고, 3년 후에는 히로코지선을 동쪽으로 연장해 츄오니시선의 치쿠사역에 이르는 노선이 개통되었다. 당시 히로코지거리의 동쪽 끝자락에 아이치현청이 있었다. 이 때문에 현청 건물을 이전 설치하고, 그 철거지에서 다시금 치쿠사역에 이르는 도로(동부도로)를 신설했다. 히로코지선의 연장으로 나고야역에서 번화가 사카에마치를 거쳐 치쿠사역에 이르는 도시의 간선이 한층 더 명확해졌다. 치쿠사역은 위치적으로 보면 나고야의 동쪽 관문에 해당한다. 그러나 치쿠사역의 승하차 객수는 나고야역의 10% 정도에 지나지 않았고, 중앙역으로서 나고야역의 지위는 흔들리지 않았다.

나고야전기철도는 히로코지선의 연장에 이어 아츠타선을 개통시켰다. 그리고 아츠타보다 먼저 히로코지선을 개통시킨 이유는 나고야항의 축항 공사가 진행될 것을 예측해서였다. 이로 인해 사카에쵸는 히로코지선과 아츠타선의 분기점이 되었고, 또한 노면 전차망의 주요한 결절점이 되었다. 다만 나고야전기철도의 전 노선으로 보았을 때, 그 중심은 나고야역에 가까운 야나기바시에 있었다. 이 회사는 원래 나고야역 앞을 시내 전철망의 거점으로 하려고 하였으나, 그것은 실현되지 않았다. 어쩔 수 없이 야나기바시를 기점으로 시 북부로 향하는 오시키리선을 아츠타선보다 먼저 건설했다. 나고야전기철도는 그 후로도 수많은 변천을 반복하면서 노선망을 확장해 갔다. 이 회사의 터미널역이 나고야역으로 직접 연결된 시기는 아이치전기철도와의 합병(1935년)에 따라 나고야철도가 된 이후의 일이다.

협소해진 나고야역이 이전·신축된 1937년은 근대 도시 나고야에 기념할 만한 해였다. 이 해에 전쟁 전의 일본에서 개최된 박람회로는 최대 규모라고도 하는 '범태평양 평화 박람회'가 나고야항 근처에서 열렸다. 같은 해시 동부에서는 히가시야마동물원이 개원해, 시민들은 본격적인 오락을 즐기게 되었다. 그해 7월부터 나고야철도(메이테쯔) 서부선을 나고야역으로 운행하는 지하공사가 시작된 것도 주목할 만하다. 이로 인해 나고야역의 관문성이 더욱 두드러졌기 때문이다. 나고야철도는 주로 나고야와 기후를 잇는 방면으로 노선을 가지고 있던 메이기철도와 미카와 지방에 노선이 많았던 아이치전철이 1935년에 합병해 생긴 철도이다. 합병의 이점을 살리기 위해서 옛 노선을 서로 연결해 그 중심을 나고야역에 두었다. 앞서 말한 지하공사는 이를 위한 것이다.

나고야철도의 나고야역(역명은 신 나고야역) 노선 연장 공사는 1941년에 완료되었는데, 이때 신나고야역에 칸사이급행전철의 연결 입구도 설치되었다. 칸사이급행전철은 이세전기철도가 설립한 산큐전철의 별도의 회사이며, 1938년 6월 미에현 방면에서 나고야역에 노선을 연장하였다. 6년후에는 명칭이 킨키니혼철도로 변경된 이후 오늘날까지 이어지고 있다. 기존의 칸사이본선(國營)과는 별도로 칸사이 방면으로 가는 사철이 나고야역을 기점으로 연장되어 메이테쓰 전철이 나고야역(신 나고야역)에서 발착하게 되었다. 이러한 연유로 나고야역의 게이트웨이 기능이 한층 더 강해졌다.

나고야철도가 합병되기 전의 나기철도와 아이치전철은 나고야역과는 다른 장소 즉 시내의 야나기바시, 진구마에에 각각 본사를 두고 있었다. 이곳이 이들 철도회사의 첫 기차역이었다. 그리고 합병을 계기로 본사를 나고야역(신 나고야역)으로 옮긴 것은 의미가 컸다. 나고야시와 그 주변 지역을 잇는 철도의 주요역은 이전에는 분산되어 있었으나, 합병후 그러한 역들이 나고야역에 집약되었기 때문이다. 근대 초기 이후, 토카이도본선, 칸사이본선, 츄오본선의 국영 철도는 나고야역이 도시 내의 주요 역이었다. 그런데 근대 말기가 되자 사철 노선이 결합되면서 욧카이치, 기후, 토요하시의 각 방면과 나고야역이 연결되었다. 국영철도의 노선이 모이는 나고야역의 게이트웨이 기능이 각각의 사철과 연결되어 집중됨으로써 더욱 강해졌다고 할 수 있다.

그림 8-6 전시의 사철 노선의 통합

출처: 名古屋鉄道編, 1994, p.202의 그림 4-5

나고야철도의 전신인 나기철도와 아이치전철은 창립 이래, 지역의 중소 철도를 합병하는 등 독자적인 노선망을 구축해왔다. 이렇듯 최종적으로 합병되어 노선이 통합되어 간 것은 전시 체제의 진전과 무관하지 않다. 전쟁 수행을 위해 산업 합리화가 추진되던 당시 철도 이외의 많은 분야에서 기업의 통합·합병이 이루어졌다. 결과적으로 나고야권은 국영 철도를 제외하면 한정된 일부의 사철 기업에서 대중교통을 담당하게 되었다(그림 8-6). 이 부분이 동서 대도시권과의 차이이고, 나고야권에서는 도시 교외나 주변으로 가는 노선상에 경쟁할만한 역이 생겨나는 일은 없었다. 제2차 세계대전 후, 지하철의 도입으로 카나야마 등이 주요한 환승역이 되지만, 나고야역에 가까워 보완적 성격이 강했다. 교외에 주요 역이 배치되어 서로 경쟁하는 복수의 사철 기업이 존재하지 않았던 점이 결과적으로 나고야역이 나고야를 철도망 집중지로 형성시킨 배경이 되었다.

제3절 전후에서 현대까지 나고야역을 거점으로 한 사업 전개

1. 전후 나고야의 교통수단 변화와 나고야역을 중심으로 한 사회경제권

국가 주도에 의한 통제 경제 아래에서 전쟁을 치르고 국민도 많은 희생을 치렀지만, 일본은 패전했다. 전후를 맞이하면서 상황이 변하자 나고야역 앞에는 시가지의 부흥이 시작되었다. 시 중심부의 60% 가까이가 잿더미로 변한 나고야에서는 대담한 도시계획사업이 전개되었고, 시가지 중심부의 구조는 전쟁 이전과 크게 달라지게 되었다(名古屋都市計画史編集実行委員会編, 2017). 폭 100m에 가까운 넓은 도로가 동서남북 방향 두 줄기로 뻗어 전통적인 중심지인 사카에지구를 도심으로 하는 사업이 순조롭게 진행되었다. 특히 남북방향 간선도로가 사카에지구를 관통하면서 도로 중앙부의 녹지대에는 송신탑, 공원, 버스터미널 등이 생겨났다. 시가지 중심부에 분산적으로 존재하던 묘지는 통합되어 동부 교외로 이전함에 따라 그 철거지를 포함한 일대에서는 빌딩 건축이 용이하게 되었다.

전후 시내 교통은 전쟁 전부터 운행되던 노면전차와 버스의 부활로 시작되었다. 나고야의 노면전차는 일본에서 2번째로 노후되었는데, 1922년까지 민간기업인 나고야전기철도가 나고야 시내를 중심으로 노면전차 노선망을 구축했다. 그러나 1922년 이후 노면전차의 공공적 성격을 고려해 시내 노선망은 나고야시가 독자적으로 경영하게 되었고, 노선망에 따라 경영이 분리되었다. 아울러 난립 상태에 있던 민간버스도 차츰 시영버스로 통합되어 갔다. 타이쇼시대부터 시내 전차의 경영을 계승한 나고야시는 모터리제이션 즉, 자동차의 대중화 물결에 밀려 노면전차에서 지하철로 교통수단이 전환되었다. 최초의 지하철 노선이 1898년 시내에서 최초로 개통한 노면전차의 히로코지선과 같은 구간이었던 것은 결코 우연이 아니다. 이는 근대에서 현대에 걸쳐, 나고야역과 사카에를 동서로 연결하는 교통축이 나고야 도시의 기본 축이라고 생각해 왔기 때문이다. 나고야의 관문인 나고야역과 전통적인 중심지인 사카에를 연결하는 일이 무엇보다도 우선이었던 것이다.

당초 나고야의 지하철은 땅속을 달리는 것이 아니라, 공중에 설치된 고가도로 위를 달리는 철도로 계획되었다. 이는 국철 재래선의 상호연결을 전제로 한 것으로 노선은 나고야역의 재래선 홈에서 고가도로를 만들어 시내로 들어갈 예정이었다. 그러나 상호 노선의 연장 교섭이 결정되지 않아, 최종적으로 나고야시 교통국이 단독으로 지하철로 건설하게 되었다. 그 결과 국철 나고야역과 지하철 나고야역은 지상과 지하에서 수직적으로나 수평적으로나 별개의 역으로 시민들이 인식하게 되었다.

철도와 지하철 간의 환승은 불편했지만, 환승객을 대상으로 사업을 할 수 있는 가능성이 생겨난 점은 역설적이다. 환승객을 대상으로 하는 사업은 실은 철도와 노면전차 · 버스의 시대, 즉 전쟁 전부터 이미 있었다. 그러나 지하철의 개통은 이러한 사업이 지하상가라는 공간 형태에서 시작하는 계기가 되었다. 지하상가는 전통적인 중심지인 사카에에도 만들어졌고, 이후 나고야의 지하상가는 전국적으로 그 존재가 알려지게 되었다(名古屋地下鉄振興株式会社編, 1989). 다만, 나고야역 앞의 지하 공간은 지상의 도로망

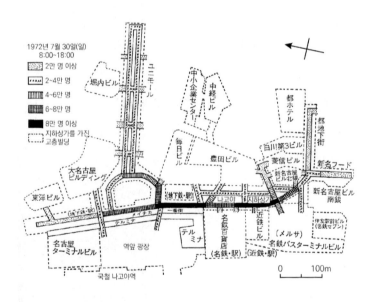

그림 8-7 나고야역 앞 지하도(1972년)

출처: 나고야대도시권 연구회 편, 1993, p.57 그림

이 반영되어 방향의 규칙성이 결여된 채 형성되었다(그림 8-7). 이는 근세 나고야가 동서남북의 바둑판 모양 도로를 기본으로 하는데, 근대 초에 건설된 타케토요선이 아츠타와 키요스를 잇는 남동북서 방향으로 깔렸기 때문에, 이러한 영향으로 나고야역 앞의 도로망과 가지런히 꼭 맞지 않았다.

이러한 도로망에 대한 개선은 필요했지만, 1950년대부터 1960년대에 걸쳐 나고야역 앞 지상에는 사무소 빌딩이 세워졌다. 사무소 빌딩에는 토자이 대도시권에서 나고야에 진출한 기업의 지사·지점·영업소 등이 입주했다. 사무소 빌딩은 사카에와 나고야역의 중간에 해당하는 후시미에도 건설되었다. 특히 제조업 분야에서 전국적으로 알려진 기업이 많은 나고야 권에서 그러한 제조업의 본사 빌딩은 시의 중심부가 아닌 공장이 있는 주변부(시내의 미즈호구나 키타구 혹은 시외 등)에 많았다. 이러한 연유로 사카에와 나고야역 앞 모두 현지 유력기업의 본사 빌딩은 많지 않았다(林, 1989). 당시의 토카이은행이나 마쯔자카야 혹은 츄부전력 등은 비제조업으로, 모두 역사가 오래된 사카에지구에 본사를 두고 있었다. 토요타 자동차공업(본사는 토요타시)과 합병하기 전의 토요타 자동차 판매 본사도 사카에에 있었지만, 업종으로는 비제조업이다. 나고야역 앞에는 나고야철도 메이테쯔백화점 정도밖에 대기업의 본사가 없었고, JR토카이는 아직 존재하지 않았던 때였다.

나고야역 앞에 빌딩이 들어서고 터미널형의 백화점이나 상업·서비스업도 운집하게 된 것은 나고야역이 게이트웨이 기능을 본격적으로 발휘하게 되었음을 의미한다. 사무소 빌딩에 입주한 기업의 회사원이나 백화점의 쇼핑객 중에는 국철과 메이테쯔를 이용해 시외에서 나고야역으로 오는 사람도 적지 않았다. 비즈니스객과 여행자라면, 보다 먼 곳에서 오는 나고야역의 방문자였다. 이들 방문자의 출발지는 1964년 토카이도 신칸센 개통으로 한층 더 확장되었다. 그러나 그 이전에도 아이치현의 북부와 동부, 기후현, 미에현 등에서 나고야역 앞의 기업과 상업시설을 목적지로 하여 모이는 경향이 현저했었다. 게이트웨이 기능을 수행하는 나고야역을 중심으로 통근·통학·쇼핑의 권역이 형성되기 시작했다.

2. 토카이도 신칸센의 개통과 신설 JR토카이의 다각화 전략

철도 여객 수송의 측면에서 제2차 세계대전 후의 고도 경제성장을 지탱한 주역은 신칸센이다. 최초의 신칸센인 토카이도 신칸센이 1964년에 개통되면서 나고야역은 새로운 시대를 맞이하게 되었다. 나고야~도쿄 구간 소요 시간이 3분의 1로 단축되고 광역적 접근성이 뛰어난 나고야의 관문 나고야역 지위는 지금까지 이상으로 높아졌다(德田, 2016). 그러나 이러한 일이 실현되려면 새로운 역 공간의 창출이라는 과제를 해결할 필요가 있었다. 이미 시가지화가 끝난 인구과밀지역에 재래선과 별도로 새로운 노선을 부설하는 것은 쉽지 않았기 때문이다. 신칸센이 개통되면 환승 등으로 연결되는 재래선의 이용자도 증가하기 때문에 공간을 확보해야만 했다.

실제로 토카이도 신칸센을 건설할 때 나고야역의 기존 홈 서쪽에 신칸센 전용 홈을 신설하고, 이 전용 홈의 출입구 역앞 광장을 확보하는 것은 쉽지 않았다. 역 앞 빌딩이 줄지어 서 있는 동쪽에는 홈을 신설할 만한 공간은 눈에 띄지 않았다. 한편, 역의 서쪽 일대는 전쟁 직후의 암시장의 흔적을 간

직한 일종의 독특한 분위기가 감도는 지역이었다. 그런데 그런 지역은 비록 일부이긴 하지만 역 공간 안에 집어넣기는 쉽지 않았다. 이러한 난제에 대해 국철 당국은 역 서쪽 지역에 부지를 일부를 소유하고 있던 나고야시의 전면적인 협조를 얻어 계획 실행을 위한 목표를 세울 수 있었다. 만일 요코하마, 오사카처럼 신칸센의 나고야역을 기존 나고야역에서 떨어진 곳에 건설했다면, 나고야의 도시구조는 지금과는 사뭇 다른 모습이었을 것이다.

토카이도 신칸센 개통과 신칸센 나고야역 건설의 발 빠른 추진으로 나고야와 도쿄, 오사카 방면 간의 시간 · 거리는 큰 폭으로 단축되었다. 신칸센 개통 전에 '나고야 공중분해설'이 주장되었지만, 실제로는 이와는 달랐다. 나고야는 도쿄의 수도기능을 이용하기 쉬워졌다. 즉 이점이 더 강하게 느껴졌다. 나고야권의 강점인 제조업에 의한 지역경제의 견인력이 도쿄의 흡인력을 억제하도록 작용했다. 이러한 점에서 기업과 인구의 유출이 계속된 오사카권과는 대조적이었다고 말할 수 있다. 나고야역 앞에 진출한 토자이의 대기업들은 생산 조건에 매력을 느꼈고 나고야권 내에 입지한 자사 공장의 관리 및 나고야 대도시권을 시장으로 하는 자사 제품의 판매에 관련된 사업을 전개했다.

토카이도 신칸센의 개통으로 나고야역 앞 업무 공간화는 본격적으로 시작되었다(林, 1989). 기업에 임대하는 사무소 빌딩이 국내외 부동산 자본으로 건설되었고, 이러한 빌딩을 거점으로 기업이 활동하게 되었기 때문이다. 주요 사무소 빌딩의 동 수는 호리카와보다 동쪽의 니시키와 사카에 지역 쪽이 많았으나, 입지 밀도는 나고야역 앞이 더 높았다(그림 8-8). 동서 방향으로 뻗은 히로코지 길, 니시키 길, 사카에 길을 따라 세워진 니시

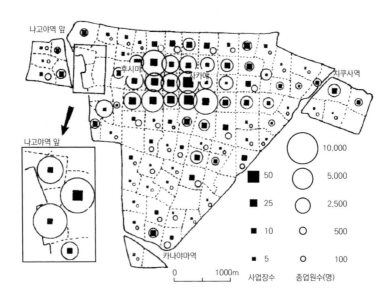

그림 8-8 나고야시 도심부의 사무실사업소 분포(1984년)

출처: 林, 1989, p. 571, 그림 3

키와 사카에지역 사무실 빌딩은 공간적 여유를 가지고 건설되었다. 이에 반해 나고야역 앞의 사무소 빌딩은 다닥다닥 붙은 길게 늘어선 공간에 세워져 있다. 이는 이러한 빌딩들이 나고야역의 접근성을 중요시하면서 경쟁적으로 세워졌기 때문이다. 기업은 나고야역을 중심으로 반경 500m의 도보권 내에 사무실을 두는 것 자체가 무엇과도 바꾸기 어려운 우위성으로 받아들였다.

고도경제성장기 석유 파동을 겪은 일본 경제는 다시금 성장하기 위해 새로운 길을 모색하기 시작했다. 토카이도 신칸센은 새로운 변화를 발 빠르게 모색하여, 국철 사업 내에서 흑자를 거두는 우등생이었다. 이와 대조적으로 기존 철도 분야는 모터리제이션의 영향을 받아 어려움을 겪고 있었다. 선진국에서는 통신 부문과 마찬가지로 철도 부문에서도 민영화를 추진하는 움직임이 활발해졌고, 국철도 이 물결을 타고 1987년에 민영화되었다. 민영화 후에 철도사업은 혁신적으로 변화했는데, 특히 나고야에서 그러한 효과가 컸다. 국철 시대에도 나고야철도관리국이 있는 나고야역은 중요한 거점이었는데, 이러한 나고야역에 새로운 JR토카이도의 본사가 들어오면서 이후 나고야역은 크게 변화하게 되었다.

JR토카이는 주요 수입원 노선인 토카이도 신칸센을 처음에는 일본국유철도에 빌려서 사용하였으나, 차후에는 보유하게 되었다. 민간회사로 출발한 JR토카이는 철도 운송 이외의 신사업을 차례차례로 시작했다. 그 중 최대 사업은 본사를 겸하는 나고야역을 고층빌딩으로 개축하고, 그 안에 백화점, 호텔, 사무실이 들어갈 수 있는 넓은 공간을 확보하는 사업이었다. 백화점은 처음에 현지의 대기업 상업자본으로 경영해야 했으나 교섭이 난항을 겪자 칸사이 자본의 백화점을 유치하게 되었다. 호텔도 외부 일류 기업을 불러들였다. 1999년 완공된 새로운 나고야역 건물은 나고야 최초의 고층 트윈타워 빌딩(JR센트럴타워)이며, 단일 역건물로는 총면적(41.7만m²)이 세계에서 가장 넓은 것으로 공식 인정받았다.

트윈타워 북측 타워에는 많은 기업이 입주했다. 흥미로운 것은 이제까지 시내 각처에 사무실을 두고 있던 기업들이 나고야역의 고층빌딩으로 이전하는 바람에 시내 빌딩의 공실률이 높아졌다는 점이다. 이렇게 세입자의 이동이 일어나면서 기업의 분포 지도가 다시 그려졌다. 도쿄와 오사카에 본사를 둔 기업이 신칸센 나고야역 바로 위에 사무실을 가지고 있다는 점은 사업을 하는데도 유리하게 작용했다. 또한 신칸센뿐만 아니라 JR재래선, 메이테쯔, 킨테쯔의 나고야 본선과도 근거리였기 때문에 나고야권 내를 이동할 때도 편리한 장소가 되었다.

3. 나고야역의 고층 빌딩화 영향과 사업전략의 의의

역건물의 총면적이 세계 제일인 고층 트윈타워는 나고야역 주변은 물론 시내와 그 외의 지역에도 영향을 주기 시작했다. 나고야역 근처 대형 백화점과 전문점의 흡인력은 방문객 증가로 이어졌기 때문에, 그 여파로 인해 상업·서비스업이 증가했다. 특히 역의 서쪽, 즉 신칸센역 앞에는 대형소매점, 학원, 예식장, 호텔 등 서비스업이 활기를 띠었다. 역을 사이에 두고 동서 방향의 이동이 쉬웠기 때문에, '역의 뒤편'이라는 이미지가 강했던 역의 서쪽 지역의 평가가 상대적으로 높아졌다. 그러나 기업의 임대 입주를 전제로 한 대규모 사무실 빌딩 건설계획은 별달리 없었고, 신용과 이미지를 중시하는 기업에는 여전히 역의 서쪽은 '정면'이 아닌 곳으로 여겨졌다.

새로운 나고야역 빌딩은 기후, 욧카이치, 토요하시 등 나고야에서 30~70km 정도 떨어진 도시의 소매·서비스업에도 영향을 미쳤다. 특히 기후는 JR토카이가 경쟁상대인 메이테쯔나고야본선을 의식해 토카이도본선의 속력 증대에 힘을 썼기 때문에, 나고야와의 연결이 이전에 비해 현격히 좋아졌다. 그 결과, 기후 시내의 주요 백화점을 비롯한 많은 소매·서비스업의 매출이 줄었다. JR토카이와 공동경영을 하고 있는 나고야역의 백화점은 넓은 매장면적과 쉬운 접근성으로 사카에지구의 유명한 백화점도 누를 정도의 매출을 기록하게 되었다. 물론 여기에는 기업의 독자적 노력과 관련된 부분도 많지만, 시간·거리 단축 효과와 주요 역과 바로 연결된 백화점 접근의 편리성이 크게 기여하고 있다.

상업 이외에 호텔업계에 미친 영향도 간과할 수 없다. 나고야역 주변에는 비즈니스 고객을 상대로 한 호텔은 많았으나, 결혼식이나 연회 등을 열 수 있는 일류호텔은 거의 없었다. 새로운 남쪽 타워에 들어선 외국계 호텔(객실 수 774개)은 평이 좋은 입소문과 다르지 않았고, 시내 기존 지역의 유명 호텔들과 겨룰 수 있을 만큼 흡인력을 발휘하고 있었다. 이 경우에도 나고야역과 바로 연결되는 접근의 편리성이 더할 나위 없는 조건이 되고 있었다. 교통의 편리성은 비즈니스 및 사적 목적의 회합, 교류, 회의 등에서 가장 중시된다. 나고야시의 내외에서 방문하는 사람들은 역에서 모일 수 있는 것만큼 편리한 일은 없다(그림 8-9).

그림 8-9 나고야역 옛 역빌딩(1985년)과 JR센트럴타워(2000년)
출처: 나고야시 웹 자료

철도회사가 주요 터미널에 백화점을 설치하여 교외의 쇼핑객을 불러들이는 영업 방법은 이미 전쟁 전부터 도쿄, 오사카에서 도입되어 왔다(末田, 2010). 나고야에서도 나고야철도회사 계열 터미널역에서 메이테쯔백화점을 경영해 온 사례가 있다. 1974~2010년으로 짧은 기간이었지만, 마쯔자카야도 나고야역과 붙은 건물에서 백화점을 영업하고 있었다. 1987년 민영화로 생겨난 JR토카이가 채택한 사업 중 하나가 바로 이것이었다. 그러나 종래의 터미널 백화점과 비교하면, 그 규모와 복합성은 독보적이었다. 백화점·전문점 이외에 사무실, 호텔 등의 기능도 함께 가지고 있다는 점에서 새로운 한 축이었으며, 이들이 유기적으로 결합된 도시공간이 역과 바로 연결되면서 출현하게 되었다.

JR토카이 사업에서 또 하나 중요한 것은 거대한 역 빌딩의 상업·서비스·사무실 공간 창출과 철도 운송 서비스의 향상이 일체적으로 시행되었다는 점이다(小島, 1990). 가능한 한 많은 사람을 나고야역까지 이동시키려면 전철의 운행 편수를 늘리고 속도를 높일 필요가 있었다. 이 부분에 관해서는 철도회사이기 때문에 실현 가능한 일이며, 규모와 속도의 상승효과를 노리고 사업을 진행시킨 이유가 컸다. 시나가와나 타치카와 등 주요 역의 통로나 중앙 홀(concourse) 안에 물건 판매 공간을 생산하는 사업(에키나카 비즈니스[2])을 시작한 JR히가시니혼과는 대조적으로, JR토카이는 본사가 있는 나고야역의 투자에 집중했다.

모터리제이션 시대에 들어서면서 철도사업은 그 역사적 역할이 끝났다

---

2 임대수입과 승객 증가 등을 목적으로 철도회사가 운영하는 역 구내를 사용한 사업의 총칭

고 말한 적이 있다. 이것은 선진 각국에 적용되는 말이지만, 그 실태는 나라마다 다르다. 일본에서는 신칸센 철도망의 확장으로 국내 주요 도시를 연결하는 역할을 철도가 담당하고 있다. 그러나 이와 달리 지방 철도 대부분은 채산이 맞지 않아 폐업에 몰리고 있는 것도 사실이다. 과소화가 진행되고 있는 지방의 인구 유입으로 대도시권은 통근·통학·쇼핑 등의 수송을 철도가 맡으므로 그 기능을 유지하고 있다. 이러한 상황 때문에 철도가 존속될 수 있는 가능성이 아직 남아있기에, 이를 예측하고 역 앞을 재개발하려는 움직임이 각지에서 나타나고 있다. 국철의 민영화는 이러한 일들이 발단이 되어, 주요 역에서 국철 시대에는 볼 수 없었던 다양한 사업을 전개함으로 수익을 창출하고자 했다. 토카이도 신칸센이라는 주요수입원을 가진 JR토카이의 본사이기도 한 나고야역에서 전개해 온 사업은 철도역 중심의 재개발 사업을 상징하고 있다.

4. JR토카이의 고층빌딩사업으로 인한 나고야역 앞의 고층 빌딩화

새로운 나고야역이 고층 트윈타워로서 건설된 이유 중에서 주목할 부분은 JR토카이가 나고야역 근처에 신역을 건설할 수 있는 용지를 가지고 있지 않고, 한정된 부지밖에 없었다는 점이다. 실제로 새로운 나고야역을 건설하는 동안 JR토카이는 선로와 선로 사이의 좁은 공간에 관리업무를 하는 빌딩을 건설하여 견뎠다. 현재 철도사업본부로 이용되고 있는 이 타원형 빌딩(JR토카이 타이코빌딩)은 JR토카이가 역 건설에 공간적 여유를 가지고 있지 않음을 상징한다. 나고야역처럼 역을 개축하여 역기능을 새롭게 한 교토역은 높이 제한 때문에 고층건물을 지을 수 없었다. 나고야역에는 그러한 제약은 없었고, 좁은 부지를 유효하게 살려 공간을 늘리려면 고층 빌딩밖에 다른 수단이 없었다. 트윈타워 형태로 건설된 이유는 역의 바로 아래를 지하철 사쿠라도오리선이 지나고 있었기 때문에 빌딩의 무게를 분산시킬 필요가 있었다. 그리고 트윈타워라는 형상은 보는 이에게 강한 인상을 심어주는 데 효과적이기도 했다(그림 8-10).

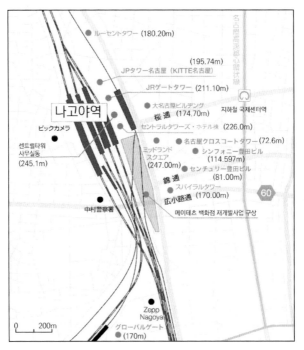

그림 8-10 나고야역 앞 고층빌딩숲
출처: 에스하치 웹 자료

이 트윈타워는 나고야 시내에서는 최초의 고층빌딩이었다. 이로 인해 나고야역=고층빌딩이라는 이미지가 사람들 사이에 자리 잡아갔다. 도시의 랜드마크는 지역 이미지 형성에 효과적이었고, 이 경우 나고야역 주변=고층빌딩지구라는 인상을 많은 사람에게 심어주게 되었다. 실제로 JR센트럴 타워가 완공된 6년 후인 2005년에 나고야시 교외에서 개최된 환경 엑스포에 맞추어 미들랜드 스퀘어라는 고층 빌딩이 나고야역 앞에 완공되었다. 이것은 1950년대에 지어진 마이니치빌딩, 토요타빌딩 등 두 개의 이웃한 빌딩의 재건축 시기를 기회로 부지를 통합하여 고층빌딩을 건설한 것이다. 새로운 사회의 움직임을 배려해 옥상녹화나 투명 엘리베이터 등 부가가치를 빌딩에 부여하였다.

이 고층빌딩은 세 가지 점에서 나고야역 앞 지구에 새로운 요소를 더했다. 첫째 이 빌딩이 국내 최대 규모의 기업이 된 토요타 자동차 및 관련 기업 본사 기능의 일부를 담당하고 있다는 점이다. 토요타자동차의 전신은 토요타자동직물기이며, 본사는 카리야시에 있다. 이후 1911년 토요타자동직물기에서 토요타자동직포공장이 나고야역 근처에서 설립되었고, 현재는 그 공장건물이 토요타산업기념박물관으로 활용되고 있다. 즉, 토요타자동차는 나고야역 앞이 역사적으로 특별한 장소이며, 여기에 도쿄에서 이뤄졌던 업무기능을 옮겨와 통합한 것은 단순히 기업 발상지로 되돌아왔다는 의미 이상의 그 무엇이 있다. 따라서 세계적 기업의 중추가 나고야역 앞에 있다는 것에 대한 의미는 매우 크다고 볼 수 있다.

두 번째는 2005년 토코나메 앞바다의 이세만 위에 개항한 츄부국제공항과 나고야역 사이에 메이테쯔선이 개통된 것이다. 공항 부지가 코마키시, 카스가이시 등에 걸친 내륙부의 나고야공항에서 나고야역까지의 교통수단이 버스밖에 없어 교통이 매우 불편했다. 신공항은 해상공항으로 나고야역 앞까지 불과 30분 정도면 도착할 수 있었다. 이 공항 건설에 토요타그룹의 역할이 컸으며, 공항의 개항 후 경영 면에서도 그룹의 발언권이 확보되었다. 즉, 토요타그룹의 나고야 거점이라고 할 수 있는 미들랜드스퀘어가 나고야역 앞에 세워진 것은 츄부국제공항으로 가는 교통 편리성을 중시한 전략적 판단에 의한 것이다.

마지막으로 미들랜드스퀘어에 백화점은 없지만, 국내외 일류 브랜드 매장이 입주해 있다는 점이다. 레스토랑·음식점·복합 영화관을 비롯해 많은 소매·서비스업이 입점해 있다. 지금까지 역 동측에는 이러한 물건 판매·서비스 기능이 지하상가로 한정되어 있었지만, 이 빌딩의 완공으로 사무실 빌딩 지상 부분의 일각에 쇼핑객이 모이는 공간이 생겨나게 되었다. 도쿄 자본을 비롯해 지금까지 나고야에 출점하지 않았던 유명 소매·서비스 기업이 진출했기 때문에 현지 상인들에게는 새로운 자극이 되었다.

미들랜드스퀘어 완공에 이어서 나고야역 앞에는 루센트타워, 스파이럴타워 등이 잇따라 완공되었다. 모두 170m가 넘는 고층 건물이었기에 이 일대가 고층 건물의 집결지라는 이미지가 정착되었다. 그리고 나고야역에 인접해 있던 백화점·교통 터미널 빌딩 철거지와 그 도로 맞은편에 있던 나고야빌딩 철거지에도 고층 빌딩이 건설되었다. 전자는 그 이름이 게이트타워 빌딩으로, 2027년 이 빌딩에 JR토카이가 개통할 리니아츄오신칸센의 나고야역이 예정되어 있다. 1886년 5월 타케토요선의 중도역으로 논안에 개통한 나고야역은 130년의 세월이 흐른 현재에 이런 모습으로 변모하게 되었다.

칼럼8. 도시의 역사적 발전과 게이트웨이 기능의 입지구조

    도시에서 게이트웨이 기능을 하고 있는 교통수단을 철도, 항만, 공항이라고 한다면, 이들은 어떤 순서로 또 어떤 위치 관계로 생겨났을까? 역사적인 등장순서로 말하자면, 항만, 철도, 공항 순이지만, 그것은 어디까지나 일반론에 지나지 않는다. 확실히 항만은 항구와 항 혹은 포구로 불리고 있던 먼 옛날부터 존재하고 있었다. 그러나 게이트웨이 기능을 담당할 정도의 항만이 생겨난 시기는 근대 이후의 일이다. 철도도 일본에서는 메이지 초기 이후에 등장했지만, 신칸센역과 같이 넓은 범위에서 이용객을 모으는 역이 등장한 시기는 최근이다. 공항의 경우 전쟁 전에는 군사 목적으로 건설된 각지에 규모가 작은 비행장 중 몇 곳이 전후 공항으로 시작하였다. 그러나 이러한 경우는 매우 드물고, 대부분의 공항은 고도 경제성장기 이후에 내륙부의 토지를 조성하거나 해상을 매립해서 생겨났다. 그리고 항구도 역도 공항도 처음 만들어진 위치에서 다른 곳으로 옮겨진 경우도 있다. 문자 그대로 각각 사례마다 다르며, 일반론을 이끌어내는 것은 어쩌면 어려울지도 모르겠다.

    철도, 항만, 공항의 신설과 이들의 공간적 위치 관계는 도시의 발전 과정 및 지역구조와 큰 관련이 있다. 철도는 거의 어느 도시에나 개통되어 있지만, 신칸센역이 있는 도시는 한정되어 있다. 항만은 임해부에 위치한 도시라면 대개 있을 것이다. 이전에는 하천을 교통수단으로 이용하고 있었기 때문에, 내륙부에도 강 포구를 가진 도시가 있었다. 항만이 바다의 항구, 즉 해항인 것은 대개 현대 컨테이너 화물을 하역하는 설비가 있는 항만으로 한정된다고 할 수 있다. 따라서 국제적인 컨테이너 운송의 정기 항로로 연결된 항만도시는 그다지 많지 않다. 물론 컨테이너 운송만이 항만 운송은 아니다. 그러나 세계 무역에서 취급되는 제품의 대부분은 컨테이너로 운송되고 있기 때문에, 갠트리 크레인(gantry crane)이 없는 항만에는 컨테이너선은 기항하지 않는다. 다만, 국제적인 크루즈관광의 관점에서 보면 견해는 달라질 수 있다.

교통수단의 역사로 볼 때 가장 새로운 공항은 일본의 경우 그 수가 한정되어 있다. 그러나 실제로는 공항 수는 대략 100곳으로, 이 수는 나라가 지정한 중요 항만 수 102곳과 별반 다르지 않다고 할 수 있다. 단, 항만에 지방의 크고 작은 항도 포함하게 되면, 전부 3,000곳 정도가 되는 점에 주의할 필요가 있다. 공항이 도도부현(都道府県) 수의 2배 정도가 되는 이유는 큐슈·오키나와 지방을 중심으로 외딴 섬에 공항이 설치되어 있기 때문이다. 외딴 섬에는 철도가 없고 배를 통한 이동은 시간도 많이 걸리고 불편하다. 이 때문에 일상적인 이동 수단으로 항공기가 이용된다. 낙도는 아니지만, 홋카이도나 미나미큐슈 등 전 국토 안에서 상대적으로 주변에 위치하는 지역은 타지역으로 이동시 항공기를 이용하는 비율이 크고, 중요하다고 할 수 있다. 이런 곳에 있는 도시에서는 공항이 일상적인 게이트웨이로 인식될 가능성이 크다. 이러한 점이 공항이 해외로 갈 때의 비일상적인 게이트웨이라고 생각하는 일반적인 대도시권과의 차이이기도 하다.

주요 대외 게이트웨이인 철도역, 항만, 공항이 이용하기 좋은 도시는 많은 혜택이 있다. 이용하기 쉬운 점을 접근성이 뛰어나다고 본다면, 예를 들어 도시 중심부 근처에 이러한 시설이 있다면 편리성이 높은 도시라 할 수 있을 것이다. 대부분 기차역은 도시의 중심부에 가깝기 때문에 큰 차이는 없을 것이다. 문제는 항만과 공항의 위치이며, 이른바 항만도시는 중심부에 가까운 위치에 항만이 있다고 생각해도 무방하다. 특히 요코하마, 코베, 나가사키 등 막부 말기에 개항한 도시들은 이러한 특징을 가진다. 한편, 근세까지는 항만이 없고, 근대에 들어 항만이 건설된 도시에서는 중심부에서 항만까지의 거리가 긴 경우가 있다. 다음 장에서 거론할 나고야항이 바로 이러한 경우이며, 근대 후반 이후에 도시구조 속에 항만이 도입되기 시작했다. 근세 무렵부터 마을 근처에 항구가 있던 오사카나 에도(도쿄), 혹은 근대 초기의 축항과 함께 마을이 생겨난 요코하마, 코베의 차이가 여기에 있다.

도시 중심부와 공항의 위치 관계는 어려운 문제이다. 왜냐하면 공항은 넓은 용지와 소음이라는 문제가 있어 땅값이 비싸고 인가를 받기 어려운 도시 근처에는 건설하기 어렵다. 그러나 낮은 가격에 인구가 희박한 주변부는 접근하기 어렵다는 또 다른 문제가 있다. 양자를 절충한 타협점을 찾아낼 수밖에 없고, 실제로 최근에 대도시권의 공항은 해상에 건설되는 경향이 있다. 해상이라면 지가나 인가의 문제는 해결할 수 있기 때문이다. 다만 어업보상비나 건설비 같은 문제는 여전히 남아있다. 나머지는 접근성의 문제이며, 이에 대해서는 쾌속철도, 신교통체계, 리무진 버스, 혹은 고속선 등으로 대응을 할 수 있다.

일본의 대도시 중 유일하게 지하철로 도시 중심부와 공항이 연결된 곳이 후쿠오카이다. 이는 후쿠오카공항이 후쿠오카의 중심부 텐진에서 크게 벗어나지 않고 8.1Km밖에 떨어져 있지 않으며, 게다가 그 중간 지점에 하카타역도 위치하고 있다. 도시구조에 의한 것으로 그야말로 게이트웨이 기능이 도시의 중심부 근처에 집중되어있는 희귀한 대도시라고 해도 좋다. 고대부터 하카타항은 항구도시로 번영을 해왔고, 근세에는 죠카마치도 생겨났다. 또한 근대 이후에는 철도역이 생겼고, 전쟁 중에는 육군 비행장이 마을 인근에 부설되었다. 이 비행장이 전후 큐슈를 대표하는 공항으로 변모해 오늘날에 이르고 있다. 물론 소음 문제에 오랫동안 시달려 온 역사도 있지만, 후쿠오카가 성장가능한 도시로서 많은 기대를 모으고 있는 배경에는 접근성이 용이한 게이트웨이 기능의 집중에 있음은 분명하다.

제9장

나고야항 게이트웨이 기능의 역사적 전개

제1절 불리한 지형 조건을 극복한 축항과 배후권과의 연계

1. 이세만에서 시작된 항만 게이트웨이 건설을 둘러싼 움직임

구미로부터의 개국 요구로 요코하마, 코베 등지를 개항한 메이지 유신 전후의 동향에 관해서는 앞부분에서 이미 서술하였다. 막번체제시대에 중요한 역할을 했던 죠카마치에 항구를 개항하는 예는 적었고, 대부분은 축항에 적합한 자연조건을 가지고 수출 가능한 산물의 생산과 집하를 기대할 만한 장소 근처가 개항장으로 선정되었다. 생사, 견제품, 차, 쌀, 도자기, 목공예품, 석탄 등 산물은 한정적이었으나, 이들은 소중한 외화를 벌어들이는 산물로 수출 대상이 되었다. 그러나 다른 한편으로, 국내 경제 시스템 안에서 물자 수송을 담당해 온 전통적인 항구도 많이 존재하고 있었다. 본장에서 거론할 나고야항은 지형적 조건 때문에 근대 항만 건설의 혜택을 누리지 못했고, 근세의 수상교통과도 인연이 멀었던 구 죠카마치에서 상당히 떨어진 위치에 건설된 항만이었다. 이러한 몇 가지 불리한 점을 가지고 개항한 나고야항이 한 세기가 지난 오늘날, 국내 최대의 화물 물동량을 자랑하는 항구로 어떻게 성장할 수 있었는지, 그 궤적을 좇아 일본 사회와 경제 변화의 한 면을 엿볼까 한다.

국가적 차원에서 개항된 요코하마항이나 코베항 등과 달리 나고야항은 지역 정재계의 강력한 요청으로 어렵게 메이지 말에 겨우 개항하게 된 곳이다. 지역의 열정적인 움직임에도 불구하고 메이지 정부가 항만 건설 허가를 꺼린 이유는 이세만의 가장 깊숙한 곳이 물이 얕은 지형이기에 항만 건설지로는 부적합하다고 판단했기 때문이다. 평균 수심이 19m에 지나지 않는 이세만은 키소, 나가라, 이비의 키소삼천 등에서 배출되는 토사량이 많고 임해부는 얕았다. 그러나 이러한 불리한 조건에도 불구하고, 아이치현이나 나고야구(후에 나고야시)로부터 항만 건설에 대한 열망이 나타난 것은 인근의 욧카이치항이나 타케토요항에 의존하는 중계적인 운송 체제로부터 탈피하기 위해서였다(名古屋港史編集委員会編, 1990a).

자체 항만을 갖고 있지 않으면 배후권의 경제발전도 탄력을 받을 수 없고, 타지역보다 뒤처지게 된다. 옛 오와리번 죠카마치는 이세만에 접한 아츠타항에서 6km나 떨어진 위치에 있으며, 물이 얕은 아츠타항은 충분한 항만 기능을 수행하지 못했다. 방위 목적을 우선시하여 건설된 내륙부 죠카마치는 바다로부터의 게이트웨이 기능이 절실히 필요 했다. 왜냐하면 그대로 근대라는 시대는 대외적 교류가 도시 발전에 결정적 요인이 되는 시대였기 때문이다. 나고야권 지역 정재계의 열의가 마침내 결실을 맺어 1896년 축항사업이 시작되었다. 그러나 당초 예정했던 대로 건설공사가 진행되지 않아 축항계획안이 대폭 변경되었다. 공사 도중에 태풍 피해를 입는 사고도 있긴 했지만, 이보다는 지역적 · 사회적 · 정치적 장벽이 공사 진척을 둔화시켰다.

폐번치현으로 오와리와 미카와가 합쳐져 아이치현이 탄생했지만, 현 전체에 단일화된 정치적 풍토 조성 등은 여전히 미흡했다. 옛 미카와 출신의 의원이 아이치현 의회에서 축항건설 반대 의견을 내는 등, 현민의 전체의

사에 의한 축항사업이라고 말하기는 어려웠다. 나고야 중심부에서 6km 떨어진 아츠타항보다 더 멀리 떨어진 이세만 앞바다에 항구를 건설하는 것에 대해 현민과 시민의 이해를 얻는 것은 쉬운 일이 아니었다. 이 당시 나고야시와 아이치군 아츠타쵸는 전혀 다른 자치단체로 축항 현장에 갈 교통수단도 전혀 없었다. 따라서 어쩌면 옛 오와리·나고야를 중심으로 하는 정재계의 관계자와 그 이외의 사람들 사이에 큰 골이 있었다는 점은 전혀 이상하지 않았다.

현의회 내부의 대립이나 현민·시민의 이해 부족에 직면한 아이치현은 재정지출 구분을 변경하거나 견본시선(見本市船) 견학회를 실시한다든지 하여 이를 극복하려고 했다(名古屋港史編集委員会編, 1990a). 재정지출 구분의 변경이란, 옛 미카와의 많은 군(郡)과 부(部)를 위한 예산에 항만 건설 지출이 영향을 주지 않도록 제도를 바꾸는 것, 즉 3부제의 도입이다. 현 수준, 오와리가 중심도시 수준, 그리고 농촌 수준으로 예산편성을 세 부분으로 구분하여 현민·시민을 설득했다. 견본시선 견학회란, 당시 일본 각지의 항구에 기항하면서 문명개화를 상징하는 새로운 제품이나 문물을 보여주는 행사로, 공사 도중 나고야항에 견본시선 '로세쯔타호'를 입항시켰다. 이러한 상품 전시회를 보기 위해 멀리서 온 방문객들은 축항사업을 직접 눈으로 확인하면서 놀라움을 느꼈다. 결국 축항 관계자가 기대한 바대로 이러한 상품 전시회를 계기로 축항사업에 대한 사람들의 관심이 높아지게 되었다(林, 2000).

2. 얕은 수심 조건을 극복하면서 제1~3기 건설공사로 생겨난 부두

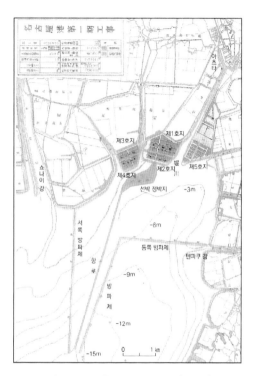

그림 9-1 나고야항 제1기 공사계획도(1901년)
출처: 林, 1997, p.105, 제1그림 참조하여 작성

나고야항의 부두 건설은 근세에 만들어진 간척지를 매립하는 형태로 추진되었다(名古屋港史編集委員会編, 1990a). 원래 나고야항이라는 명칭은 개항 후에 정식으로 붙여진 것으로, 건설은 어디까지나 아츠타항의 개수공사라는 명목으로 진행되었다. 아츠타마에신덴이라 불린 간척지 가운데 호리강, 나카강, 아라코강의 세 강이 흐르고 있었으며, 그 하구 부분을 매립하여 생겨난 곳이 1902년부터 1910년에 걸쳐 완공된 제1호지~5호지이다(그림 9-1). 이 매립지는 수로에 의해 가로막혀 있고, 섬 모양의 형태로 되어 있기 때문에 많은 배가 접안할 수 있었다. 호리강과 나카강은 항구와 내륙 구간을 수상 운송으로 연결하는 데 이용할 수 있었다. 특히 호리강에서 북으로 4km 가면 아츠타가 있었고, 다시 상류로 거슬러 올라가면 나고야의 중심 시가지에 이르렀다.

근세의 아츠타는 토카이도의 시치리를 건너는 나루터이며, 근대에 와서도 한동안은 이세만 해운의 거점이기도 했다. 이 아츠타에서 좀 더 북으로 호리강을 5km 거슬러 올라가면 그 곳에 나야다리(納屋橋)가 놓여있다. 나고야항이 개항되기 전까지, 이곳은 나야 강기슭(納屋河岸)으로서 나고야에 출입하는 화물을 싣고 내리는 기능을 해왔다.

제2호지는 개항 당초 내벽에 정박한 배와 화물을 하역하던 부두였다. 이곳은 현재 가든부두로 불리는 나고야항의 발상지로 여겨지는 곳이다. 부두 정박을 기다리는 동안 배는 안벽에 정박하지만, 정박지를 벗어나면 배는 얕은 여울에 좌초할 우려가 있었다. 여기에 정박하기까지 항로의 수심을 확보하려면 역시 준설이 필수적이었고, 가늘고 긴 한 개의 항로가 이세만 앞바다에서 정박지를 향해 뻗어 있었다. 그러나 정박지와 항로의 수심을 유지하려면 준설도 좋지만, 우선은 항 내에 해저토사가 들어오지 않도록 막는 것이 먼저였다. 미소미강과 쇼나이강, 닛코강으로부터 배출된 토사는 바닷속에서 표류, 이세만을 시계방향으로 흐르는 해류를 따라 운반되었다(名古屋港史編集委員会編, 1990a). 동측의 텐파쿠강에서도 토사가 배출되어 항 내로 들어왔다. 이 때문에 항구의 서측에는 길이 4.4km의 제방이, 또 동측에는 2.8km와 3.7km의 두 개의 제방이 접히는 형태로 설치되었다. 초기의 나고야항은 장대한 방파제(방사제)로 유지되는 인공 풀과 같은 형태를 하고 있었다.

나고야항은 개항후 곧 제2기 공사가 시작되었고, 제5호지와 마주 보는 형태로 제6호지가 매립으로 생겨났다. 제5호지 북측과 제6호지 동측에는 각각 저목장(貯木場)이 마련됐다. 이러한 저목장은 다이쇼시대부터 증가한 해외 수입 목재를 저장하기 위해서 마련되었다. 나고야항 개항 이전에는 아츠타에 목재 시장이 있었고, 근처의 시로토리 저목장이 중심적인 역할을 해 왔다. 그러나 나고야항 개항과 함께 저목장은 남쪽으로 이동해, 나고야항에 들어가는 대량의 목재를 저장하게 되었다(林, 2015). 1920년 제2기 공사가 끝난 후, 곧 제3기 공사가 시작되었다. 공사는 1927년까지로, 이 기간 동안 제7호지, 제8호지, 제9호지가 생겨났다. 제7호지는 제6호지 남측, 제8호지는 그곳에서 더 남측에 완공되었다. 제8호지에 저목장이 설치된 이유는 기존의 저목장만으로는 목재의 보관이 충분하지 않았기 때문이었다. 이와 같은 민간저목장만으로는 목재를 모두 수용할 수 없게 되어 아이치현 자체적으로 공영저목장을 마련해야 할 정도로 나고야의 목재 수요는 많았다.

제9호지는 지금까지의 부두와는 달리 육지에서 떨어진 해상에 건설되었다. 제1기 축항공사에서 설치된 동쪽 방파제를 축으로 그 남쪽을 매립하여 부두로 삼았다. 동쪽 방파제는 중앙 부근에 개구부가 있었기 때문에 그 서쪽에 생겨난 제9호지는 항구 밖의 외딴 섬 같았다. 이러한 위치선정에는 이유가 있었는데, 1923년의 칸토 대지진으로 요코하마항이 석유 유출로 큰 피해를 입었기 때문에, 이 사건을 교훈으로 섬 모양의 부두가 건설되었던 것이다(名古屋港史編集委員会編, 1990a). 요코하마항과 마찬가지로 석유를 취급하고 있던 나고야항도 만일의 경우를 대비해 제9호지를 위험물 취급 부두로 지정했다. 그리고 천연 양항과는 거리가 먼 얕은 지형의 단점을 준설로 보완하는 한편, 배출된 토사는 부두 건설에 활용하는 방식으로 항구의 형태는 갖춰져 갔다. 콘크리트는 아직 실용화되지 않았기 때문에 핫

토리 인조석이라고 하는 현내의 토목 사업자가 고안한 인공 석재를 이용해 긴 제방이 건설되었다. 근세에서는 불가능했던 항만 건설이 요코하마 등 선행 항만을 참조하면서 진행되어갔다.

3. 나고야항과 배후권을 연결하는 린코선(臨港線)과 신호리강·나카강 운하

나고야항 건설의 제2기 공사는 항만 설비를 확장하기 위한 공사였다. 항만이 전체적으로 기능하려면, 선박의 입항·계류를 위한 시설이나 물자의 하역 시설만으로는 불충분하다. 다시 말해 항만 설비도 그렇지만, 거기에 관련되는 설비 특히 항구와 배후 지역을 연결하는 교통수단이 필수불가결하다(林, 2017). 나고야항의 경우, 항구와 나고야 시내의 연결은 운하(호리강)를 이용할 수 있지만, 거기에는 한계가 있다. 넓은 배후 지역을 연결하는 가장 좋은 교통수단은 철도이며, 따라서 나고야역과 나고야항을 연결하는 나고야린코선을 건설하게 되었다. 나고야항과 나고야역은 대략 9km 떨어져 있고, 두 곳은 남북 방향으로 일직선인 위치에 있다.

린코선 건설공사는 1908년 4월에 시작하여 1911년 5월에 준공되었다. 출발점은 나고야역이며, 종착점에 나고야항역이 건설되었다. 처음에는 지타반도 방면과의 연결을 고려해 여객 운송도 이루어졌지만, 곧 화물전용 철도가 되었다. 1916년에 린코선 도중의 야와타 신호소로부터 지선이 깔리고, 그 끝에 목재 전용선인 시로토리역이 개설되었다. 이 역의 개설은 시로토리 저목장으로 목재를 수송하기 위해서였다. 또 1927년에는 제1호지와 제2호지를 연결하고 있던 현(縣) 소유의 노선이 철도성(鉄道省)으로 이관되어 린코선과 연결되고, 그 끝에 호리카와구치역이 개설되었다. 린코선은 이후에도 개통역을 늘려나갔고, 1930년에 완성된 나카가와 운하와 연결하기 위해 나고야역 남쪽에 나고야신화물역(후에 사사지마역으로 개칭)도 개설하게 되었다.

나고야항으로 흘러 들어가는 호리강은 구 죠카마치·나고야의 간선 수상교통로로서 근세 시기에 중요한 역할을 해 왔다. 근대 들어서도 그 역할은 변하지 않았고, 나고야항의 배후권과 연결하는 역할을 했다. 이와는 별도로, 아츠타에서 호리강과 합류하는 쇼진강이 호리강과 마찬가지로, 나고야항과 서로 연결하는 역할을 담당하게 되었다. 이는 1893년 6월에 설립된 일본차량제조가 1898년 6월에 아이치군 후루사와무라 다이지히가시 아츠타에 아츠타공장을 건설하고, 차량 제조에 필요한 목재를 쇼진강에서 양륙(揚陸)하였기 때문이다. 또한, 1906년 11월에 설립된 나고야 가스사는 1907년 10월에 아이치군 고키쇼지 타카나와테에 공장을 건설하였고, 원료인 석탄은 나고야항에 입항한 석탄선에서 인수받아 쇼진강을 경유하여 양륙하였다.

쇼진강은 주변 기업에 많은 공헌을 하였지만, 수심의 높낮이 차이가 없어 구불구불한 강물이 정체되기 쉬웠고 호우 시에는 탁수가 범람하는 문제점을 안고 있었다. 이 때문에 쇼진강의 치수와 오수 정화를 하는 동시에 배가 다닐 수 있도록 하는 계획이 여러 차례 거론되었다. 그러나 모든 계획이 실현되지 않아, 연안 주민이 오수의 정체로 피해를 보는 사태는 전혀 개선되지 않았다. 그러던 중 1904년 정부가 아이치군 아츠타쵸에 도쿄포병

공창 아츠타무기제조소를 건립하기로 계획을 세우면서 사정은 크게 변했다. 이 무기제조소의 부지조성에는 54만m³의 토사가 필요했고 쇼진강 개수 시 나오는 준설토사를 이곳에 충당하게 되면 쌍방의 이익으로 이어져 오랜 숙원도 해결될 수 있는 절호의 기회를 맞이하게 되었던 것이다. 나고야시는 쇼진강을 개수(改修)하면서 더러운 물을 빼내고 배 운행을 편리하게 한다는 방침을 세웠다. 1905년 4월 시의회에서 쇼진강 개수공사에 관한 안건이 가결되었다. 공사는 3차에 걸쳐 진행되었으며, 간선연장 5,736m, 지선연장 391m의 신호리 강이 1910년 2월에 준공되었다(名古屋港史編集委員会編, 1990a).

호리강과 더불어 신호리강이 나고야항과 배후권을 연결하게 되었다. 그러나 급속도로 산업이 발전한 배후권과의 연결은 이 두 곳의 수상교통만으로는 충분하지 않았다. 자동차가 아직 등장하지 않았던 당시, 철도 운송만으로는 한계가 있었다. 그래서 항구와 내륙 사이를 연결하는 수상교통에 대한 기대가 컸다. 새로운 수상교통수단으로서 건설 구상이 부각된 곳이 바로 나카강 운하다. 이 운하는, 1930년에 건설되었지만, 원래는 신호리강의 경우와 마찬가지로 오이세강과 나카강이라는 자연 하천이었다(그림 9-2). 이 하천들을 운하로 직선화해, 북단에 나고야역 남쪽의 사사지마화물역과 연결하는 정박지가 설치되었다. 나카강 운하와 나고야항은 일체화되어 기능했기 때문에 두 장소는 비록 9km나 떨어져 있었지만, 사사지마 화물역 지구도 부두의 하나로 기능했다(林, 2017). 나카강 운하 양측은 선박이 정박할 수 있는 부두 기능도 갖추고 있었기 때문에 한번에 큰 규모의 부두가 시가지 안에 출현한 셈이 되었다. 기다란 부두를 따라 공장과 창고가 건설되면서 새로운 공업지역이 형성되었다.

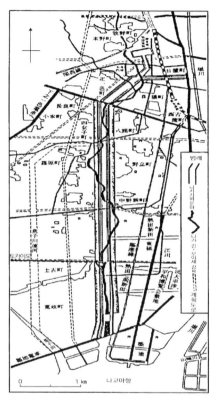

그림 9-2 나카강 운하의 개삭계획(1924년)

출처: 나카가와구 제50주년 기념사업실행위원회편,

1987, p.227 그림 참조

제2절 개항 후 항만 활동과 매립지의 확장, 비행장으로의 전용

1. 개항 당시 선박입항 현황과 제1차 세계대전 후 국제항로개설

나고야항이 개항한 직후인 1908년에 입항한 선박은 2만4,666척에 이르렀다(名古屋港史編集委員会編, 1990b). 그러나 대부분은 거룻배 등의 소형 선박이었고, 기선은 10%도 안 되는 1,028척이었다. 그 기선도 3,000톤급이 최대였고, 더군다나 나고야항에 입항한 기선은 1척에 불과했다. 그 외 2,000톤급이 20척, 1,000톤급 73척, 500톤급 74척, 100톤급 351척으로, 나머지 509척은 모두 100톤 미만의 선박이었다. 따라서 입항 선박의 총톤수는 61만 5,000톤이고, 이것을 1척당으로 환산하면 25톤이다. 1908년은 개항 이후라고는 하지만 축항 제1기 공사가 아직 진행 중이었던 상황을 감안한다면, 이러한 입항 선박의 총톤수로 인해 그렇게 비관적일 필요는 없었을지도 모른다.

1908년 나고야항에 입항한 외항선(외국무역선)은 42척, 총 7.2만 톤으로, 그 중 외국선은 2척, 총 3,000톤에 지나지 않았다(名古屋港史編集委員会編, 1990b). 같은 해 나고야항에서 수출된 화물은 170.6만 엔, 수입된 화물은 72.8만 엔이었다. 그리고 같은 해에 나고야시에서 수출된 화물의 총액은 506.9만 엔, 수입된 화물의 총액은 1,243.6만 엔이었다. 이를 통해 나고야시의 수출 화물 중 나고야항을 경유해 보내진 비율은 33.7%에 지나지 않았음을 알 수 있다. 다시 말해 나고야항을 통해 입항한 외항선의 수는 적었다. 수입의 경우 나고야항 경유는 전체의 5.9%에 불과했고, 이 수치로 봤을때 나고야항은 거의 기능하고 있지 않았다고 해도 과언이 아니다.

출발은 다소 미미했지만, 나고야항에 기항하는 정기 선과 부정기 선은 제1차 세계대전을 계기로 그 수가 증가되어 갔다. 1914년 7월에 시작된 제1차 세계대전으로 주요국의 선복(船腹)은 전화(戰禍)와 군사조달, 그리고 전시물자 수송으로 인해 부족해질 기미를 보였다. 일본은 전장과 떨어진 곳에 있었기에 선복의 부족 사정은 천재일우의 호기였으며 정기 · 비정기 항로 모두 활황을 보이게 되었다. 이러한 상황은 나고야항도 마찬가지여서, 일본우선(日本郵船)이나 오사카상선을 중심으로 하는 각 해운 회사는 정기 항로의 신설 · 확장을 도모했다. 1916년 8월 일본우선의 호주, 뉴질랜드 정기 항로의 첫 번째 배인 '아키타호'(총 3,792톤)가 입항하였다. 그리고 같은 해 10월 일본우선(日本郵船)의 '시즈오카호'(총 6,568톤)가 시애틀 항로에 투입되어 입항했다.

1916년은 욧카이치에서 페스트가 발생한 해로, 욧카이치항으로 기항을 예정하고 있던 오사카상선의 '인도호'(총 5,311톤)가 기항지를 나고야항으로 변경한 것을 비롯, 총 22척의 선박이 욧카이치항에서 나고야항으로 예정지를 변경했다. 이로 인해 그해 나고야항에 외국항로 선박이 131척이나 입항하여 욧카이치항의 121척에 비해 10척이나 웃돌았다. 또한 취급화물량도 개항 이래 처음으로 200만 톤을 넘어섰다. 이듬해인 1917년 4월에는 일본우선의 상하이 항로 첫 번째 배인 '사이슈호'(총 2,117톤), 5월에는 같은 회사의 북아메리카 항로의 첫 번째 배 '이나바호'(총 6,192톤)

가 입항하였다.

4년여에 걸친 제1차 세계대전은 1918년 1월에 종전되었고, 이듬해 6월 강화조약(講和条約)이 체결되었다. 세계대전 후 세계 경제는 심각한 불황에 휩쓸렸지만, 오히려 세계대전을 호기로 발전한 일본 해운계는 전후 세계 제3위의 해운국으로 부상하게 되었다. 보유 선복 수는 개전 전 총 171만톤에서 1920년 말 총 300만톤으로 두 배 가까이 증가했다. 적재용량이 너무 증가하여 해운 경영은 어려워졌지만, 영국의 탄광 파업이나 미국·호주·인도 석탄의 보충 수송 등이 도움이 되어, 선복 수요는 회복되었다. 미국의 밀·목재의 수송과 대만의 쌀·설탕 수송, 또 북양재(北洋材)[1]의 수송도 해운 경영에 도움이 되었다.

미국 목재와 러시아 극동 지역에서 생산된 목재를 실은 부정기선은 1922년경부터 빈번하게 입항하기 시작했고, 이로 인해 나고야항 곳곳에서 목재 하역 풍경을 볼 수 있었다. 이듬해 6월부터는 오사카상선의 봄베이 정기 항로선이 기항하게 되었다. 또한 같은 해 9월에는 칸토 대지진으로 인한 요코하마항의 기능 마비로 외항선이 나고야항으로 기항하는 편수가 증가했고, 구호물자를 싣기 위한 내항선의 입항도 증가했다. 같은 해 11월에는 영국 선적의 'EASTERN호'(9,896총톤)가 외국 정기 항로선 최초로 나고야항에 입항했다. 2년 후인 1925년 11월에는 JAVA CHINA JAPAN LINE 소속의 'TJIBE SA호'(1만 835총톤)가 입항했는데, 이는 개항 이래 1만 톤이 넘는 대형 선박의 첫 입항이었다.

---

1 러시아의 시베리아 지방에서 생산하여 수출하는 목재를 통틀어 이르는 말

그림 9-3은 개항 5년 후인 1912년부터 1925년까지 나고야항 입항 선박의 추이를 나타낸 것이다. 기선의 척수는 대수 눈금으로 나타내고 있기 때문에 주의를 필요로 하지만, 언뜻 보면 기선, 범어선 모두 척수는 크게 변화되지 않은 것처럼 보인다. 그러나 자세히 보면 기선 수는 1920년 이후, 연속적으로 증가하고 있는 것을 알 수 있다. 총톤수의 증가세는 척수보다 현저하며, 특히 1920년 이후의 증가 경향이 두드러진다. 이는 곧 입항하는 기선이 대형화되었음을 말해준다. 실제로 기선 한 척당 평균 톤 수는 1918년 660.4톤, 1920년 891.1톤, 1922년 1,686.1톤, 그리고 1925년 220.1톤이었다. 실제로 7년간에 3배나 대형화한 기선이 나고야항에 입항하게 되었

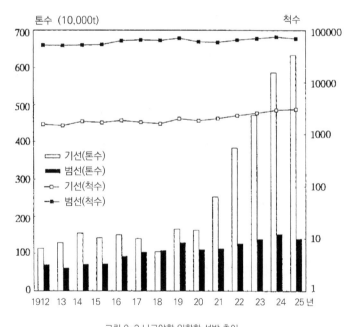

그림 9-3 나고야항 입항한 선박 추이

출처: 名古屋市編, 1954, pp.515-516 참조

다. 개항 직후부터 시작된 제2기 공사(1910~1919년)로 항만 내 항로의 폭을 넓혀, 수심을 보다 깊게 함으로써 이러한 대형 기선의 입항을 가능하게 하였다. 또한 제2기 공사와 함께 실시된 정박지의 확장과 깊은 수심도 기선의 대형화에 대응했다.

2. 초창기 수출을 주도한 해외무역과 무역품목의 추이

상술한 바와 같이, 항만 설비가 갖춰짐에 따라 나고야항의 외국무역은 활발하게 되었다. 취급 중량으로 봤을 경우, 1908년 4만 3,027톤, 1914년에는 26만 8,086톤, 1920년에는 38만 8,541톤까지 증가했다. 그러나 외국무역 전체에서 차지하는 수출 비중은 1910~1912년, 1916~1917년을 제외하고 수입 비중을 밑돌았다(그림 9-4). 한편, 전체 해외무역과 국내무역을 합한 무역에서 차지하는 외국무역의 비중을 검토하면, 출하(出荷)는 1908

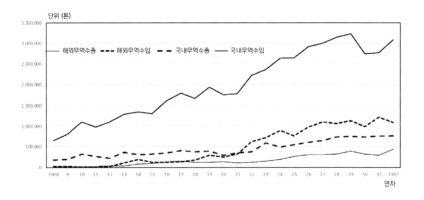

그림 9-4 나고야항 외국무역, 내국무역 중량 추이
출처: 『나고야항개항 100년사』 CD-ROM판 자료

년이 9.2%, 1912년이 12.9%, 1916년이 29.0%, 그리고 1920년이 32.1%이었다. 이에 비해 입하(入荷)는 1908년 3.6%, 1912년 1.7%, 1916년 6.9%, 그리고 1920년 12.4%였다. 이러한 점에 비춰봤을 때, 전체적으로는 내국무역이 대부분이었으며, 나고야항에서의 외국무역은 서서히 그 지위를 높여갔다고 말할 수 있겠다.

외국무역 전체에서 차지하는 수출 비율을 금액 기준에서 보면, 중량의 경우와는 약간 다르다. 수출 비중은 1908년 70.0%, 1912년 82.3%, 1916년 75.5%, 그리고 1920년 60.7%이다. 시간이 지나면서 비중이 낮아졌다고는 하지만 개항 후 15년 정도의 기간 동안 수출이 금액 면에서는 외국무역을 앞섰다. 더구나 수출 비중이 무게보다 금액에서 더 컸다는 점은 수출품의 중량당 단가가 수입품보다 더 높았음을 말해준다. 즉 그만큼 가치 있는 제품을 수출하고 있었던 것이다. 단, 내국무역은 금액 면에서도 이입(移入)이 이출(移出)을 항상 웃도는 상태에 있어, 이입항으로의 성격이 유지되었다고 할 수 있다.

개항 시부터 1920년까지로 기간을 한정한다면, 수출품목 중 대부분의 금액을 차지했던 품목은 도자기다. 총수출액에서 도자기의 비중은 1908년 43.1%, 1912년 50.7%, 1916년 31.9%, 그리고 1920년 24.4%였다. 미국, 중화민국, 네덜란드령 인도네시아를 주요 납품처로 하는 도자기는 1929년 견직물로 대체될 때까지 수출액 1위를 유지하였다. 2위는 면직물 또는 백목면이었는데 1920년까지는 견사·명주를 포함한 섬유 관련 품목이 2위 자리를 계속 차지하고 있었다. 제3위도 백목면, 면사·털실, 순백색 비단 등 섬유 관련 품목이 많았다. 단, 1915년은 염료·도료, 1920년에는 완구가 각각 3위를 차지했다. 이하 제4위, 5위의 품목을 나열하면, 목재, 찻상용(茶箱用) 목판, 맥주, 시계용 기계, 철류, 성냥, 시계, 사탕 등이다. 면직물·찻상용 목판의 주요 도착지는 인도, 면직물·털실·맥주·시계·완구는 중화민국이었으며, 미국은 도자기와 완구의 최대 수출지였다.

수입은 수출과는 달리 개항 시부터 쇼와 초기까지 특정 품목이 계속 1위의 지위를 차지하지는 못했다. 1918년까지는 대두·두박(콩깻묵)·쌀 및 벼 등의 농산물이, 이후 2년간은 비료가 많았다. 2위에는 콩·콩류와 함께 쌀 및 벼가 눈에 띄며, 또한 석탄이 3위에 오르는 해도 많았다. 이러한 특징은 1927년 이후, 계속해서 양털이 수입 1위를 차지하기 전까지 계속되었다. 수입의 주요 상대국은 중화민국·미국·호주이며, 콩류·비료·사료·석탄은 중화민국에서, 목재·펄프는 미국에서 각각 수입되었고, 호주는 오로지 양털 수입처였다.

3. 제10호지를 가설비행장으로 전용(轉用), 제11호지에 정식비행장을 건설

제1호지에서 제9호지까지 나고야항은 준설 토사의 매립으로 부두가 순차적으로 만들어졌다. 그러나 배후권의 산업발전은 더욱 두드러져 새로운 부두를 원하는 목소리가 커졌다. 아이치현은 1915년부터 1924년까지의 실적을 기초로 30년 후의 화물 취급량을 추계해, 이에 대응할 수 있는 항만 설비의 확충 계획을 세웠다(名古屋港史編集委員会編, 1990a). 아이치현이 제출한 계획안을 정부는 기본적으로 승인했지만, 재정적 이유로 실현되기는 어려웠다. 이에 아이치현은 공사의 우선순위를 정해, 이 공사를 제4기 공사로 실시하기로 했다. 총공사비 1,012만 엔에 대해 국가가 431만 엔을 지원하게 되어 1927년부터 1934년에 걸쳐 실시되게 되었다.

막상 공사는 시작되었으나, 이미 나고야항에 출입하는 선박 수는 증가하고 있었고, 그 증가하는 선박도 대형화되었다. 특히 배후권에서는 섬유산업 발전이 두드러져 제4기 공사에 추가 공사를 실시하게 되었다. 그러나 노동력과 자재 부족, 물가 상승 등으로 인해 공사가 예정대로 진행되지 못하였으며, 모두 종료된 건 1940년에 이르러서였다.

아이치현이 1926년에 나고야항의 미래계획을 구상했을 때, 현은 항만 설비와는 별도로 비행장을 항만지구에 설치하려는 계획이 있었다. 이는 제1차 세계대전을 계기로 각지에서 공항을 건설하려는 움직임이 일어났기 때문이다. 시(市) 제도가 시행된 지 40년이 지나, 인구가 100만 명을 넘은 나고야에도 근대적인 비행장이 있어야 한다는 목소리가 나오기 시작했다. 아이치현은 1926년의 미래계획안에 비행장의 설치를 포함시키려고 했지만, 정부의 군사적 이유 때문에 달성할 수 없었다. 그러나 몇 년 후, 정부의 조성(助成)과 감독 하에 일본항공수송이 발족하고 도쿄의 하네다, 오사카의 츠키지, 후쿠오카의 나지마에 비행장이 잇따라 건설되었다. 이러한 움직임에 따라 1932년에 아이치현은 나고야항의 제8호지와 제9호지의 용지 남측에 수륙양용의 비행장을 건설할 계획을 세웠다(名古屋港史編集委員会編, 1990a). 제3기 공사로 생겨난 부두를 연장해 이곳을 선박이 아닌 항공기를 이착륙시키는 비행장으로 만들기로 한 것이다.

이러한 아이치현의 비행장 건설 계획과는 별도로, 정부 또한 나고야 부근에 비행장을 설치할 계획을 가지고 있었다. 아이치현은 비행장 완성에 필요한 기간을 5년으로 보고 있었지만, 정부는 조기 실현의 필요성에 따라 아이치현의 건설 후보지와는 다른 장소를 독자적으로 찾아 나섰다. 건설 후보지의 조건은 나고야 근교이면서 주위에 장애물이 없고 수륙양용으로 비행기가 이착륙할 수 있는 장소였다. 니시카모군 이보바라, 나고야시 서부의 토고신전(土古新田), 나고야항 제7호지 등이 후보에 올랐지만, 모두 요구하는 조건을 만족시키지 못했다. 선정작업을 1년여에 걸쳐 진행한 결과, 나고야항에 이제 막 완공된 제10호지가 어느 정도 조건을 갖추고 있다는 결론을 얻게 되었다. 그리고 1934년 3월에 일본항공수송 임원이 현지를 방문하여 비행장으로서 문제가 없음을 확인했다. 비행장의 부지정리 비용은 아이치현이 부담하여, 같은 해 10월에 완공되었다. 곧바로 운용이 개시되어 도쿄~중국 다롄 구간 정기 항공기가 기항해 여객과 우편물의 수송을 시작했다. 그리고 비행장 건설을 위해 출자한 아이치시계전기와 미쯔비시 항공기의 군용기도 시험비행을 위해 사용할 수 있었다.

일본 국가체제는 군국주의로 기울었고, 한반도와 중국 대륙은 식민지가 되었다. 이들과의 연락을 항공기로 하기 위해서 정부는 국토 중앙 부근의 아이치현에 비행장을 필요로 하게 되었다. 아이치현은 비행장의 개설을 서두르는 나라의 방침에 따르지 않을 수 없었고, 결국 매립 완료 직후 제10호지는 비행장이 되었다. 그러나 이것은 어디까지나 임시 비행장이었으며, 아이치현은 정식 비행장을 건설하는 것을 포기하지 않았다. 이는 비행장 건설이 중앙정부의 상명하달식 사안이었을 뿐 아니라 지방 스스로도 비행장 건설에 의욕적이었음을 나타내는 것이다. 이에 현은 먼저 정부에 제안한 제8호지와 제9호지 용지 남측에 비행장을 건설하는 방안을 다시 신청했다. 그러나 제안한 곳이 텐파쿠강 개수공사에 지장을 주게 될 것이 명확하게 되자, 가설비행장으로 사용 중인 제10호지의 남서쪽을 후보지로 하는 방안으로 계획을 변경하게 되었다.

정식비행장의 장소는 정해졌지만, 계획안을 좀 더 수정해야 할 필요성이 생겼다. 당초에는 방파제이기도 한 서측 돌출부 제방(突堤)을 축으로 동서로 매립을 실시할 예정이었다. 그런데 이 안은 쇼나이강 개수에 명백히 지장이 되기 때문에 계획을 변경해 서측 돌출부 제방을 축으로 하여 그 서측에 건설하기로 했다. 아이치현의 계획은 비행장의 건설자금은 현의 채무로 조달하고, 부채의 상환은 비행장의 체신성(遞信省) 대여, 매립지의 일부 매각, 거기에 시부(市部)의 일반 세입으로 실행하는 것이었다. 아이치현의 신청에 대해 정부는 엄격하게 심사했으며, 특히 체신성이 이 비행장을 사용할 생각이 있는지에 대한 여부를 확인했다. 사용 의사가 있다는 체신성의 답변을 받아 신청은 인정되었다. 1934년 10월부터 공사가 시작되었으나, 1937년 중일전쟁이 발발하면서 공사가 지연되어 1939년에서야 완공하게 되었다(그림 9-5).

이런 경위로 생겨난 나고야항 비행장을 아이치현은 1941년 3월부터 향후 20년간에 걸쳐 무상으로 대여하기로 했다(名古屋港史編集委員会編, 1990a). 그러나 새로운 비행장의 사용을 예상, 제10호지의 가설비행장은 1940년에 그 기능을 정지시켰다. 비행장의 이전과 함께, 아이치시계전기나 미쯔비시항공에서 만든 해군기의 시험비행이 새로운 비행장에서 실시되었다. 그러나 당초 예정됐던 정기편 이용은 더 이상 이뤄지지 않았다. 이

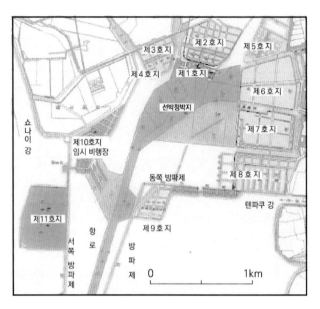

그림 9-5 제4기 공사에서 완성한 제10~11호지(1940년)

출처: 名古屋港史編集委員会編, 1990a 부록지도 참조

는 1941년 12월에 시작된 태평양전쟁과 그 후의 전황 악화로 정기편 이용
이 불가능했기 때문이다. 또한 조명과 격납고 등 새로운 설비는 갖췄으나,
정작 활주로는 지반이 충분히 굳지 않아 제대로 사용할 수 없었던 탓도 컸
다. 그래서 급히 서둘러 석탄재를 활주로에 까는 등의 방법이 강구되었지
만, 근본적인 해결에는 이르지 못했다. 게다가 군에서는 군용기만 이륙할
수 있는 비행장 활주로를 연장하라고 아이치현에 명령했다. 이 때문에 현
은 비행장을 일시 폐쇄해 연장공사를 실시하려고 했지만, 실현되지 못하
고 패전을 맞이했다.

제3절 제2차 세계대전 후 부두 건설과 이용의 다양화

1. 전쟁 전 조성된 매립지를 활용한 전후의 부두 건설

패전 후 나고야항은 아이치현의 관리에서 나고야항관리조합의 관리로 체제가 변경되었다. 이는 군사 우선주의의 국가 경제로부터 전후 민간기업 주도형의 경제로 크게 전환되었기때문이다. 천연자원이 풍부하지 않은 일본이 가공무역 체제로 산업을 발전시키려면, 우선 항만을 정비하지 않으면 안 된다. 전시체제 하에서 심하게 훼손된 부두를 정비하고, 배후권이 필요로 하는 원료의 수입과 생산된 공산품의 수출이 원활히 이루어질 수 있도록 국가는 항만정비정책을 천명하였다. 1951년에 각의결정된 '주요 항만의 하역능력의 긴급증가에 대하여'가 바로 그것이다. 그중에 코베항의 제7돌출제방, 요코하마항의 타카시마 3호부두와 함께, 나고야항의 이나에이 부두를 중심으로 정비하는 사업이 포함되었다(名古屋港史編集委員会編, 1990b). 이나에이 부두는 이미 전쟁 전에 완성되었던 제10호지에서 돌출되어 만들어진 부두로 1960년부터 이용되기 시작되었다. 이에 따라 당시 대표적인 수입품이었던 면화와 양모의 양륙이 이 부두에 집약되었기 때문에 극도의 배 정체 상태는 다소 완화될 수 있었다.

제10호지에서는 선행한 이나가에 부두에 이어 이나에이 제2부두 건설사업이 1959년부터 시작되었다. 이것은 케이힌항, 나고야항, 한신항에 모두 20선석(berth)를 신설한다는 국가의 정책에 따른 것으로, 나고야항은 북아메리카 수출 전용 부두로 건설되었다. 그리하여 이나가에 부두 남측을 갈고리 형상으로 매립해 부두를 만들었다. 반아치형의 내부에 기둥이 없는 형태가 당시로서는 획기적이었고, 지붕과 기둥만 있는 건물(上屋)이 배후에 만들어져서 지게차를 효율적으로 이용할 수 있었다. 이나가에 제2부두는 1966년부터 이용이 시작되어 기대했던 만큼의 수출 업무를 담당했다. 그러나 이 무렵부터 나고야항에서도 컨테이너 운송이 시작되었기 때문에 이나가에 제2부두는 잡화를 기반으로 하는 국내무역 선박 계류장으로 이용되었다. 또한 1998년에 이나가에 부두와 이나가에 제2부두 구간이 매립되어 두개의 부두는 하나의 이나가에 부두로 통합되었다.

전쟁 전 임시비행장이 있던 제10호지 남단에는 두 개의 돌출제방이 병행 설치돼 있었다. 당시 이 돌출제방은 해군의 물자창고로 이용되었다. 전후 석탄 및 철광석을 양륙하는 부두(시오나기 부두)로 정비됨으로써 니시나고야코우선이 여기까지 연장되었다. 참고로 니시나고야코우선이란, 1950년에 국철 토카이도본선의 화물 지선으로 사사지마~니시나고야코우 구간에 건설된 화물 전용선이다. 니시나고야코우역은 제10호지의 북측에 있었기 때문에, 이곳에서 부두의 남단까지 연장되었던 것이다. 전쟁 전, 석탄은 나고야항의 가장 많은 이입화물이었다. 그러나 바다에서 채취하는 작업이었기 때문에 효율적으로 양륙하기 어려웠다. 그리고 전후에는 산업진흥을 위해 석탄 수요가 컸으며 효율적인 취급이 요구되었다. 이 때문에 제10호지는 대형 하역기계를 사용해 접안 하역을 할 수 있는 석탄·광물 등의 산물 취급 기지로 자리잡았다. 공공의 부두 운영을 위해 아이치현, 나고야시, 민간의 3자 균등 출자에 의한 주식회사가 설립되었다. 그 후 이 부두는 석탄에서 석유로 에너지원이 이행됨에 따라 그 역할이 저하되었다. 그러나 1970년대의 석유 파동으로 석탄이 재검토되면서 추가 정비하여 사용하게 되었다.

　전쟁 말기에 비행장용지로 매립된 제11호지는 전후 고도경제성장기에 철강, 시멘트, 석탄 등을 전용으로 취급하는 부두로서 정비되었다(名古屋港史編集委員会編, 1990b). 1950년대 후반부터 배후권의 산업구조는 경공업에서 중공업으로 서서히 바뀌어갔다. 그러나 당시 여전히 증가하는 강재(鋼材) 등의 하역은 본선과 거룻배 사이에서 적하하는 해상 하역에 의존하고 있었는데, 전용 부두가 없었기 때문이다. 이에 1962년부터 1965년에 걸쳐 철광전용부두가 제11호지 동측 매립으로 건설되었다. 이 부두의 건설과 운영은 자금조달과 효율적 운영을 우선시하여 민관 공동으로 설립한 나고야항철광부두주식회사가 맡게 되었다. 그리고 이와는 별도로 민간 철강전용부두도 건설됐다. 이곳이 완공됨에 따라, 지금까지 해상 하역에 의존해 온 화물의 하적(荷積)은 근대적인 부두의 접안 하역으로 전환되었다. 현재는 소라미 부두로 불리는 제11호지에서 철강 이외에 석탄이나 시멘트 등의 분산물도 접안 하역이 가능하게 되었다. 이러한 접안 하역은 이전에는 옛 제10호지의 시오나기 부두에서만 할 수 있었기 때문에, 이 점에 대해서는 큰 진전이 이루어진 것이다.

　제11호지 즉 소라미 부두에서는 동측뿐 아니라 서측에서도 매립에 의한 확장이 이루어졌다. 서측은 쇼나이강 하구 남쪽에 위치하고 있으며, 이곳에 페리 부두를 건설하기로 1970년에 결정되었다. 이러한 배경 요인으로는 고도 경제성장으로 인한 화물 운송의 증대가 있었기 때문이다. 지금까지는 철도나 트럭에 의한 운송으로 대응해 왔지만, 육상운송의 압박이 염려되는 단계에 이르렀다. 이에 따른 해결책으로서 트럭 자체를 배로 운송하는 페리가 각광을 받게 되었다. 나고야페리부두공사의 페리 부두 정비는 국내 최초로 지방공사에 의한 사업이었다. 1972년과 1973년에 1만 톤급의 배가 접안할 수 있는 두 곳의 정박장과 여객터미널이 완공됐다. 나고야페리부두공사는 1993년에 외부 컨테이너 업무도 취급하게 되어 나고야항부두공사로 개편되었고, 이어 2012년에 주식회사화되어 나고야항부두회사가 되었다.

그러나 나고야항은 개항 이래, 부두가 완성될 때마다 번호를 매기는 것이 관례로 여겨져 왔다. 전쟁 전에 마지막으로 매립하여 완성된 곳이 제12호지였다. 단, 제12호지는 항구 밖의 간척지와 제11호지 사이에 있는 토지이며, 부두 기능은 가지고 있지 않았다. 시오토메쵸, 노세키라는 마을 이름과 지명만 붙여져 있는 장소였다. 제12호지의 다음은 당연히 제13호지다. 이곳은 제11호지(현재 소라미 부두)를 남측으로 연장하는 형태로, 1963년부터 매립이 시작되었다. 그림 9-6은 1964년 시점에 킨죠 지구 부근을 표시한 그림이다. 단, 실제로 매립된 형상과는 달라, 어디까지나 계획으로 설계된 점에 주의할 필요가 있다. 특히 이 시점에서는 항로에 면한 남측 네 곳의 안벽이 돌출되어 있는 그림이다.

후에 킨죠 부두로 불리게 될 제13호지의 서북 측에는 서쪽의 한 구역으로서 매립 계획지가 그려져 있다. 그러나 이곳의 매립은 실현되지 않았다. 그 이유는 매립예정지에 갯벌이 있었는데 이곳을 나고야시에서 나오는 쓰레기의 최종처분장으로 하려는 시의 계획에 대한 강한 반대가 있었기 때문

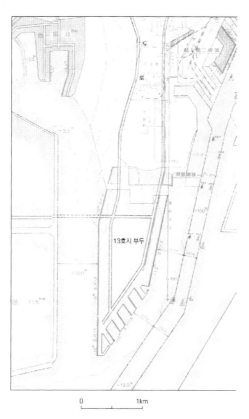

그림 9-6 1964년 당시의 킨죠 지구(계획 부분을 포함)

출처: 나고야항관리조합제공 자료

이다. 호주와 시베리아 사이를 이동하는 철새들에게 경로 중간에 있는 이 간석지는 영양 보충을 위해 철새들이 쉴 수 있는 희귀한 휴식지였다. 반대 운동이 결실을 맺어, 약 350ha의 후지마에 갯벌은 2002년에 람사르협약에 등록되었다. 후지마에 갯벌의 매립사업 중지는 오로지 매립조성 하나만을 밀고 진행해 온 나고야항 건설역사에서 풍향이 바뀌었음을 일깨워주는 사건이었다.

2. 컨테이너 취급에서 전시회·서비스시설용지로 이행한 킨죠 부두

매립이 예정되어 있던 제13호지의 서쪽으로는 쇼나이강이 흐르고 있었다. 보다 정확히 말하면, 쇼나이강은 제13호지와, 그 서쪽의 세이시구에서 매립조성이 완료되면 그 사이를 남북으로 흐르게 되어있었다. 매립계획 시점에서 매립조성지는 이세만의 해양 부분이었다. 일반적으로 매립조성으로 부두를 건설할 경우, 하구를 막지 않고 강물을 해양으로 유도하기 위해서는 육지에서 바다로 흘러드는 강의 유로(流路)를 고려할 필요가 있다. 이에 따라 충분한 유로를 확보하지 않으면 안 된다. 제13호지와 세이니구, 세이시구 사이에 끼여있는 쇼나이강 연장 부분의 강폭은 700m였다. 이 폭을 유지하면서 쇼나이강은 하구 끝까지 흘러, 최종적으로 이세만으로 흘러 들어간다.

쇼나이강과 달리 수원이 없는 호리강은 수로 형태상으로는 나고야항으로 흘러 들어가고 있지만, 큰 흐름은 없다. 오히려 만조 시에는 이세만의 해수가 호리강을 거슬러 올라왔다. 쇼나이강 역시 하구 부근은 간조, 만조의 영향을 받아 강물에 소금물이 섞였다. 매립사업 이전, 쇼나이강 하구는 서쪽을 흐르는 닛코강 하구와 연결되어 있었다. 이 때문에 새롭게 생겨난 쇼나이강의 연장 부분은 정확히 보면 쇼나이강과 닛코강이 합류한 하천이 연장된 부분이라고 말할 수 있다.

전전과 전후에 걸쳐 제10호지에서 제13호지까지 북에서 남으로 매립 조성을 실시함으로써 좁고 긴 육지가 생겨났다. 이같이 반도 형태의 부두가 형성된 것은 동측에 남북 방향의 항로가 있었고, 서측 또한 남북 방향으로 쇼나이강이 이세만에 흘러들고 있었기 때문이다. 특히 이 경로를 따라가면 축항(築港)할 때 서쪽에서 오는 표사를 막기 위해서 설치한 남북 방향의 방사제의 존재가 컸음을 알 수 있다. 이와 함께 토사를 계속 배출해 온 쇼나이강의 존재이다. 다시 말하면, 이세만 하구부의 지형 환경 조건에 대응한 결과, 제13호지 즉 킨죠 부두가 생겨난 것이다.

킨죠 부두는 다른 부두와 마찬가지로 한 번의 매립으로 완성된 것은 아니다. 우선 1968년에 현 부두의 북측 절반이 건설되었다. 1964년 당시의 매립 계획과 비교하면 형상이 상당히 다르다는 것을 알 수 있다. 가장 큰 차이는 쇼나이강의 연장 부분 형태이다. 처음에는 쇼나이강 하구를 그대로 남쪽으로 연장하는 직선적 형태였다. 그러나 이후 계획이 변경되면서 '〈' 자를 그리듯 유로는 완만하게 굽었다. 그 결과, 킨죠 부두의 서북쪽이 약간 뾰족한 형태가 되었다. 킨죠 부두의 북쪽은 전반적으로 서쪽으로 돌출된 형태로 특징적인 인상을 주는 부두 공간이 되었다. 지상에 서면 부두 전체의 형상을 인식할 수 없다. 전체의 형상을 확인할 수 있는 것은 지도나 위성사진 등이며, 그 특징을 보고 그것이 어느 부두인지 알 수 있다. 항로와 쇼나이강 사이에 끼인 형태로 생겨난 킨죠 부두는 제약된 조성조건으로 인해 특징적인 형상을 갖게 되었다.

킨죠 부두 남측 안벽은 처음에는 4개로 계획했다. 그러나 실제로는 3개로 줄었고, 형상도 바뀌었다. 일반적으로 매립 부두의 건설은 향후 예상되는 취급 화물의 적하 형태를 생각해 그 넓이나 형상, 접안 정박지의 깊이 등을 결정할 수 있다. 그러나, 장래에 예상되는 선박의 대형화나 취급 기술의 진화를 예측하는 일은 간단하지 않다. 그리고 해당 항만 전체에서 바라본 부두의 역할 변화나 재편이라는 측면도 시야에 넣을 필요가 있다. 처음에는 많은 선박을 동시에 접안시키기 위하여 오목(凹)형 부두를 건설하였으나, 선박의 대형화와 취급설비의 고도화를 위하여 안벽이 오목형이 아닌 직선형 부두로 개조되는 경우도 드물지 않다. 같은 수송 인프라라도 항만의 부두는 해양에 접하는 특수성이 있어, 필요하다면 오목한 부분을 매립해 넓히거나 전면이나 측면을 더 매립하여 넓힐 수도 있다. 다시 말해 부두는 영원히 같은 형상으로 유지될 수 없으며 시대에 따라 변화해 나갈 가능성이 크다.

1968년에 완성된 킨죠 부두는 그해 10월에 접안한 닛뽄유센 하코네호가 컨테이너 화물 수송을 시작으로 컨테이너 화물의 취급이 개시되었다. 이것이 나고야항에서 해외로 송출된 최초의 컨테이너 화물 수송이다. 이후 나고야항의 컨테이너 화물의 취급은 증가하는 한편, 2007년에는 항만 전체 화물 취급량의 23%를 컨테이너 화물이 차지하게 되었다. 그러나 그 이후 컨테이너 화물의 취급에서 킨죠 부두가 차지하는 비중이 점차 축소되면서 서측에 매립된 토비시마 부두로 이어지게 되었다.

1981년의 킨죠 지구(계획 부분 포함) 계획도를 보면, 쇼나이강 유로의 서측을 제4구역으로 새롭게 매립하였음을 알 수 있다(그림 9-7). 킨죠 부두는 증가하는 컨테이너 화물을 취급하기에는 불충분했다. 특히 부두벽 배후 공간이 부족했다. 그러나 서측 4구역의 토비시마 부두에서는 충분한 배후 공간은 확보할 수 있었다. 토비시마 부두도 배후에 목재공업단지가 조성되었고, 그곳에 목재를 실어 나르기 위한 목재전용항이 만들어지면서 반도 형상의 부두가 되었다. 따라서 킨죠 부두와 비교하면 제약조건이 적고, 동서 방향으로도 폭이 넓은 부두로 만들 수 있었다.

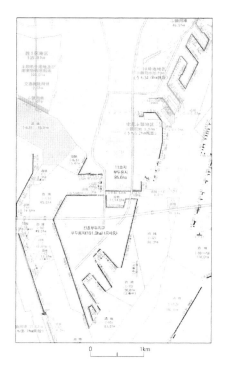

그림 9-7 1981년 당시 킨죠 지구(계획 부분 포함)

출처: 나고야항관리조합 제공 자료

　기념할 만한 최초의 컨테이너 화물 수송을 송출할 수 있었던 킨죠 부두
는 이후 컨테이너 화물의 취급과는 전혀 상관없는 역할을 수행하게 된다.
이는 모든 부두에 해당되는 것이지만, 바다에 직접 면한 안벽과 그 바로 배
후는 화물 취급을 위한 공간이다. 그러나 그곳에서 떨어진 장소는 비록 부
두라고 해도 화물의 취급에 관련되는 공간이라고 반드시 말할 수는 없다.
킨죠 부두에서는 그것이 명확해 부두 중앙 부근에 1973년에 나고야국제전
시장 제1전시관이 개설되었다. 이는 전후 경제가 발전하여, 대도시에 규모
가 큰 상품전시장이 필요하게 되었기 때문이다. 그때까지 시가지 안에 전

시장이 있었으나 그것과는 별도로 킨죠 부두에 전시장이 개설되었다. 14년 후인 1987년에는 제2전시관 · 이벤트관이 증설되었고, 1993년에는 제3전시관 · 교류센터도 개설되었다. 이후 킨죠 부두는 다른 부두와 달리 서비스 · 교류를 위한 공간이라는 성격이 뚜렷해지게 되었고, 박물관, 오락시설 등이 유치되어 이곳에 진출하게 되었다.

3. 니시나가노코우선에서 아오나미선
(나고야 임해고속철도 니시나고야코우선)으로

전쟁 전에 제10호지, 제11호지, 그리고 부두는 아니지만 제12호지가 건설되었고, 전쟁 후에는 기성 부두에서 해양으로 돌출된듯한 부두벽이 만들어졌다. 그리고 건설은 계속 진행되어 제13호지 즉 킨죠 부두의 매립사업이 실시되었다. 킨죠부두처럼 매립지가 육지에서 멀리 떨어져 확장되어 가면 매립지와 연계를 위한 교통 인프라가 필요하게 된다(林, 2017). 실제로 1950년에는 나고야역 근처의 사사지마화물역과 니시나고야코우역을 잇는 국철 니시나고야코우선(12.6km)이 개통되었다. 전쟁 전은 나카강 운하가 사사지마화물취급소와 나고야항 구간을 연결했다. 하지만 운송량과 속도를 감안할 때 운하를 통한 연결은 한계가 있을 수밖에 없다. 제10호지, 제11호지 등 나고야항의 서측에서 화물을 하역하는 일이 많아진 것도, 이곳에 철도를 개통해야 할 필요성을 높였다. 니시나고야코우선의 항구 쪽 터미널인 니시나고야역은 제10호지인 시오나기 부두에 개설되었다. 이 부두에서 하역한 화물은 사사지마화물역을 거쳐 토카이도본선으로 옮겨졌다.

이와 반대로, 토카이도본선으로 운반되어 온 화물은 사사지마화물역을 경유해 제10호지의 시오나기 부두까지 수송되어 배에 실렸다. 니시나고야코우역은 단순한 터미널기능만을 하는 곳은 아니었다. 이곳에서 남측 제11호지 소라미 부두까지는 지선이 여러 개 깔려 있었고, 항내 서측 부두는 이철도를 통해 배후권과 연결되었다.

항구와 그 항구의 직접적 배후권과의 연결 수단은 운하에서 철도로 이행되어, 30년 정도의 기간 동안은 이 수단이 유용하게 기능했다. 그런데 1960년대부터 일본 사회는 모터리제이션 시대를 맞이하게 되었고, 사람과 화물의 이동에서 차지하는 철도의 비율이 저하되어 갔다. 자동차가 이동의 주역을 담당하는 시대로 바뀐 것이다. 항구와 배후권 사이를 연결하는 수송도 예외는 아니어서 1980년대부터 2000년대에 걸쳐 몇 가지 변화가 나타났다. 우선 1980년에 니시나고야코우선의 거의 중간 지점에 나고야화물터미널역이 만들어졌다. 이는 나카강 운하를 끼고서 나고야항과 사사지마화물역을 연결하고 있었던 기능이 없어짐에 따라, 사사지마의 화물역 기능이 나고야화물터미널역으로 이전했기 때문이었다. 결국 나고야역 인근과 나고야항 간의 구간 연결이 종료되었음을 의미한다. 그럼에도 불구하고 철도에 따른 연결 기능은 없어지지 않았고, 니시나고야코우선은 나고야항 서부와의 연결 기능을 유지했다. 하지만 자동차 보급이 보다 더 진전됨에 따라, 철도의 항만 화물 취급은 축소에서 폐지 쪽으로 갈 수밖에 없었다.

1997년에 아이치현, 나고야시, JR토카이, 나고야항관리조합 등이 나고야 임해고속철도를 설립한 것은 니시나고야코우선의 역할을 재검토해 새로운 철도로 재편시키기 위해서였다. 항만 입장에서는 부두까지 철도를 연결해 화물을 하역하는 시대가 아닌 컨테이너 운송이 보급되면서 트럭이 직접 부두에서 화물을 하역하는 시대가 되었다. 철도 경영 측에서는 국철에서 JR로의 경영체제 변화로, 시대에 맞는 운송 형태가 요구되었다. 여기서 나온 답이 나고야화물터미널역에 컨테이너 화물의 취급 기능을 남기면서, 항만 남부 부두까지 사람을 수송하는 철도로 재편한다는 것이다. 항만 남부 부두는 킨죠 부두를 말하며, 이미 존재하고 있는 국제전시장 외에 새로운 집객시설을 마련해 여객 수송으로 수익을 올린다는 계획이었다. 재편된 나고야임해고속철도는 나고야항의 부두 부분을 꽤 긴 거리에 걸쳐 주행한다. 이 부두 지역은 나고야항관리조합의 관할지였으며, 조합이 새로운 철도회사의 설립에 참여한 것은 자연스러운 것이었다.

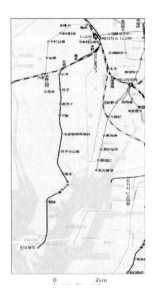

그림 9-8 아오나미선 선로
출처: yahoo map 웹 자료

이리하여 2004년에 니시나고야코우선은 나고야임해고속철도 니시나고야코우선, 별칭 아오나미선으로 다시 개통했다(그림 9-8). 개통 3년 전인 2001년에 나고야화물터미널과 니시나고야코우 구간 8.7km가 폐지되어, 항 내 서측에서 취급되는 화물을 철도로 운송하는 서비스는 완전히 종료되었다. 그리하여 나고야항의 서측에는 철도가 부두까지 들어와 화물을 취급하는 일은 없어졌다. 그리고 아오나미선의 나고야화물터미널역은 철도 화물의 집산역으로 기능하게 되었다. 국철의 민영화에 걸맞게 여객 수송 부문과 화물 수송 부문은 분리되었다. 전국의 주요 역 근처에 화물을 전문으로 취급하는 시설이 정비되어 철도와 트럭 간에 화물을 하역하는 기능이 가능해졌다. 나고야화물터미널역도 그러한 시설 중 하나가 되었다.

나고야항 중 화물 취급 이외의 기능을 하고 있는 부두는 가든 부두(옛 제1호지, 제2호지)를 제외하면 킨죠 부두밖에 없다. 그렇다면 왜 이 부두만 이러한 기능을 담당하고 있는 것인가? 그것은 오로지 항만 관리자인 아이치현·나고야시로 이루어진 나고야항관리조합의 항만 정책에 따른 결과이다. 이 정책은 오랜 부두의 역사를 바탕으로 하고 있으며, 이 부두의 입지에 힘입은 바가 크다. 먼저 지형인데, 쇼나이강 하구의 남쪽으로 길게 돌출된 형태를 하고 있다. 또한 부두 건설의 역사를 거슬러 올라가면, 이 부두는 처음에 쇼나이강 방면에서 밀려오는 거친 파도와 그로 인한 표류를 막기 위해 설치된 남북의 방파제였다. 이를 경계로 개항 당시 항 내와 항 외가 구별되어 처음에는 방파제 동측의 항 내로 선박이 드나들게 되었다.

그러나 1927년부터 1940년에 걸쳐 실시된 제4기 공사에 의해 제11호지가 매립 조성으로 생겨났다. 한때 이 용지는 전시체제 하에서 비행장으로 정비되어 사용되었으나, 충분히 활용되지 못하고 패전을 맞이했다. 전후, 소라미 부두로 불리게 된 제11호지에서는 화물 취급이 이루어져, 경제부흥기부터 고도 경제성장기에 걸쳐 충분한 기능을 했다. 준설을 할 수밖에 없었던 나고야항에서는 각처에서 발생한 준설 토사를 쌓아 올려야 했고, 제11호지 앞의 제13호지, 즉 킨죠 부두도 그러한 준설 토사의 매립으로 생겨났다. 이 시점에 이르러 개항 시 길쭉한 남북 방향의 방파제에 불과했던 것이 폭이 넓은 띠 모양의 육지가 되었다. 이 육지 부분이 형성됨에 따라, 항구 내에 서측에서 표류가 유입될 가능성은 없어졌다. 다만, 쇼나이강과 그 서측의 토사 유입은 여전히 있었기 때문에, 과거의 항구 밖까지 항역을 넓혀 나간다면, 준설을 계속해 토사 유입에 대비하지 않으면 안 되었다.

그러나 이러한 토사 유입 대책은 킨죠 부두와 거의 같은 시기에 매립이 진행된 서편 2지구, 3지구, 4지구의 완공으로 그 필요성이 낮아졌다. 특히 서편 4지구의 토비시마 부두가 완성되면서 킨죠 부두가 담당했었던 북서측 표사를 막는 역할은 토비시마 부두로 넘어갔다. 단, 북쪽에서 시작된 쇼나이강 하구의 토사 유입에 관해서는 여전히 토사 준설로 대응해야 했다. 킨죠 부두의 컨테이너 화물 취급 면에서도 서측의 토비시마 부두와 그 서남측에서 생겨난 나베타 부두가 그 역할을 수행해야 했다. 방사와 컨테이너 화물 취급이라는 두 가지 기능의 역할을 다한 킨죠 부두에 남겨진 역할은, 가든 부두가 오랜 세월 담당해온 상업·서비스 기능의 일부를 분담하는 것이었다.

결과적으로 화물 취급에서 집객시설의 집적 공간으로 이행해 간 킨죠 부두 변화의 배경에는 이세만과 그곳으로 유입되는 하천하구의 지리적인 위치 관계가 자리잡고 있다. 본래 나고야항의 축항은 아츠타항의 개수 사업으로 시작되었다. 이것이 시사하듯이 공사는 아츠타항으로 유입되는 호리강과 신호리강(옛 쇼진강)의 합류 부분을 남쪽으로 연장한 지점을 기점으로 하여 시작되었다. 이 지점이 현재의 가든 부두이다. 그 후 부두는 동으로, 그리고 서로 확장되어 갔다. 그러나 서측에는 쇼나이강과 닛코강의 하구가 있었고, 이러한 존재를 무시하고 부두를 건설할 수는 없었다.

만일 이들 하천이 이곳에 하구를 갖고 있지 않았다면 서쪽으로 근세의 간척지를 잇는 형태로 동서 방향으로 폭넓은 부두를 건설할 수 있었을 것이다. 그러나 그것은 불가능했는데, 쇼나이강과 닛코강에서 배출되는 토사를 저지하는 역할을 한 방파제와 이를 기반으로 확장되어 생겨난 남북쪽 부두의 서편 확장은 이들 두 강에 의해 저지되었다. 어쩔 수 없이 두 강의 이세만 유출 경로를 확보하면서, 그 서쪽에 서편 4지구의 토비시마 부두가 설치되었다. 서쪽으로 확장이 어려운 킨죠 부두는 컨테이너화에 따라 넓은 부두 공간이 필요한 시대에 적합한 조건을 갖추지 못했다. 하지만 화물 취급과는 다른 기능을 수용할 만한 넓은 공간은 충분히 있었다.

4. 해륙 양방향에서 접근하기에 쉬운 킨죠 부두가 가진 서비스 기능

일반적으로 항만이 공간적으로 확장될 경우, 크게는 육지를 따라 부두가 띠 모양으로 뻗어나가는 경우와 육지에서 수면으로 돌출되는 것처럼 부두가 뻗어나가는 경우를 생각할 수 있다. 실제로는 오목 모양과 갈고리 모양 등을 조합해 부두가 형성되어 가지만, 항만의 발전과 함께 항만 공간은 확대되어 간다. 이 때문에 중심 거점과는 별도로 부차적 거점 마련이 필요하다. 이를 도시의 예에 비유하자면 부도심이 생겨나는 것이겠지만, 항만의 경우는 육지 측의 접근과 바다 측의 접근을 모두 고려할 필요가 있기 때문에 상황은 다소 복잡해질 수 있다. 특히 반도 형상의 부두가 생겼을 경우, 항만 발상지에서 직선의 육상 교통로로 연결하는 것은 어렵다.

이러한 관점에서 나고야항을 보면, 항만 발상지인 가든 부두는 현재의 나고야항 중에서 가장 안쪽에 자리잡고 있어, 최적의 항만의 중심지라고는 할 수 없다. 그러나 나고야 도심부와는 지하철 메이코선으로 확실하게 연결할 수 있다. 지하철이 생기기 이전에는 나고야전기철도(후에 나고야 시영화)의 축항선이 도심을 연결하는 역할을 해 왔다. 현재에도 나고야항수족관과 포트빌딩 등 편의시설이 가든 부두에 있어 많은 관광객이 방문하고 있다. 하지만 자동차 이용을 주로 하는 오늘날 주차장 확보 문제는 매우 크다. 무엇보다도 대규모 집객시설을 가든 부두 근처에 마련할 여유가 없고, 나고야항에서 새로운 비즈니스를 모색하려면 새로운 근거를 마련할 필요가 있다.

이러한 여건을 충족할 수 있는 새로운 거점으로 주목받게 된 곳이 킨죠 부두이다. 이미 말한 것처럼, 화물 수송 전용이었던 니시나고야코우선은 여객 수송용의 아오나미선으로 전환되었다. 자동차 접근 면에서는 이세만안(灣岸) 자동차도가 1998년에 개통해 킨죠 부두에 인터체인지가 설치된 점이 컸다(그림 9-9). 항구 방면은 통상의 도로교통으로 연결할 수 있기 때문에 반도 형상의 부두라고는 하나, 육지 측에서 접근은 문제가 없었다. 이세만안 자동차도의 IC는 킨죠 부두 외에 시오미 부두(옛 제9호지), 키바 부두와 카네오카 부두(서편 2지구)와도 연결되어 있어 자동차를 이용한 배후권과의 접근성이 크게 향상되었다. 반도 모양의 킨죠 부두는 바다에서의 접근도 용이했다. 특히 최근 눈에 띄는 대형 크루즈선 중에는 이세만안 자동차도의 교량을 통과할 수 없는 것이 있어 가장 안쪽에 있는 가든 부두까지 갈 수 없는 경우도 있었다. 그런 대형 크루즈선은 킨죠 부두에 착안할 수밖에 없다. 내항 페리도 현재 킨죠 부두와 가까운 소라미 부두에 있으며, 해륙의 접근성 측면에서 킨죠 부두만큼 좋은 곳은 없다고 할 수 있다.

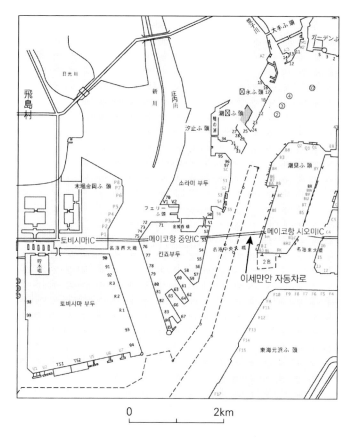

그림 9-9 킨죠 부두와 고속도로에 따른 접근

출처: 나고야항관리조합 웹 자료

이러한 상황들의 종합적 결과라고 해야 할까. 1998년의 메이코항 중앙 인터체인지 개설 다음 해에 다이에가 창고형 점포 Kau's를 킨죠 부두의 중앙에 개업했다. 킨죠 부두의 해안가 쪽은 내벽 기능을 하고 있었기 때문에 상업·서비스 기능은 중앙부에 국한된다. Kau's는 본사의 경영 부진으로 폐점했지만, 후에 입점한 대형가구점 퍼니처돔은 2001년부터 영업을 계속하고 있다. 2004년에 아오나미선이 개통되자, 예식장인 앤젤로브(An-gerobe)가 2005년에 진출하였고, 2008년에는 풋살 경기장도 마련되었다. 또한 2011년에는 아오나미선의 설립에도 참여하고 있는 JR토카이가 리니아철도박물관을 개관해 본사가 있는 나고야역 방면에서 방문객을 끌어들이고 있다. 가장 주목할 점은 2017년에 오픈한 레고랜드 재팬의 진출인데, 덴마크에 본사를 둔 레고사가 개장한 일본 최초의 테마파크였다. 테마파크와 인접한 복합상업시설인 메이커스피어와 호텔도 개업했다.

킨죠 부두에 나고야국제전시장이 개관된 시점에 이르러 나고야항은 화물 취급 이외의 기능도 담당하게 되었다고 할 수 있다. 넓은 면적을 필요로하는 전시장을 시가지 안에 개관하는 것은 어렵고, 일반 도시라면 교외에 용지를 구해야만 한다. 따라서 임해부에 인접한 대도시가 많은 일본에서는 교외 대신에 항만의 일부를 활용하는 방법을 생각할 수 있다. 다시 말해 항만이 도시의 교외로 간주되고 있어 매립을 하면 용지가 생긴다. 특히 나고야의 경우는 도심부와 항만 사이에 꽤 거리가 있기 때문에 항만=교외로 간주하는 성격이 강하다. 도쿄, 요코하마, 코베 등 도심부와 항만 사이의 거리가 짧은 대도시에서는 항만을 대도시의 교외로 간주하는 것은 적절하지 않을지도 모른다. 그럼에도 불구하고 도심부에 가까운 임해부를 매립하면 넓은 공간이 새롭게 생겨나기 때문에, 결과적으로 화물의 취급과는 다른 도시의 서비스적 기능이 구비된다.

항만=교외의 의미가 강한 나고야항은 교통 접근성을 정비하지 않으면, 집객시설을 유지할 수 없다. 니시나고야코우선에서 아오나미선으로의 전환이 이러한 문제 해결에 기여했다. 이세만안 자동차도의 인터체인지를 킨죠 부두에 설치한 것 또한 광역 교통 접근성 향상에 도움이 되고 있다. 이러한 접근성 향상을 기대하면서 박물관, 스포츠시설, 테마파크, 예식장 등이 유치되었다. 집객시설이 기대했던 만큼의 인원을 모으게 되면, 철도와 고속도로 경영에도 좋은 효과가 나타나게 된다. 항만 공간을 종합적으로 경영 관리하는 입장에서는 부두의 이익 활용으로 수익을 예상할 수 있다. 선진 각국에서도 항만 화물의 취급만이 항만 기능의 전부라고 여기는 시대는 먼 옛날에 지나갔다. 항만이 담당하는 기능을 재정의하는 시대에 돌입하면서 꽤 상당한 시간이 경과됐다고 볼 수 있을 것이다.

수변공간 혹은 수변공간 개발이라는 말이 사용된 지는 이미 오래다. 너무나 당연하게 사용되었기 때문에 사용하지 않게 된 측면도 있다. 대부분 이러한 공간은 일찍부터 화물의 하역을 위해서 이용해 왔지만, 이는 향후 당초 목적과는 다르게 이용될 때를 대비한 재개발 투자를 실시하는 경우이다. 이와 비교하면 킨죠 부두는 재개발이 아니라 애초부터 집객시설 설치를 목적으로 정비된 공간개발이라 할 수 있다. 단, 부두 전체가 집객시설 입지용으로 되어있는 것은 아니며, 여전히 내벽에서는 화물을 하역하고 있다. 그만큼 부두 공간이 넉넉하다는 뜻일 것이다. 옛 부두 용지가 완전히 비항만적 용도로 바뀐 것은 아니며, 양측이 같은 부두 안에서 공존하는 형태로 자리매김할 수 있다. 현시점에서는 암벽에서 바다를 바라보는 시설이 아니라 어디까지나 상품전시, 박물관 견학, 오락, 스포츠 등 각각의 시설 내부에서 활동이 완결되는 시설로 기능한다. 이 때문에 장소로는 수변공간에 가깝지만 해양이나 해변의 존재를 강하게 의식한 시설은 없다. 이것을 수변공간 개발이라고 불러도 되는지는 앞으로 논의해야 할 여지가 있다.

칼럼9. 항만의 발전 과정과 수변공간의 재개발

  육상과 수상의 접점에서 물자와 사람의 적하 기능을 완수해 온 항만의 상
당수는 시대와 함께 그 모습을 바꾸어 간다. 항만을 둘러싼 사회경제 환경
이 변화해가기 때문이다. 배후권의 산업구조가 바뀌면서, 항만의 반출이나
반입의 내용도 변화한다. 변화는 전방권에서도 이루어져 이에 따라 항만도
변화할 것이다. 즉 항만은 전후 양방향으로부터 변화의 영향을 받아, 스스
로 모습을 바꾸어가야만 한다. 항만 변화의 크기는 취급량의 증가가 많은
항만일수록 크다. 해마다 늘어가는 취급량을 감당해 내기 위해서는 항만의
규모를 넓혀 설비를 증강하지 않으면 안 되기 때문이다, 그러기 위해서는
공간을 새롭게 확보하거나 경우에 따라서는 이전 항만 용지를 변경해 다른
목적으로 이용할 수 있도록 해야 한다.

  이 중 후자의 사례는 일반적으로 수변공간의 재개발로 불린다. 수변공간
즉, 수변은 해양에 접한 육지 부분이라고만은 할 수 없다. 하천이나 호수에
서도 수면에 접하는 장소라면 수변공간이라고 불러도 좋다. 항만의 항구에
있어 그 일부인 특정 장소나 공간이 수변공간이라고 불리는 것은 그 장소
가 물자나 사람의 적하 기능과는 다른 기능을 하는 곳이라고 생각하기 때
문일 것이다. 배후권과 전방권을 연결하는 접점이라기보다는 오히려 배후
권(도시)의 일부로 간주되고 있다. 다만, 도시 안에서 수면에 접하는 곳은
그 외에도 있다. 오래전부터 항만으로 사용되어 지금은 그 역할을 끝낸 장
소나 공간을 수변공간이라 하는 것은 그곳의 역사적 의의를 인정하고 있기
때문이다. 단순한 수변이 아닌 항만 발상의 수변이야말로, 후세에 전해야

할 기억이 남아있는 장소라 생각할 수 있기 때문이다.

수변공간의 재개발이 실시되는 항만은 그 전사(前史)로 항만이 배후권과의 발전과 깊게 관련되어 온 역사를 지닌다. 북미나 호주 등의 신대륙에서는 유럽인에 의한 식민지국토 개발의 거점으로서 항만이 중요한 역할을 해 왔다. 예를 들어 미국 동해안 볼티모어는 애발라치아 산맥을 넘기가 쉽지 않았던 시대에 중서부와 철도로 연결하는 통로를 확보하여 크게 번창하였다. 그러나 큰 화재와 교통수단의 변화 등으로 항만 기능은 쇠퇴해 갔다. 그런 상황에 안주했다면 과거의 영광도 잊혀지겠지만, 1960년대부터 지역에서 항만지구 재생운동이 일어나 수변공간 재생 모델로 높은 평가를 받게되는 선례를 만들어냈다.

볼티모어의 사례는 다른 많은 항만에도 영향을 미쳤다. 온타리오호에 접한 토론토의 수변공간 재개발도 그 중 하나다. 캐나다 서부에 집하하는 밀의 적출항으로 발전한 토론토는 그 후 국토의 핵심 경제 중심지로 성장했다. 항만 기능 중 화물 취급이 줄어드는 것과는 반대로, 대도시가 된 배후권에서 호반 공간 이용의 수요가 높아졌다. 항만 발상지와 관련된 유산을 일부 남기면서 재개발 사업을 벌였다. 토론토와 마찬가지로 시드니 역시 볼티모어의 수변공간 재개발의 영향을 받았다. 앞서간 볼티모어나 토론토와 다른 점은 항만 기능을 신항(보타니항)으로 옮긴 재개발이었다는 점이다. 시드니는 여전히 호주 안에서 중요한 위치를 차지하는 현역 항구이다. 건국 200주년 기념사업으로 재개발된 달링하버의 수변공간은 이제는 일대의 관광거점으로 많은 관광객을 국내외에서 불러들이고 있다.

나라마다 역사에 차이는 있지만, 항만은 배후권의 도시나 국토 발전과 깊게 결부되면서 역사를 새겨 왔다. 그러나 그 결합 방식은 시대와 함께 변화해간다. 적하 기능이 거의 없어진 항만에서도 배후권으로부터 수상 공간 이용의 수요가 많아지면 새로운 길이 열린다. 여전히 적하 기능이 활발하고, 이를 위한 공간이 더욱 확대되고 있는 항만에서도 배후권 사회의 성숙화와 함께 수변공간 이용을 요구하는 목소리는 높아지고 있다. 한편 수출지향형 경제발전이 두드러진 신흥 공업국에서는 신항 건설 등 산업 인프라의 정비가 당면과제이다. 국토나 도시·지역의 경제발전과 항만의 발전 사이에는 상호 관계가 있으며, 항만이 역사적 발전의 어느 단계에서 어떠한 역할을 요구받게 되는지는 그 항만이 놓인 시간과 공간에 따라 정해진다.

항만을 직접 다룬 지리학 연구는 그다지 많지 않다. 이에 비해 도시의 지역구조를 논하는 지리학 연구는 많다. 수변공간은 항만과 도시의 접점에 있으며, 과거의 항만 활동 이력을 토대로 하여, 앞으로의 도시에 필요한 수변공간을 어떻게 창출할 것인가 하는 과제가 연구 대상이다. 도시산업발전의 역사적 전환을 상징하는 공간에 어떤 의미를 부여할 것인가. 이 점에 대해서는 볼티모어와 같이 도시 주민을 폭넓게 포함한 논의가 필요하다. 테마파크와 카지노형 레저시설 유치 등 매스컴에서 화제가 되는 일이 적지 않다. 도시 주민의 충분한 지지를 얻지 못하고, 허무하게 사라져 간 시설도 있다. 바다나 항구에 대한 사람들의 생각이 어떠한 형태로 구현시키는 것이 좋은지, 숙의(熟議)에는 시간이 걸릴지도 모르겠다.

제10장

전쟁 전 군사비행장에서
국제항공으로의 발전 과정

제1절 전쟁 전 비행장 건설부터 나고야공항 발족까지

1. 전시기에 건설된 비행장의 전후 이용 전환

도시의 게이트웨이 기능에서 공항이 차지하는 위치는 특별하다. 항만이나 철도역에 비하면, 시기적으로 공항은 비교적 최근에 등장했다. 항과 역에 비해 그 수는 적고 가까이에 있는 존재는 아니다. 공항은 원거리를 이동할 때 이용하는 시설로 단거리 이동을 위해 높은 밀도로 설치된 기차역과는 다르다. 그러나 공항과 같이 별로 수가 많지 않은 무역항과 비교하면, 공항 쪽이 일상생활과 좀 더 연결되어있다고 볼 수 있다. 페리나 크루즈선 등 일부 예외는 있지만, 항만은 사람들의 이동을 위해 모이는 장소로서의 기능이 상실된 지 오래되었다. 과거 여객선이 수송하던 승객은 철도나 버스가 수송하게 되었고, 국제 간 이동은 항공기에 의해 그 시장을 빼앗겼다. 사람의 이동은 국제 항만에서 국제 공항으로 대체되었다. 국내 이동도 항공기의 시장점유율이 높아져 항공기가 이착륙하는 공항은 점점 더 게이트웨이의 기능이 강화되고 있다.

당연한 일이지만, 교통수단으로서 역사가 짧은 항공기가 이착륙하는 공항은 항만이나 철도역과 비교하면 그 역사도 새롭다. 이 점에 관하여 나고야권에서 보더라도, 공항(비행장)의 건설과 이용은 비교적 최근이다. 지금과 같이 나고야권에서 직접 해외로 이동하는 것이 어려웠던 시절에 비행장은 주로 군사 목적으로 건설되었다. 이미 앞 장의 나고야항 부분에서 말했듯이, 쇼와 초기의 나고야항에서는 매립지에 임시비행장이 설치되었다. 도쿄, 오사카, 후쿠오카, 대련 등과의 구간 연결을 위해서, 혹은 군용기의 시험비행과 비행훈련을 위해 비행장이 건설되었다. 그러나 그 무렵, 나고야권에 비행장이 설치된 것은 나고야항의 매립지만은 아니었다. 1944년 2월에 나고야시의 북쪽에 육군이 설치한 코마키비행장이 그중 하나다. 77만 평(약 254만㎡)의 농지를 접수 · 차입되어 비행장용지가 되었으며 1,200m의 활주로 2개 건설되었다. 비행장 동측에 막사 · 격납고가, 서측에는 막사가 만들어졌다. 코마키비행장은 제2차 세계대전 후, 미국에 의해 접수되었으나, 그 후 일본으로 인도되어 나고야공항으로 거듭났다.

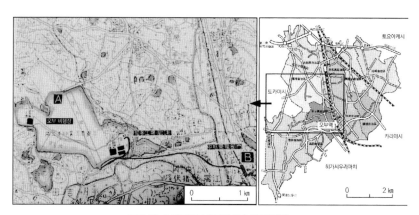

그림 10-1 미쯔비시 항공기의 오사카비행장

출처: 오사카시 웹 자료

나고야 주변에는 육군의 고마키비행장 외에 9곳에 비행장이 들어섰다. 건설 · 사용 주체별로 이 비행장들을 살펴보면, 육군이 코마키비행장 외에 지모쿠지비행장(2활주로)을, 해군이 마스쯔카비행장(1활주로), 메이지항공기지(2활주로), 코우와수상기기지, 토요하시해군항공기지(3활주로)를 각각 건설했다. 특히 해군과 관련된 비행장이 많았고, 아이치시계전기의 시험비행장이었던 이보바라비행장(3활주로)도 해군과 공용이었다. 민간에서는 미쯔비시항공기가 오부비행장(1활주로)을 1944년 4월에 건설했는데, 이는 그때까지 카카미가하라비행장(1활주로)까지 기체를 운반하던 불편을 해소하기 위해서였다(그림 10-1). 아이치시계전기, 미쯔비시항공기와 함께 항공기 제조에 관여하고 있던 나카지마항공기는 1943년부터 한다비행장(2활주로)을 사용했다. 다소 먼 곳의 토요하시를 제외하면 대부분은 나고야 주변에 있었고, 나고야에서 생산된 군용기의 시험비행이나 조종사의 비행훈련 목적으로 비행장이 사용되었다.

앞서 말했듯이, 근대 후기인 전쟁 말기에 계속해서 설치된 비행장 가운데 전후 민간기가 이착륙할 수 있는 공항으로 정비된 곳은 코마키비행장뿐이다. 전쟁 이전에는 비행장과 공항의 용어상 구분은 없었다. 전후 공공용 즉, 일반적으로 사람들이 이용하는 비행장이 공항이라 불리게 되었다. 다시 말해 코마키비행장이 나고야공항이 된 것이다. 뒤에 기술하겠지만, 2005년에 츄부국제공항이 생겨났을 때, 현이 운영하는 공항으로 존속하게 된 나고야공항은 나고야비행장이라는 명칭으로 정부에 등록되었다. 요컨대 다시 비행장이 되었는데, 이는 다분히 제도적 이유에서 비롯된 것이었다. 일반적으로 많은 사람이 이용하는 공공용 비행장은 공항, 그보다 규모가 작은 곳은 비행장이라고 생각해도 좋지 않을까 싶다. 어찌됐든 과거 나고야 주변에 있던 군사적 목적의 비행장은 모두 사라져 버렸다. 도시에 비교적 가까운 비행장은 도로나 택지로 탈바꿈하고 농촌의 비행장은 농지로 전환되었다. 그 중에는 공업지로 전용된 곳도 있어, 오부비행장은 토요타

자동직기 공장용지, 토요하시해군항공기지는 토요하시공업단지가 되었다.

항만과 기차역과 달리, 공항(비행장)은 개설 당초부터 군사 목적으로 만들어진 경우가 적지 않았다. 여기엔 항공기 개발의 초창기 군사색 짙은 시대와 겹쳐진 측면도 있다. 전쟁 자체가 항공기의 발달을 촉진한 면은 부정할 수 없다. 전시의 기술적 성과를 배경으로 민간 항공 사업이 전후 시작되어, 프로펠러기에서 제트기를 이용한 수송으로 발전해 갔다. 그 사이, 항공기도 대형화되어 규모의 이점에 따른 저가격화가 항공기의 수송 수요를 확대했다. 다만 나고야권은 국토의 중앙 부근에 있어 동서 대도시권에 비교적 가깝기 때문에, 대도시 이동은 일정부분 철도가 차지하고 있었다. 항공기가 위력을 발휘하는 곳은 홋카이도와 큐슈 등 나고야권에서 볼 때 비교적 먼 도시나 지역으로 이동할 때였다. 국내보다 해외로 이동할 때 공항의 이점은 발휘된다. 그리고 전후 얼마 지나지 않아 과거의 코마키비행장은 나고야공항이 되어 국내외의 게이트웨이 기능을 하게 되었다.

2. 코마키비행장에서 나고야공항으로의 전환

전쟁 전 나고야 주변에 있던 비행장 가운데 코마키비행장만이 살아남은 이유는 무엇 때문일까. 그것은 전쟁이 끝나고 혼란 상태에 있는 일본의 도시 간 연계를 위한 기지가 필요한 가운데 GHQ(연합국최고사령부)가 비행을 허가했기 때문이다. 허가된 곳은 도쿄를 중심으로 한 4곳의 종전처리 연결 비행 노선이며, 그중에 도쿄~나고야~야마토~오사카~타카마츠~이와쿠니~오이타~후쿠오카의 노선이 포함되어 있었다. GHQ의 지시로 동

체 중앙부에 큰 녹십자를 그렸다고 해서 '녹색 비행대'라고 불린 국산과 미제 비행기는 겨우 한 달 동안만 일본의 하늘을 날았다(名古屋空港ビルディング株式会社編, 1999).

미군이 관할한 코마키비행장에는 1946년 7월부터 3기에 걸쳐 확장 공사가 진행되었다. 공사의 목적은 미군전용 비행장을 확장하고 설비를 강화하기 위해서였다. 용지 확장의 대상이 된 현지의 토지 소유자들은 반대 운동을 전개했다. 전쟁 전, 코마키비행장이 설치될 때 토지를 내놓았던 상황과는 대조적이었다. 그러나 이전 보상, 농지 정비, 수도 정비 보상 등이 제시된 결과, 운동은 진정되고 집단 이전이 실현되었다. 육군비행장에서 미군사용 비행장으로 확장 정비를 도모한 것이 결과적으로 나고야공항의 개항으로 연결된다.

1951년 1월에 GHQ는 항공기의 제조, 소유, 조립, 운항을 제외하고 일본자본에 의한 항공 수송 사업을 허가했다. 그러나 급히 만들어진 일본항공도 경영 부문만을 담당할 뿐, 항공기의 소유나 조종은 외국인에게 맡겼다. 그리고 40인승 여객기 킨세이호가 첫 정기편으로 코마키비행장에 착륙함으로서 민간 항공수송사업이 시작되었다. 1954년 3월에는 전일본공수(옛 일본헬리콥터수송)가 도쿄~나고야~오사카의 정기편을 개설했다. 3대 도시를 우선 연결한다는 발상은 전쟁 전이나 전후나 변함이 없었다.

민간 항공의 재개와 함께 현지에서도 항공수송사업에 참여하는 기업이 나타났다. 나카니혼항공이 이에 해당하였고, 전단지 공중살포와 사진촬영, 유람비행 등에 나섰다. 그러나 비행장은 여전히 미군 관할 하에 있어 제약이 많은 사업이었다. 1955년 10월부터 전일본공수가 나고야~코마츠 구간

정기편을 취항하였지만, 이 시점에서 정기편은 아직 2개 노선밖에 없었다. 그러나 정기편 수가 늘어날 것이 분명했기 때문에 공항터미널 빌딩 건설에 대한 요청이 많았다. 터미널 빌딩은 당시로서는 드물게 현과 민간이 공동출자하는 형태로 1957년 9월에 완공되었다(그림 10-2). 하네다에 이어 국내에서 두 번째로 큰 이 빌딩이 불과 4개월간 강행공사로 건설된 것을 보면, 얼마나 현지에서 건설 실현을 강하게 염원하고 있었는지 알 수 있다.

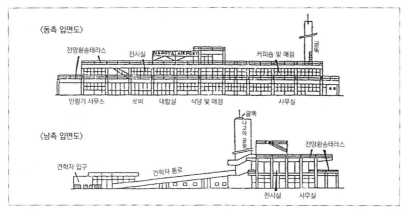

그림 10-2 나고야공항 터미널 빌딩 입면도(1957년)

출처: 名古屋空港ビルディング株式会社編, 1999, p.4 그림

터미널 빌딩이 완공됨에 따라, 그동안 미군의 검문을 받고 기지 내를 통과했던 것이 이제는 직접 대합소로 갈 수 있게 되었다. 1950년 6월에 발발한 한국전쟁 때 미군 6101 전투부대가 주둔한 코마키비행장에는 전투기의 발착이 하루 200회를 넘기도 했다. 그러나 1957년에 코마키기지의 미군 부대는 철수하고, 대신 항공자위대 마쯔시마기지에서 제3 항공단 훈련대의 일부가 이동해 왔다. 미군 부대가 축소되자 현지에서는 코마키비행장을 본

격적인 민간 공항으로 만들려는 움직임이 등장했다. 한발 앞서 1952년 미군으로부터 반환받은 도쿄비행장은 도쿄국제공항이 되었고 오사카비행장(이타미비행장)도 1958년 오사카국제공항으로 결정되었다. 코마키비행장은 이타미비행장보다 면적이 넓어 나고야 도심에서 20분도 채 안 되는 곳에 있다. 도쿄, 오사카와 함께 주요 공항이 될 조건을 만족한다고 현지 관계자는 생각했다. 단, 코마키비행장이 공항으로서 조건을 갖추려면 관리 운영 형태와 국제공항으로서의 적절성 두 가지 과제를 충족시킬 필요가 있었다. 전자에 대해서는 현재 항공자위대의 기지가 있기 때문에 방위청은 공항 사용을 희망했고, 민간 항공 행정을 관장하는 운수성도 민간과 자위대가 공동 이용하는 형태로 조정을 도모했다. 한편, 후자는 공항 설비를 한층 더 갖춰 국제화에 대응할 수 있도록 하고자 하는 방향성에서 이를 확인하였다.

13년 동안 미군 관리 하에 있었던 코마키비행장은 1958년 9월에 나고야공항(제2종 공항)으로 출발하게 되었다. 공항 이용자 수는 시모다오키 추락사고가 있던 1959년에는 그 영향으로 4.5만 명에 머물렀다. 그러나 그 후에는 꾸준히 증가해 1961년 12.4만 명을 넘어섰다. 정기 노선 외에 나고야~쿠시모토~난키시라하마~오사카의 부정기 노선도 개설됐다. 나고야공항이 생기기 이전부터 영업을 해 온 현지 항공회사는 장래가 불투명했기에 합병을 통해 살아남는 길을 택해 1964년 일본 국내 항공으로 편성됐다. 나카니혼항공은 전일본공수와 제휴를 맺고 나고야~오사카~코마츠 노선을 잇고, 나아가 나고야~토야마 노선을 개설했다. 그러나 이러한 노선은 그 후 전일본공수에 양도되고, 전일본공수는 도쿄~나고야~후쿠오카 노선을 개설했다. 그 결과, 동으로는 도쿄, 서로는 후쿠오카, 그리고 북으로는 호쿠리쿠와 나고야를 각각 연결하는 항공 교통망이 형성되었다.

3. 신칸센 개통에 따른 영향과 국제선의 취항

1964년 개최된 도쿄올림픽에 맞추어 완공된 토카이도신칸센은 도쿄~
나고야~오사카의 정기 노선 운행에 큰 타격을 주었다(名古屋空港ビルディ
ィング株式会社編, 1999). 1열차 12량 편성 정원 987명에 비해, 보잉727
의 최대 승객 수는 131명으로 큰 차이가 있었고, 도심으로의 접근 시간도
불리했다. 낙관적 예측은 빗나가 그동안 나고야공항에서 매일 8회 운항하
던 도쿄 편은 2년 뒤 하루 1회로 줄었다. 신칸센과의 경쟁에서 이길 수 없
었기 때문에, 항공 회사는 지방의 주요 도시 간 신규 노선을 개설해 수익
을 올리는 방향으로 선회했다. 지금까지는 도쿄나 오사카를 경유해 지방
으로 향하던 항로를 직항으로 전환해 편리성의 향상을 도모했다. 직항편이
기에 빔 라인으로 불린 노선은 전일본공수의 나고야~후쿠오카를 시작으
로 나고야~삿포로, 나고야~미야자키~카고시마, 나고야~오이타, 나고야~
타카마츠, 나고야~쿠마모토, 나고야~마츠야마, 나고야~오키나와 등이 잇
달아 개설되었다. 토카이도신칸센의 개통으로 줄어든 승객 수는 신노선의
개설로 상향세로 돌아서면서 오사카만국박람회 무렵에는 회복할 수 있었
다(그림 10-3).

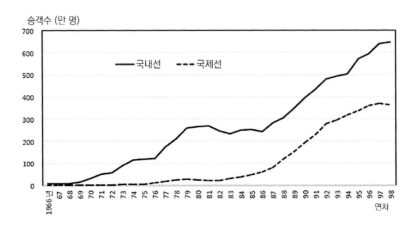

승객수 (만 명)

그림 10-3 나고야공항 승객수 추이

출처: 名古屋空港ビルディング株式会社編(1999년)

1957년에 불과 4개월간의 강행공사로 건설된 터미널 빌딩은 승객수의
증가로 협소해졌다. 4년 후에 증축공사도 이루어졌지만, 향후 예상되는 이
용자의 증가를 예측해 새로운 터미널 빌딩을 짓게 되었다. 1963년의 24.7
만 명이라는 실적을 바탕으로 장래에는 60만 명에 달할 것이라는 예측으
로 세워졌다. 지금까지 별도의 시설로 운영되던 항공관제 기능을 도입한
새로운 터미널 건물이 1964년 4월에 완공되었다. 완공 시에는 국내선 이용
에 한정되어 있었지만, 가까운 미래에 국제선 이용도 있을 것으로 예상하
여 이를 위한 설비도 준비되었다.

일본과 해외를 잇는 국제 항공편은 1958년 영국해외항공(BOAC)이 도
쿄국제공항에서 취항한 것이 최초이다. 이후 팬아메리칸항공(PAA), 노스
웨스트항공(NWA), 네덜란드항공(KLM) 등이 잇따라 출범하였다. 당시에
는 도쿄와 오사카에 있는 두 도시의 공항이 국제공항으로 지정돼 있었다.
이 두 도시의 중간에 위치한 나고야공항은 그 지리적 위치가 높이 평가되어, 구미의 7개 항공사가 나고야를 대체 공항으로 지정했다. 이러한 상황에서 나고야공항 관계자는 1960년에 홍콩으로 전세기를 띄워 나고야공항의 입항을 요청했다. 이듬해에 호주로 전세기를 띄웠다. 이러한 요청이 받아들여져 1962년 영국해외항공과 캐세이항공(CPA)이 나고야~홍콩 구간 직항 전세기를 운항했다.

나고야공항을 국제공항으로 만들기 위한 운동을 실질적으로 진행한 것은 1958년에 발족한 나고야공항협의회다. 국제화를 실현하기 위해서 공항의 설비를 충실화할 필요가 있어, 활주로의 확장, 야간 조명 시설의 설치, 고성능 레이더 설치 등의 사업이 진행되었다. 이에 앞서 도쿄국제공항에서는 활주로의 연장과 신설이 순조롭게 진행되어 국제공항으로서의 지위가 높아져 갔다. 마찬가지로 국제 공항을 자칭한 오사카국제공항의 경우 시가지 안에 있었기 때문에, 확장이 어려웠다. 국제 공항을 목표로 하는 나고야공항은 도쿄국제공항과 같은 길이의 활주로를 가지기 위해 노력을 기울였다. 1966년에는 항행 원조 시설로 계기비행착륙 장치가 설치되었는데, 이는 도쿄에 이어 두 번째로 빨랐다. 이러한 설비 확충이 결실을 맺어, 1966년에 캐세이항공과 일본항공이 동시에 나고야공항의 첫 국제 정기 노선을 개설했다. 캐세이항공은 나고야~오사카~타이베이~홍콩, 일본항공은 도쿄~나고야~후쿠오카~타이베이~홍콩노선이다. 이러한 노선 취항의 배경에는 1970년 개최 예정이었던 오사카만국박람회 방일객의 증가 전망과 도쿄, 오사카 두 공항의 확충이 용이하지 않을 것이라는 전망이 있었다. 그러나 막상 취항해 보니 이용자는 생각만큼 늘지 않았고 캐세이항공은 1969년 4월에 운항을 중단했다.

1966년 국제선 정기편의 첫 취항에 맞추어 대장성은 나고야공항을 세관 공항으로, 또 법무성은 나고야공항을 출입국 공항으로 지정했다. 4년 후 후 생성이 검역항으로 지정함에 따라 나고야공항에서는 CIQ(세관, 출입국관 리, 검역)의 기능이 모두 갖추어졌다. 면세점 개업, 보세화물 관리, 맞춤밥 상 등 국제 공항의 여건을 충족시키는데 필요한 시설도 갖추어졌다. 이러 한 설비는 1967년 터미널 빌딩의 북측에 국제선 전용 시설을 마련함으로 써 실행되었다. 그 후 나고야~마닐라 노선, 나고야~서울 노선이 개설되었 다. 이로 인해 기존의 공간만으로는 국제선 대응이 어려워 증축공사를 진 행하게 되었다.

　그러나 국제노선 수는 증가했지만, 홍콩 노선의 개설부터 마닐라 노선의 개설까지는 9년이 소요되었다. 캐세이항공의 노선 운항 중단 충격이 커 해 외 항공사들은 신규 노선 개설을 꺼렸다. 그 사이 국내선에서 신규 노선이 늘어난 것과는 대조적이다. 마침내 1975년 4월에 일본항공은 도쿄~나고 야~후쿠오카~마닐라 노선을 취항시켰다. 2년 뒤에는 대한항공이 일본항 공과 더블트래킹(double tracking)으로 나고야~서울 노선을 열었다. 1983 년이 되면 콘티넨탈미크로네시아항공(CMI)이 나고야~사이판 노선을, 이 듬해는 일본항공이 나고야~나리타~로스앤젤레스 노선을 개설했다. 1980 년대 중반 이후, 해외 항공사의 나고야공항 노선 연장이 본격화되었다.

제2절 츄부국제공항의 건설지 선정과 현영(県営) 나고야공항

1. 국제공항건설의 전제와 사회적, 경제적 배경

항만의 입지에 관한 관심은, 항만 그 자체의 건설보다는 오히려 이미 있는 항만이 어떻게 발전해 나갈지 그 과정에 집중되는 경우가 많다. 이에 비해 교통수단의 역사가 선박보다 훨씬 새로운 항공기가 이착륙하는 공항의 경우 건설 입지를 어디로 선택할지가 중요 관심사가 된다. 항만의 입지가 물가로 한정되는 데 비해 공항 입지의 자유도는 크다. 일본의 경우, 이전에는 내륙에 건설하는 것이 대부분이었던 공항도 규모가 확대됨에 따라 특히 대도시권의 공항은 해상 매립지에 개항하는 것이 일반화되었다. 또 공항은 철도역 등과는 달리 한 민간 기업이 단독으로 건설할 수 없다. 건설비가 많이 들고, 경영 및 이용에 관련된 주체가 다양하다는 점에서 항만과 유사한 점이 있다. 도시권과 대도시권을 포함한 지역 전체의 사회, 경제, 문화의 본연의 자세와도 밀접한 관계를 가지므로 공적 성격이 강한 교통 인프라라고 할 수 있다.

이런 성격을 가진 공항을 건설하려면 상당히 신중한 접근이 요구된다. 항공기를 사용해 사람과 물건을 수송하는 교통사업이 성립되기 위해서는 채산이 맞는 시장이 존재해야만 한다. 채산성을 내다보고 항공기를 취항시키는 항공사가 있어야, 비로소 공항사업도 진행된다. 전제가 되는 것은 지역의 항공 수요이며, 그 조건을 충족시킨 다음 공항의 입지 장소와 규모가 정해진다.

이렇게 볼 때 공항의 입지와 건설은 경제적 채산성만으로 결정되는 것처럼 보인다. 그러나 현실은 그렇지 않다. 지역, 혹은 경우에 따라 국토의 상당한 범위에 영향이 미치는 공항은 경제적 합리성만으로는 건설할 수 없다. 건설에 따를 중앙 및 지방 정부의 합의를 빠뜨릴 수 없기 때문에, 정치적 조정이 필요하다. 소음이라는 항공기 특유의 문제도 있어 지역 주민의 이해와 합의를 얻는 것도 불가결하다. 물론 공항은 해악뿐 아니라 지역에 큰 이익을 안겨주기 때문에 사회적 이해관계의 조정도 필요하다. 경제 외에도 정치적, 사회적 요소가 공항의 입지와 건설에 깊이 관련되어 있다.

2005년 2월 개항한 츄부국제공항(통칭 센트레아)의 입지 선정과 공항 시설 건설과정을 더듬어보면, 상술한 것처럼 공항 입지가 얼마나 복잡한 요인에 의해 정해지는지를 알 수 있다. 원래 일본에서 3번째 규모의 국제공항을 나고야권에 건설하려는 구상이 공표된 시기는 1980년대 초의 일이다. 나리타국제공항(1978년 개항)과 이미 건설이 정해져 있던 칸사이국제공항(1994년 개항)에 뒤잇는 국가 수준의 공항이기 때문에 국토 개발 정책적 측면에서 그 위치설정을 생각할 필요가 있었다.

상기할 점은 전후의 어느 한 시기부터 3대 도시권이라는 말이 일반적으로 사용되어, 도쿄권, 오사카권에 뒤잇는 3번째의 대도시권으로 나고야권이 인지된 경위이다(高橋 · 矢內編, 1994). 3대 도시권은 대등하지는 않다. 수도권이며 인구 집적량이 많은 도쿄권이 톱에 위치한다. 역사적으로 정치 중심이자 경제의 요체이기도 했던 오사카권이 그 뒤를 잇는다. 나고야권은 인구집적량, 경제 규모 모두 도쿄권, 오사카권에는 미치지 못하고, 말하자면 후미로서 대도시권의 일각을 차지해 왔다. 이 3순위라는 순위는 국가적 프로젝트의 우선 순위이기에, 결국 신공항 건설에서도 그대로 또다시 답습되었다. 도쿄국제공항(하네다공항)의 한계로 신도쿄국제공항(현재 나리타국제공항)이 건설되고, 이어서 오사카국제공항(이타미공항)의 한계성을 해소하기 위해 칸사이국제공항건설이 결정되었다. 도쿄, 오사카 다음은 나고야라고 하는 경제 시장 규모와 정치적, 사회적 이해를 바탕으로 나고야권의 신공항 건설이 화제가 되었다.

2. 신공항 건설의 입지 선정에서 개항까지의 경위

나고야권의 신공항을 어떻게 건설할지를 고려하는 조직으로서, 츄부공항조사회라는 이름의 독립 기관이 1985년 12월 나고야 시내에 설립되었다. 조직 안에는 구상부회, 입지부회, 기술부회의 3개 부회가 설치되어, 신공항의 조사 및 검토를 시작하게 되었다. 원래라면 어떤 규모와 내용의 공항으로 할 것인가를 결정하고 건설 후보지를 선정하는 일을 하는 곳이라고 생각할 수 있다. 그러나 공항조사회는 후보지 선정이 가장 난항을 겪을 것이라는 전망에 따라 구상부회와 입지부회가 동시에 활동하였다. 이러한 전망을 하게 된 배경에는 과거의 선행사례에서 몇 가지 교훈이 있었기 때문이다. 입지선정 절차 과정에서 실수를 범한 나리타국제공항과 지역 조정에서 시간이 걸린 칸사이국제공항의 전철을 밟지 않기 위해서 입지부회를 빨리 설치하여 시간을 들여 신중하게 건설장소를 결정할 필요가 있었다.

입지부회는 450~1,500ha의 평탄지를 확보할 수 있고, 도시 토지이용이 5% 미만인 장소를 지형도상에서 탐색하여 18곳을 우선 선정했다. 선정된 곳은 육상부 13곳, 해상부 5곳이었지만, 대도시 나고야의 교통 편리성이나 소음 문제를 고려하여, 이세만 내 3곳과 미카와만 내의 1곳을 건설 후보지로 좁힐 수 있었다(그림 10-4). 육상부에서 13곳이나 후보지를 거론한 이유에 관해서는 정확히 알 수 없으나, 처음부터 해상공항이 선정 장소에 있지 않았다는 증거가 될 수 있다.

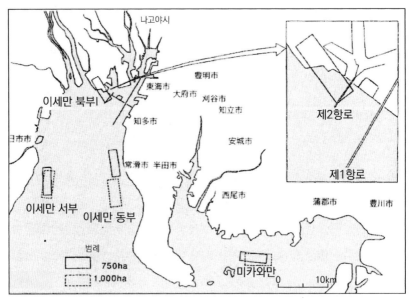

그림 10-4 츄부국제공항 입지선정 후보지

출처: 츄부공항조사회 자료

입지부회는 상기 결론을 1988년 12월에 중간 보고로 발표했다. 형식상, 해상 4개소의 건설 후보지는 나란히 기록되었지만, 명시된 입지 조건을 비교하면, 이세만 동부(토코나메 앞바다) 안과 이세만 북부(나베타 앞바다) 안이 다른 두 안보다 유리해 보였다. 전자는 공항에 적합한 지반강도와 천해 때문에 건설비용에서 앞선다. 후자는 나고야시와 거리가 가까워, 접근성과 권역 인구 면에서 좋은 조건을 갖추고 있었다. 단, 나베타 간척지의 일부를 이용한다는 후자의 안은 소음문제, 항로장애, 하천장애가 우려되었다. 항로장애란 나고야항의 제2항로가 근처를 지나고 있기 때문에 방해요소가 될 우려가 있다는 점이다. 또한 하천장애란 키소삼천의 흐름을 저해할 가능성이 있다는 점이다. 한편, 전자의 토코나메 앞바다는 북측에 위치한 나고야시 방면에서 남하하여 확장된 임해공업지역의 매립지였던 곳이어서 지반의 견고함이 검증되었다.

토코나메 앞바다와 나베타 앞바다, 실질적으로 좁혀진 두 안 중에 어느 것을 최종안으로 할 것인지, 그 조정을 둘러싸고 정치적인 줄다리가 시작되었다. 칸사이국제공항의 건설 위치는 전문 지식인의 투표로 결정되었다. 이는 매우 중립적인 결정방법으로 여겨지지만, 결과적으로 대도시에서 멀리 떨어진 곳이 아니냐는 일부 주장이 나왔다. 츄부국제공항은 그런 방식이 결정되지 않고, 아이치와 기후, 미에의 3현 현지사와 나고야시장의 4자 사이에서 결정하기로 했다. 전문가들의 의견보다는 선거로 선출된 정치인들 간의 이해조정을 우선시하는 방식이 택해졌다. 국가에 의한 톱다운 방식도 아니고, 제삼자에 의한 객관적 판단도 아닌, 이른바 중간적 방식이 채택되었다.

아이치현이 토코나메안을 지지하는 것에 대해, 다른 두 현과 나고야시는 나베타안을 지지했다. 공항조사회의 중간 보고에 의하면, 나베타안에는 몇 가지 염려되는 점이 있지만, 나고야시와 기후, 미에 두 현 중심부에서의 접근성이 좋음을 고려하면 이 안이 최적이라고 생각되었다. 그러나, 유력한 현인 아이치현을 상대로 다른 현·시가 이의를 주장하며 대립하는 구도는 국가적 프로젝트의 추진에 부정적 이미지가 컸다. 중간 보고가 발표된 1988년 12월 미에현의 지사선거, 이듬해 1월 기후현의 지사선거, 그리고 4월에는 나고야시장선거가 예정돼 있었다. 공항 건설 후보지가 선거에 영향을 미칠 것이 분명했고, 현역 단체장은 이를 의식하면서 중간 보고에 민감하게 반응했다.

최종적으로 츄부국제공항 건설 후보지는 아이치현이 일관되게 주장해 온 토코나메안으로 결정되었다. 조기 단일화는 국가의 강력한 요청이기도 했고, 결정을 미루는 것은 지역 전체에 이득이 아니라는 생각이 작용한 것이 분명했다. 결과적으로, 지역이 발맞춰 하나가 되어 임하는 자세를 보이는 것이 우선시되었다. 이렇게 결정된 장소에 공항을 어떻게 건설해 나갈지가 다음 과제이며, 국가와 자치체는 사업화에 착수하기 시작했다. 구체적으로 1991년 11월의 제6차 공항정비5개년계획, 1996년 12월의 제7차 공항정비5개년계획의 결정을 거쳐 신공항 건설의 방향성이 정해졌다(中部新国際空港推進調整会議編, 1998).

1998년 3월에 츄부국제공항의 설치에 관한 법률이 국회를 통과해, 5월에 츄부국제공항주식회사가 설립되었다. 사업 방식은 민간 자본이 50%를 차지하는 민간 주도형으로, 이 부분을 보면 공항공단이 경영하는 나리타국제공항이나, 관 주도형의 제3 섹터 방식에 의한 칸사이국제공항과 크게 다르다. 이러한 차이는 다른 국제공항을 건설하던 시기와 비교할 수 없을 정도로 재정 상황이 악화되었고, 민간 주도의 PFI 방식이 공공사업에도 널리 도입되게 되었음을 반영한 것이었다. 공항의 건설공사는 2000년 8월의 호안 축조 공사에서 2003년 2월의 매립 공사 완료까지 2년 반 남짓이 걸렸다. 그 후 여객터미널과 화물지구 건물의 건축공사가 시작되었고, 2년 후인 2005년 2월에 예정보다 앞당겨 개항할 수 있었다.

센트럴 에어, 즉 츄부의 공항으로 시작한 센트레아의 출발은 매우 좋았다. 배경에는 선행했던 두 곳 국제공항의 교훈이 있었고, 민간 주도의 공항으로서 어떻게 이용자의 마음을 끌어당길 것인가 고민한 점도 성공 요인으로 들 수 있다. 국영도 아니고 반관반민의 제3섹터에 의한 경영도 아닌, 민간 주도의 공항으로 시작한 점에 새로움이 있었다. 일본 제일의 대기업이 된 현지 자본의 자동차회사 임원이 공항 회사의 사장으로 취임했다. 낭비 없는 효율적인 생산과 재빠르게 수요에 대응하는 유연한 생산으로 알려진 이 대기업이 가지는 노하우가 공항 경영에서도 유감없이 발휘되어 성과를 올렸다.

민영 센트레어는 이동 목적의 공항 이용자뿐 아니라, 공항 방문객과 공항에서 쇼핑할 사람들도 불러들였다. 터미널 빌딩 안에 음식·서비스나 쇼핑을 즐길 수 있는 시설을 많이 두어 이용자를 늘리는 전략이 먹혀들었기 때문이다. 이러한 전략은 JR토카이가 나고야역의 센트럴 타워에서 전개하고 있는 전략과 기본적으로 같다. 이동을 위한 환승이라는 본래의 목적과는 다른 목적, 즉 쇼핑이나 레저·교류를 목적으로 하는 시설을 터미널 건물에 배치한 것이다. '벽돌 거리'나 '초롱 골목'이라고 하는 세련된 이름이 공항 내라고 생각할 수 없는 공간 창출에 활용되고 있다. 항공기의 이착륙을 바라볼 수 있는 전망목욕탕, 결혼식과 각종 행사·모임 등을 할 수 있는 공간도 마련되어 있어 지금까지의 공항 개념을 크게 뛰어넘었다고 할 수 있다.

3. 현영(県営) 나고야공항으로서의 존속과 새로운 길을 모색하는 게이트웨이

츄부국제공항이 개항하고 나고야권에 새로운 게이트웨이가 탄생하게 되면, 지금까지 기능해 온 나고야공항은 게이트웨이의 역할을 잃어버리게 된다. 일반적으로 이렇게 생각하겠지만, 실제로는 그렇게 되지 않았다. 이 점은 도쿄권의 도쿄국제공항(하네다 공항), 오사카권의 오사카국제공항(이타미 공항)의 관계와 유사하다. 원래 항공 수요가 많은 도쿄권에서는 해외용과 국내용으로 분담하려는 의도로 도쿄국제공항이 유지되었다. 그러나 유지되기는커녕 도쿄국제공항은 그 이름처럼 국제 편의 비중을 늘려갔고, 실질적으로 해외와 연결은 수도권의 두 공항에서 이루어지게 되었다. 그곳과는 상황이 다른 나고야권에서는 나고야공항을 존속시킬 경제적 근거가 약했다. 만약 그대로 두면 신구 공항 간에 손님 쟁탈이 될 우려가 있어 경영 불안이 생긴다. 그러나 경제성을 고려하여 나고야권의 항공 서비스를 츄부국제공항으로 일원화한다는 방침은, 사회적, 정치적 이유로 관철되지 못했다.

구 나고야공항이 국내선에 한해서 계속 서비스를 제공할 수 있었던 것은 공항을 둘러싼 자치체로부터 강한 요구가 있었기 때문이다. 구 나고야공항 주변의 코마키시, 카스가이시, 토요야마쵸는 항공기의 이착륙에 수반하는 소음 문제 등에 시달려 왔다. 그러나 반면에 경제적인 혜택도 받아왔다. 공항이 폐쇄되면 경제적 혜택은 없어지지만, 자위대의 코마키기지는 존속하기 때문에 소음 문제는 없어지지 않는다. 오히려 자위대 전용 공항이 되면 문제는 지금보다 더 나빠질지도 모른다. 과거에 자위대 비행기가 공항 내에서 사고를 낸 적도 있었다. 나고야공항의 여객운송서비스 존속을 요구하는 주변 지자체의 요구가 받아들여져, 아이치현이 공항을 관리하는 현영 나고야공항으로 존속하게 되었다. 다만 국가 등록은 나고야 비행장의 명칭으로 이뤄졌다.

이런 경위로 아이치현영의 나고야공항으로서 존속할 수 있었지만, 재출발 당초에 나고야공항을 거점으로 한 곳은 일본항공그룹의 제이에어뿐이었다. 제이에어는 히로시마서비행장에서 본사를 나고야공항으로 이전해 나고야와 오사카(이타미)를 중심으로 13개 노선 23편/일로 서비스를 시작했다. 그 후 서비스를 늘려 2009년에는 18개 노선 33편/일에 이르렀으나, 2년 후 거점을 오사카(이타미)로 옮겼다. 나고야공항 이전 이유는 정기편의 일원화를 바라는 정부와 현에 대한 배려와 모회사인 일본항공의 경영 사정 등으로 여겨진다. 제이에어의 이러한 행동에 대해 공항 존속을 호소해 온 주변 자치단체는 크게 반발했다. 그런데 이 일련의 움직임을 옆에서 지켜보며 기회를 보던 기업이 있었다. 바로 시즈오카현의 지역 항공사인 후지드림항공(FDA)이었다. FDA는 실질적인 거점을 시즈오카공항에서 나고야공항으로 옮길 정도로 적극적인 자세를 보였다. 나고야공항에 새로운 거점을 마련한 FDA는 제이에어가 운항하고 있던 노선을 중심으로 나고야공항에서 노선을 서서히 확대해 갔다. 그 결과, 2015년 봄, 나고야공항을 발착하는 국내 노선은 9개 노선으로 확대되었고, 제이에어에서 FDA로 활동 주체가 교체된 현영 나고야공항은 국내 수준의 게이트웨이 기능을 담당하면서 오늘에 이르고 있다(그림 10-5).

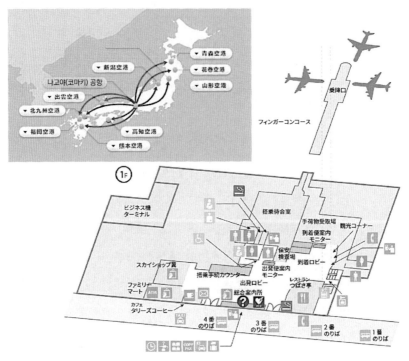

그림 10-5 후지드림에어라인(FDA) 노선망과 나고야공항 로비
출처: 현영 나고야공항 웹 자료

국제노선이 모두 츄부국제공항으로 이전하여 공간적으로 여유가 생긴 나고야공항은 정기항공노선과 군사항공을 제외한 비지니스 제트기의 운항에도 힘을 쏟았다. 나고야권에는 자동차회사를 비롯한 유력한 다국적 기업이 있다. 이들 기업은 해외와 연결을 위해 비즈니스 제트기를 이용하는

경우가 적지 않았다. 이 때문에 국내선 터미널과 다른 별도의 출입구를 마련해 기업용으로 대응하고 있었다. 역사가 깊은 나고야공항은 공항 수요가 증가할 때마다 터미널 건물의 재건축을 반복해 왔다. 츄부국제공항으로 이전이 결정된 시점에서조차 국제선용 신터미널 빌딩을 건설했다. 이 빌딩은 결국 6년간밖에 사용되지 못했고, 그 후에 에어포트워크나고야라는 쇼핑센터로 바뀌었다. 이 쇼핑센터에 인접해, 2017년 '아이치항공박물관'이 개관하였는데, 이는 전쟁 전부터 항공기 산업이 번성한 이 지역 산업의 역사를 보여주는 관광시설로 자리 잡았다.

제3절 츄부국제공항의 이용 상황과 근교 개발, 공항 서비스

1. 츄부국제공항의 이용 상황과 추이

출발이 좋은 센트레아였지만, 개항 3년 후인 2008년 금융위기의 영향으로 시작할 때의 기세는 점점 약해졌다. 예상은 했지만, 아이치만국박람회가 끝난 후부터 이용자 수가 부진해, 노선 연장을 철회하는 항공사도 나타났다. 개항에서 2015년까지 10년간 국제선 여객 수의 정점은 2007년의 556.4만 명이었다. 이후 500만 명에 못 미치는 상태를 지속하다 2015년에 490만 명을 기록했다. 최근 10년간 다른 주요 공항의 동향에서 주목할 만한 곳은 도쿄국제공항과 칸사이국제공항의 급증세다(그림 10-6). 특히 하네다는 2010년에 츄부를 제치고 제3위의 지위로 부상한 이후, 그 약진이 눈부시다. 2007년에 제2활주로 운용을 개시한 칸사이도 2011년 이후 증가세가 컸으며, 2009년부터 2015년에 걸쳐서는 2배에 가까운 증가세다. 국제선의 여객 수가 가장 많은 곳은 나리타로 10년간 그 지위에 변화는 없지만, 2007년 이후, 감소·정체의 경향이 계속되고 있다. 이러한 양상은 츄부와 비슷해, 결국 최근 10년간은 하네다와 칸사이가 점유율을 늘린 10년이었다. 간과할 수 없는 곳은 후쿠오카의 움직임이며, 2005년에 츄부의 절반에도 못 미친 여객 수는 2015년에는 거의 차이가 없어졌다. 현재 츄부는 하위 공항의 맹렬한 추격을 받고 있다.

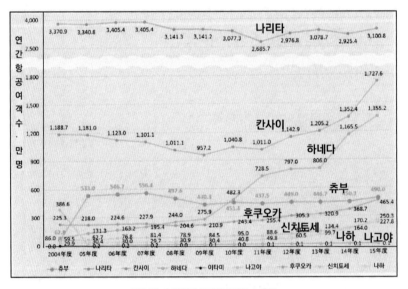

그림 10-6 공항별 국제항공여객 수 추이

출처: 공익재단법인 츄부권회사경제연구소 편, 2017.

2011년 이후 방일 외국인은 계속해서 증가하고 있으며, 2016년까지 5년간 4배나 늘었다. 이 기간의 증가는 하네다와 칸사이, 토자이 국제공항이 모두 흡수했다고 봐도 무방하다. 츄부는 이러한 여파를 빤히 알고 있으면서도 증가하고 있는 방일외국인을 놓쳐 왔다. 이것이 츄부국제공항의 현 상태이며, 꽤 어려운 상태에 놓여 있다고 할 수 있다. 그렇다면 국내선의 동향은 어떠한가? 국내선의 항공여객 수는 하네다(도쿄국제)가 단연 1위이고, 이타미, 신치토세, 후쿠오카, 나하가 제2그룹에 있고, 그 아래에 츄부, 칸사이, 나리타가 제3그룹을 형성하고 있다. 2005년에 나고야권 국내선의 대부분을 츄부로 이전했기 때문에, 나고야공항이 지금까지 유지해 온 제6위의 지위는 츄부에 그대로 계승되었다. 반대로 현이 운영하는 나고야공항은 제9위로 하락했다. 츄부의 순위는 2011년까지 유지되었지만, 그 후에 칸사이, 나리타에게 추월당하게 되었다. 반면 현영 나고야는 침체 상태에 있었지만, 2012년부터 증가세로 변했다.

이상의 상황에서 말할 수 있는 점은 나리타국제공항과 칸사이국제공항의 뒤를 이어 개항한 츄부국제공항은 개항 후 3년 정도는 나고야공항에 비해 150만 명 정도 많은 항공여객 수를 확보할 수 있었다. 이는 신공항 효과라고 할 수 있다. 국내선도 이전보다 100만 명 이상이 증가했고, 현영 나고야에 미친 영향은 거의 없었다. 츄부는 개항 초기, 지방공항에서 환승하는 승객을 모아 해외로 보내는 경유 공항을 목표로 선전을 했다. 실제, 개항 후 수년간은 그러한 효과가 있어 2008년까지 국내선의 항공여객 수는 500만 명을 웃돌았다. 그런데 2008년 이후 경제위기의 영향을 받아, 400만 명 대가 지속되는 침체 상태에 빠지게 되었다. 현영 나고야의 여객 수를 더해도 개항 시의 700만 명에는 도저히 도달할 수 있을 것 같지 않았다. 분명한 건 칸사이와 나리타와는 다른 움직임이며, 국제선 환승도 츄부는 당초 기대한 만큼의 실적을 남기지 못했다.

그렇다면 이러한 실태를 어떻게 설명할 수 있을 것인가? 가장 알기 쉬운 방법은 국제선의 경우, 해외 항공회사가 일본의 어느 공항에 노선을 연장하고 있는지, 이 부분을 조사하여 단서를 얻는 것이다. 편수의 많고 적음도 고려해야겠지만, 우선은 노선 연장 항공사의 수에 주목해보자. 2019년 현재, 일본을 포함한 모든 나라의 항공사 가운데 어느 회사가 어느 공항에 노선 연장하고 있는지를 국토교통성의 데이터에서 보면, 그 수가 가장 많은 곳은 나리타로 74사이다. 이하는 칸사이(60사), 하네다(37사), 츄부(34사) 순이다. 국제선의 여객 수에서 츄부가 하네다에 2010년에 추월된 것은 이미 말했다. 그것을 증명하듯, 노선 연장 항공 회사 수도 하네다에 뒤지고 있다. 앞에서 말했듯 국제선은 나리타, 국내선은 하네다라는 역할 분담은 아주 먼 옛날에 끝났다. 이제 도쿄권에는 국제공항이 두 곳 있고, 특히 도심에 가까운 하네다가 급증하는 방일 외국인을 수용하고 있다. 하네다와 츄부의 차이를 예를 들어 북아메리카와 유럽의 항공사 운행 횟수만으로 보면, 북아메리카가 하네다에 5편 운항 중이고 츄부에는 3편, 유럽은 하네다에 3편 운항 중이고 츄부에는 2편으로 그다지 차이는 없다. 그러나 일본의 항공회사도 포함해서 전체의 편수를 비교하면 큰 차이가 있음을 알 수 있다. 즉 북아메리카는 하네다 주 98편, 츄부 주 30편, 유럽은 하네다 주 97편, 츄부 주 12편이다.

츄부에 노선 연장하고 있는 항공사 수가 칸사이의 반 정도라는 점 역시 츄부에 있어서는 냉엄한 현실이다. 가장 큰 차이는 아시아의 항공사 수이며, 칸사이 43편에 비해 츄부는 21편에 머무른다. 아시아 전용의 주당 편수로 비교하면, 칸사이 지방이 1,166.5편이고, 츄부는 그 3분의 1 정도인 316.5편이다. 하네다의 588.5편보다도 밑돌고 있어 그 격차가 크다. 그리고 도쿄권에는 전 세계 항로를 가진 나리타가 있다. 여기에 하네다가 가세해 다수의 방일 외국인을 받아들이고 있다. 이에 반해 오사카권에서는 칸사이가 일본 서부의 게이트웨이로서 기능하고 있다. 그들 사이에 위치한 츄부 지역에서는 아시아 21개 사가 운항하고 있지만, 서구의 국제노선 수에서는 토자이 공항에 크게 뒤지고 있다. 편수의 적음을 보충하기 위해, 이 방면으로는 츄부에서 나리타나 칸사이를 경유해 이동하는 경향이 계속되고 있다. 이러한 현상은 나고야공항이 중심이던 시절에 미국에 4사, 캐나다에 2사, 유럽에 6사, 오세아니아에 4사, 각각 직접 항공기를 띄우는 항공사가 노선 연장하고 있던 것을 생각하면 복잡한 기분이 든다. 츄부국제공항은 과연 실질적인 의미에서 국제적인 게이트웨이 기능 강화에 기여하고 있는지 묻고 싶다.

2. 기대치보다 낮은 화물 수송과 공항 근교 개발

2005년 나고야공항에서 츄부국제공항으로 공항이 옮겨가면서, 개항 1년 후인 2006년 시점에서, 이전에는 주 5편이었던 국제 화물 수송은 주 52편까지 증가했다. 세계 16개 도시로 수송되는 화물량은 예전에 비해 월간 23배로 늘어난 달도 있었다. 전체적으로 2004년 2.1만 톤이 2005년 23.3

만 톤, 2006년 23.9만 톤 등 놀라운 증가세를 보였다. 그런데 그 이후로는 2006년의 실적을 웃도는 일이 없어, 감소·침체가 지속되고 있다. 그 원인은 어디에 있는 것일까? 여객과 마찬가지로 총수익이 크게 달라지지 않으면 공항 간 화물 쟁탈전이 될 것이 뻔하다. 실제로 발생된 것은 2009년 나하공항의 허브공항화와 2011년부터 하네다공항 수송량의 급증이다. 하네다가 급증한 이유는 지금까지 전세기에 한정되었던 것이 국제정기편으로 부활했기 때문이다. 국제 화물에서는 나리타가 제1위이고 칸사이가 제2위라는 순위에 변화는 없고, 칸사이가 나리타의 대략 3분의 1이라는 비율도 변하지 않았다. 다만 두 공항 모두 미미하지만 감소 경향에 있다. 이러한 점에 비춰봤을 때, 츄부지역이 2008년 이후, 정점의 반 정도로 비율이 줄어든 이유는 하네다와 나하로 화물을 빼앗겼기 때문이다.

하네다와 나하의 성장은 항공화물의 국내 수송에서도 보여진다. 국내 수송은 하네다가 단연 1위였고, 신치토세, 후쿠오카, 나하가 제2그룹이다. 2005년의 시점에서 나하는 제2그룹 3번째의 위치에 있었지만, 2012년에 첫 번째로 상승해, 그 지위를 유지하고 있다. 츄부는 이타미, 칸사이와 함께 제3그룹에 속하지만, 그룹 내에서 하위에 있다. 게다가, 지금까지 이 그룹에 속해 있지 않았던 나리타가 2012년에 진입하여 2013년 이후 츄부의 수송량을 웃돌게 되었다. 이와 같이 츄부의 국내 화물 수송량은 개항한 2005년 이후 감소하는 경향에 있고, 공항 간의 순위에서도 밀리는 경향에 있다. 국제 화물과 국내 화물의 합계로 순위를 보면, 개항시의 2005년과 다음 해는 나리타, 칸사이, 하네다에 이어 제4위였다. 또한 2008년 이후 이타미, 신치토세, 나하에게 밀려 7번째가 되어버렸다.

개항 당시 기대된 화물 수송은 국제, 국내 모두 침체 상태가 계속되었다. 센트레아를 볼 때 여객 부문에만 눈을 돌리기 십상이지만, 공항섬의 북측 절반은 화물 구역이 차지하고 있다. 화물 구역은 서쪽부터 순서대로 화물편 장소, 화물지구, 아이치현 기업청 종합물류지구로 이루어진다. 화물지구에는 3개의 국제화물창고와 훈증(燻蒸)시설, 화물사무동이 있으며, 화물을 하역하거나 일시적 적재가 이루어진다. 아이치현 기업청 종합물류지구에는 현지와 동서의 해운회사 창고동이 늘어서 있다. 수출입 화물은 이 창고에 보관된다.

　이 화물은 공항섬과 육지 측을 연결하는 도로를 통해 반출입된다. 이는 트럭에 의한 수송이며, 그 밖에 공항섬의 중앙 부근에 있는 항구를 거쳐 화물지구와 연결되는 경우도 있다. 특히 센트레아의 특징은 미국 보잉사의 항공기 부품들을 이 항구에 옮겨져 미국으로 가기 위해 대기하는 전용 화물 수송기에 싣고 있다는 점이다. 나고야항에 카와사키중공업과 미쯔비시중공업, 한다항(키누우라항)에 후지중공 공장이 있어, 이곳에서 센트레아까지 해상으로 수송한다(그림 10-7). 그리고 이 경로가 바다와 하늘을 잇는 씨앤에어의 사례로 소개되는 경우가 많은데, 거대한 동체 부분을 전용기의 드림리프터에 싣는 특별한 시설도 있다.

그림 10-7 미국 수출용 항공기 부품 공장에서
센트레아까지의 운송 경로
출처: 국토교통성 웹 자료

공항섬은 강 건너편 토코나메에서 약 2km 떨어진 곳에 건설되었다. 칸사이국제공항은 육지에서 5km 떨어진 위치에 건설되어 악천후에는 연락교를 사용할 수 없거나 지반침하로 터미널빌딩이 기울어져 고생했었다. 이 사례를 통해 2km라는 가까운 위치에 센트레아를 건설했다. 공항이 가까우면 소음으로 인해 강 건너에 피해를 줄 가능성이 있기 때문에, 그 대가로 토코나메 측에도 매립지를 사용할 수 있도록 공항 건설 시 약속하였다. 토코나메 측은 링쿠타운이라는 이름이 붙은 매립지(마에시마)를 어떻게 활용할 것인가에 대해 여러 가지 논의를 했다. 당장 유치 기업이 정해지기 어려웠고, 결정되어도 진출이 예정보다 늦어지는 등 링쿠타운 개발은 전혀 진척되지 않았다. 그러나 대형 쇼핑몰이 생기면서 개발도 활기를 띠게 됐다. 이 상업시설은 토코나메 도자기의 전통을 의식한 공간을 내부로 끌어들였다. 토코나메 시가지에는 '도자기 산책로'라 불리는 사용할 수 없게 된 도자기를 길이나 벽에 묻은 독특한 공간이 창출되었고, 공항 환승객들에게도 인기가 있었다.

3. 센트레아(츄부국제공항)의 서비스 평가와 육해공 게이트웨이의 관계성

국제선을 타면 알 수 있는데, 센트레아는 NAGOYA Airport로 불린다. 이전의 나고야공항과 현재의 현영 나고야공항을 아는 사람 입장에서는 오해를 불러일으키기 쉬운 호칭이지만, CENTRAIR는 국제적으로 통용되기 어렵다. 그런데 영어 읽기의 CENTRAIR도 서서히나마 국제적으로 알려지게 되었다. 그 배경으로서 센트레아의 서비스가 국제적으로 높게 평가되어 이용자로부터 호응을 얻고 있기 때문이다. 가장 최근의 성과로 영국의 항공업계 전문등급회사인 SKYTRAX사가 실시한 국제공항평가 『World Airport Awards 2018』에서 'Regional Airport'와 '여객 수 규모별' 2부문에서 세계 1위를 획득했다. 전자는 과거 4년 연속 수상이고, 또 후자는 3년 연속 수상이다. 또한 다른 부문 아시아 지역의 'Best Regional Airport'는 과거 8년 연속, 제1위였다.

1999년부터 시작된 SKYTRAX사의 공항평가조사는 공항 이용자에 대한 설문조사를 집계해 실시하고 있다. 평가의 카테고리는 40개 가까이 달하고 있어, 세세하게 빠짐없이 조사하고 있다. 답변은 응답자의 자발적인 참여로 이뤄지고 제3자가 결과에 개입할 수는 없으며, 상을 받은 공항은 그 결과를 자유롭게 홍보용으로 사용해도 좋다고 되어있다. 전 세계 550개 공항이 대상이며, 공항 서비스 면에서 국제적인 게이트웨이를 생각할 수 있는 단서가 되고 있다.

여객 수에서는 나리타, 하네다, 칸사이를 뒤따르는 상황에 있는 센트레아는 공항 서비스 면에서는 뒤지지 않는다는 자부심이 있다. 특히 지역공항 중 세계 제1위라는 영예는 단연 자랑할 만하다. 지역공항이란 '통상적으로, 수도 이외의 도시에 위치해 주로 단~중거리로 운항하며 장거리 국제노선의 주요 허브가 아닌 공항'을 말한다. 이러한 정의에서 볼 때 센트레아는 지역공항에 포함되어 있으나, 나리타와 하네다는 포함되지 않는다. 최상위권과는 다른 수준에서 경쟁한다는 느낌이 없지 않지만, 여객 수가 대형공항에 미치지 못하는 이상 어쩔 수 없다.

SKYTRAX사의 조사 결과(2018년)에 의하면, 여객 수에 관계 없이 전 세계 공항 중에서 최고의 평가를 받은 곳은 싱가포르의 창이공항이었다. 제2위는 하네다공항, 제3위는 한국의 인천공항이다. 그리고 제4위는 도하공항, 제5위는 홍콩공항에 이어, 제6위가 센트레아이다. 나리타는 9위로 10위 안에 일본의 3개 공항이 있다. 제7위 뮌헨공항, 제10위 취리히공항을 제외하면, 상위 10곳 공항 중의 8곳이 아시아의 공항인 것은 흥미롭다. 현시점에서 아시아 경제의 발전상을 반영하고 있다고도 볼 수 있으나, 일본을 포함한 아시아 지역 전체에 통하는 '환대' 정신이 통하고 있는지도 모른다. 센트레아는 개항할 때 알찬 식당가와 쇼핑시설을 공항 내에 마련하는 등 기존 공항에 없던 새로운 방안(新機軸)을 내놓아 화제가 됐다. 공항의 서비스 공간화는 하네다공항이 국제공항화할 때도 도입됐다. 이러한 방안이 여행자 유치에 유효하다면, 어느 공항에서나 채택할 가능성이 있다.

센트레아의 게이트웨이 기능을 설명할 때, 그 장소성에 대해 언급하는 것은 의의가 있다. 그것은 제2차 세계대전 이전에 나고야가 군수도시화 할 때 시내와 주변에 항공기를 제조하는 공장이 많이 생겨났고, 시험 비행이나 조종 훈련을 위해 비행장도 개설된 과거 역사까지 거슬러 올라가게 된다. 전후, 이러한 생산의 역사는 민간기업에 계승되어 국산 최초의 YS11호기(1964년 취항), STOL아스카(1985년 첫 비행), MRJ(2015년 첫 비행)가 나고야권에서 개발되었다. 실용화가 이루어지지 않거나 취항 직전 제자리걸음을 하는 등 모든 것이 순조롭다고는 말할 수 없지만, 국내에서 이 정도 항공기 산업이 집중된 곳은 나고야권 외에 없다.

2018년 10월에 센트레아의 한 곳에 FLIGHT OF DREAMS를 개관했다. 이곳은 미국 보잉사의 보잉787 제1호기를 보잉사로부터 양도받아 전시하고 있는 시설이다. 배경에는 보잉787 기체의 35%에 상당하는 부품을 나고야권을 중심으로 한 일본 항공기 제조업체가 생산하고 있다는 사실에 있다. 항공기 부품의 생산 자체와 그곳과 가까이 있는 공항 사이에 직접적 관계는 없다. 그러나 국제적인 게이트웨이 기능을 담당하는 공항으로 항공기 생산지역인 점에서는 다른 곳에는 없는 특징을 지닌다. 2011년 12월 항공우주산업 집적지인 아이치현, 기후현을 중심으로 한 츄부 지역은 정부로부터 '아시아 No.1 항공우주산업 클러스터 형성 특구' 지정을 받았다(그림 10-8).

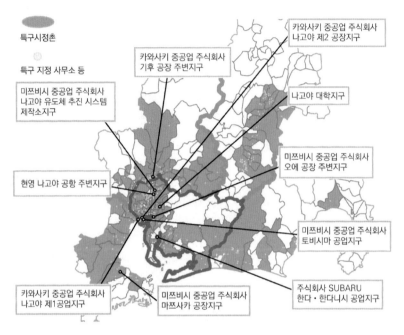

특구시정촌

특구 지정 사무소 등

미쯔비시 중공업 주식회사
나고야 유도체 추진 시스템
제작소지구

카와사키 중공업 주식회사
기후 공장 주변지구

카와사키 중공업 주식회사
나고야 제2 공장지구

나고야 대학지구

미쯔비시 중공업 주식회사
오에 공장 주변지구

현영 나고야 공항 주변지구

미쯔비시 중공업 주식회사
토비시마 공업지구

카와사키 중공업 주식회사
나고야 제1공업지구

미쯔비시 중공업 주식회사
마쯔사카 공장지구

주식회사 SUBARU
한다 · 한다니시 공업지구

그림 10-8 항공우주산업 클러스터 형성 특구

출처: 아이치현 웹 자료

공항과 항공기 산업의 관련성을 부연하면, 제8장에서 말한 나고야역과 차량 생산의 관계도 생각해 볼 수 있다. 토카이도본선이 개통되었을 무렵, 철도 차량에는 목재가 많이 사용되고 있었다. 물론 기본은 철강제이지만 객차나 화차의 측면과 천장에서 목재가 사용됐다. 차량 수요의 증가를 예측해, 나고야 재계의 리더였던 오쿠다 마사카(奧田正香)는 오와리번 이후의 전통을 계승하는 나고야의 목재 산업에 주목해 차량 제조업을 일으켰다. 이것이 현재도 나고야의 진구마에에 본사를 둔 일본 차량이며, 이 회사는 현재 JR토카이의 관계 회사이다. 일본차량회사는 토카이도신칸센 및 토부큐료선 리니모의 차량을 비롯해 수많은 차량을 생산해 왔다. 철도 차량 제조사의 경쟁도 치열했기 때문에, 교량·인프라와 건설 기계 등 철도 차량 이외의 분야에도 진출하고 있다. 해외 진출로 어려웠던 시기가 있어 JR토카이에 손실도 발생하였지만, 결과적으로 교통 분야에서 제조업과 수송업이 결합되었다고 할 수 있다. 물론 일본 차량은 JR토카이의 리니아츄오 신칸센 차량 기술 개발과 깊이 관련돼 있다.

그렇다면 앞에서 살펴본 공항과 항공기 산업의 관계, 철도역과 차량 제조업의 관계 외에 항만과 조선업의 관계는 어떨까? 사실, 9장에서 다룬 나고야항도 조선업과 전혀 관계가 없는 것은 아니다. 제2차 세계대전이 막 시작되려던 1941년에 나고야항의 제7호 매립지(현재 미나토구 쇼와마치)에 나고야조선이 만들어졌다. 이 조선소는 1964년 도쿄의 이시카와지마 하리마중공업(현재 주식회사IHI)과 합병됐고, 공장은 이 회사의 아이치공장이 됐다. 전성기에는 27만 톤급의 대형 석유운반선과 LNG탱커, 산적화물선이 이 공장에서 건조됐다. 하지만 조선산업 불황과 한국·중국 등 경쟁국의 거센 추격으로 2018년 9월부로 공장은 폐쇄되었다. 조선과 인연은 이것으로 끝났지만, 나고야항은 수출 총액의 절반 가까이를 연간 100만 대의 완성 자동차 수출로 충당하고 있다. 수출 총액의 4분의 1은 자동차 부품이 차지한다. 배와는 다르지만, 자동차라는 운송 수단이 나고야항과 깊이 관련돼 있다는 점 그대로 흥미롭다.

나고야권의 공항, 철도역, 항만은 수송 기기(항공기, 철도 차량 등)의 제조와 관계가 있을 뿐만 아니라, 상호 연계성도 가지고 있다. 이 점에 대해서는 역사적인 설명이 필요하다. 나고야권의 중심인 나고야의 근대 공업화는 근세에 시작된 목재 산업을 기반으로 시작되었다. 근대 초기에 철도가 깔리면서 나고야역이 생겨나고, 시내에서는 철도 차량 제조업이 생겨났다. 바다의 관문으로 나고야항이 개항했을 때, 린카이 철도가 항구와 역을 연결하고, 이후 운하가 연결됐다. 나고야항의 매립지에 오늘날 센트레아와도 관련이 있는 최초의 비행장이 탄생했다는 것은 제9장에서 기술한 바와 같다. 나고야항과 나고야역의 긴밀한 관계는 전후에도 유지되어 최근에는 킨죠 부두를 통과하는 아오나미선이 연결하는 역할을 하고 있다. 한편, 내륙의 나고야공항에서 해상공항·센트레아로의 이전에 따라, 역과 공항을 단시간에 연결하는 노선이 정비되었다. 항공 부품이 나고야항에서 센트레아까지 해상 수송되고 있다. 시대에 따라 운송되는 사람과 화물에 차이는 있지만, 육해공의 게이트웨이 상호 간의 연계가 계속되어 온 것은 분명하다.

칼럼 10. 게이트웨이 교통기능의 상호 간 관계

철도역, 항만, 공항은 게이트웨이 기능을 담당하는 교통수단의 거점이지만, 거점까지의 이동 혹은 거점으로부터의 이동을 담당하는 교통이 없으면, 충분히 기능할 수 없다. 현대에 와서는 자동차가 그 역할을 하는 경우가 많다. 물론 철도라면 환승해 다른 철도를 이용하는 일도 있을 것이다. 공항도 편리한 접근을 위해 전용 철도를 개통하거나, 과거에는 항만에서 하역을 위해 부두까지 연결된 철도 선로가 활약하던 시절도 있었다. 이 때문에 철도도 현지 수준(local sclae)에서 게이트웨이 기능을 지탱하고 있다고 볼 수 있지만, 주류는 자동차로 바뀌고 있다. 이동의 유연성이 뛰어난 자동차는 주요 철도역이나 공항의 이용객을 보내거나 맞이하거나 할 때, 큰 위력을 발휘한다. 항만의 경우 컨테이너 화물의 운송에 트럭은 없어서는 안 되는 존재이다.

자동차는 게이트웨이 기능을 개별적으로 떠받칠 뿐 아니라, 게이트웨이 기능을 서로 연결하는 역할도 담당하고 있다. 철도의 주요 역에서 택시를 타고 공항으로 가거나, 반대로 공항에서 서둘러 역까지 택시로 가는 장면이 떠오른다. 항공기는 사람뿐만 아니라 컨테이너 화물도 수송하기 때문에 화물수송용 트럭 또한 공항에 출입한다. 철도는 이전에 비해 화물을 수송하는 일이 줄어들었다. 물론 이 점은 일본의 상황이며, 대륙 국가인 북미나 중국 혹은 유럽에서는 철도 수송의 비중은 여전히 크다. 이런 지역에서는 화물 수송 트럭과 철도의 결합이 강하다고 할 수 있다.

현지화된 수송 수단으로서 자동차가 철도역, 항만, 공항이 서로 연결된 사례는 이상과 같다. 이에 비해 게이트웨이 기능 그 자체가 서로 연결되어 화물을 연속적으로 수송하는 경우와 같이 다른 사례를 생각해 볼 수 있다. 하나는 항만과 철도의 연결, 또 하나는 항만과 공항의 제휴 즉, 시앤에어이다. 전자는 이전 일본에서 대부분 이뤄지던 수송 제휴이며, 인입(引入)선을 통해서 철도 차량이 항만에 출입하고 있었다. 그러나 컨테이너화와 함께 갠트리 크레인을 이용해 컨테이너선과 컨테이너 수송트럭 사이에서 컨테이너를 하역하는 방식이 일반화됐다. 인터모달이라 불리는 운송 수단의 차이를 따지지 않는 연속적인 컨테이너 수송이 주류가 되었다.

그런데 같은 인터모달이라도 미국이나 캐나다 등에서는 해상 수송의 컨테이너는 항만에서 철도 수송의 컨테이너가 된다. 항만 배후권이 매우 광범위하기 때문에 트럭 수송는 늦을 수 있다. 컨테이너를 가득 실은 장대한 화물열차가 시간을 들여 장거리를 이동한다. 수송은 컨테이너뿐만이 아니다. 예를 들면 일본에서 수출된 자동차를 서해안의 항만에서 전용열차로 환적시켜 내륙부로 옮긴다. 반대로, 북미산의 곡물, 광물, 목재 등이 항만에서 벌크선으로 환적되어 태평양의 서쪽으로 향한다. 미국 서해안의 항만에 출입하는 배와 철도를 통한 연속적 수송을 더욱 연장하면, 유럽까지 이어지는 랜드브리지 수송이 된다. 랜드브리지 수송이란 대륙을 다리처럼 사용하여 동서 2개의 해안을 잇는 수송을 말한다. 이를 통해 태평양 측과 대서양 측의 항만에서 철도(혹은 트럭) 화물을 중계하면서 일본과 유럽 사이를 가능한 한 빨리 수송한다.

이러한 랜드브리지 수송은 북아메리카 대륙뿐만 아니라 유라시아 대륙에서도 이루어지고 있다. 북미의 아메리칸 랜드브리지와 같이 시베리아 랜드브리지 혹은 차이나 랜드브리지로 불리고 있다. 예를 들어 차이나 랜드브리지의 경우, 일본 항구를 출발한 컨테이너선은 중국 장쑤성의 렌윈강에 도착한다. 여기에서 중국 대륙을 가로질러 중앙아시아를 거쳐 유럽으로 컨테이너를 끊임없이 실어 간다. 말라카 해협이나 인도양을 경유하는 해양 경로에 비해 큰 폭의 시간 단축을 기대할 수 있기 때문에 수요가 많다. 랜드브리지는 국제간의 대량화물을 가능한 한 빨리 운반한다는 목적에 따라 선박과 철도의 장점을 살린 것이 특징이다. 항공 수송의 속도에 대한 욕구는 강하지만, 지구 온난화가스를 대량으로 배출하는 항공기에 대한 비판적 의식이 높아지면서 랜드브리지가 차후 더욱 확장될 가능성이 있다.

항공 수송은 고부가 가치품을 중심으로 공급지에서 수요지로 운송이 일상적으로 이뤄지고 있다. 그러나 높은 수송비용을 생각하면 항공 수송은 역시 쉽게 이용하기가 어렵고, 다른 수단으로 대체되는 경우가 많다. 여기서 비즈니스 기회를 찾은 방안이 항만과 공항을 제휴시키는 시앤에어이다. 해상수송과 항공수송을 조합한 것으로 전체의 수송 비용을 인하할 수 있다. 그 배경에는 해상 수송의 속도 향상과 항공 운임의 가격 인하가 결합되어, 양쪽 모두의 좋은 점을 연결시킨 연속적 수송이 실현되었다. 일본의 사례를 보면, 큐슈지방의 공장과 칸사이국제공항 사이, 혹은 나고야항과 츄부국제공항 사이를 해상수송하고, 거기에서 해외로 가는 사례이다. 중국에서는 인천, 두바이, 일본의 공항까지 해상수송하고, 그곳에서 항공기로 수송하는 사례도 있다. 이러한 형태의 특징은 주가 해상수송이고 일부가 항공수송, 혹은 그 반대의 경우이다. 부분적인 항공 수송은 공급자에 의한 배송이다. 또 해상수송을 부분적으로 이용하는 것은 집하를 위해서다. 해상수송과 항공수송의 특성 차이는 여전히 있지만, 그 차이는 줄어들고 있다.

青木栄一(2008):『交通地理学の方法と展開』古今書院。

青木康征(2000):『南米ポトシ銀山 | スペイン帝国を支えた打出の小槌』(中公新書)中央公論新社。

阿部修二(2015):『国王の道(エル・カミノ・レアル) | メキシコ植民地散歩「魂の征服」街道を行く』未知谷。

安部高明(2000):『広州より眺めた大国中国』文芸社。

新居関所史料館編(2011):『關所 | 箱根・福島・今切 新居関所史料館開館35周年記念企画展』新居関所史料館(湖西市)。

粟倉大輔(2017):『日本茶の近代史 | 幕末開港から明治後期まで』蒼天社出版。

猪飼隆明(2008):『西南戦争 | 戦争の大義と動員される民衆』(歴史文化ライブラリー)吉川弘文館。

生田滋(1992):『ヴァスコ・ダ・ガマ東洋の扉を開く』(大航海者の世界<2>)原書房。

石井良治(1988):『湖がきえた | ロプ・ノールの謎』築地書館。

板橋区教育委員会生涯学習課文化財係編(2017):『板橋宿の歴史と史料 | 宿場の町並と文化財』板橋区教育委員会。

稲垣栄洋(2018):『世界史を大きく動かした植物』PHPエディターズ・グループ。

今井圭子(1985):『アルゼンチン鉄道史研究 | 鉄道と農牧産品輸出経済』(研究双書<no.335>)アジア経済研究所。

岩根圀和(2015):『スペイン無敵艦隊の悲劇 | イングランド遠征の果てに』彩流社。

宇田川武久(2013):『鉄炮伝来—兵器が語る近世の誕生』(講談社学術文庫)講談社。

王鉞(2002):『シルクロード全史』金連縁訳中央公論新社。

太田勝也(2000):『長崎貿易』(同成社江戸時代史叢書<8>)同成社。

大野一英・林健治(1986):『鉄道と街・名古屋駅』大正出版。

大野芳作(1990):『コロンブス』(21C文庫<9>)第三文明社。

大庭康時(2009):『中世日本最大の貿易都市・博多遺跡群』(シリーズ「遺跡を学ぶ」<061>)
　　　新泉社。

岡部明子(2010):『バルセロナ | 地中海都市の歴史と文化』(中公新書)中央公論新社。

荻窪圭(2010):『東京古道散歩 | 歩いても自転車でも楽しめる』(中経の文庫)。

奥田晴彦編(1975):『関西鉄道略史』鉄道史資料保存会。

奥野隆史(1991):『交通と地域』大明堂。

奥村清・西村宏・村田守・小沢大成(1999):『徳島自然の歴史』(自然の歴史シリーズ <4>)
　　　コロナ社。

長内國俊(2007):『河村瑞賢 | みちのく廻船改革』文芸社。

小野田滋(2014):『関西鉄道遺産 | 私鉄と国鉄が競った技術史』(ブルーバックス)講談社。

加藤利之(1985):『箱根関所物語』(かなしんブックス<5>)神奈川新聞社(横浜)。

金子民雄(1989):『ヘディン伝 | 偉大なシルクロードの探検者』(中公文庫)中央公論社。

亀長洋子(2001):『中世ジェノヴァ商人の「家」 | アルベルゴ・都市・商業活動』刀水書房。

辛島昇文(2000):『海のシルクロード | 中国・泉州からイスタンブールまで』(アジアをゆく)
　　　集英社。

河島公夫(2001):『V・O・C(オランダ東インド会社)の活躍と現代に残したもの』舒文堂河島
　　　書店。

菊池勇夫(2015):『五稜郭の戦い | 蝦夷地の終焉』(歴史文化ライブラリー<411>)吉川弘文館。

清田和之(2013):『セイロンコーヒーを消滅させた大英帝国の野望 | 貴族趣味の紅茶の陰にタミ
　　　ル人と現地人の奴隷労働』合同フォレスト。

小泉勝夫(2013):『開港とシルク貿易 | 蚕糸・絹業の近現代』世織書房。

高子峰(2012):「日本のコンテナハブ港湾に関する一考察」『流通経済大学大学院物流情報学研究
　　　科論集』第10号pp.11～27

胡口靖夫(2009):『シルクロードの「青の都」に暮らす | サマルカンド随想録』同時代社。

小島郁夫(1990):『JR東海挑戦する経営 | いま一番トレンディで革新的な暴れん坊集団』日本実業
　　　出版社。

小林隆一(2016):『ビジュアル流通の基本』第5版本経済新聞出版社。

斉藤寛海(2002):『中世後期イタリアの商業と都市』知泉書館。

坂本成穂(2001):『マラッカ海峡』(ぶんりき文庫)彩図社。

佐藤三郎(1972):『酒田の本間家』中央企画社。

佐藤武敏(1966):「唐代の市制と行: とくに長安を中心として」『東洋史研究』(京都大学) 第25巻
　　　pp.275-302

佐藤武敏(2004):『長安』(講談社学術文庫)講談社。

塩見鮮一郎(1998):『江戸東京を歩く 宿場』 三一書房。

色摩力夫(1993):『アメリゴ・ヴェスプッチ | 謎の航海者の軌跡』(中公新書<1126>)中央公論社。

篠沢恭助(1967):『パンパの発展と停滞 | アルゼンチン経済をどう見るか』(アジアを見る眼 <9>) アジア経済研究所。

市立長浜城歴史博物館編(1999):『みずうみに生きる | 琵琶湖の漁撈と舟運特別展』市立長浜城 歴史博物館編。

市立長浜城歴史博物館企画・編集(2004):『北国街道と脇往還: 街道が生んだ風景と文化』市立長 浜城歴史博物館・サンライズ出版。

末田智樹(2010):『日本百貨店業成立史 | 企業家の革新と経営組織の確立』(MINERVA現代経営 学叢書)ミネルヴァ書房。

鈴木峻(2016):『扶南・真臘・チャンパの歴史』めこん。

鈴木義里(2006):『もうひとつのインド、ゴアからのながめ | 文化、ことば、社会』三元社。

須藤隆仙(2009):『箱館開港物語』北海道新聞社。

住田正一(1942):『廻船式目の研究』東洋堂。

田井玲子(2013):『外国人居留地と神戸 | 神戸開港150年によせて』神戸新聞総合出版センター。

高木賢編著(2014):『日本の蚕糸のものがたり | 横浜開港後150年波乱万丈の歴史』大成出版社。

高橋理(2013):『ハンザ「同盟」の歴史 | 中世ヨーロッパの都市と商業』(創元世界史ライブラリー) 創元社。

高橋伸夫;谷内達編(1994):『日本の三大都市圏 | その変容と将来像』古今書院。

立木望隆(1978):『箱根の関所』第5版箱根町箱根関所管理事務所(箱根町(神奈川県))

田中重光(2005):『近代・中国の都市と建築 | 広州・黄埔・上海・南京・武漢・重慶・台北』相模 書房。

中部新国際空港推進調整会議編(1998):『中部国際空港の計画案 | 最終まとめ』中部新国際空港 推進調整会議。

塚本青史(2007):『張騫』講談社。

角山栄(2000):『堺-海の都市文明』(PHP新書)PHP研究所。

敦賀市立博物館編(1999):『みなと敦賀の歴史展 | 開港100周年記念』敦賀市立博物館。

鄭樑生(2013):『明代の倭寇』(汲古選書)汲古書院。

寺田隆信(2017):『世界航海史上の先駆者鄭和』復刊(新・人と歴史拡大版<21>)清水書院。

東京都編(1983):『内藤新宿』(都史紀要<29>)東京都。

東光博英(1999):『マカオの歴史-南蛮の光と影』(あじあブックス)大修館書店。東北産業活性化 センター編(1995):『国際ハブ空港の建設 | 地球時代のエアーフロント開発戦略』日本地域 社会研究所。

徳島県郷土文化会館民俗文化財集編集委員会編(1989):『鳴門の塩』(民俗文化財集<第10集>)徳島 県郷土文化会館。

徳島新聞社編(1980):『阿波おどり』徳島新聞社。

徳田耕一(2016):『名古屋駅物語 | 明治・大正・昭和・平成 | 激動の130年』(交通新聞社新書)交通新聞社。

豊田武(1957):『堺 | 商人の進出と都市の自由』(日本歴史新書)至文堂。

永井三明(2004):『ヴェネツィアの歴史 | 共和国の残照』(刀水歴史全書)刀水書房。

長沢和俊(1989):『海のシルクロード史 | 四千年の東西交易』(中公新書<915>)中央公論社。

永積昭(2000):『オランダ東インド会社』(講談社学術文庫)講談社。

永積洋子(1990):『近世初期の外交』創文社。

中村明蔵(2005):『鑑真幻影 | 薩摩坊津・遣唐使船・肥前鹿瀬津』南方新社。

中村聡樹(2000):「名古屋駅ビルに進出する高島屋。迎え撃つ松坂屋、名古屋三越、丸栄、名鉄百貨店 | 浮気な客を囲い込め! 名古屋百貨店戦争。店長燃ゆ」『プレジデント』第38巻 第6号 pp.138〜145

中村浩(2012):『ぶらりあるきマレーシアの博物館』芙蓉書房出版。

名古屋駅編(1967):『名古屋駅八十年史』名古屋駅。

名古屋空港ビルディング株式会社編(1999):『新国際線旅客ターミナルビル竣工記念誌新飛翔』名古屋空港ビルディング株式会社。

名古屋港史編集委員会編(1990a):『名古屋港史 建設編』名古屋港管理組合。

名古屋港史編集委員会編(1990b):『名古屋港史 港勢編』名古屋港管理組合。

名古屋市編(1954):『大正昭和名古屋市史 第5巻 金融交通編』名古屋市。

名古屋市編(1961):『名古屋市史政治編第三』名古屋市。

名古屋地下鉄振興株式会社編(1989):『百年むかしの名古屋』名古屋地下鉄新興株式会社。

名古屋鉄道編(1994):『名古屋鉄道百年史』名古屋鉄道。

名古屋都市計画史編集実行委員会編(2017):『名古屋都市計画史 <2(昭和45 年-平成12 年度)上巻>』名古屋都市計画史編集実行委員会。

奈良修一(2016):『鄭成功 | 南海を支配した一族』(世界史リブレット人<042>) 山川出版社。

新潟市編(1969):『新潟開港百年史』新潟市。

新潟市編(2011):『新潟港のあゆみ | 新潟の近代化と港』(朱鷺新書) 新潟日報事業社。西日本シティ銀行公益財団法人九州経済調査協会編(2016):『アジアゲートウェイとしてのFUKUOKA』海鳥社。

西羽晃(1962):『桑名の歴史』西羽晃。

西村桜東洋(1974):『怒りの席田 | 板付飛行場物語』九州文庫。

日本経済新聞社編(1996):『福岡』(日経都市シリーズ)日本経済新聞社。

日本国有鉄道編(1997):『日本国有鉄道百年史第2巻』成山堂書店。

芳賀博文(1997):「国際金融に関する地理学的研究の動向と課題」『人文地理』第49巻pp.353-377

服部鉦太郎(1973):『明治・名古屋の顔』六法出版社。

林　上(1986):『中心地理論研究』大明堂。

林　上(1989):「名古屋市都心部における事務所ビルの立地と入居事業所の集積分布」『地理学評論,Ser.A』第62巻pp.566-588

林　上(2000):『近代都市の交通と地域発展』大明堂。

林　上(2004):『都市交通地域論』原書房。

林　上(2013):「大都市主要鉄道駅の進化・発展と都市構造の変化:名古屋駅を事例として」『日本都市学会年報』第46巻pp.33-42

林　上(2015):「木材貿易の動向と港湾における木材取扱地区の変化:名古屋港の場合」『港湾経済研究』第54巻pp.13-25

林　上(2017):「名古屋港の事例を中心とする経済構造,港湾設備,交通基盤から見た港湾・背後圏の歴史的発展過程」『日本都市学会年報』第51巻,pp.49-58

福島義一(1990):『阿淡産志の研究｜阿波藩撰博物誌』徳島県出版文化協会。

堀　雅昭(2017):『関門の近代｜二つの港から見た一〇〇年』弦書房。

増田義郎(1993):『マゼラン地球をひとつにした男』(大航海者の世界<3>)原書房。

街と暮らし社編(2001):『江戸四宿を歩く-品川宿・千住宿・板橋宿・内藤新宿』(江戸・東京文庫<7>)街と暮らし社。

松尾俊彦(2012):「コンテナ港湾の国際競争とハブ化問題」『日本航海学会誌』第182号pp.50～55

松尾昌宏(2012):『物流ルート形成と地域発展｜ゲートウェイ・ハブ都市の立地優位』多賀出版。

宮崎市定(2003):『隋の煬帝』改版(中公文庫BIBLIO)中央公論新社。

宮崎正勝(1997):『鄭和の南海大遠征-永楽帝の世界秩序再編』(中公新書)中央公論社。

宮田絵津子(2017):『マニラ・ガレオン貿易｜陶磁器の太平洋貿易圏』慶應義塾大学出版会。

門司郷土叢書刊行会編(1981):『門司郷土叢書<第5巻>』国書刊行会。

森健次(2001):『文久2年遣欧使節｜幕府開明派官僚・岩瀬忠震の見た夢:「地域の歴史と国際化」講座第7回目』磯部出版。

森高木(1992):『坊津｜遣唐使の町から』(かごしま文庫<4>)春苑堂出版。

森竹敬浩(1993):『世界に静岡茶売った男｜清水港から初の直輸出海野孝三郎伝』静岡新聞社。

谷澤毅(2011):『北欧商業史の研究｜世界経済の形成とハンザ商業』知泉書館。

安部高明(2000):『広州より眺めた大国中国』文芸社。

安村直己(2016):『コルテスとピサロ｜遍歴と定住のはざまで生きた征服者』(世界史リブレット人<048>)山川出版社。

山本博文(2014):『あなたの知らない三重県の歴史』(歴史新書)洋泉社。

Andrews,G.(1986):Port Jackson 200 - An Affectionate Look At Sydney Harbour -1786-1986,A.H.& A.W.Reed,Sydney,New South Wales.

Armitage,D.(2001):Burrard Inlet:A History,Harbour Publishing,Pender Harbour,British Columbia.

Armitage, D. (2007):The Declaration of Independence:A Global History, Harvard University Press, Cambridge,Mass.

Barnett,W.C.(2007):Energy Metropolis:An Environmental History of Houston and the Gulf Coast, University of Pittsburgh Press,Pittsburgh,Pennsylvania.

Bernard,R.M.and Rice,B.R.(1983):Sunbelt Cities:Politics and Growth since World War II,University of Texas Press,Austin,Texas.

Berry,B.(1964):Cities as systems within systems of cities.Regional Science Association,Paper and Proceedings,13,pp.147-163.

Bird,J.(1977):Centrality and Cities,Routledge and Kegan Paul,London.

Bower,S.S.(2012):Wet Prairie:People,Land,and Water in Agricultural Manitoba,UBC Press,Vancouver,British Columbia.

Brands,H.W.(2003):The Age of Gold:the California Gold Rush and the New American Dream,Anchor Books,New York.

Bryant Jr.,K.L.(2007):Encyclopedia of North American Railroads,Indiana University Press,Bloomington,Indiana.

Burghouwt,G.and Veldhuis,J.(2006):The Competitive position of hub airports in the transatlantic market,Journal of Air Transportation,11(1),pp.116-130.

Cashman,T.(2002):Edmonton Stories from the River City,The University of Alberta Press,Edmonton,Alberta.

Christaller,W.(1933):Die zentralen Orte in S ü ddeutschland :eine ökonomisch-geographische Untersuchung ü ber die Gesetzmäßigkeit der Verbreitung und Entwicklung der Siedlungen mit städtischen Funktionen,Gustav Fischer,Jena.

Cook,M.(2019):A River with a City Problem:A history of Brisbane Floods,University of Queensland Press,Brisbane,Queensland.

Cronon,W.(1991):Nature' s Metropolis:Chicago and the Great West,W.W.Norton & Company, New York. den Otter,A.A.(1997):The Philosophy of Railways:The Transcontinental Idea in British North America,University of Toronto Press,Toronto,Ontario.

Dowson,J.(2011):Fremantle Port,Western Australian Museum,Welshpool,Western Australia.

Eaton,L.K.(1989):Gateway Cities and Other Essays (Great Plains Environmental Design Series),Iowa State Press,Iowa City,Iowa.

Fred,S.(1994):The Story of Calgary,Fifth House,Saskatoon,Saskatchewan.

Freyre,G.(1980):Casa-Grande E Senzala - Formacao Da Familia Brasileira Sob O Regime De Economia Patriarcal,J.Olympio,Rio de Janeiro.

Cook,M.(2019):A River with a City Problem:A history of Brisbane Floods,University of Queensland Press,Brisbane,Queensland.

Cronon, W. (1991): Nature's Metropolis: Chicago and the Great West, W. W. Norton &Company, New York. den Otter, A. A.(1997): The Philosophy of Railways: The Transcontinental Idea in British North America,University of Toronto Press,Toronto,Ontario.

Dowson,J.(2011):Fremantle Port,Western Australian Museum,Welshpool,Western Australia.

Eaton,L.K.(1989):Gateway Cities and Other Essays (Great Plains Environmental Design Series),Iowa State Press,Iowa City,Iowa.

Fred,S.(1994):The Story of Calgary,Fifth House,Saskatoon,Saskatchewan.

Freyre,G.(1980):Casa-Grande E Senzala - Formacao Da Familia Brasileira Sob O Regime De Economia Patriarcal,J.Olympio,Rio de Janeiro.

Gilpin, J. (1984): Edmonton, Gateway to the North An Illustrated History, Windsor Publications, Windsor,Ontario.

Goetz,A.R.and Sutton,C.J.(1997):The geography of deregulation in the U.S.airline industry,Annals of the Association of American Geographers,87(2),pp.238-263

Gossage, P. and Little, J. (2013): An Illustrated History of Quebec: Tradition and Modernity, Oxford University Press,Don Mills,Ontario.

Gregory,J.(2005):City of Light:A History of Perth Since the 1950s,City of Perth,Perth,West Australia.

Guenin-Lelle,D.(2016):The Story of French New Orleans:History of a Creole City,University Press of Mississippi,Jackson,Mississippi.

Guy,F.(1970):Seigneurie et féodalité au Moyen Âge,Presses Universitaires de France,Paris.

Hamilton,J.(2007):The St.Lawrence River:History,Highway and Habitat,Redlader Publishing,Montreal.

Harman, K. (2018): Cleansing the Colony: Transporting Convicts from New Zealand to Van Diemen's Land,Otago University Press,Dunedin,New Zealand.

Harris,C.and Ullman,E.(1945):The nature of cities,Annals of the American Academy of Political Science 242:pp.7-17.

Herold,V.(2006):A Gold Rush Community:San Francisco,Benchmark Education,New Rochelle,New York.Hudspeth,A.and Scripps,L.(2000):Capital Port :a History of the Marine Board of Hobart 1858-1997,Hobart Ports Corporation,Hobart.

Innis,H.and Ray,A.(1956):The Fur Trade in Canada:An Introduction to Canadian Economic History, University of Toronto Press,Toronto.

Jupp, J. (1988): The Australian People: An Encyclopedia of the Nation, Its People and Their Origins, Cambridge University Press, Cambridge, England, UK.

Karskens, G. (2010): The Colony A history of early Sydney, Allen & Unwin, Sydney, New South Wales.

Lewis, M. (1995): Melbourne : the City's History and Development, City of Melbourne, Melbourne, Victoria.

MacFadyen, A. and Watkins, G. C. (2014): Petropolitics: Petroleum Development, Markets and Regulations, Alberta as an Illustrative History, University of Calgary Press, Calgary, Alberta.

Marquez, E. (1975): Port Los Angeles: A Phenomenon of the Railroad Era, Golden West Books, San Marino, California.

Melosi, M. V. and Pratt, J. A. (2014): Energy Capitals: Local Impact, Global Infuence, University of Pittsburgh Press, Pittsburgh, Pennsylvania.

Morenus, R. (1956): The Hudson's Bay Company, Literary Licensing, LLC, Whitefsh, Montana.

Morley, A. (1969): Vancouver, from Milltown to Metropolis, Mitchell Press, Burnaby, British Columbia.

Murphy, W. B. (1994): Toronto: Canada's Shinning Metropolis, Blackbirch Pr Inc, Woodbridge, Connecticut.

Newman, P. C. and Levine, A. (2014): Miracle at the Forks: The Museum that Dares Make a Difference, Figure 1 Publishing, Vancouver, British Columbia.

Peter, D. (1984): An Industrial History of South Australia, University of Adelaide, Adelaide, South Australia.

Pirenne, H. (1936): Histoire de l'Europe des Invasions au XVIe siècle, Bruxelles, Alcan, N.S.E., Paris.

Roger, S. (1976): Seattle: Past To Present, University of Washington Press, Seattle and London.

Rostovzeff, M. I. (1971): Caravan Cities, AMS Press, new York.

Taylor, D. (2016): Toronto Then and Now, Pavilion Press, London.

Thomas, L.F. (1949): Decline of St. Louis as midwest metropolis, Economic Geography, 25(2), pp.118-127.

Thünen, J. H. von, (1826): Der isolierte Staat in Beziehung auf Landwirtschaft und Nationalökonomie, Gustav Fisher, Jena.

U' Raen, N. and Tunbulll, N. (1983): A history of Port Melbourne, Oxford University Press, Oxford, England, UK.

Vance Jr., J. (1970): The Merchant's World: the Geography of Wholesaling, Prentice-Hall, Englewood Cliffs, New Jersey.

Weber, A. (1909): Über den Standort der Industrien, Reine Theorie des Standorts, Erster Teil, Tubingen.

도표일람

수출입 자동차 취급이 많은 미카와항: 자동차 생산이 활발한 아이치와 시즈오카 두 현에서 수출되는 자동차뿐만 아니라 수입차를 대량으로 취급하고 있으며, 수입차 수는 일본 전체의 53.2%(2018년)를 차지하고 있다.

JR게이트타워 빌딩에서 본 조망: 나고야 터미널 빌딩의 재개발로 2016~2017년에 개업한 220m의 초고층 빌딩 아래에 나고야역에서 오사카·쿄토 방면을 향해 띠 모양의 선로가 연장되어 있다.

도쿄항에 정박 중인 멕시코 해군의 범선: 도쿄항에 입항한 멕시코 해군 소속 범선 CUAUHTEMOC의 모항은 태평양 연안의 항구도시 아카풀코이며, 스페인의 갤리온 무역을 떠올리게 한다.

코베항 중앙 돌제에 정박 중인 카이오호: 1930년 진수(進水)한 범선 카이오호는 효고항에서 발전한 코베항에 기항 중인 상선학교의 연습선으로 근세에 키타마에선의 기항지였던 신미나토항(토야마신항)에 보존되어 있다.

시미즈항의 일본경금속에 정박 중인 선박: 일본에서 수심이 제일 깊은 쯔루가만(수심 2,550m)에 접하고 있으며, 사취(沙嘴) 모양의 미보 반도가 방파제 역할을 하고 있는 시미즈항은 물결이 잔잔한 천연의 양항이며, 후지산을 배경으로 한 미항으로도 알려져 있다.

'7리의 해로'로 알려진 쿠와나항: 키소삼천이 이동의 장애물이 되던 때에 토카이도로 히가시코쿠 방면에서 이세로 가려면 오와리의 아츠타 미야슈쿠에서 7리(약 28km)의 해로로 쿠와나항까지 대부분 이동하였다.

이세국의 국부 터: 이세국의 국부는 삼관(후와노관소, 스즈카노관소, 아라치노관소) 중 하나로 알려진 스즈카노관소의 동쪽에 위치하고 있으며, 효자 저택 유적 발굴조사로 관청과 관위군이 있었던 철거지로 안내판에 적혀 있다.

바다 실크로드의 관문 광저우 고층 탑: 600m 높이의 광저우 타워는 그 형상에서 '슬림 웨이스트(小蠻腰)'라는 별명이 있으며, 유리로 된 구상(球狀) 곤돌라가 지상 450m에서 회전하고 있다.

실크로드 교역 중계지 사마르칸드: 우즈베키스탄의 고도 사마르칸드에 있는 구르 아미르 묘는 티무르 왕조 건국자인 티무르족의 묘소로, 높이 37m의 돔과 2개의 미나레트가 인상적이다.

태국 최대의 무역항 람차방항: 1991년 컨테이너화 전용 항으로 개항한 람차방항은 오래된 방콕항보다 외양에 가까운 위치에 있으며 태국을 경유하는 국제적인 컨테이너선 대부분이 기항한다.(나고야항 관리조합 제공)

희망봉으로 알려진 케이프타 운항: 아프리카 대륙의 남단에 위치한 케이프타 운항은 동아프리카, 인도, 동아시아 무역에 종사하는 네덜란드 배의 식량기지로 건설되어 내륙으로 향하는 식민지 개척의 거점이 되었다.(나고야항 관리조합 제공)

레반트 무역을 담당하는 베네치아항: 십자군 원정과 함께 번성한 베네치아 무역에서 베네치아 상인은 소아시아와 시리아 방면에서 유입된 후추·육계·생사·견직물 등을 유럽에 들여와 은·모직물 등으로 교환하였다.

한자동맹의 맹주 뤼베크: 13~14세기 발트해를 중심으로 무역을 독점하며 번영을 누린 한자동맹에서 뤼베크는 핵심적인 역할을 했으며, '한자의 여왕'이라 불리는 구시가지는 전체가 세계 유산으로 등록되어있다.

프랑스 국내 최대의 마르세유항: 프랑스 국내 1위로 지중해 항구 중 5번째로 큰 마르세유항은 구시가지의 역사적 항만과 그 북서쪽 30km에 새로 건설된 Fos항으로 이루어져 있으며, 컨테이너 물동량은 100만 TEU가 넘는다.(나고야항 관리조합 제공)

미국 서부로 향하는 게이트웨이 도시 시카고: 미시간호에 위치한 시카고는 유럽의 이민자와 동부의 공산품을 서부로 중계하는 역할을 하는 한편, 서부의 농산물을 이출하거나 식육을 동부로 출하하였다.

캐나다의 서쪽 관문 밴쿠버항: 빙하의 피오르 지형을 이용해 생겨난 항만은 파도가 잔잔한 천연의 양항이며, 아시아태평양 지역을 상대로 목재·곡물·석탄 등의 수출과 공산품 수입을 하고 있다.

캐나다 서부의 중계지 캘거리: 대륙횡단철도로 캐나다 동부와 록키 산맥 너머의 태평양안을 연계하는 위치에 있으며, 1940년대부터 본격화된 석유자원 개발과 이후 관련 산업의 발전으로 캐나다 3위의 100만 명 도시가 되었다.

시드니와 수도 경쟁을 한 멜버른: 호주의 국토개발 발상지는 시드니지만 이에 맞서기 위해 멜버른이 대두되었고, 실제로 1908년 두 도시의 중간에 위치한 캔버라로 수도가 결정될 때까지 잠정적인 수도 기능을 담당하였다.

사행하는 강가의 대도시 브리즈번: 시드니, 멜버른에 이은 호주 제3의 대도시로 브리즈번강이 시가지 안을 크게 사행하며 흐르고 있어 다리가 많고 과거에 큰 수해를 입기도 했다.

라플라타강 하구의 수도인 부에노스아이레스: 스페인으로부터 독립을 이룬 아르헨티나 수도로 농목업이 번성한 팜파스를 비롯해 아르헨티나 각지와 부에노스아이레스항을 잇는 철도망이 수출용 농산물이나 수입한 공산품의 운송을 담당해 왔다.

환태평양
게이트웨이 지리학

초판인쇄 2022년 06월 30일
초판발행 2022년 06월 30일

지은이 하야시 노보루
옮긴이 노용석, 전지영, 박명숙, 현민, 김진기
펴낸이 채종준
펴낸곳 한국학술정보(주)
주 소 경기도 파주시 회동길 230(문발동)
전 화 031-908-3181(대표)
팩 스 031-908-3189
홈페이지 http://ebook.kstudy.com
E-mail 출판사업부 publish@kstudy.com
등 록 제일산-115호(2000. 6. 19)

ISBN 979-11-6801-517-3 93330